STAR WARS

VEHÍCULOS INCREÍBLES
NUEVA EDICIÓN

STAR WARS

VEHÍCULOS INCREÍBLES NUEVA EDICIÓN

Textos
**KERRIE DOUGHERTY
JASON FRY
PABLO HIDALGO
DAVID WEST REYNOLDS
CURTIS SAXTON
RYDER WINDHAM**

Ilustraciones
**RICHARD CHASEMORE
HANS JENSSEN
JOHN R. MULLANEY
KEMP REMILLARD**

Ilustraciones adicionales
JON HALL

CONTENIDO

PRÓLOGO	8
INTRODUCCIÓN	10
LA ERA DE LA REPÚBLICA	**12**
RADIANT VII	14
DIPLOMACIA PELIGROSA	16
FUERZAS DE INVASIÓN DROIDE	17
NAVE DE DESEMBARCO	18
MTT	20
SUBMARINO GUNGAN	22
NAVE ESTELAR REAL DE NABOO	24
VAINAS DE CARRERAS	26
LA CLÁSICA DE BOONTA EVE	28
PILOTOS RIVALES	30
INFILTRADOR SITH	32
DROIDE BUITRE	34
NAVE DE CONTROL DROIDE	36
CAZA ESTELAR N-1	42
DEFENSORES DE NABOO	44
STAP	45
AAT	46
DESLIZADORES DE NABOO	48
TAXI DE CORUSCANT	49
CRUCERO DE NABOO	50
DESLIZADOR DE ZAM	52
DESLIZADOR DE ANAKIN	54
CAZA ESTELAR JEDI	56
ESCLAVO I DE JANGO FETT	58

NAVE DE CONTROL DROIDE

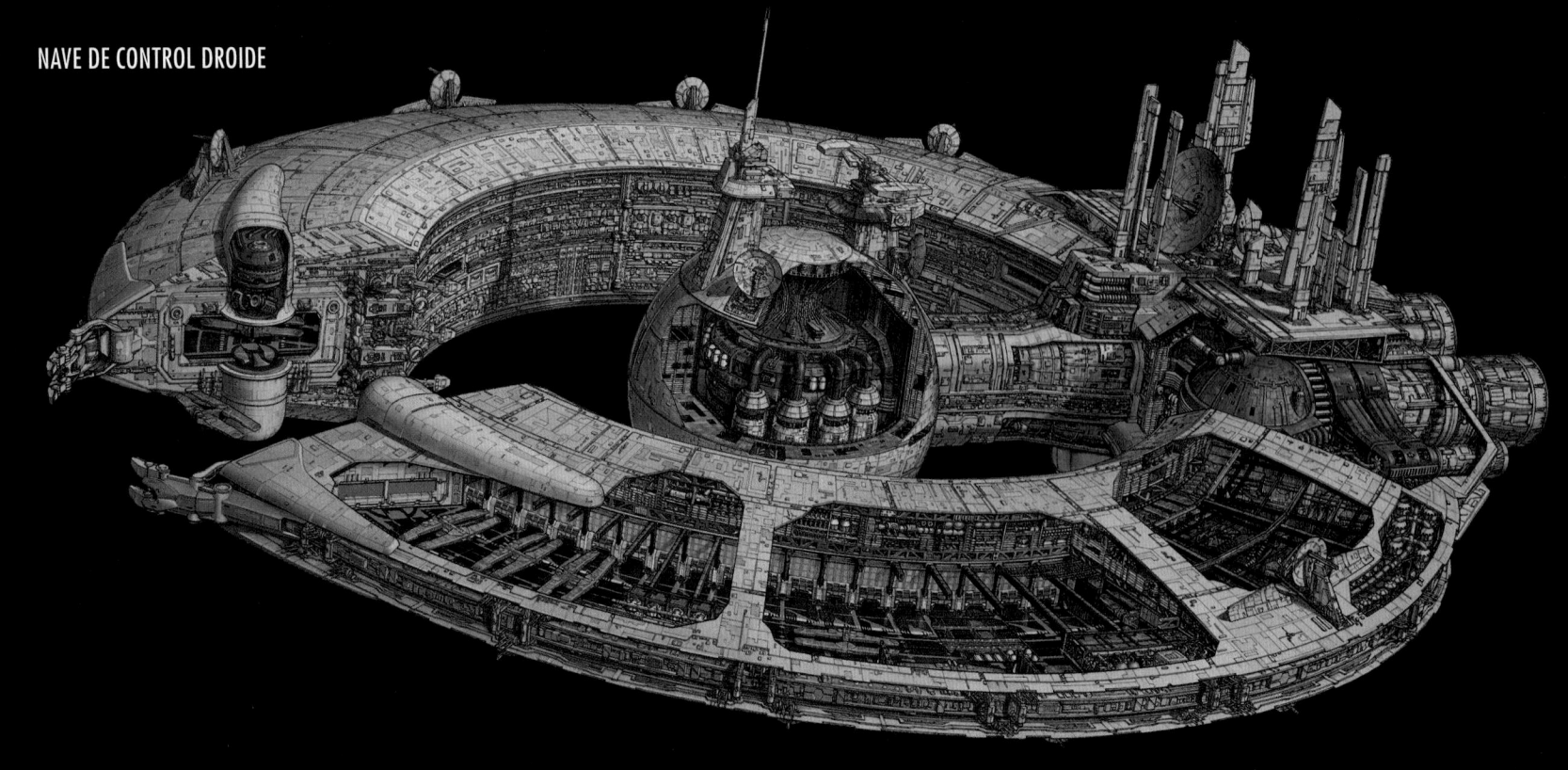

BARREDORA DE OWEN LARS	60
NAVE ESTELAR DE PADMÉ	62
NAVE NÚCLEO DE LA FEDERACIÓN	64
CAZA GEONOSIANO	66
NAVE DE CLASE ACCLAMATOR	68
CAÑONERA LAAT/I	70
AT-TE	74
VELERO SOLAR DEL CONDE DOOKU	76
DESTRUCTOR ESTELAR DE CLASE VENATOR	78
POTENCIA DE LA REPÚBLICA	80
ALA-V	81
CAZA ESTELAR ARC-170	82
INTERCEPTOR JEDI	84
ANILLOS HIPERIMPULSORES	86
DROIDE ZUMBADOR	87
TRICAZA	88
CAÑONERA DROIDE	90
JUGGERNAUT	92
AT-RT	94
DESTRUCTOR DEL GREMIO DE COMERCIO	95
FRAGATA DEL CLAN BANCARIO	96
MANO INVISIBLE	98
CAZA DE CLASE ROGUE	104
UNIÓN TECNOLÓGICA: NAVES	106

LANZADERA T-3C DE CLASE DELTA

EL DESALMADO	107
MOTO-RUEDA DE GRIEVOUS	108
CATAMARÁN WOOKIEE	110
DESLIZADOR DE LOS PANTANOS	112
PARA UN EMPERADOR	113
LANZADERA DE PALPATINE	114
CÁPSULAS DE ESCAPE DE YODA	116

LA ERA IMPERIAL	**118**
HALCÓN MILENARIO DE LANDO	120
LANZADERA T-3C DE CLASE DELTA	122
CAÑONERA ALA-U	124
TX-225 «OCUPANTE»	126
LANZADERA DE CLASE ZETA	128
CAZA TIE/SK	130
TANTIVE IV	132
CÁPSULA DE ESCAPE	134
ARMADA IMPERIAL	135
DESTRUCTOR ESTELAR DE CLASE IMPERIAL I	136
REPTADOR JAWA	138
DESLIZADOR DE LUKE	140
HALCÓN DE HAN SOLO	142
«¡VAYA PEDAZO DE CHATARRA!»	144
CAZA TIE IMPERIAL	146
ESTRELLA DE LA MUERTE	148
ALA-X T-65	152
ALA-Y BTL-A4	154
TIE AVANZADO X1	156
AT-AT	158
CABINA DE AT-AT	160
AT-ST	161
DESLIZADOR T-47	162
BOMBARDERO TIE	164
INTERCEPTOR TIE	166
EL LEGADO DE JANGO FETT	167
ESCLAVO I DE BOBA FETT	168
RENDICIÓN	170
HOGAR UNO	172
LANZADERA DE CLASE LAMBDA	174
BARCAZA DE JABBA	176
MOTO DESLIZADORA	178
ALA-A RZ-1	180
ALA-B	182
EL ASCENSO DE LA PRIMERA ORDEN	**184**
TRANSPORTE DE TROPAS	186
NEGRO UNO	188
LANZADERA DE CLASE UPSILON	190
FINALIZADOR	192
DESLIZADOR DE REY	198
CAZA TIE DE LA PRIMERA ORDEN	200
CAZA TIE/SF	202
SALTADOR QUAD	204
HALCÓN MILENARIO	206
ERAVANA	208
TRANSPORTE DE LA RESISTENCIA	210

DESLIZADOR DE NIEVE	212	ALA-Y BTA-NR2	242
RADDUS	214	RODADOR	244
FLOTA DE LA RESISTENCIA	216	DESLIZADOR ORUGA	246
BOMBARDERO	218	VELERO DE REY	248
ALA-A RZ-2	220	*LEGADO DE BESTOON*	250
SUPREMACÍA	222	*BUITRE NOCTURNO*	252
SILENCIADOR TIE	228	DESTRUCTOR ESTELAR SITH	254
DESLIZADOR POLICIAL DE CANTO BIGHT	230	**GLOSARIO**	**256**
LIBERTINO	232	**ÍNDICE**	**258**
AT-HH	234	**AGRADECIMIENTOS**	**264**
AT-M6	236		
VEHÍCULO DE CARGA U-55	238		
DESLIZADOR ESQUÍ	240		

ERAVANA

PRÓLOGO

Una de las cosas que más me gustan de mi oficio es trabajar con un talentoso equipo multidisciplinar de artistas, escritores, ingenieros y creadores de todo tipo. Los vehículos que aparecen en *Star Wars* –y en este libro– tienen una larga historia tras de sí y son producto de la colaboración de docenas de creadores de diferentes áreas. Algunos vienen del diseño industrial, como el legendario Ralph McQuarrie, que aportó algunas de las primeras ideas de vehículos de *Star Wars*. Otros son ingenieros que saben cómo construir desde cero un vehículo que en el rodaje alcanzará los 100 km/h. Y luego están los ilustradores que ponen cada detalle en su sitio, como se ve en este libro. Cada persona aporta su sello único a los diseños. Pero todo empieza con la película.

Las películas son mágicas. Y uno de los lugares más mágicos en la producción cinematográfica es la sala del departamento de arte: el equipo cuya tarea es soñar a lo grande e ilustrar esas ideas para los cineastas. Las paredes de este departamento muestran un despliegue de pura creatividad. Al inicio de la producción de *Han Solo: una historia de Star Wars*, recuerdo docenas de diseños para el *Halcón* de Lando en los monitores, dibujos en todas las paredes, e incluso algunas maquetas. El arte adopta todas las formas: ilustraciones, planos, maquetas de cartón pluma e impresiones en 3D. La sala huele a creatividad. Y a pegamento.

Para la película, cada uno de los diseños se va refinando a través de un repetitivo proceso hasta llegar al concepto final. Después, cada uno de los escenarios y vehículos se construyen y se filman, y luego se completan los efectos visuales en Industrial Light & Magic. Finalmente, los ilustradores, cuya obra tienes en las manos, pueden empezar a trabajar. Toman el producto final tal y como aparece en la película y juntan todas las piezas en un todo unitario. Son artistas realmente interdisciplinares, que han de calcular cómo encajan los compartimentos de un TX-225 «Ocupante» o dónde se sitúan los motores de movimiento de la torreta. Cada pequeño detalle en su sitio.

Naturalmente, cuando filmamos las películas, los diseñadores e ingenieros se aplican para crear diseños verosímiles, pero en el proceso de realización tan solo tiene que *parecer* que funcionan. Tomamos atajos. No es hasta que empiezan a dibujar la sección transversal de naves como la *Tantive IV* que aquellos artistas precisan cómo el inyector de iones conecta con la turbina.

Este proceso creativo es exactamente el mismo que empleamos cuando hacemos las películas: primero pensamos en el tema, el argumento, la emoción que queremos crear, y luego buscamos la logística y la forma de hacer que todo resulte verosímil: la forma sigue a la función en un todo bien cohesionado.

Como fan de *Star Wars*, para mí este libro es una gozada. Admiro el esmero que Richard Chasemore, Hans Jenssen, John R. Mullaney, Kemp Remillard y Jon Hall han puesto en los dibujos. Contemplando estas bellas ilustraciones, mis vehículos favoritos cobran vida de un modo nuevo, y los engranajes prácticamente giran en la página. ¿Cómo sería realmente caminar por los amplios muelles de atraque de la nave de control droide? ¿O subir a la cabina de la *Esclavo I* de Jango Fett? ¿O recorrer los pasillos del incomparable *Halcón Milenario* y ver desde la mesa de holoajedrez hasta el armario de la capa de Lando?

Espero que disfrutes explorando todos los detalles de este libro.

Rob Bredow
Director creativo ejecutivo y
jefe de Industrial Light & Magic

INTRODUCCIÓN

La civilización galáctica depende de tecnologías milenarias. La comunicación y el transporte a velocidades subluz son el pan de cada día, e incluso los objetos más corrientes rezuman energía informática. Las diversas facciones tienen mano de obra barata e impersonal: droides bajo un sinfín de formas en incontables planetas que desempeñan tareas demasiado complejas, tediosas o peligrosas para sus propietarios biológicos. También poseen armas aterradoras y un contingente defensivo para neutralizarlas. A lo largo de la historia galáctica, la guerra ha incentivado la innovación tecnológica.

TECNOLOGÍA DE LOS VEHÍCULOS

HIPERIMPULSORES

Permiten viajar más rápido que la luz. Gracias a la dimensión alternativa del hiperespacio, atraviesan el vacío entre los astros. Los combustibles hiperespaciales, como el coaxium, propulsan las naves sin alterar su masa y energía, y las llevan por rutas programadas del hiperespacio hasta que alcanzan su destino en el espacio normal. En este, los grandes objetos proyectan «sombras de masa» en el hiperespacio, de ahí que, para evitar colisiones, los saltos se calculen con la máxima precisión.

MANIPULADORES DE GRAVEDAD

La gravedad es uno de los pilares de esta tecnología. Los repulsores permiten planear sobre un planeta presionando contra su gravedad para propulsar la nave, mientras los compensadores de aceleración mantienen con vida a la tripulación en las maniobras de alta velocidad. Los rayos tractores la emplean para repeler o atraer objetos, y los campos de interdicción crean sombras gravitatorias que intervienen en los viajes subluz, el mantenimiento de las naves en el espacio normal o su salida del hiperespacio.

SENSORES

Recogen información sobre la zona circundante a un vehículo y detectan peligros y amenazas. Los sensores pasivos rastrean la misma área repetidas veces, sus escáneres tienen mayor alcance y emiten vibraciones en todas direcciones para recopilar datos; los de rastreo analizan una zona concreta. Su información se transmite a un ordenador sensorial y, de ahí, al piloto. Casi todas las naves cuentan con un panel de sensores que analizan una amplia gama espectral.

ARMAS DE ENERGÍA

Los turboláseres y cañones láser se basan en el mismo principio que los blásteres: su gas rico en energía se convierte en un rayo de brillantes partículas capaz de derretir sus objetivos. Los más grandes pueden incluso romper el núcleo de un planeta. Las naves usan además cañones de iones. Sus ráfagas destruyen sistemas electrónicos y artillería pesada, como misiles de impacto y torpedos de protones, cuyas ojivas liberan nubes de partículas de protones a gran velocidad.

COMBUSTIBLES

Los vehículos, casi todos de la era de la República, emplean varios tipos de tecnología para desplazarse. Los más habituales —reactores de fusión, fisión o químicos— usan distintos combustibles según los recursos naturales. Las grandes naves precisan mayor potencia, por lo que utilizan sistemas de fusión con núcleos de aniquilación de hipermateria. Muchos de estos combustibles son nocivos para los seres biológicos y circulan por los sistemas de las naves en forma de líquido corrosivo o gas venenoso.

ESCUDOS

Son campos de fuerza protectora que absorben energía o repelen objetos. Los de impacto repelen la basura espacial, mientras que dos tipos de deflectores ofrecen protección durante la batalla. Los de rayos desvían o dispersan rayos de energía, y los de partículas diseminan impactos de armas de protones y proyectiles lanzados a gran velocidad. La intensidad del escudo disminuye gradualmente según se distancia de su proyector. La combinación de escudos de partículas y rayos brinda la protección más fiable.

LA ERA DE LA REPÚBLICA

El gobierno democrático de la República Galáctica ha mantenido la paz en la galaxia durante cientos de años. A lo largo de esta era, la expresión artística y la funcionalidad han guiado el diseño de vehículos; el elegante caza estelar N-1 de Naboo ejemplifica esta antigua tradición. Cuando la paz se ve amenazada, la República recurre a las dotes negociadoras de sus guardianes, la Orden Jedi.

En una de tales misiones, el maestro Jedi Qui-Gon Jinn y su padawan, Obi-Wan Kenobi, son enviados a Naboo para detener el bloqueo que sufre por parte de la Federación de Comercio. Esta codiciosa corporación conjuga sus objetivos comerciales y militares convirtiendo sus cargueros en transporte para sus ejércitos de droides. Los Jedi ayudan a la líder de Naboo, la reina Amidala, acaban con el bloqueo y descubren a un niño llamado Anakin Skywalker, que es increíblemente fuerte en la Fuerza. Sin embargo, Qui-Gon cae en combate ante un lord Sith, revelando así a los Jedi que sus antiguos enemigos parecen haber sobrevivido a su supuesta destrucción milenios atrás.

Los Jedi no advierten que el bloqueo y la subsiguiente década de turbulencia política se deben a las maquinaciones de los Sith. El líder de la República, el canciller supremo Palpatine, es secretamente un lord Sith, y su nuevo aprendiz, el conde Dooku, lidera el movimiento separatista, un grupo de sistemas estelares que quieren separarse de la que consideran una República corrupta. Dispuestos a la guerra, los separatistas han creado un vasto ejército, compuesto de funcionales y prescindibles droides producidos en serie.

Gracias a las manipulaciones de Palpatine, la República aprueba la Ley de Creación del Ejército, que legitima el uso por parte de la República de un bien entrenado y equipado ejército de clones para hacer frente a las fuerzas de droides separatistas. Anakin, ahora un Jedi, es aprendiz de Obi-Wan. Y mientras la galaxia se tambalea al borde de la guerra, la amistad entre Anakin y la ahora senadora Amidala desemboca en un amor prohibido y un matrimonio secreto.

Cuando estallan las Guerras Clon entre la República y los separatistas, la galaxia se enfrenta a una destrucción incalculable. La guerra no es sino un pretexto para Sidious, que, al finalizar la guerra, provoca hábilmente la aniquilación de la Orden Jedi, el paso de Anakin al bando de los Sith y la caída de la propia República. Tras su victoria, Sidious declara la formación del Imperio Galáctico con él mismo como emperador. Padmé queda consternada al saber de la traición de Anakin, y muere al poco de dar a luz. Los Jedi supervivientes ocultan a los mellizos, Luke y Leia, con la esperanza de que en el futuro se conviertan en Jedi.

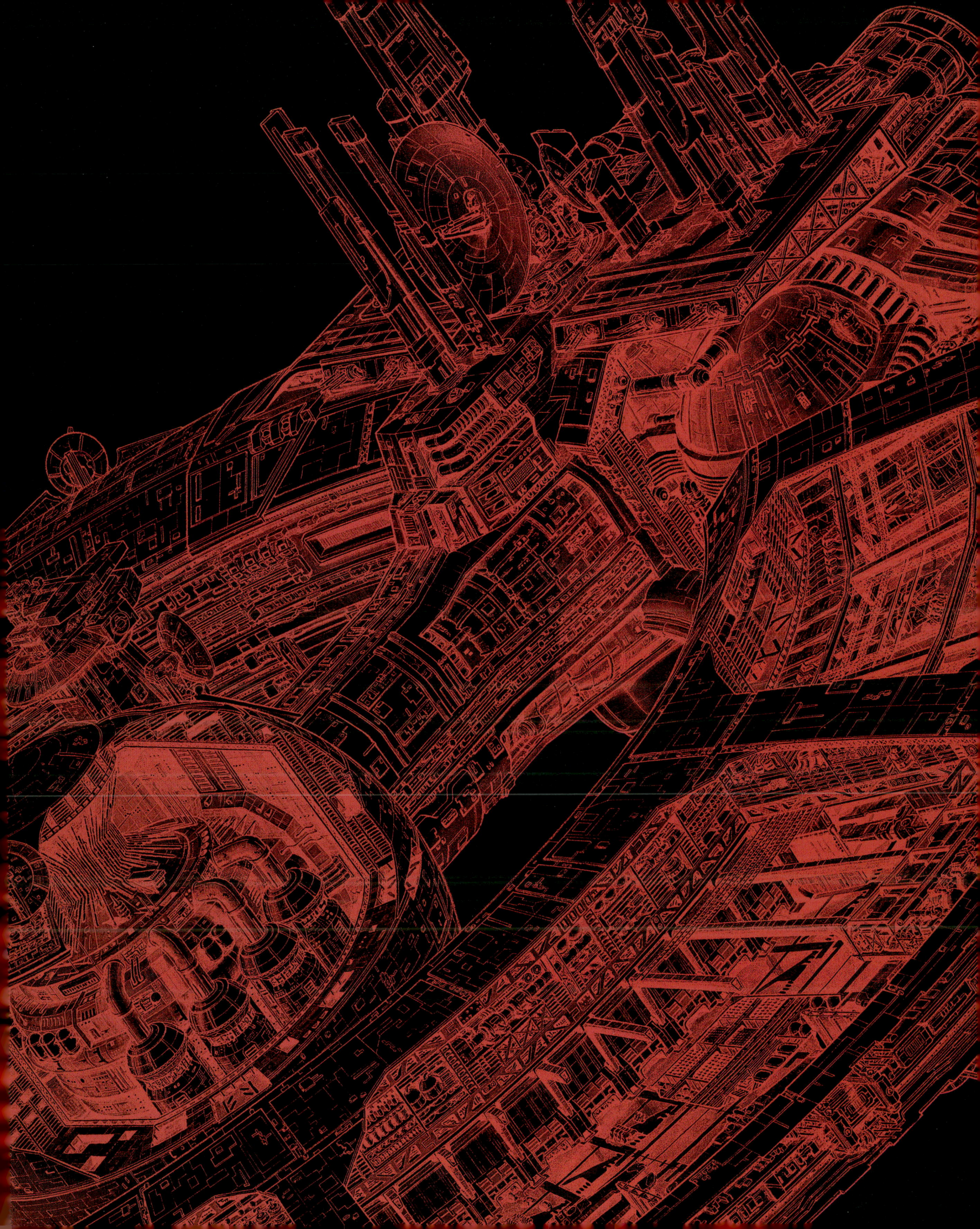

RADIANT VII

Predecesora directa de la bien armada fragata de la República, la pacífica corbeta de la República de clase Consular se fabricó en los grandes astilleros orbitales de Corellia, y es un ejemplo de la calidad y la fama del diseño de naves corelliano. El canciller supremo Valorum envía la *Radiant VII* con dos caballeros Jedi a resolver el bloqueo del planeta Naboo. Con 34 años de servicio en los cuerpos diplomáticos de Coruscant, la capital de la República, la nave ha vivido numerosas aventuras, transportando a caballeros Jedi, embajadores y diplomáticos a lugares conflictivos por toda la galaxia en misiones de gran importancia política y de seguridad. Sus módulos de salón intercambiables están bien acorazados y aislados contra cualquier tipo de espionaje. En este refugio se pueden llevar a cabo cruciales negociaciones y evitar crisis.

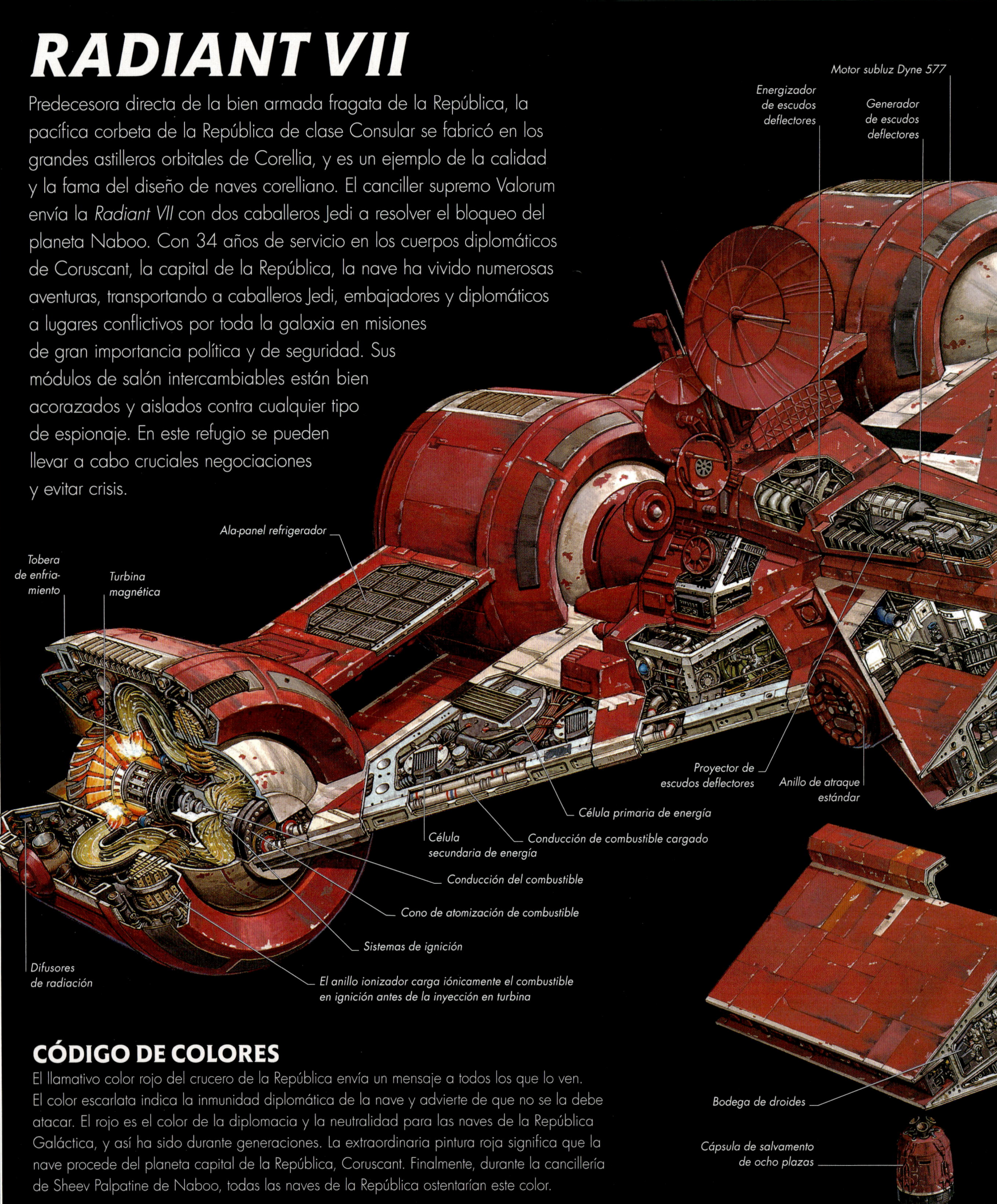

- Motor subluz Dyne 577
- Energizador de escudos deflectores
- Generador de escudos deflectores
- Ala-panel refrigerador
- Tobera de enfriamiento
- Turbina magnética
- Proyector de escudos deflectores
- Anillo de atraque estándar
- Célula primaria de energía
- Célula secundaria de energía
- Conducción de combustible cargado
- Conducción del combustible
- Cono de atomización de combustible
- Sistemas de ignición
- Difusores de radiación
- El anillo ionizador carga iónicamente el combustible en ignición antes de la inyección en turbina
- Bodega de droides
- Cápsula de salvamento de ocho plazas

CÓDIGO DE COLORES

El llamativo color rojo del crucero de la República envía un mensaje a todos los que lo ven. El color escarlata indica la inmunidad diplomática de la nave y advierte de que no se la debe atacar. El rojo es el color de la diplomacia y la neutralidad para las naves de la República Galáctica, y así ha sido durante generaciones. La extraordinaria pintura roja significa que la nave procede del planeta capital de la República, Coruscant. Finalmente, durante la cancillería de Sheev Palpatine de Naboo, todas las naves de la República ostentarían este color.

La consola de control de la *Radiant VII* está construida para que el capitán y el copiloto puedan compartir tareas operativas, o, de ser necesario, que solo uno de ellos pilote la nave.

DATOS

> **FABRICANTE** Corporación de Ingeniería Corelliana

> **MODELO** Clase Consular

> **TIPO** Corbeta

> **DIMENSIONES** Longitud: 115 m

> **TRIPULACIÓN** 1 capitán, 2 copilotos, 2 oficiales de comunicaciones, 3 ingenieros (más 16 pasajeros)

> **ARMAS** Ninguna

> **AFILIACIÓN** República Galáctica

COMUNICARSE EN UNA GALAXIA DIVERSA

A fin de comunicarse con cualquier cultura a la que visite, la corbeta de la República tiene instalada toda una gama de antenas de comunicación. Dos oficiales de comunicaciones especializados operan los ordenadores de comunicaciones, descifrando lenguajes extraños y descodificando las complejas señales por pulsos de transmisiones alienígenas poco ortodoxas.

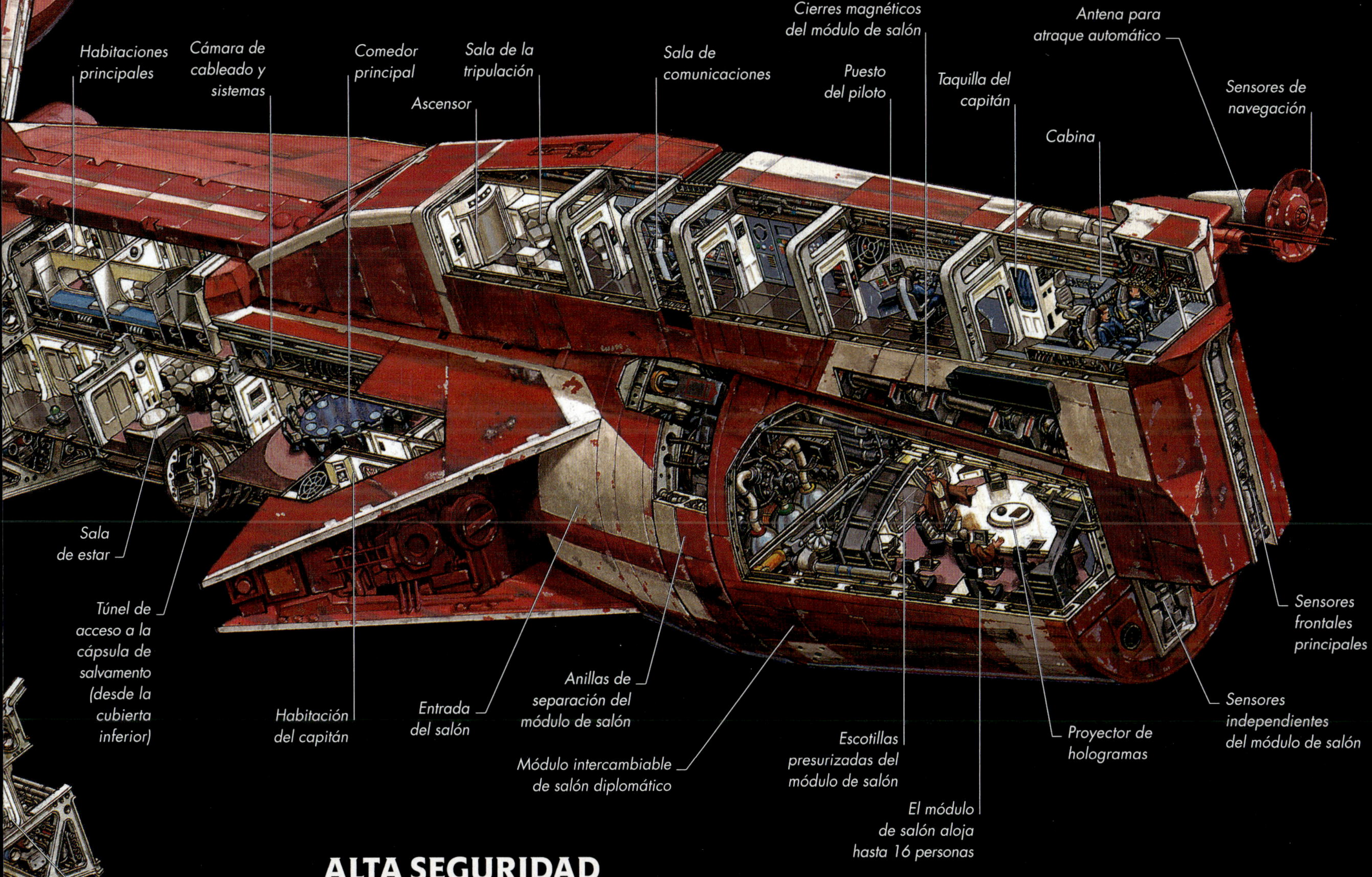

Habitaciones principales · Cámara de cableado y sistemas · Comedor principal · Ascensor · Sala de la tripulación · Sala de comunicaciones · Cierres magnéticos del módulo de salón · Puesto del piloto · Taquilla del capitán · Cabina · Antena para atraque automático · Sensores de navegación · Sala de estar · Túnel de acceso a la cápsula de salvamento (desde la cubierta inferior) · Habitación del capitán · Entrada del salón · Anillas de separación del módulo de salón · Módulo intercambiable de salón diplomático · Escotillas presurizadas del módulo de salón · El módulo de salón aloja hasta 16 personas · Proyector de hologramas · Sensores frontales principales · Sensores independientes del módulo de salón · Pasadizo de la cubierta intermedia

ALTA SEGURIDAD

La *Radiant VII* es una nave de clase Consular modificada. Se usan modelos civiles de este tipo como transportes, pero las versiones de la República están dedicadas a servicios especiales de política galáctica. Para llevar a cabo sus misiones, las corbetas de la República a menudo han de apoyarse en su reputación de naves completamente seguras para reuniones y encuentros diplomáticos. Por razones de seguridad, las tripulaciones se mantienen en el mínimo posible, y muchas funciones de la nave las realizan droides.

DIPLOMACIA PELIGROSA

Aunque el planeta Naboo pertenece a la República Galáctica, está situado cerca del Borde Exterior, donde esta tiene una escasa influencia. Allí, los mundos sin fuerzas militares poderosas son especialmente vulnerables a los ataques e invasiones. Dado que el mundo de los neimoidianos es también parte de la República y que los neimoidianos rara vez hacen nada que amenace con traerle problemas, el bloqueo de Naboo por la Federación de Comercio neimoidiana coge por sorpresa a muchos representantes del Senado. Cuando un crucero de la República transporta a un caballero Jedi y a su aprendiz a una nave de guerra de la Federación en órbita en torno a Naboo, los Jedi se dan cuenta de que, si no consiguen persuadir a los neimoidianos de abandonar Naboo, podría producirse un conflicto violento.

Tras dejar con éxito a los Jedi Qui-Gon Jinn y Obi-Wan Kenobi en una nave de la Federación de Comercio, el copiloto Antidar Williams y la capitana Maoi Madakor presencian, impotentes, cómo una torreta láser droide apunta a la cabina de la *Radiant VII*.

MÓDULO DE SALÓN DEL CRUCERO DE LA REPÚBLICA

Los cruceros de la República suelen servir de sala de reunión neutral entre funcionarios de la República y líderes de grupos enfrentados. Para alojar a las muchas fisiologías alienígenas de la galaxia, hay disponibles distintos tipos de módulo de salón en los hangares de Coruscant, y se puede equipar al crucero con cualquiera de ellos. En casos de emergencia, el salón puede salir eyectado del crucero, con sus propios sensores y sistema de soporte vital para los diplomáticos a bordo. Por desgracia para la tripulación de la *Radiant VII*, no hay tiempo para esta huida cuando su nave es atacada.

Atracada en un carguero de la Federación de Comercio mejorado con armas de tipo militar, la *Radiant VII* es vulnerable al ataque en cuanto su tripulación baja los escudos deflectores.

Graves daños sufridos en combate

Brecha en el casco junto al puesto del piloto

Cierres magnéticos desactivados

Anillas de separación liberadas

Motores del módulo activados

Sensores independientes del módulo activados

FUERZAS DE INVASIÓN DROIDE

La Federación de Comercio neimoidiana invade los mundos que desea dominar mediante un plan estándar. Primero, una fuerza de naves de combate rodea el planeta. Entonces, cazas droide fabricados por Xi Char inutilizan las armas orbitales e inhabilitan las comunicaciones por satélite, para luego enviar naves de desembarco C-9979 a la superficie del planeta. Cada una lleva droides de combate, tanques y transportes de la Federación. Una nave de control de droides dirige desde su órbita a los droides para que ataquen, capturen o destruyan las defensas estratégicas del enemigo. Los droides de combate obedecen órdenes con una eficacia implacable.

Cada carguero mejorado de la Federación transporta 50 naves de desembarco para trasladar máquinas de guerra y droides hasta la superficie de los planetas. Vistas desde fuera, parecen barcazas comerciales estándar de la Federación.

Manejados a control remoto por la nave de control Droide, droides de combate despliegan los Transportes Multitropa (MTT) y los llevan a posiciones estratégicas.

Deslizador civil adaptado como unidad de conducción

Repulsores de deslizamiento

TRANSPORTE DE SOLDADOS

El transporte de soldados de la Federación de Comercio lleva a los droides de combate, protegidos por una coraza, a las zonas de despliegue o a zonas ocupadas. Un soporte similar al del MTT contiene una dotación completa de 112 droides plegados en configuración de ahorro de espacio, listos para actuar.

El ejército droide ataca la capital de Naboo, Theed. Su aparato militar es tan abrumador que no hay resistencia, y la ciudad cae sin presentar batalla.

NAVE DE DESEMBARCO

Cuando empezaron a tomar forma los planes para el ejército secreto de la Federación de Comercio, se pensó en distintos modos de despliegue. Los Talleres de Ingeniería Haor Chall ofrecieron un diseño de nave de desembarco que transportaría vehículos y soldados a distintas superficies desde las naves de combate de la Federación de Comercio, y, tras un periodo de desarrollo lleno de discusiones, el comité de armamento de la Federación escogió la variante C-9979. Con un diseño que recuerda a las barcazas de carga de la flota comercial, estas enormes naves de ala doble se construyeron para transportar Tanques Blindados de Asalto (AAT), transportes de soldados y Transportes Multitropa (MTT) de naves de combate orbitales a posiciones estratégicas en las superficies planetarias. La C-9979 tiene una gran capacidad de repulsión antigravedad, necesaria para cargas pesadas y acorazadas. La nave, con sus cañones láser defensivos, proyecta una sombra extraña y amenazadora sobre cualquier planeta.

TRIPULACIÓN AUTOMATIZADA

Una tripulación droide relativamente pequeña opera la C-9979, siguiendo la política de la Federación de apoyarse en tropas totalmente automatizadas. Los droides no solo pilotan la nave, también manejan las torretas que la defienden cuando desciende. En los frontales de las alas hay zonas de mantenimiento y reparaciones, también atendidas por droides. Allí se reparan y ponen a punto componentes de la fuerza de asalto, en especial los droides de batalla individuales, que tras el combate necesitan calibrarse y repararse.

Generador de tensión del ala de popa

Ala de popa

Motores de impulso iónico

MTT descendiendo la rampa para el despliegue

Rampa de despliegue

Garajes de AAT

Columna de tropas de droides de combate

Columnas de AAT

Acoplamiento de energía

Células de energía

Viga estructural reforzada por el campo de tensión del ala delantera

Nodo estabilizador de antigravedad

El revestimiento de la punta del ala es una aleación transparente con efecto repulsor

Zonas de mantenimiento y reparación de droides

Cañones blaster de las alas

Ala delantera

CARGA

Las naves de desembarco C-9979 atracan en hangares de las naves de combate de la Federación de Comercio. Allí se las ensambla y se les hace la revisión y el mantenimiento correspondientes, y cuando están listas para su despliegue se las carga con MTT, AAT y transportes de soldados preparados para el combate. Las naves de combate se almacenan sin carga para reducir la tensión estructural y para repararlas individualmente.

DATOS

> **FABRICANTE** Ingeniería Haor Chall
> **MODELO** C-9979
> **TIPO** Nave de desembarco
> **DIMENSIONES** Envergadura: 370 m
> **TRIPULACIÓN** 88 droides (capacidad para 28 transportes de tropas, 114 AAT, 11 MTT)
> **ARMAS** 2 pares de cañones láser en la punta de las alas, 4 cañones en torretas
> **AFILIACIÓN** Federación de Comercio, separatistas

Un raíl con enganches electromagnéticos guía al MTT por la rampa de despliegue

El receptor de la señal de control recibe las cruciales instrucciones de la nave de control de droides

El MTT recarga sus repulsores en la zona de preparación

Proyectores de escudos deflectores

Toma de aire con turbina para presurización

Centro de control

Torreta de carga del cañón

Cañón láser defensivo

Área de preparación

Generador de campo de tensión del ala delantera

Panel radiador del sistema de potencia de tensión

Sensores de navegación

Sensores de combate

El generador delantero de campo de tensión aumenta la capacidad de carga del montaje de las alas

Garaje de los MTT

Rieles antigravedad para los MTT

El MTT del centro está desplegado; un AAT se pone en posición

El portalón exige un área de desembarco despejada para poder abrirse

El portalón principal de despliegue incluye sensores de perímetro para detectar minas, campos eléctricos y otros posibles peligros

ALMACENAJE DE TRANSPORTES

Las naves C-9979 tienen alas desmontables para almacenarlas de modo eficaz. Al ensamblarlas para su uso, unos potentes campos de tensión unen las alas al fuselaje. Las alas de la C-9979 superarían la capacidad de carga incluso de las aleaciones metálicas más poderosas, así que los campos de tensión son vitales para la integridad de la nave. Los campos tensores montados en las alas evitan que el peso las doble.

AAT en posición de escolta

MTT dirigiéndose a su posición de batalla

DESPLIEGUE

Las alas de la nave de desembarco contienen hileras de MTT, AAT y transportes de droides de combate almacenados en canales para maximizar la carga. Para desplegar los vehículos se los guía por raíles repulsores hasta una plataforma de preparación: en particular, los MTT necesitan la ayuda de los repulsores de estos raíles, pues su maniobrabilidad a bordo no es lo suficientemente precisa para moverse por los estrechos interiores de las zonas de garaje sin riesgo de colisiones. En la zona de preparación se colocan los vehículos en posición y se prenden con ganchos de transporte para conducirlos por la rampa de despliegue, en el «pie» de la nave. Los anchos portalones del «pie» se abren para permitir la salida de las fuerzas terrestres. El despliegue de toda la carga de vehículos a bordo de una C-9979 puede tardar hasta 45 minutos.

MTT

Los Talleres de Blindaje Baktoid, de la Federación de Comercio, han diseñado armas desde hace tiempo para clientes de la Federación. Cuando se les pidió que crearan y construyeran vehículos para el ejército de la Federación, les resultó fácil usar sus recursos para producir letales armas pensadas para asegurarse una larga lista de futuros clientes. El MTT (Transporte Multitropa) se diseñó para transportar pelotones de soldados al campo de batalla y darles apoyo. Su despliegue en Naboo constituye su primer uso en una operación militar clave: con anterioridad, estos transportes solo habían hecho simulaciones en mundos distantes. Los MTT están diseñados para desplegarse en líneas tradicionales de batalla, de ahí su gruesa coraza frontal. La proa, blindada y reforzada con pernos de aleaciones endurecidas de metal, permite atravesar muros y desplegar las tropas directamente en edificios enemigos (o «de futuros clientes», como prefiere llamarlos la Federación). Cuando el MTT está listo para el despliegue, abre su gran escotilla delantera para descargar las tropas de droides de combate que aloja en su gran soporte de almacenaje, que se extiende sobre un largo raíl hidráulico. Dos droides piloto lo dirigen según las instrucciones que transmite la nave de control en órbita.

DATOS

- **FABRICANTE** Talleres de Blindaje Baktoid
- **MODELO** MTT (Transporte Multitropa)
- **TIPO** Transporte de tropas
- **DIMENSIONES** Longitud: 31 m; altura: 3 m
- **TRIPULACIÓN** 5 (capacidad para 112 droides de batalla)
- **ARMAS** 2 blásteres gemelos antipersona de 17 kW
- **AFILIACIÓN** Federación de Comercio, separatistas

PESO PESADO

Los motores de los MTT trabajan duro a fin de alimentar los repulsores que elevan la pesada carga de tropas y duro blindaje. La emisión del escape del generador de los repulsores, así como su ventilación, se hacen por varios orificios situados bajo el vehículo. Esto crea una fuerte espiral de aire en torno al MTT, que le da un aspecto poderoso y amenazador.

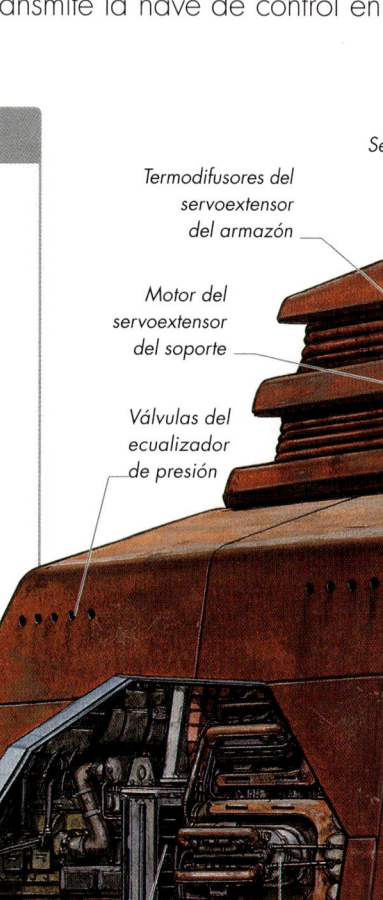

Escotilla de emergencia de la sala de control (atrás)

Elevador

Plataforma de supervisión

Droide operador del soporte

Servoextensor del soporte

Termodifusores del servoextensor del armazón

Motor del servoextensor del soporte

Válvulas del ecualizador de presión

Parrillas del transformador

Generadores Kuat Premion Mk. II

Escape de gases refrigeradores de los motores repulsores

Aletas de ventilación de repulsores pesados

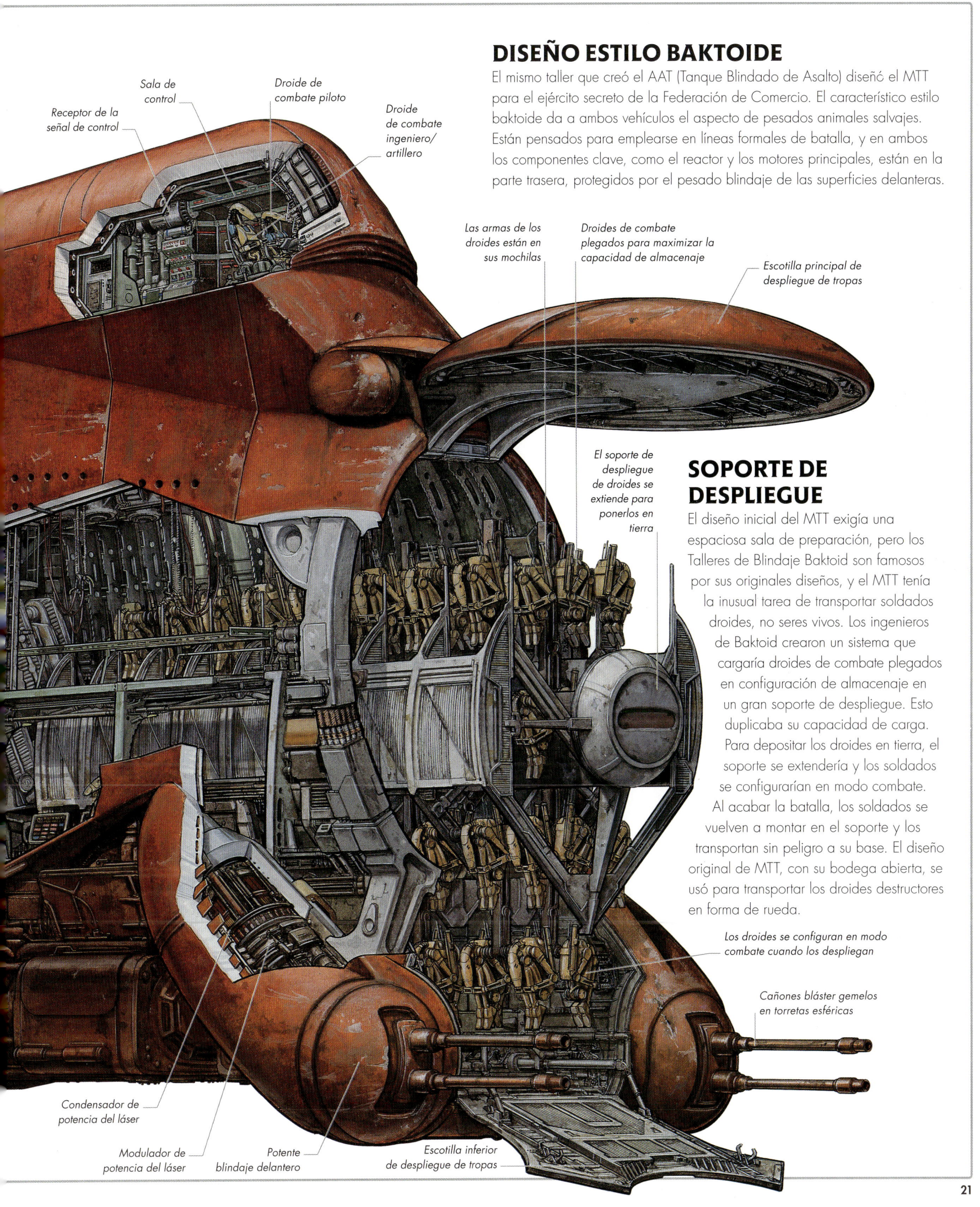

DISEÑO ESTILO BAKTOIDE

El mismo taller que creó el AAT (Tanque Blindado de Asalto) diseñó el MTT para el ejército secreto de la Federación de Comercio. El característico estilo baktoide da a ambos vehículos el aspecto de pesados animales salvajes. Están pensados para emplearse en líneas formales de batalla, y en ambos los componentes clave, como el reactor y los motores principales, están en la parte trasera, protegidos por el pesado blindaje de las superficies delanteras.

SOPORTE DE DESPLIEGUE

El diseño inicial del MTT exigía una espaciosa sala de preparación, pero los Talleres de Blindaje Baktoid son famosos por sus originales diseños, y el MTT tenía la inusual tarea de transportar soldados droides, no seres vivos. Los ingenieros de Baktoid crearon un sistema que cargaría droides de combate plegados en configuración de almacenaje en un gran soporte de despliegue. Esto duplicaba su capacidad de carga. Para depositar los droides en tierra, el soporte se extendería y los soldados se configurarían en modo combate. Al acabar la batalla, los soldados se vuelven a montar en el soporte y los transportan sin peligro a su base. El diseño original de MTT, con su bodega abierta, se usó para transportar los droides destructores en forma de rueda.

Receptor de la señal de control
Sala de control
Droide de combate piloto
Droide de combate ingeniero/artillero
Las armas de los droides están en sus mochilas
Droides de combate plegados para maximizar la capacidad de almacenaje
Escotilla principal de despliegue de tropas
El soporte de despliegue de droides se extiende para ponerlos en tierra
Los droides se configuran en modo combate cuando los despliegan
Cañones bláster gemelos en torretas esféricas
Condensador de potencia del láser
Modulador de potencia del láser
Potente blindaje delantero
Escotilla inferior de despliegue de tropas

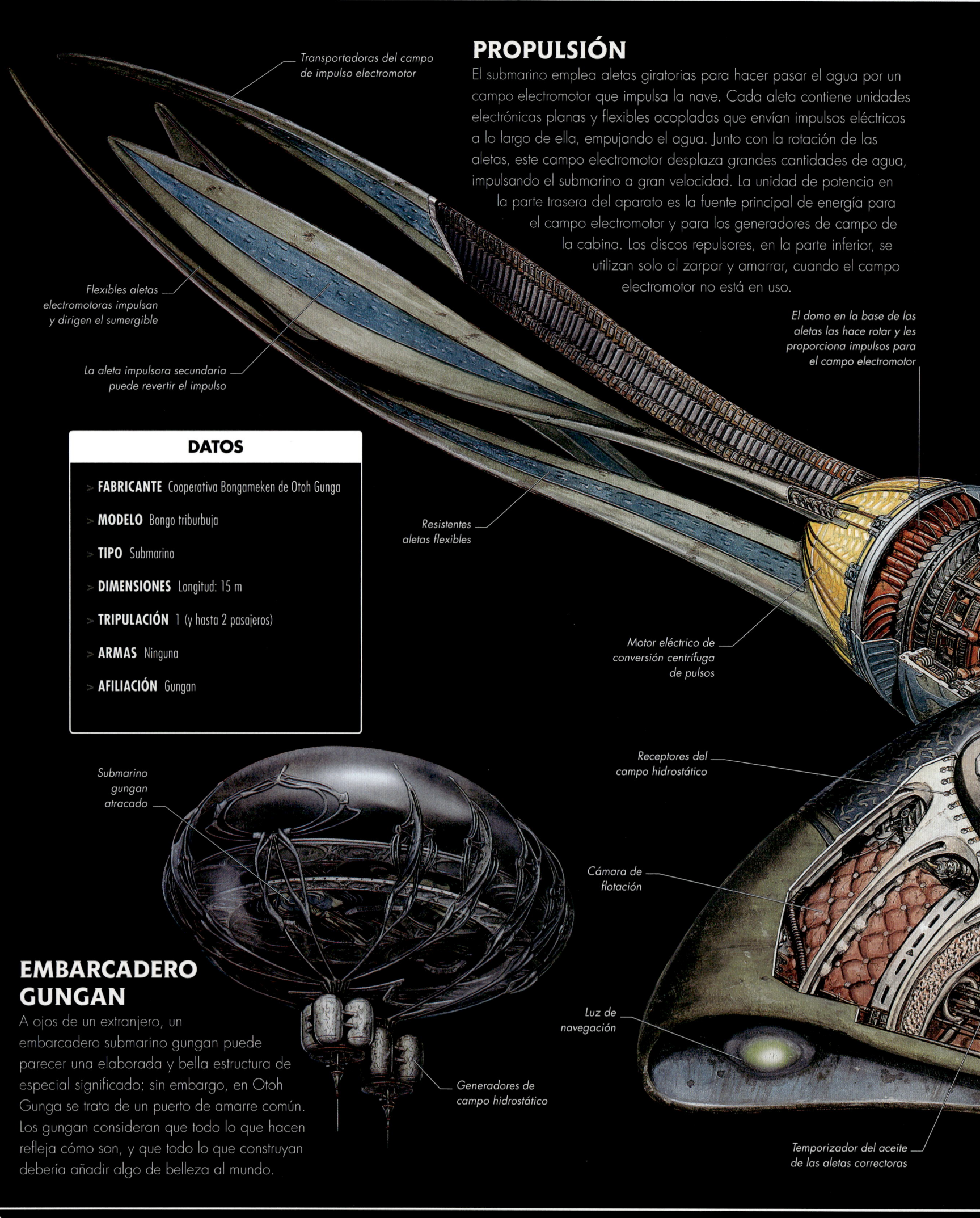

PROPULSIÓN

El submarino emplea aletas giratorias para hacer pasar el agua por un campo electromotor que impulsa la nave. Cada aleta contiene unidades electrónicas planas y flexibles acopladas que envían impulsos eléctricos a lo largo de ella, empujando el agua. Junto con la rotación de las aletas, este campo electromotor desplaza grandes cantidades de agua, impulsando el submarino a gran velocidad. La unidad de potencia en la parte trasera del aparato es la fuente principal de energía para el campo electromotor y para los generadores de campo de la cabina. Los discos repulsores, en la parte inferior, se utilizan solo al zarpar y amarrar, cuando el campo electromotor no está en uso.

DATOS

- **FABRICANTE** Cooperativa Bongameken de Otoh Gunga
- **MODELO** Bongo triburbuja
- **TIPO** Submarino
- **DIMENSIONES** Longitud: 15 m
- **TRIPULACIÓN** 1 (y hasta 2 pasajeros)
- **ARMAS** Ninguna
- **AFILIACIÓN** Gungan

EMBARCADERO GUNGAN

A ojos de un extranjero, un embarcadero submarino gungan puede parecer una elaborada y bella estructura de especial significado; sin embargo, en Otoh Gunga se trata de un puerto de amarre común. Los gungan consideran que todo lo que hacen refleja cómo son, y que todo lo que construyan debería añadir algo de belleza al mundo.

SUBMARINO GUNGAN

Este tipo de sumergible es un medio de transporte habitual en Otoh Gunga. La cabina delantera aloja a un piloto y pasajeros, y las laterales pueden alojar carga o pasajeros, si van equipadas con asientos. La característica forma del vehículo procede tanto de los métodos de construcción de los gungan como de su pasión por el diseño artístico. Crean muchas de sus estructuras mediante un método secreto que «hace crecer» los esqueletos o caparazones básicos de sus edificios y vehículos. Esto da a sus construcciones un aspecto orgánico que se complementa con detalles artísticos, incluso en transportes sencillos como el submarino. Los caparazones orgánicos se pueden combinar para obtener construcciones complejas, que pueden modificarse y equiparse con componentes mecánicos y electrónicos a fin de darles la función deseada. Estos esqueletos orgánicos son excepcionalmente fuertes, aunque pueden sufrir daños si los ataca alguno de los enormes monstruos marinos de las profundidades.

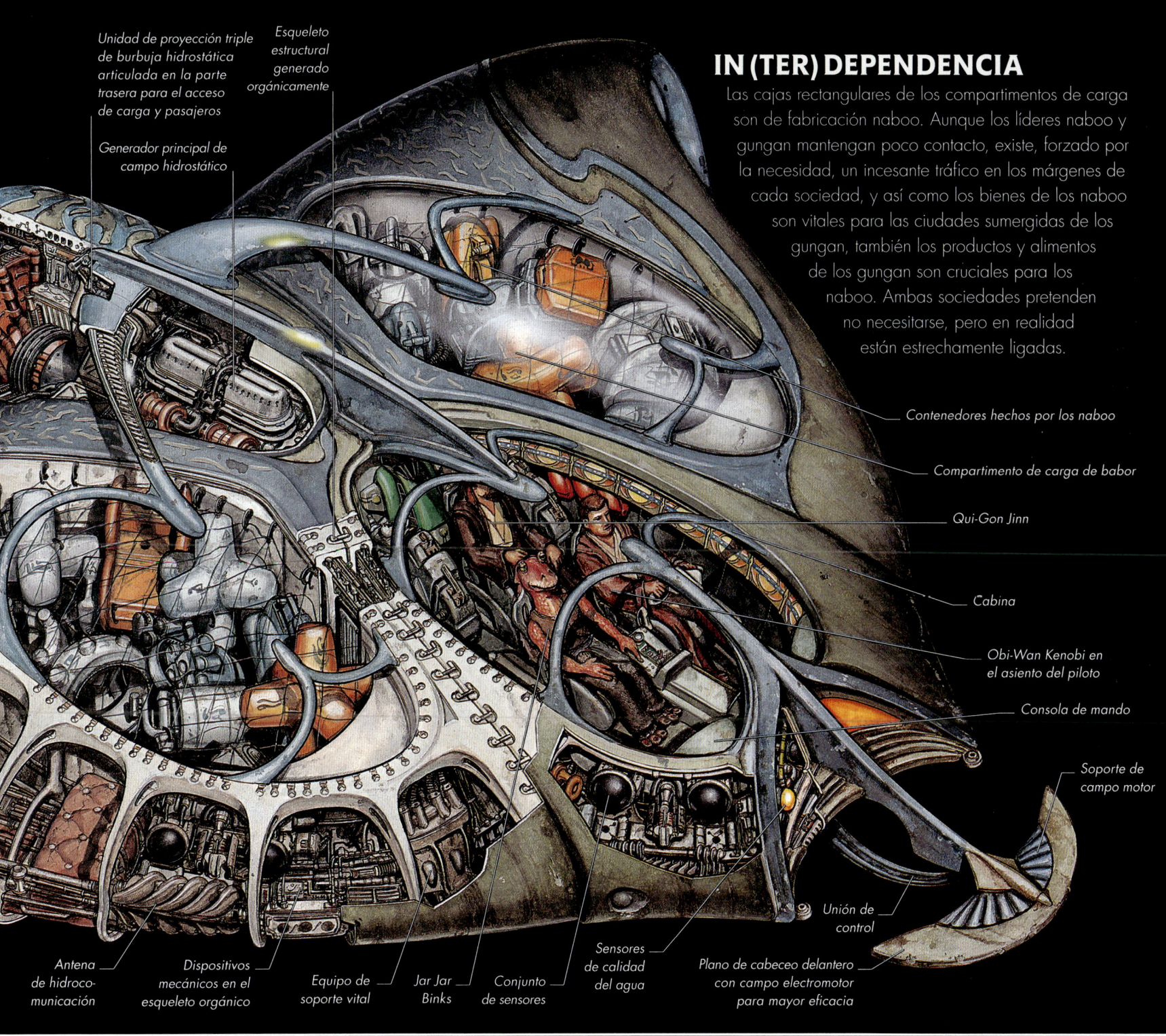

IN (TER) DEPENDENCIA

Las cajas rectangulares de los compartimentos de carga son de fabricación naboo. Aunque los líderes naboo y gungan mantengan poco contacto, existe, forzado por la necesidad, un incesante tráfico en los márgenes de cada sociedad, y así como los bienes de los naboo son vitales para las ciudades sumergidas de los gungan, también los productos y alimentos de los gungan son cruciales para los naboo. Ambas sociedades pretenden no necesitarse, pero en realidad están estrechamente ligadas.

Etiquetas:
- Unidad de proyección triple de burbuja hidrostática articulada en la parte trasera para el acceso de carga y pasajeros
- Esqueleto estructural generado orgánicamente
- Generador principal de campo hidrostático
- Contenedores hechos por los naboo
- Compartimento de carga de babor
- Qui-Gon Jinn
- Cabina
- Obi-Wan Kenobi en el asiento del piloto
- Consola de mando
- Soporte de campo motor
- Unión de control
- Plano de cabeceo delantero con campo electromotor para mayor eficacia
- Sensores de calidad del agua
- Conjunto de sensores
- Jar Jar Binks
- Equipo de soporte vital
- Dispositivos mecánicos en el esqueleto orgánico
- Antena de hidrocomunicación

NAVE ESTELAR REAL DE NABOO

La nave estelar de la reina Amidala es un vehículo único, hecho a mano por el Cuerpo de Ingeniería de Naves Espaciales del palacio de Theed. El brillante aparato, normalmente bajo el mando del jefe de pilotos de la reina, Ric Olié, transporta a Amidala alrededor de Naboo para realizar visitas reales, asistir a desfiles y otros deberes. También la lleva en viajes oficiales de visita a otros gobernantes planetarios o al Senado Galáctico, en el planeta capital Coruscant. Pensada para viajes cortos, posee estancias de descanso solo para el gobernante y su séquito habitual. Como expresión del amor de los naboo por la belleza y el arte, las increíbles cualidades de la nave, junto a su acabado de cromio pulido, llaman la atención en cualquier lugar. Está construida para personificar la gloria de la realeza de Naboo: servir a la reina es un gran honor, y diseñar una nave estelar real es el máximo objetivo al que puede aspirar un ingeniero. Cada centímetro de la nave está construido con la máxima precisión, convirtiéndola en una auténtica obra de arte.

CROMIO REAL

Un acabado de cromio pulido cubre por completo la superficie de la nave estelar real. Es solo decorativo e indica la dignidad de la nave. Solo el transporte de la reina puede estar completamente cromado. Los cazas estelares reales están parcialmente cromados, y las naves de fuera de Naboo no tienen ningún cromado. El impoluto pulido a mano del acabado sobre la nave estelar real, extremadamente difícil de lograr, lo realizan artesanos tradicionales en lugar de hacerse en fábrica o mediante droides.

COMPONENTES DE OTRO MUNDO

La estructura única de esta nave se fabricó en Theed, pero tiene muchos componentes de alta tecnología estándar de la galaxia que no se hallan en Naboo. La nave está construida en torno a elegantes componentes de hiperimpulso y motores subluz Nubian 327, que ofrecen altas prestaciones. Los sistemas Nubian son los favoritos de la aristocracia y de compradores con buen criterio que aprecian el característico estilo de sus componentes. Fáciles de obtener en mundos del Núcleo, puede resultar difícil conseguirlos en planetas remotos, tal y como la reina descubre durante su forzosa permanencia en Tatooine.

- Cúpula de sensores de estribor
- Bodega principal
- Puesto de ingeniería
- Jar Jar Binks
- Ascensor a cubierta inferior
- Mesa
- Foso del hiperimpulsor (en el suelo)
- Bodega delantera
- Camarote real
- Cavidad de las luces de navegación
- Rampa extensible a la cubierta inferior
- Foco de navegación
- Área de mantenimiento delantera
- El cableado se efectúa en toda la nave con cuidado y precisión exquisitos en honor a la reina
- Mamparo delantero
- Sensores de navegación
- Proyector de escudos deflectores delantero
- Nodo de potencia
- Antenas de comunicación
- Matriz de sensores de largo alcance delanteros

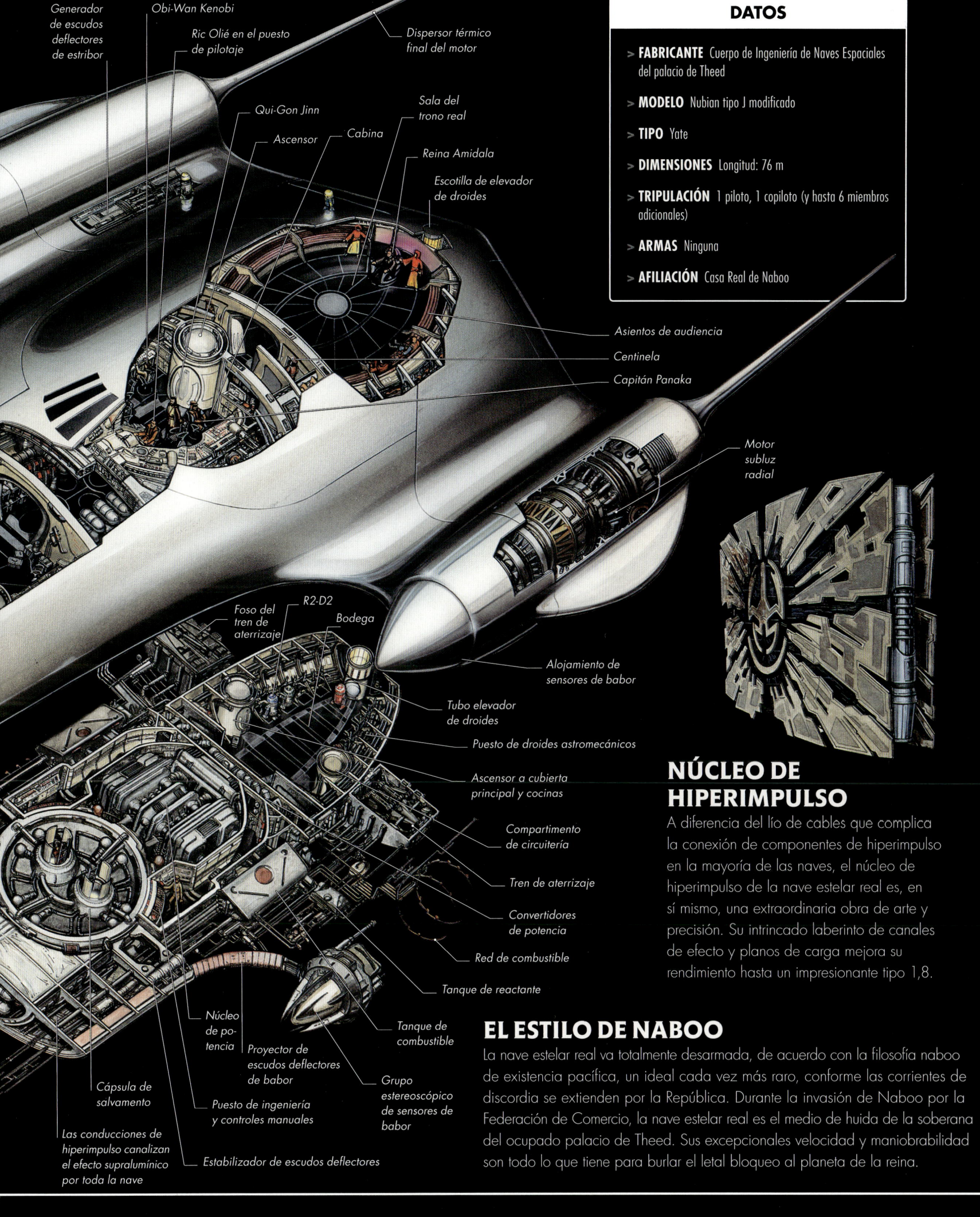

DATOS

> **FABRICANTE** Cuerpo de Ingeniería de Naves Espaciales del palacio de Theed
> **MODELO** Nubian tipo J modificado
> **TIPO** Yate
> **DIMENSIONES** Longitud: 76 m
> **TRIPULACIÓN** 1 piloto, 1 copiloto (y hasta 6 miembros adicionales)
> **ARMAS** Ninguna
> **AFILIACIÓN** Casa Real de Naboo

NÚCLEO DE HIPERIMPULSO

A diferencia del lío de cables que complica la conexión de componentes de hiperimpulso en la mayoría de las naves, el núcleo de hiperimpulso de la nave estelar real es, en sí mismo, una extraordinaria obra de arte y precisión. Su intrincado laberinto de canales de efecto y planos de carga mejora su rendimiento hasta un impresionante tipo 1,8.

EL ESTILO DE NABOO

La nave estelar real va totalmente desarmada, de acuerdo con la filosofía naboo de existencia pacífica, un ideal cada vez más raro, conforme las corrientes de discordia se extienden por la República. Durante la invasión de Naboo por la Federación de Comercio, la nave estelar real es el medio de huida de la soberana del ocupado palacio de Theed. Sus excepcionales velocidad y maniobrabilidad son todo lo que tiene para burlar el letal bloqueo al planeta de la reina.

VAINAS DE CARRERAS

Las carreras de vainas se remontan a épocas primitivas en que el espectáculo de la competición implicaba el peligro de muerte. Tiradas normalmente, por medio de cables flexibles, por potentes motores, pequeñas cabinas abiertas («vainas») transportan a un piloto a velocidades de más de 800 km/h. Consideradas, en su velocísima versión moderna, demasiado difíciles para los humanos, estas carreras son territorio exclusivo de otras especies con más extremidades, cuerpos más resistentes, una gama más amplia de órganos sensoriales y otras ventajas biológicas.

DATOS

- **FABRICANTE** Grupo Irdani
- **MODELO** IPG-X1131 LongTail
- **TIPO** Vaina de carreras
- **DIMENSIONES** Longitud: 10,67 m
- **TRIPULACIÓN** 1
- **ARMAS** Ninguna
- **AFILIACIÓN** Ninguna

HISTORIA DEL DEPORTE

Las carreras de vainas tienen su origen en antiguas carreras de carretas arrastradas por animales, como las que aún se ven en culturas primitivas, lejos de las principales rutas espaciales. Hace mucho tiempo, un temerario mecánico llamado Phoebus las recreó con vainas equipadas con repulsores y motores a reacción y obtuvo un nuevo nivel de competición y riesgo. Aquella famosa primera carrera experimental cimentó la fama de las carreras de vainas como un deporte increíblemente peligroso y popular.

Cuando las vainas se alinean en la parrilla de salida del circuito, algunos pilotos sitúan deliberadamente sus motores de modo que el calor de las toberas impida el paso o la visión a los pilotos que tienen detrás.

VAINA DE TEEMTO PAGALIES

La vaina de Teemto Pagalies es un diseño exclusivo con ciertas características estándar. Su extraño chasis circular se fabricó en torno a un anillo moto-rueda interno que actúa como estabilizador giroscópico para la vaina, que no es aerodinámica. Los demás componentes son estándar: anclajes de líneas de control, repulsores para mantener la vaina flotando sobre el suelo, un complejo paquete de sensores de motores y ordenador de telemetría y toda una gama de palancas y controles personalizados para el cuerpo del piloto.

Escape de aire

Bisagra del timón

Eje del timón

Decoración de carrera

Accionador del timón; la aleta del timón proporciona control direccional

Unidad de potencia del giroscopio

Los electroimanes de la unidad giroscópica van pulsando en secuencia para rotar el anillo, dando estabilidad a la vaina y manteniéndola vertical

LÍNEA DE SALIDA

En Mos Espa Grand Arena el orden de salida de los pilotos sigue un complejo conjunto de tradiciones que combina resultados anteriores, popularidad y azar. La mayoría de los pilotos presenta un símbolo o combinación de colores característico que representa a sus ricos mecenas, su linaje familiar, su deidad protectora, el gremio que los apoya o sencillamente sus colores favoritos. Unos estandartes con los mismos colores los preceden al principio de la ceremonia de la carrera, y la vibrante decoración de los vehículos les da visibilidad y buena suerte. La gran variedad de emblemas que se ven en Mos Espa contribuye al deslumbrante espectáculo de la carrera.

Construidos en Malastare y luego traídos en naves por Jabba el Hutt hasta Tatooine a un alto coste, los hangares del circuito de Mos Espa Grand Arena pueden alojar decenas de vainas de carreras y sus equipos. Los droides de reparaciones y los mecánicos utilizan grúas para elevar y transportar las vainas cuando sus repulsores están apagados.

LAS CARRERAS DE VAINAS HOY

Aunque se prohibieron hace mucho tiempo en la mayoría de los sistemas civilizados, las carreras de vainas son aún famosas en Malastare y otros lugares. Pero los auténticos aficionados buscan más allá de la República Galáctica, en el Borde Exterior, donde las carreras congregan aún a cientos de miles y en las que se hacen (y pierden) fortunas con las apuestas. Esto, claro, hace a los Hutt imprescindibles para la mayoría de los competiciones.

LA CLÁSICA DE BOONTA EVE

Dieciocho vainas de carreras, entre ellas algunas muy famosas, se clasifican para la carrera Clásica de Boonta Eve, en la que el joven Anakin Skywalker, de nueve años, corre con su Radon-Ulzer modificada. Se celebra en Mos Espa Grand Arena(Tatooine), y es la carrera anual más grande de la galaxia. El circuito de la Boonta presenta terroríficas caídas y tortuosas curvas, mortales retos incluso para competidores veteranos. Pese a ser máquinas muy bien modificadas, no todas las vainas llegan siquiera a la línea de salida (y aún menos a la de llegada) pues, aunque los fallos mecánicos no son infrecuentes, las altas apuestas de la Boonta suelen implicar discretos sabotajes.

Ark «Bumpy» Roose se impulsa gracias a unos motores gemelos Vokoff-Strood Plug-8G con una velocidad máxima de 775 km/h. El canal abierto para el aire de cada turbina proporciona una excelente refrigeración.

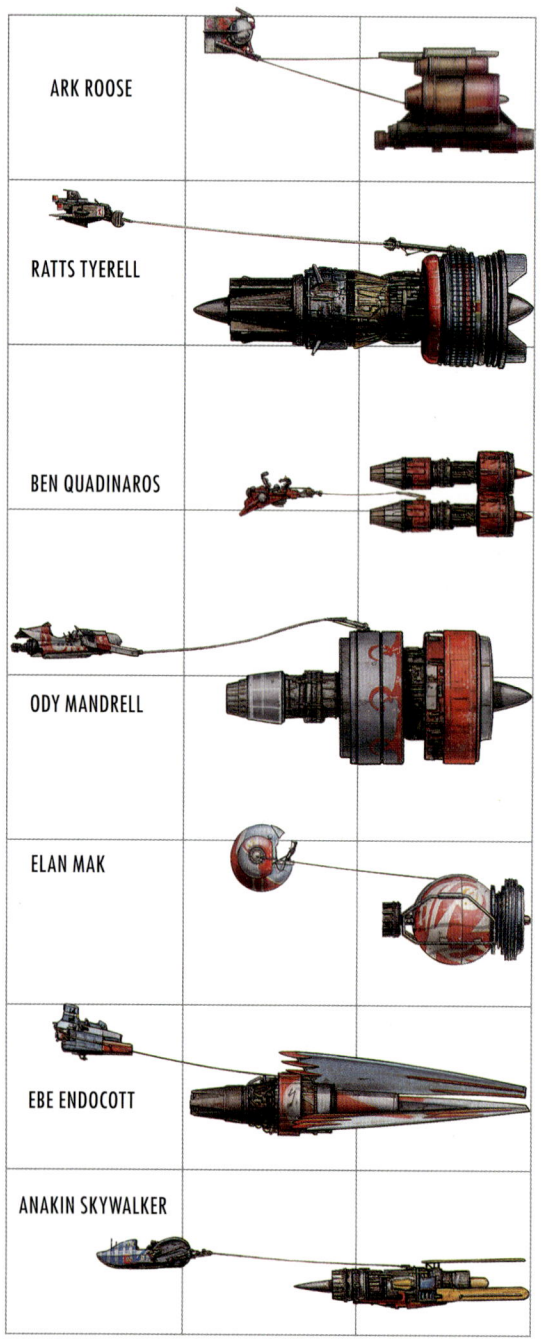

Con el nombre de un letal depredador de su mundo natal, la *Scatalpen* de Ratts Tyerell tiene dos motores cohete gemelos Vokoff-Strood Titan 2150 que la impulsan a una velocidad máxima de 841 km/h.

Un par de motores de carrera Radon-Ulzer 620C modificados tiran de la vaina construida por el nativo de Tatooine Anakin Skywalker. Pese a que Anakin es un niño fuerte para su tamaño, ha ajustado los controles de su vaina para compensar su relativa carencia de fuerza.

Ben Quadinaros, un toong del planeta Tund, espera dejar atrás una racha de mala suerte. Si bien su vaina alquilada Balta-Trabaat BT310 puede alcanzar los 940 km/h, sus acoplamientos de potencia fallan al comienzo de la carrera.

Gasgano, un xexto de seis brazos, construyó su vaina con chatarra. Llamada Ord Pedrovia, la vaina tiene aspas antiturbulencia personalizadas y conos estabilizadores de empuje en las turbinas, que propulsan el aparato a velocidades de hasta 820 km/h.

Dud Bolt pilota una Vulptereen 327 construida en su mundo natal, Vulpter. La Vulptereen 327 es muy resistente, tiene una gran tracción y puede alcanzar los 760 km/h.

Teemto, un veknoide de Moonus Mandel, pilota una IPG-X1131 LongTail fabricada por el Grupo Irdani Performance. Tiene una velocidad máxima de 775 km/h y ofrece una excelente tracción en el sinuoso circuito.

Sebulba, un dug arbóreo, es el favorito de la Clásica de Boonta Eve, y está decidido a emplear cualquier truco sucio que conozca para hacer felices a sus fans. Los controles principales de su Plug-F Mamut están diseñados para que los maneje con sus diestros pies.

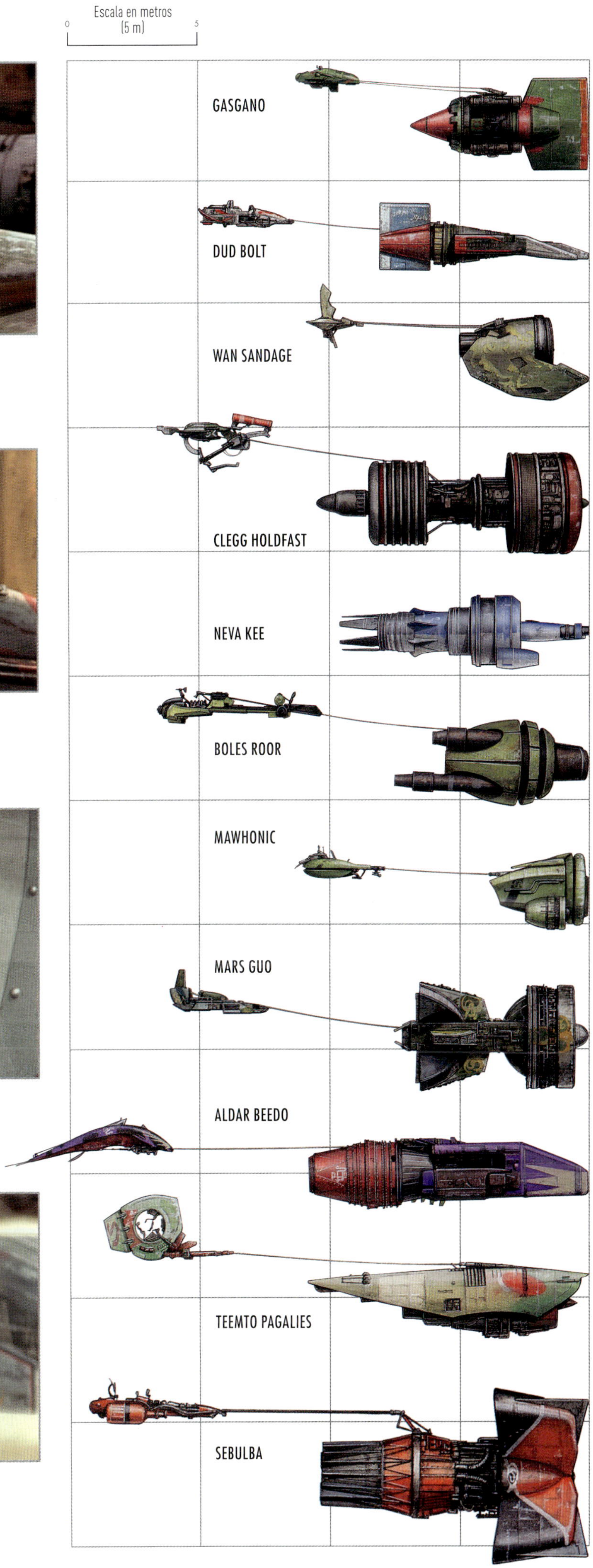

Escala en metros (5 m)

GASGANO	
DUD BOLT	
WAN SANDAGE	
CLEGG HOLDFAST	
NEVA KEE	
BOLES ROOR	
MAWHONIC	
MARS GUO	
ALDAR BEEDO	
TEEMTO PAGALIES	
SEBULBA	

29

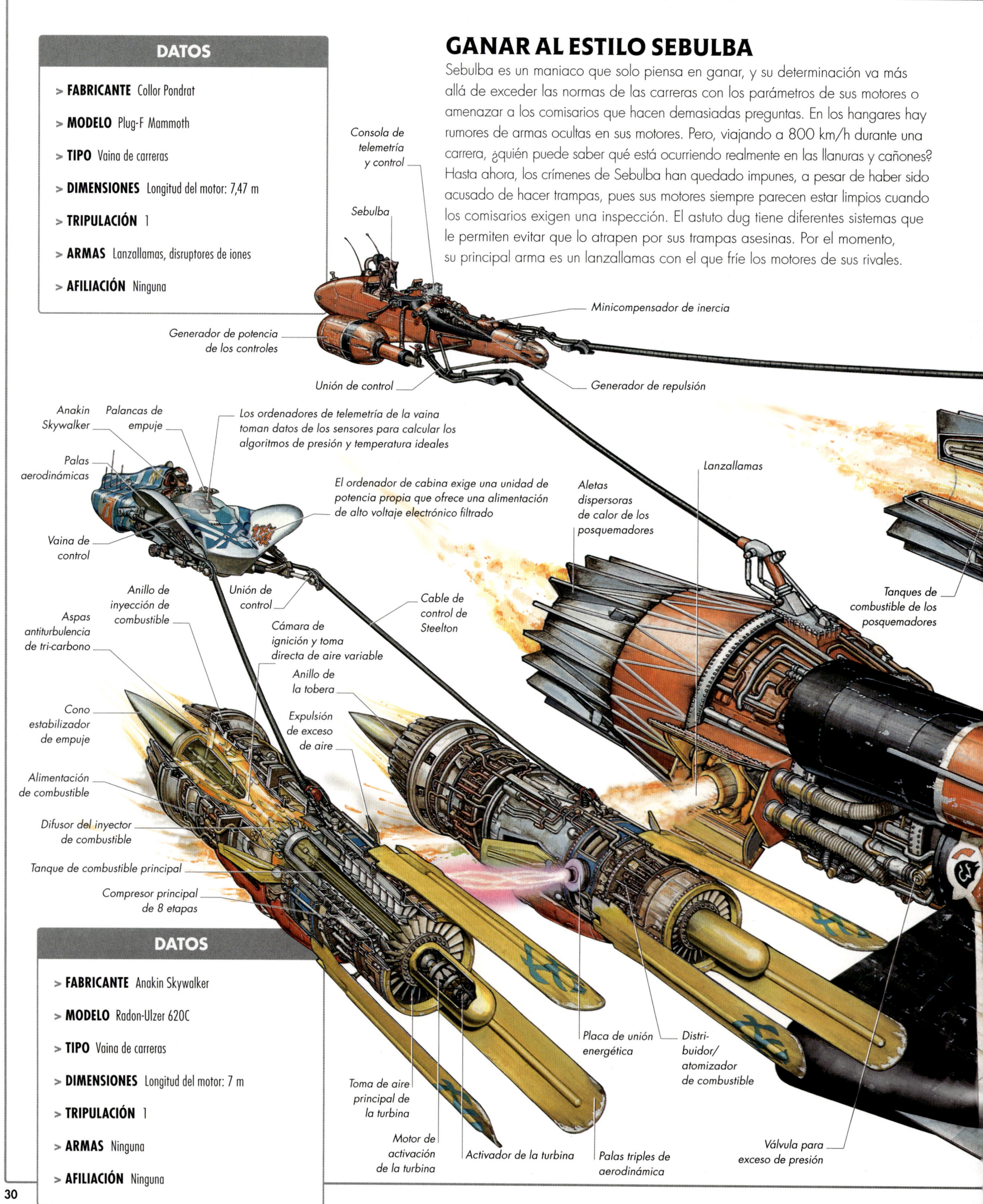

DATOS

- **FABRICANTE** Collor Pondrat
- **MODELO** Plug-F Mammoth
- **TIPO** Vaina de carreras
- **DIMENSIONES** Longitud del motor: 7,47 m
- **TRIPULACIÓN** 1
- **ARMAS** Lanzallamas, disruptores de iones
- **AFILIACIÓN** Ninguna

GANAR AL ESTILO SEBULBA

Sebulba es un maniaco que solo piensa en ganar, y su determinación va más allá de exceder las normas de las carreras con los parámetros de sus motores o amenazar a los comisarios que hacen demasiadas preguntas. En los hangares hay rumores de armas ocultas en sus motores. Pero, viajando a 800 km/h durante una carrera, ¿quién puede saber qué está ocurriendo realmente en las llanuras y cañones? Hasta ahora, los crímenes de Sebulba han quedado impunes, a pesar de haber sido acusado de hacer trampas, pues sus motores siempre parecen estar limpios cuando los comisarios exigen una inspección. El astuto dug tiene diferentes sistemas que le permiten evitar que lo atrapen por sus trampas asesinas. Por el momento, su principal arma es un lanzallamas con el que fríe los motores de sus rivales.

DATOS

- **FABRICANTE** Anakin Skywalker
- **MODELO** Radon-Ulzer 620C
- **TIPO** Vaina de carreras
- **DIMENSIONES** Longitud del motor: 7 m
- **TRIPULACIÓN** 1
- **ARMAS** Ninguna
- **AFILIACIÓN** Ninguna

PILOTOS RIVALES

La gran Clásica de Boonta Eve, en Tatooine, es una leyenda entre los pilotos de vainas. Aquí se reúnen pilotos de sistemas estelares lejanos para poner a prueba su destreza y sus motores frente a los mejores, en un entorno no tocado por la civilización y sus normas. En la Boonta Eve se puede ver a los pilotos más decididos, las relaciones de potencia más extremadas, los motores experimentales más increíbles (ilegales en cualquier otro lugar) y las tácticas más solapadas de este deporte. Es en este escenario que un niño de nueve años llamado Anakin Skywalker desafía toda probabilidad con una vaina construida por él mismo.

TAMAÑO Y RENDIMIENTO

Los pilotos suelen buscar la potencia a través de un mayor tamaño, explotando lagunas en los reglamentos para competir con motores cada vez más grandes y con subsistemas añadidos que aumentan su rendimiento. Los motores de Anakin son increíbles porque ha logrado un gran rendimiento a partir de motores más pequeños que los de los demás. Todo procede de su radical sistema de atomización e inyección, con múltiples encendidos a lo largo del sistema para obtener la máxima ignición de cada onza de combustible. De hecho, todo el motor es un gran posquemador una vez en marcha; este sistema, no obstante, funciona dentro de unos márgenes muy delicados y puede inundarse de combustible si se lo fuerza antes de ponerlo a toda potencia, como Anakin comprueba al principio de la carrera.

Anakin ha modificado el ordenador de su vaina para obtener lecturas detalladas de las fluctuaciones energéticas, lo que le permite hacer rápidos ajustes en sus motores.

ATRAPAR EL VIENTO

Una de las modificaciones más inteligentes que Anakin ha hecho en los motores son las aspas triples alrededor de cada turbina. Estos «spoilers» otorgan un control adicional en los giros. Anakin tuvo que esperar mucho hasta hallar placas de metal y un sistema hidráulico lo bastante resistente como para llevar a cabo su idea. Los soportes son de fabricación tyriana y proceden de un lote de excedentes militares que Watto compró a un traficante de armas del Borde Exterior.

CREACIÓN DE ANAKIN

Anakin creó sus motores a partir de unos motores de carreras Radon-Ulzer que Watto consideró demasiado usados como para quedárselos. Anakin los recableó por completo y redirigió la distribución de combustible, con un nuevo subsistema que inyecta mucho más durante la secuencia de combustión, para darle mayor impulso.

HERRAMIENTAS DEL MAL

Tras el proyector de campo de invisibilidad hay compartimentos con equipo para las misiones de Darth Maul. Droides exploradores flotantes «ojo oscuro», una moto deslizadora, dispositivos de espionaje, vigilancia y de tortura, droides de interrogación, bombas, minas y tecnología de escuchas son parte del arsenal del Señor del Sith, y a Darth Maul nunca le falta equipo. Gracias a su entrenamiento Sith, Maul no depende demasiado de la tecnología, pero mantiene el infiltrador equipado con la tecnología más avanzada para maximizar su poder.

EL ENEMIGO INVISIBLE

Los campos de invisibilidad se consideraron teóricos hasta el descubrimiento de los raros cristales de estigio en el planeta del Borde Exterior Aeten II, volcánicamente turbulento. Un campo de invisibilidad es un arma terrorífica, ya que permite burlar casi cualquier sistema de seguridad y cometer sabotajes, robos y asesinatos de un modo impune.

Generador de campo de camuflaje

Cubierta del generador de campo de camuflaje

Soportes para los cristales de estigio

La moto deslizadora de Darth Maul se despliega por la puerta de carga inferior

Almacén para venenos, armas mortales, espadas y otros dispositivos perversos

Cubo para desechos

Canal de acceso al generador de campo de camuflaje y a partes de la bodega

Los droides «ojo oscuro» se activan por control remoto

El panel de carga desplegable se abre para acceder a los objetos

Tren de aterrizaje

Paneles radiadores

Caché de sobrecarga

INFILTRADOR SITH

Durante siglos de acciones secretas contra los Jedi, los aprendices de Sith han mantenido una tradición de naves espaciales especiales para sus perversas misiones, los infiltradores Sith. La temible nave de Darth Maul, llamada *Cimitarra*, es la última de este antiguo linaje de naves oscuras, y, quizás, el infiltrador Sith más peligroso jamás construido. Capaz de aparecer y desaparecer como una sombra, oculta en su característica proa alargada un formidable mecanismo de ocultación total, una maravilla tecnológica que le otorga invisibilidad. El infiltrador es una versión personalizada de una nave de correo estelar, producto del taller del genio tecnológico Raith Sienar, con cañones láser, sistemas de sensores extensibles y un sistema experimental de motores iónicos de alta temperatura que requiere grandes paneles radiadores que se pliegan durante los aterrizajes. Maul emplea sus formidables capacidades para obtener información secreta, planear sabotajes y dar caza a individuos señalados por cualquier parte de la galaxia. Esta nave, letal y escurridiza, es una adecuada extensión de las increíbles habilidades de su piloto Señor del Sith.

TECNOLOGÍA POCO ORTODOXA

El correo armado en el que está basado el infiltrador es un producto del laboratorio de Proyectos Avanzados de Raith Sienar, que experimenta con tecnologías poco ortodoxas para naves espaciales. Los diseños de Sienar suelen incorporar armas incluso en naves creadas con propósitos pacíficos.

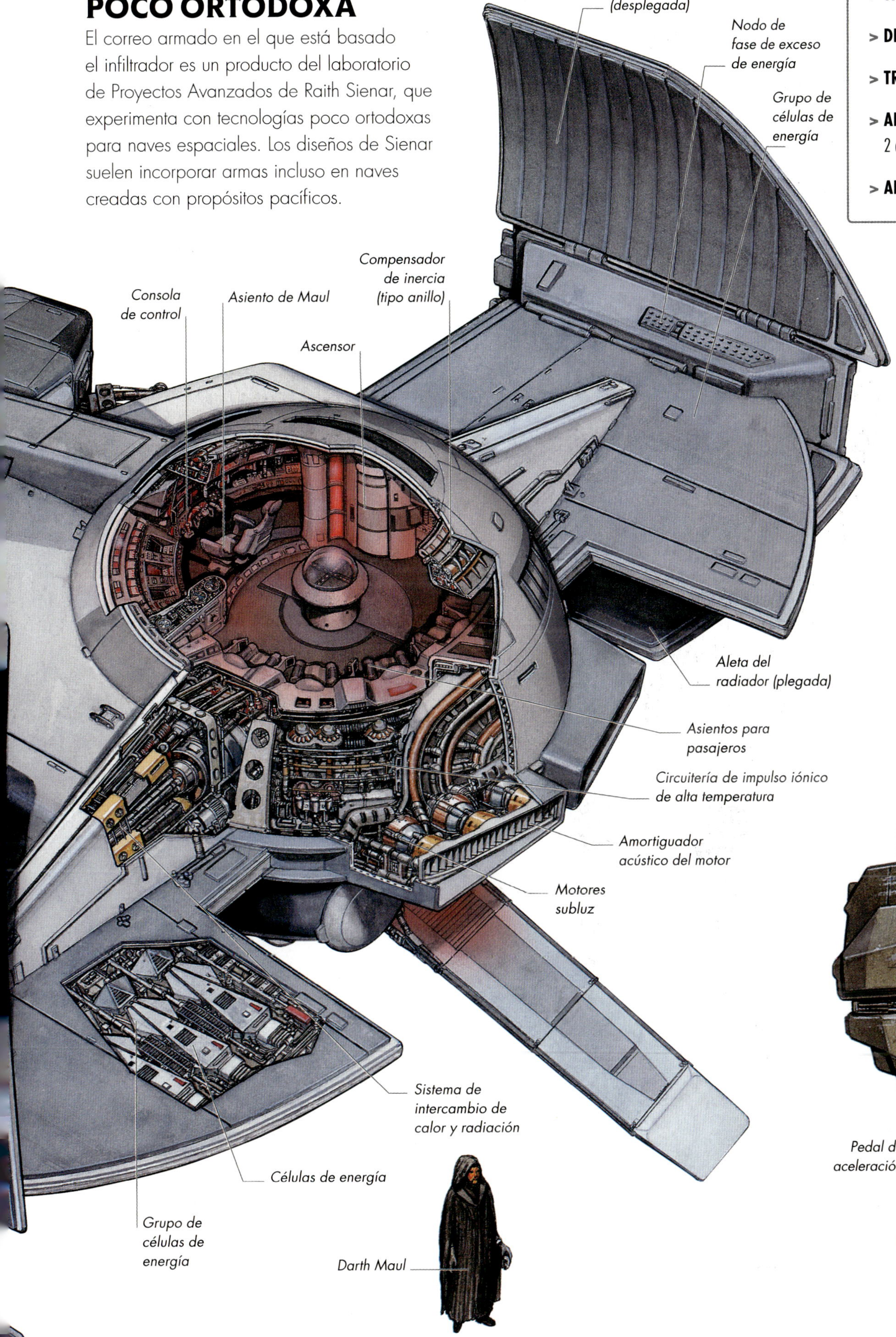

DATOS

> **FABRICANTE** Sistemas Sienar de la República
> **MODELO** Correo estelar modificado
> **TIPO** Lanzadera
> **DIMENSIONES** Longitud: 26,5 m
> **TRIPULACIÓN** 1 (y hasta 6 pasajeros)
> **ARMAS** 6 cañones láser de perfil bajo (4 originales, 2 añadidos), 1 lanzador de torpedos de protones
> **AFILIACIÓN** Sith

SIENAR: LEGADO Y DESTINO

A veces se murmura que Raith Sienar está volcado en el desarrollo de las letales naves de una nueva armada espacial que imponga la ley en un nuevo orden galáctico. De hecho, la empresa de Raith Sienar se convertirá en Sistemas de Flota Sienar, famosa y temida en toda la galaxia durante los años del Imperio. El laboratorio de Proyectos Avanzados de Sienar creará un día un caza TIE único, con un diseño que recordará al infiltrador, y que pilotará uno de los sucesores de Maul, Darth Vader.

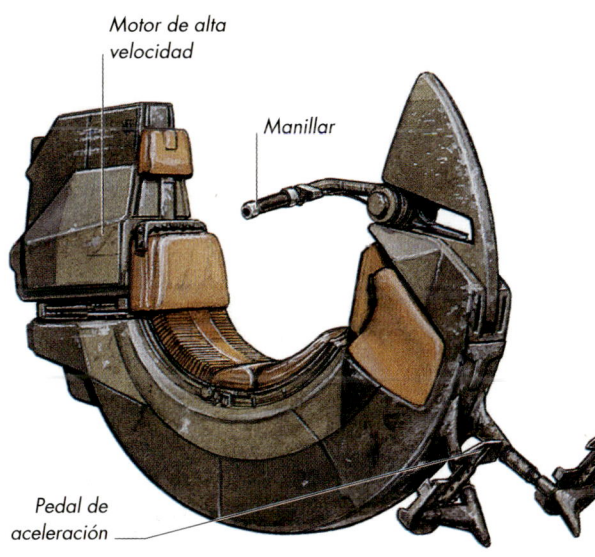

MOTO DESLIZADORA

Desarmada, su único equipo especial es un motor de alta aceleración con el que alcanza velocidades sorprendentes y hace giros asombrosos. El diseño abierto ofrece una excelente visibilidad.

DROIDE BUITRE

Los cazas estelares que despliegan las naves de combate de la Federación de Comercio son droides, no máquinas pilotadas por seres vivos. Los droides buitre, que descienden en gigantescos enjambres sobre sus enemigos, vuelan por el espacio con una furia enloquecedora, y son objetivos escurridizos y enemigos letales para sus oponentes vivos. Los controla una señal continua del ordenador de la nave de control de droides, que sigue individualmente a cada caza y emite pulsos en el procesador de cada droide de combate. El receptor de la señal, y cerebro informático a bordo, está en la «cabeza» del caza, y dos huecos para sensores son sus «ojos».

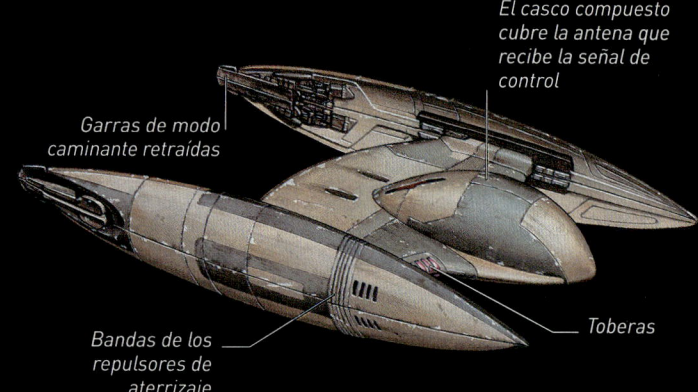

El casco compuesto cubre la antena que recibe la señal de control
Garras de modo caminante retraídas
Toberas
Bandas de los repulsores de aterrizaje

MODOS DE ATAQUE Y VUELO

El droide buitre es uno de los cazas estelares automatizados más sofisticados jamás construidos, armados con cuatro cañones láser y dos lanzadores de misiles de energía que les dan más potencia de fuego de la que les corresponde por tamaño. Para proteger y ocultar sus cañones láser, el droide buitre retrae sus alas en modo vuelo (arriba). En esta configuración, el droide oculta su naturaleza militar, lo que le permite tomar por sorpresa al rival. Cubrir las armas cuando no se usan las protege también de micropartículas y de la corrosión atmosférica. Esto mejora ligeramente su precisión, un esfuerzo típico de la Compañía de Ingeniería Haor Chall.

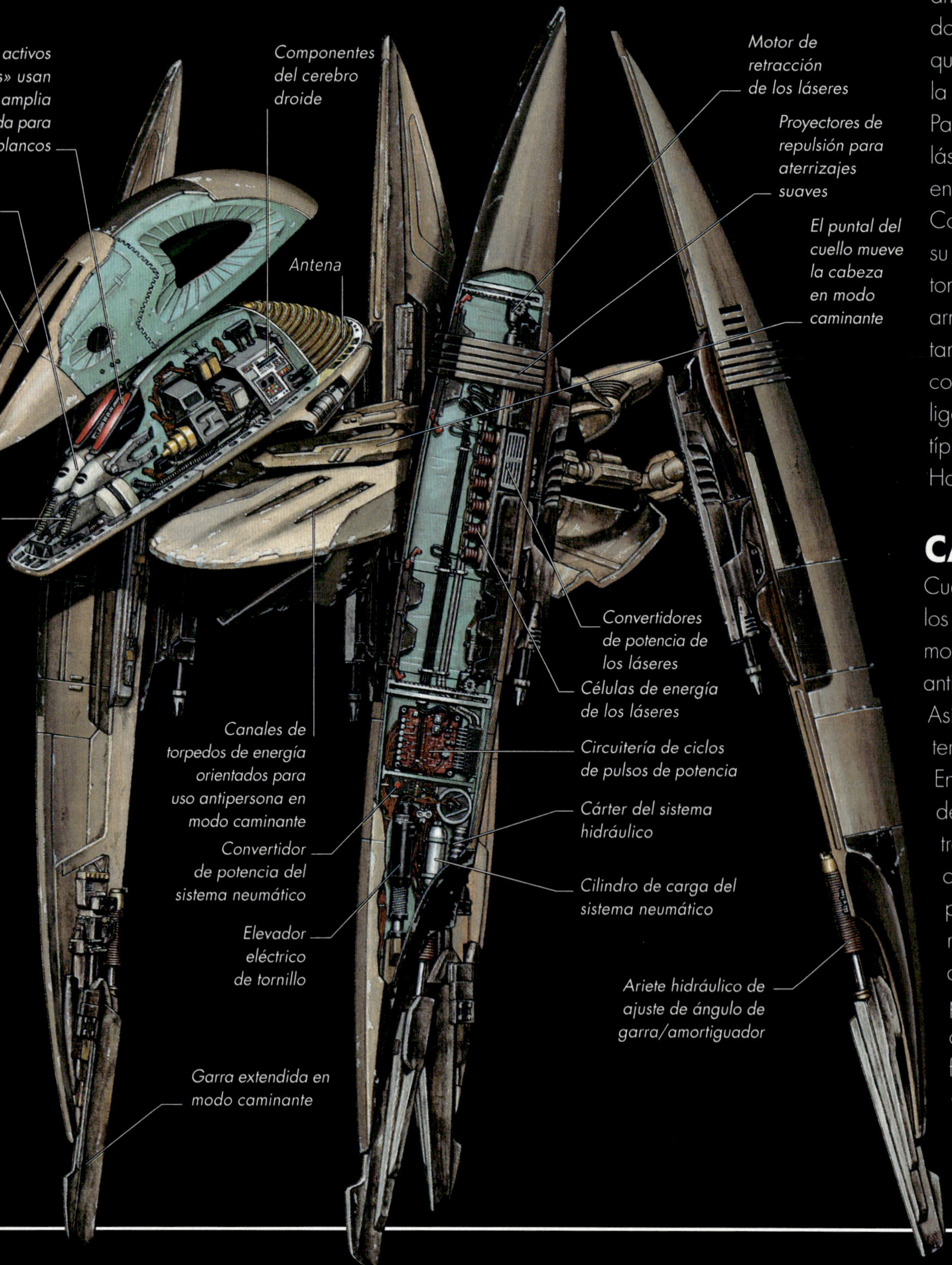

CAZAS CAMINANTES

Cuando aterrizan en territorio enemigo, los cazas droide se reconfiguran en modo caminante, usando sus repulsores antigravedad para aterrizar suavemente. Así pueden servir como centinelas del territorio que han ayudado a someter. En modo patrulla caminante pueden despegar para perseguir naves que tratan de huir con la misma facilidad con que pueden ametrallar a la población de «futuros clientes» que se resista. Inquietantes, desgarbados y altísimos, provocan tanto terror como potencia de fuego poseen. Un droide caza en modo patrulla es una imagen fantasmal: una máquina de matar sin voluntad, dirigida por una inteligencia remota.

Los sensores activos de los «ojos» usan radiación de amplia longitud de onda para localizar blancos
Sensores visuales
Puertos principales de sensores
Sensores magnéticos de imagen
Componentes del cerebro droide
Antena
Motor de retracción de los láseres
Proyectores de repulsión para aterrizajes suaves
El puntal del cuello mueve la cabeza en modo caminante
Convertidores de potencia de los láseres
Células de energía de los láseres
Canales de torpedos de energía orientados para uso antipersona en modo caminante
Circuitería de ciclos de pulsos de potencia
Cárter del sistema hidráulico
Convertidor de potencia del sistema neumático
Cilindro de carga del sistema neumático
Elevador eléctrico de tornillo
Ariete hidráulico de ajuste de ángulo de garra/amortiguador
Garra extendida en modo caminante

DATOS

- **FABRICANTE** Ingeniería Haor Chall
- **MODELO** Clase Buitre
- **TIPO** Caza estelar droide
- **DIMENSIONES** Longitud (de punta a punta de las alas): 3,5 m
- **TRIPULACIÓN** Cerebro droide automatizado dirigido por control remoto
- **ARMAS** 2 cañones bláster gemelos, 2 lanzadores de torpedos de energía
- **AFILIACIÓN** Federación de Comercio, separatistas

Surcando el espacio en rápidas formaciones cerradas, los cazas droide tienen una ventaja letal sobre sus oponentes vivos.

ALMACÉN COLONIA DE CAZAS DROIDE

Apretadas hileras de cazas droide cuelgan de raíles en el techo de los hangares exteriores de las naves de combate de la Federación de Comercio, lejos de las actividades del hangar. Conectados a una línea de alimentación de alto voltaje, zumban mientras se recargan a su máxima capacidad gracias a los reactores de la nave nodriza. Cada cierto tiempo, naves individuales colgadas ponen a prueba sus sistemas, desplegando sus alas y moviendo sus cabezas como una colonia de Depredadores al acecho pendiendo del techo de una cueva.

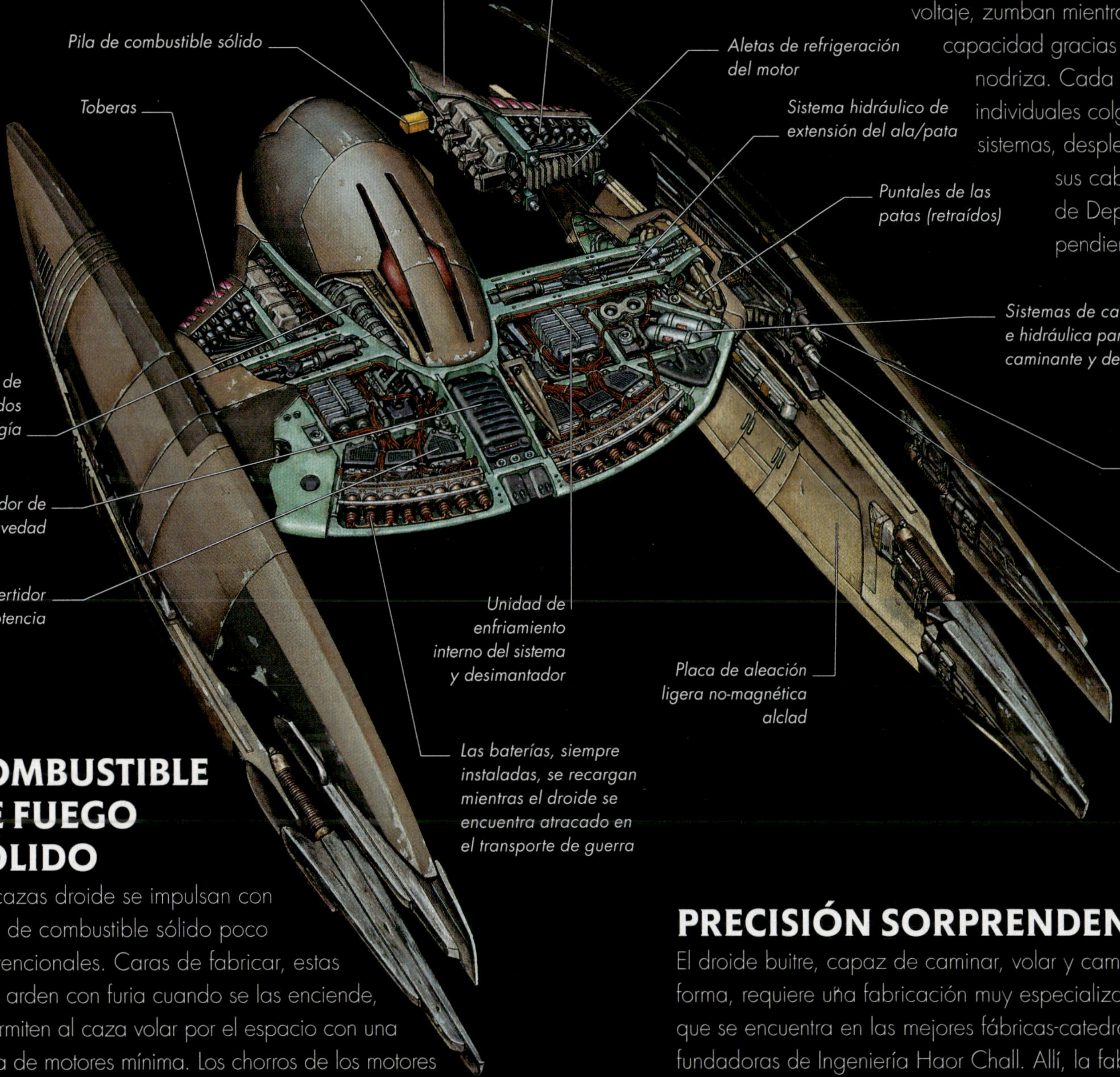

Módulo del motor (desmontado para repostaje)

Cámara para pilas de combustible sólido

Pila de combustible sólido

Toberas

Las toberas dirigen electromagnéticamente el vector de propulsión

Aletas de refrigeración del motor

Sistema hidráulico de extensión del ala/pata

Puntales de las patas (retraídos)

Sistemas de carga neumática e hidráulica para movimiento de caminante y despliegue de alas

Cañón de torpedos de energía

Generador de antigravedad

Convertidor de potencia

Unidad de enfriamiento interno del sistema y desimantador

Las baterías, siempre instaladas, se recargan mientras el droide se encuentra atracado en el transporte de guerra

Placa de aleación ligera no-magnética alclad

Láseres de ataque en vuelo

Supresor de fogonazo del láser

COMBUSTIBLE DE FUEGO SÓLIDO

Los cazas droide se impulsan con pilas de combustible sólido poco convencionales. Caras de fabricar, estas pilas arden con furia cuando se las enciende, y permiten al caza volar por el espacio con una masa de motores mínima. Los chorros de los motores se dirigen electromagnéticamente para dirigir el caza. El sistema de combustible sólido limita el tiempo de combate de los cazas, pero son tantos que se los puede hacer regresar a sus soportes para recargarlos.

PRECISIÓN SORPRENDENTE

El droide buitre, capaz de caminar, volar y cambiar de forma, requiere una fabricación muy especializada, como la que se encuentra en las mejores fábricas-catedral de Xi-Char, fundadoras de Ingeniería Haor Chall. Allí, la fabricación de alta precisión es una práctica religiosa con miles de adeptos. A los iniciados no les importa el uso que se haga de sus letales creaciones, lo que los convierte en peones ideales para los oscuros propósitos de la Federación de Comercio.

NAVE DE CONTROL DROIDE

Desde las primeras etapas, el comité de armamento de la Federación de Comercio planeó usar su flota comercial de enormes cargueros LH-3210 de clase Lucrehulk para transportar armamento militar. Conocidos por millones de oficiales y personal civil, los típicos cargueros de la Federación de Comercio se habían construido a lo largo de años y habían transportado cargamento a las estrellas más lejanas de la galaxia, parte de su extenso mercado. Estas naves, aparentemente inofensivas y lentas, esconden ahora en sus hangares el ejército secreto destinado a cambiar las reglas del comercio. Hacia el final de la construcción del proyecto, los neimoidianos habían creado a partir de ellas una temible flota de naves de combate.

DATOS

- **FABRICANTE** Hoersch-Kessel Drive Inc.
- **MODELO** LH-3210 de clase Lucrehulk
- **TIPO** Nave de combate
- **DIMENSIONES** Diámetro: 3170 m
- **TRIPULACIÓN** 60 supervisores; 3000 droides tripulantes; 200 000 droides de mantenimiento
- **ARMAS** 42 cañones láser cuádruples
- **AFILIACIÓN** Federación de Comercio

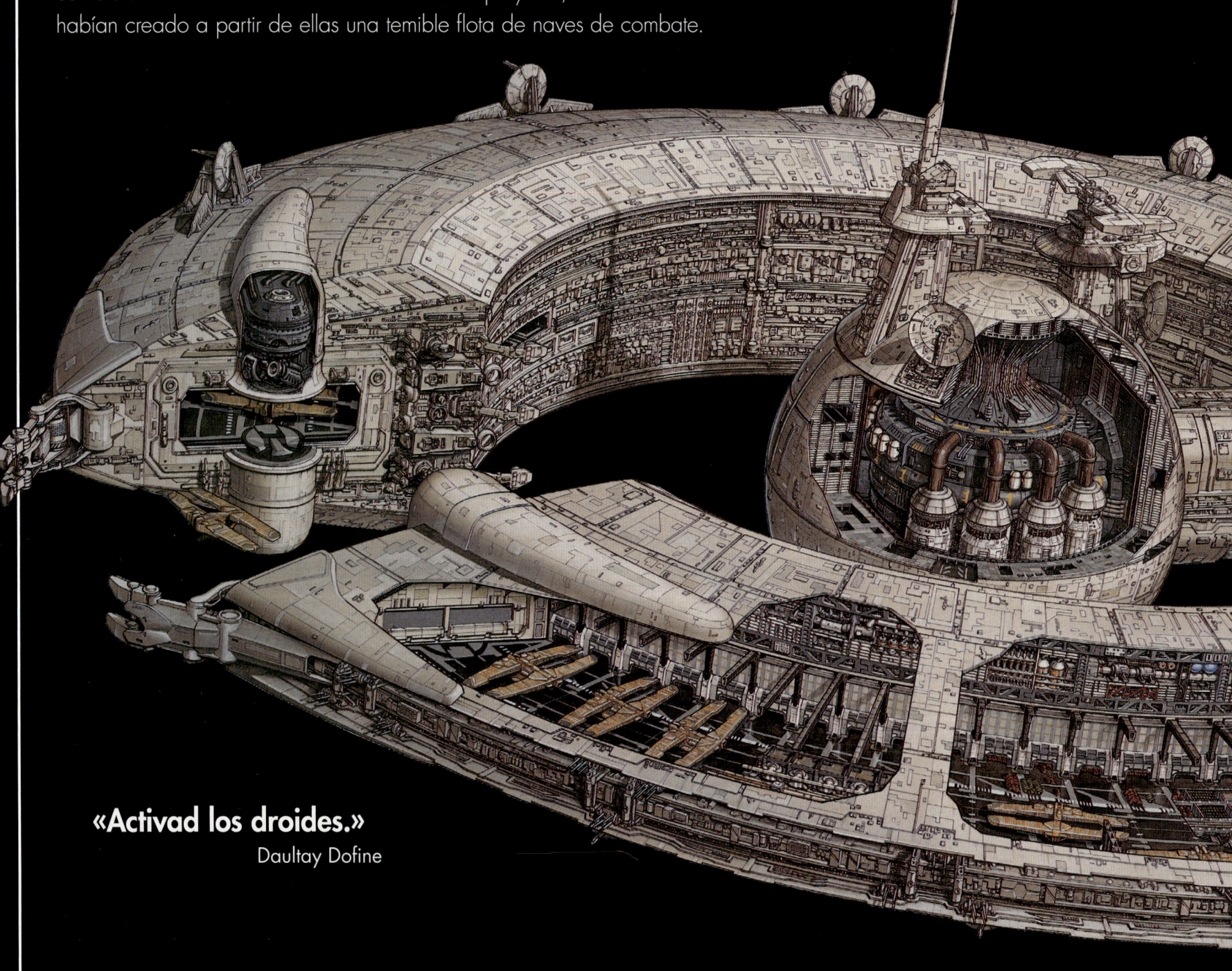

«Activad los droides.»
Daultay Dofine

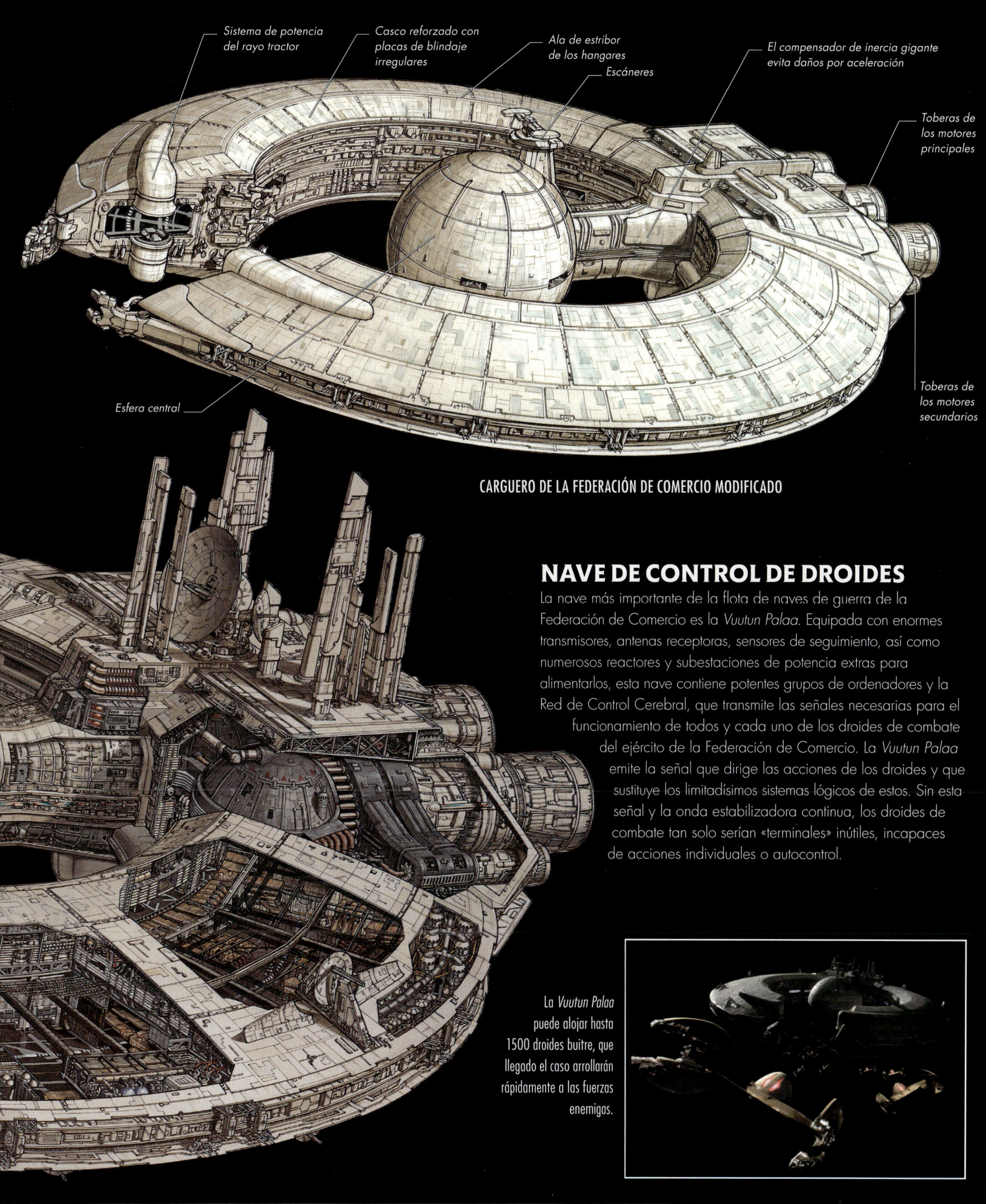

- Sistema de potencia del rayo tractor
- Casco reforzado con placas de blindaje irregulares
- Ala de estribor de los hangares
- Escáneres
- El compensador de inercia gigante evita daños por aceleración
- Toberas de los motores principales
- Toberas de los motores secundarios
- Esfera central

CARGUERO DE LA FEDERACIÓN DE COMERCIO MODIFICADO

NAVE DE CONTROL DE DROIDES

La nave más importante de la flota de naves de guerra de la Federación de Comercio es la *Vuutun Palaa*. Equipada con enormes transmisores, antenas receptoras, sensores de seguimiento, así como numerosos reactores y subestaciones de potencia extras para alimentarlos, esta nave contiene potentes grupos de ordenadores y la Red de Control Cerebral, que transmite las señales necesarias para el funcionamiento de todos y cada uno de los droides de combate del ejército de la Federación de Comercio. La *Vuutun Palaa* emite la señal que dirige las acciones de los droides y que sustituye los limitadísimos sistemas lógicos de estos. Sin esta señal y la onda estabilizadora continua, los droides de combate tan solo serían «terminales» inútiles, incapaces de acciones individuales o autocontrol.

La *Vuutun Palaa* puede alojar hasta 1500 droides buitre, que llegado el caso arrollarán rápidamente a las fuerzas enemigas.

NAVE DE CONTROL DROIDE (CONT.)

CONVERSIÓN PARA LA GUERRA

Las naves reconvertidas llevan un equipamiento inusual para los cargueros, como poderosas baterías cuádruples de cañones láser diseñadas para destruir cazas enemigos que ataquen los transportes del ejército. Estas baterías rotan hacia dentro cuando no se emplean, ocultando su auténtica naturaleza hasta que los neimoidianos deseen desvelar sus intenciones de guerra a desprevenidos «futuros clientes». Aunque los hangares de carga y los soportes superiores de las zonas interiores eran suficientes para el transporte de ejércitos de tierra secretos, hubo que instalar soportes electrificados en las zonas altas de los hangares exteriores para alojar las peligrosas colonias de cazas droide, que se alimentan de potencia de estos armazones hasta su lanzamiento.

Cada nave de control posee 42 emplazamientos de turboláseres cuádruples. Cuando los sensores rastrean las naves enemigas, los ordenadores ajustan automáticamente las torretas para disparar sobre los blancos más estratégicos.

COMPROMISOS CIVILES

Aunque la flota de cargueros de la Federación de Comercio era perfecta para ocultar la existencia del ejército secreto y transportarlo sin problemas hasta sus puntos de despliegue, sus orígenes comerciales limitaban su actuación como «naves de guerra». Equipadas con numerosas armas a lo largo de su franja ecuatorial, las naves tienen una considerable potencia de fuego pero con cobertura limitada, y grandes áreas de la nave quedan sin defensa. Los enjambres de cazas droide de a bordo resultan, pues, esenciales para defender las naves de ataques de cazas.

Los hangares del anillo interior proporcionan zonas de atraque para transbordadores de funcionarios, diplomáticos en misiones comerciales, mercaderes y burócratas

Brazos de atraque secundarios de varios tipos sirven para que toda una gama de naves espaciales pueda atracar

Generador principal del rayo tractor

Varios proyectores de rayo tractor guían a naves de distintos tamaños hacia un aterrizaje seguro en el hangar exterior

El punto de toma en el hangar proporciona la señal para un atraque automático de naves visitantes

Abrazadera reforzada para la garra principal de atraque

Ensamblaje rotativo de la garra de atraque principal

La nave de desembarco C-9979, guiada por la antena de rayo tractor, enciende en este punto su propulsión propia

Las garras de atraque principales se cierran sobre colosales barcazas de carga para transferir cargamentos

Los rotadores permiten esconder las baterías cuádruples de láser

Baterías cuádruples de láser en posición de disparo

A máxima capacidad, la nave de control puede transportar 50 C-9979, 550 MTT, 6250 AAT y más de 329 000 droides de combate.

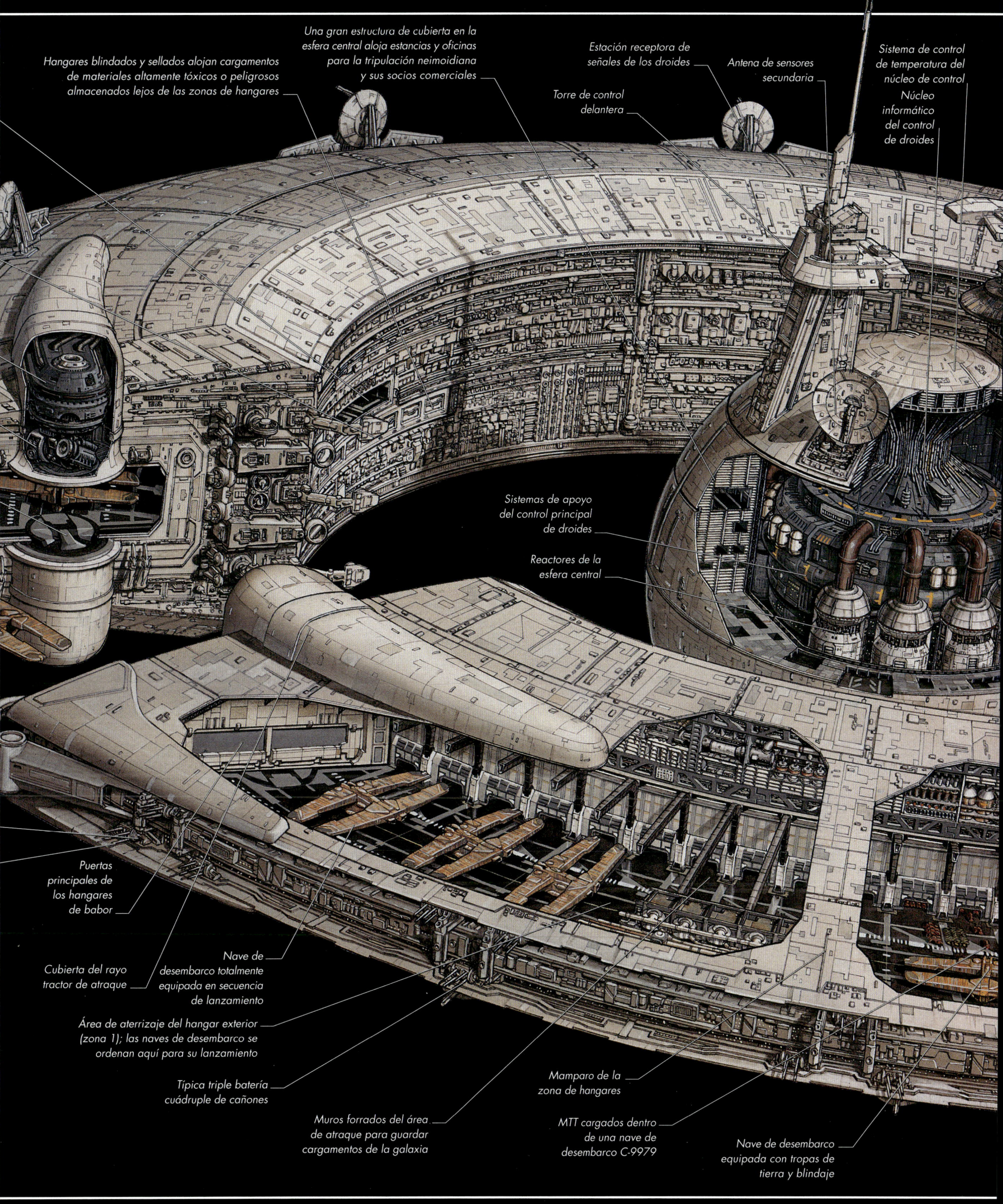

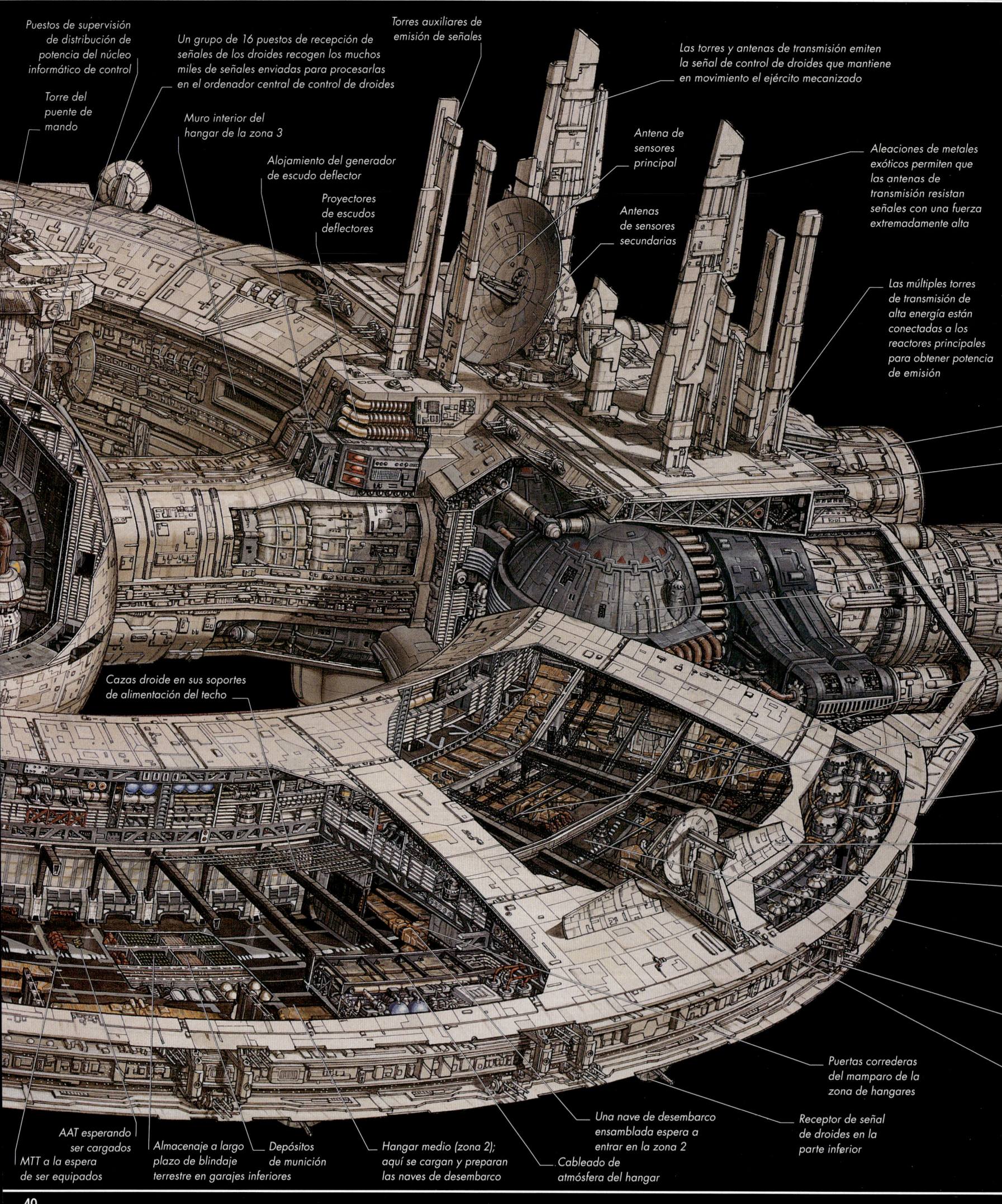

NAVE DE CONTROL DROIDE (CONT.)

LA MANO TRAS EL EJÉRCITO SECRETO

Aunque se sabe que la Federación de Comercio es una codiciosa y astuta organización de mercaderes, el uso de ejércitos para aumentar sus beneficios no encaja con su naturaleza cobarde. En la sombra, el líder de la Federación, Nute Gunray, está confabulado con la antigua y supuestamente extinta Orden Sith, un grupo de usuarios de la Fuerza del lado oscuro, que ha estado manipulando a la Federación para desarrollar su plan de hacerse con el control de la galaxia.

Hay dos reactores principales, uno a estribor y otro a babor. Sus potentes escudos y su fortificada ubicación aseguran a los neimoidianos que el fuego enemigo no pueda dañarlos.

- Artillería de defensa de la plataforma de transmisiones
- Plataforma de transmisiones de señal
- Cámara de combustión del motor principal
- Reactor principal de babor
- Bases de naves de desembarco en los soportes de techo
- Fuselaje de nave de desembarco en los soportes de techo
- Cabeza del reactor piloto
- Los paneles de aumento de recepción de la señal minimizan los ruidos y las interferencias
- Ensamblaje de bombas de combustible y estabilizadores de presión del reactor piloto
- Las grúas ayudan a ensamblar los componentes de las naves de desembarco
- Baterías defensivas en la línea central
- Hangar interior (zona 3); aquí se ensamblan los componentes de las naves de desembarco

Sabiendo que la clave para vencer a las fuerzas de droides en Naboo es destruir la nave que los controla, los pilotos del Cuerpo de Cazas Espaciales de Naboo concentran sus ataques sobre la *Vuutun Palaa*. La destrucción de la nave conlleva la desactivación del ejército de la Federación de Comercio.

POSICIÓN NEUTRAL

Una década después del bloqueo de Naboo, estalla en la galaxia un violento conflicto conocido como las Guerras Clon. Con un ejército clon convenientemente preparado para defenderla, la República se enfrenta a los separatistas, un conjunto de mundos unificados por el carismático conde Dooku que se han separado del gobierno galáctico. Durante este periodo turbulento, si bien la Federación de Comercio expresa públicamente su neutralidad y conserva su puesto en el Senado Galáctico, secretamente proporciona sus fuerzas droides a los separatistas. Aprendiendo de los errores de diseño de una década atrás, los nuevos droides de combate B1 no dependen de la señal de una nave de control droide para funcionar, y pueden operar de manera independiente.

Durante los últimos días de las Guerras Clon, muchos cargueros de clase Lucrehulk forman parte de la flota separatista que ataca la capital de la República, Coruscant.

FLOTA SEPARATISTA

La flota separatista recibe también muchos cargueros de clase Lucrehulk, que son actualizados con el añadido de más turboláseres que los que tenían sus predecesores usados durante el bloqueo de Naboo. Pintadas con los colores separatistas, estas naves de combate son formidables, pero tienen ciertos ángulos vulnerables que pueden ser explotados por los cazas de la República.

EL MEJOR AMIGO DE UN PILOTO

El droide astromecánico de a bordo, del tipo R2 estándar, gestiona los sistemas durante el vuelo, optimiza el rendimiento del mismo y ofrece ciertas capacidades de reparación. La configuración droide-piloto es ideal para pequeños cazas espaciales y seguirá siéndolo en generaciones venideras.

ARTE Y DISEÑO

Aunque las «colas de rata» que rematan las toberas parezcan florituras de diseño, son parte del sistema mejorado de motores ideado por los ingenieros del palacio de Theed. Estas agujas son dispersores de calor, por los que circula refrigerante que disipa las altas temperaturas de los motores Nubian. La configuración del motor perfeccionada en Naboo quema combustible a más temperatura de lo normal para ser más limpia, pues los habitantes de Naboo se preocupan de no contaminar su entorno. Las elegantes agujas en que se colocaron los dispersores de calor son un ejemplo de la perfecta conjunción de arte e ingeniería propia de los mejores diseños de Naboo.

Colector de carga de potencia

Interfaz del ordenador de combate

Receptor de señal electromagnética

Ordenador de la unidad R2

Droide astromecánico R2; los sistemas y el ordenador de la nave se conectan a la cabeza y cuerpo del droide desde dentro

Cúpula (se desliza hacia adelante para abrirse)

Anakin Skywalker

Nodo de potencia

Compensador de inercia

Pinzas para las patas de la unidad R2

A fin de que encaje en la pequeña fosa para droides del N-1, la unidad R2 se introduce desde abajo. Sus patas se recogen ligeramente y la cabeza se extiende hacia arriba para aparecer detrás del piloto

Sistemas de soporte vital

Células de energía

Tren de aterrizaje

Anakin Skywalker se esconde en la cabina de un caza estelar de Naboo para evitar que los droides de combate le disparen. Pero cuando el piloto automático del caza se activa, Anakin y R2-D2 se ven lanzados al espacio.

Aguja del dispersor de calor

Dispersor de calor del motor

Cámara de combustión modificada para altas temperaturas

Estructura y soporte del motor

Alimentación de combustible

Cámara de ionización

Cableado de sensores

Distribuidor de presión

Telémetros binoculares, sensores de vuelo y sistema de puntería

COLA DE RATA DE ALTO VOLTAJE

La aguja «cola de rata» central, que se proyecta más allá de la popa del N-1, es un componente crucial que une la nave a los sistemas de los hangares de palacio mediante un enchufe integrado oculto bajo el revestimiento protector trasero de la nave. El objetivo principal de esta aguja es recibir carga de energía de alto voltaje suministrada por los generadores de palacio para activar los sistemas de la nave. A cada lado del enchufe, bajo el revestimiento del caza, se pueden ver grandes convertidores y transformadores. El propósito secundario de la aguja es recibir o enviar datos codificados del o al ordenador de combate de palacio. Este ordenador solo descarga los datos en la sala de seguridad principal y a través de estos enchufes, lo que evita que ningún espía pueda adquirir inteligencia militar de palacio. El ordenador de combate transfiere todas las coordenadas de la batalla y los planes y estrategias a los cazas, lo que permite a los pilotos concentrarse en los sistemas de su nave mientras el ordenador los dirige automáticamente hacia la zona de sus objetivos.

CAZA ESTELAR N-1

El caza estelar real monoplaza de Naboo N-1 es una creación del Cuerpo de Ingeniería de Naves Espaciales del palacio de Theed para las Reales Fuerzas de Seguridad voluntarias de Naboo. Esbelto y ágil, el pequeño N-1 se enfrenta a los agresores con cañones bláster gemelos y una doble carga de torpedos de protones. El N-1, que solo se puede ver en Naboo e incluso allí es infrecuente, utiliza, como la nave estelar real, muchos componentes estándar en la galaxia en un chasis propio que refleja el amor de los habitantes de Naboo por las formas elegantes y artesanales. Los ingenieros de Naboo fabrican algunas partes, como los depósitos de combustible y las antenas de sensores, pero la mayoría del equipamiento de alta tecnología se adquiere en otros mundos más industrializados. Los ingenieros del palacio de Theed, sin embargo, han creado un sistema de motores propio modificando un motor Nubian estándar para reducir emisiones a la atmósfera.

DATOS

> **FABRICANTE** Cuerpo de Ingeniería de Naves Espaciales del palacio de Theed

> **MODELO** N-1

> **TIPO** Caza estelar

> **DIMENSIONES** Longitud: 11 m

> **TRIPULACIÓN** 1 piloto; 1 droide astromecánico

> **ARMAS** 1 cañón láser gemelo, 1 almacén de torpedos de protones con capacidad para 10 torpedos

> **AFILIACIÓN** Reales Fuerzas de Seguridad de Naboo

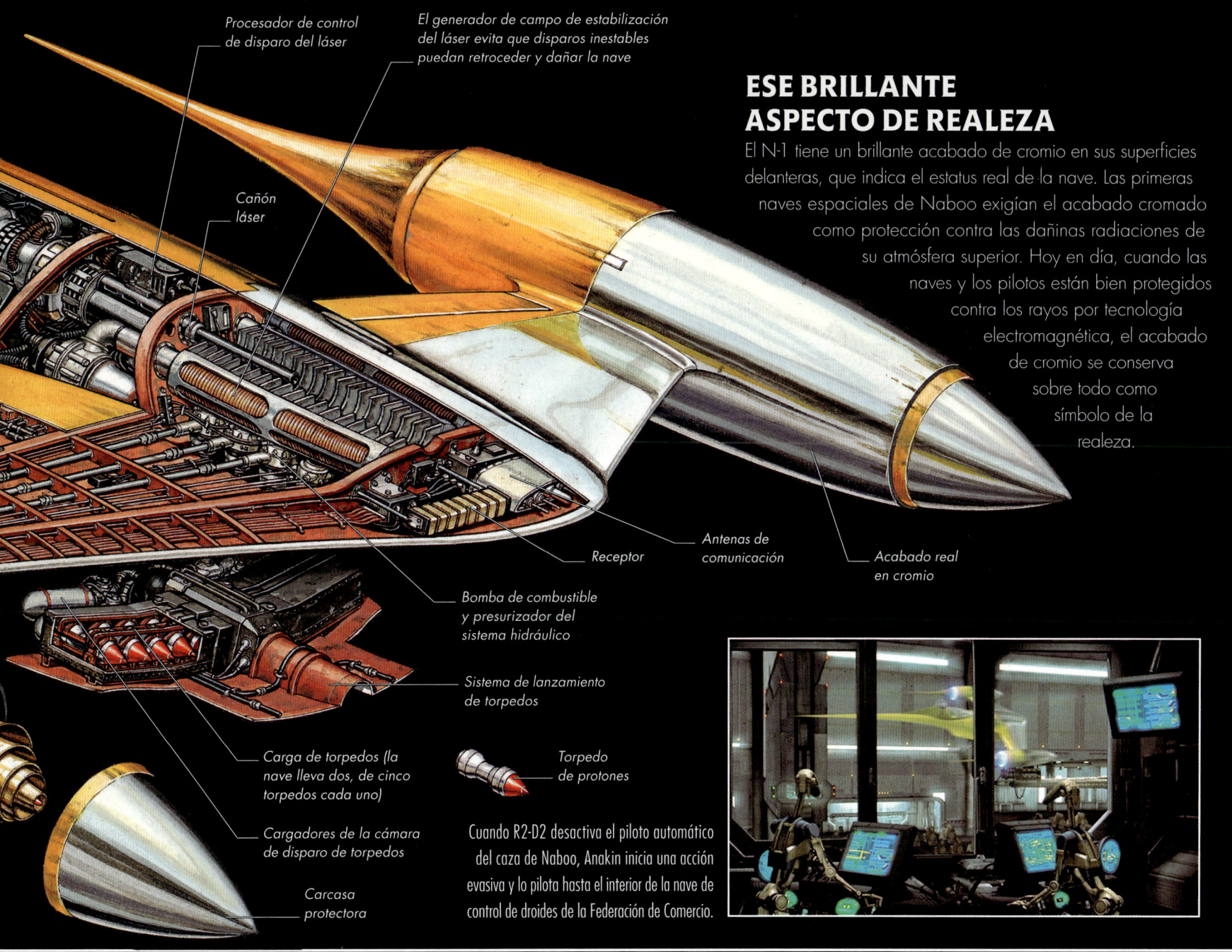

ESE BRILLANTE ASPECTO DE REALEZA

El N-1 tiene un brillante acabado de cromio en sus superficies delanteras, que indica el estatus real de la nave. Las primeras naves espaciales de Naboo exigían el acabado cromado como protección contra las dañinas radiaciones de su atmósfera superior. Hoy en día, cuando las naves y los pilotos están bien protegidos contra los rayos por tecnología electromagnética, el acabado de cromio se conserva sobre todo como símbolo de la realeza.

Procesador de control de disparo del láser

El generador de campo de estabilización del láser evita que disparos inestables puedan retroceder y dañar la nave

Cañón láser

Receptor

Antenas de comunicación

Acabado real en cromio

Bomba de combustible y presurizador del sistema hidráulico

Sistema de lanzamiento de torpedos

Carga de torpedos (la nave lleva dos, de cinco torpedos cada uno)

Torpedo de protones

Cargadores de la cámara de disparo de torpedos

Carcasa protectora

Cuando R2-D2 desactiva el piloto automático del caza de Naboo, Anakin inicia una acción evasiva y lo pilota hasta el interior de la nave de control de droides de la Federación de Comercio.

DEFENSORES DE NABOO

Dado que los naboo son un pueblo pacífico, el Cuerpo de Cazas Estelares se mantiene tanto por tradición como por defensa, y sirve sobre todo como guardia de honor de la nave estelar real. Sin embargo, las Reales Fuerzas de Seguridad de Naboo entrenan en sus N-1 de modo habitual, preparándose para la dignidad de defender a la reina en combate si es necesario, pues proteger a la reina supone también ayudar al gran pueblo libre de Naboo. Cuando la Federación de Comercio ataca Naboo, los pilotos del Cuerpo de Cazas Estelares saben que deben luchar, pese a tener todo en contra, para liberar su planeta.

Aunque el acabado de cromio del N-1 se conserva por tradición y para identificar el estatus real de la nave, las superficies muy reflectantes también sirven para «deslumbrar» a los enemigos, que han de ajustar sus sensores visuales para centrarlos en el N-1.

Hiperimpulsor

La aguja central trasera se conecta con un enchufe en el revestimiento del caza

Depósito de combustible

Cuando entran en combate, los pilotos de Naboo confían en sus años de entrenamiento y en su experiencia en ejercicios de simulación para evitar ser derribados por el fuego enemigo.

STAP

La Plataforma Aérea Monoplaza (STAP) es un ágil dispositivo volador para droides de combate de la Federación de Comercio, y su aspecto es similar al de los repulsores individuales «airhook», usados con fines civiles y militares por toda la galaxia. Capaz de viajar rápido y a través de vegetación densa, la STAP realiza misiones de exploración y caza antipersona en apoyo de las fuerzas principales en la batalla. Células de energía de alto voltaje alimentan a esta compacta máquina para despliegues cortos, tras los cuales han de recargarse.

DATOS

- **FABRICANTE** Talleres de Blindaje Baktoid
- **MODELO** STAP (Plataforma Aérea Monoplaza)
- **TIPO** Moto repulsora
- **DIMENSIONES** Altura: 2,09 m
- **TRIPULACIÓN** 1 piloto
- **ARMAS** 2 cañones bláster
- **AFILIACIÓN** Federación de Comercio, separatistas

Droide de combate con bláster

Las fuerzas de invasión droide son muy vulnerables cuando descargan sus gigantescos transportes. Por eso se despliega rápidamente a las STAP a fin de patrullar la zona.

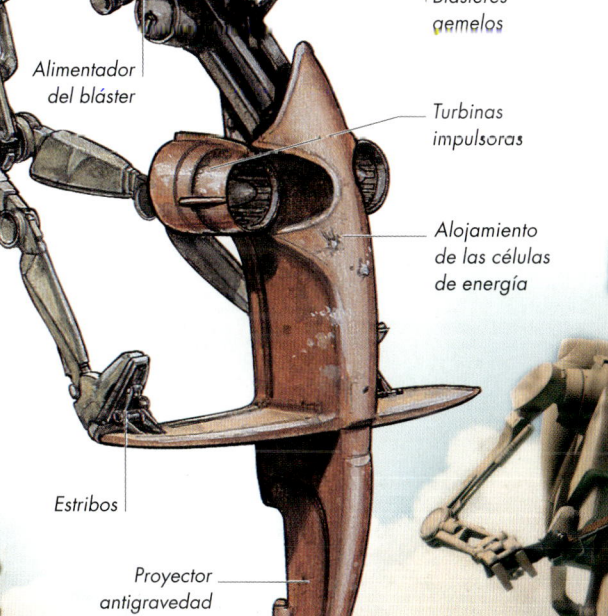

Blásteres gemelos
Alimentador del bláster
Turbinas impulsoras
Alojamiento de las células de energía
Estribos
Proyector antigravedad

Montados en las STAP, los droides de combate sirven como «avistadores» para que la nave de control de droides determine las maniobras en una batalla.

Tras la invasión de Naboo por la Federación de Comercio, los droides de combate B1 exploradores sobrevuelan en STAP las llanuras para reconocer el terreno y enviar los datos a la nave de control.

AAT

Diseñado y construido por los Talleres de Blindaje Baktoid para el ejército secreto de la Federación de Comercio, el AAT (Tanque Blindado de Asalto) transporta una tripulación de cuatro droides de combate, y presenta al enemigo un blindaje pesado y una tremenda potencia de fuego gracias a cinco cañones láser y seis lanzadores de proyectiles energéticos. Su despliegue en Naboo es su primer combate real, pero estos tanques han visto mucha acción en entrenamientos, que los han dejado chamuscados y con cicatrices. El AAT está pensado para combatir de frente en líneas, de ahí su grueso blindaje frontal. En realidad, su morro tiene un blindaje casi completo: está diseñado para atravesar muros con total impunidad.

EN LA CABINA

Un piloto droide guía el AAT y ofrece blancos a los dos artilleros. El piloto usa una cámara estereoscópica que envía información a un escáner-periscopio.

Al ser los vehículos con blindaje más pesado de las fuerzas de la Federación de Comercio, los AAT lideran el avance sobre la capital de Naboo.

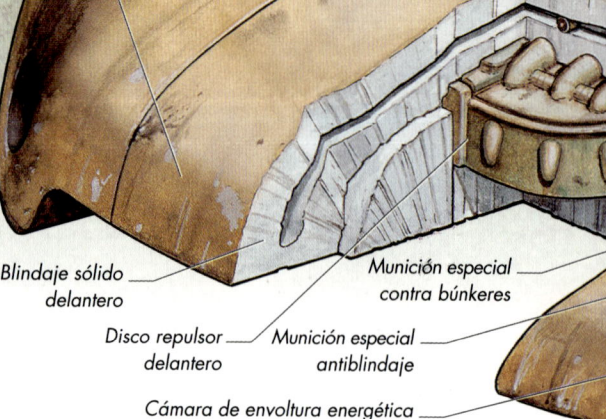

- Cañón láser secundario
- Telémetros
- Cañón láser primario
- Puede transportar hasta seis droides de combate aferrados a los asideros a ambos lados del tanque
- Escotilla delantera: el piloto puede abrirla para tener visión frontal si hay un daño en la cámara
- Piloto de AAT
- Bláster de corto alcance
- Lecturas de datos auxiliares
- Toma de aire de refrigeración
- Placa de blindaje del lanzamisiles
- Ariete delantero de la sección del «pie»
- Blindaje sólido delantero
- Disco repulsor delantero
- Munición especial contra búnkeres
- Munición especial antiblindaje
- Cámara de envoltura energética
- Tubo de lanzamiento

PROYECTILES DE ENERGÍA

Los seis lanzamisiles del AAT disparan varios tipos de munición. Al dispararlos, los proyectiles se envuelven en plasma de alta energía. Esto los acelera, al reducir la fricción, y aumenta drásticamente su potencia de penetración. Se puede preparar a los AAT para misiones específicas con determinadas clases de munición.

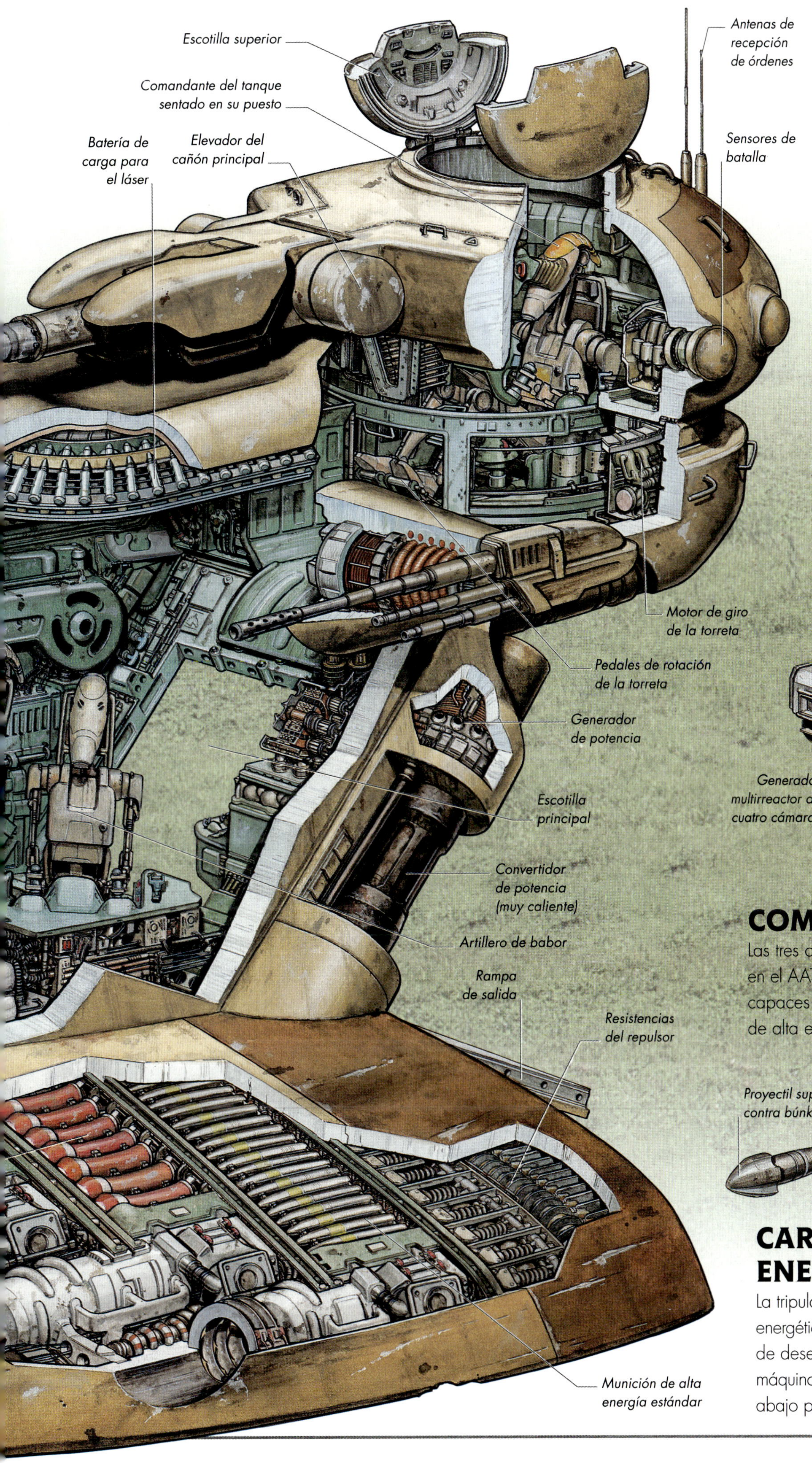

Labels (sentido horario desde arriba):
- Escotilla superior
- Antenas de recepción de órdenes
- Sensores de batalla
- Comandante del tanque sentado en su puesto
- Elevador del cañón principal
- Batería de carga para el láser
- Motor de giro de la torreta
- Pedales de rotación de la torreta
- Generador de potencia
- Escotilla principal
- Convertidor de potencia (muy caliente)
- Artillero de babor
- Rampa de salida
- Resistencias del repulsor
- Munición de alta energía estándar

DATOS	
> FABRICANTE	Talleres de Blindaje Baktoid
> MODELO	AAT (Tanque Blindado de Asalto)
> TIPO	Tanque
> DIMENSIONES	Longitud: 9,75 m
> TRIPULACIÓN	1 comandante, 1 piloto, 2 artilleros
> ARMAS	1 torreta principal con cañón láser, 2 telémetros láser laterales, 2 láseres antipersona laterales, 6 lanzamisiles de proyectiles de energía
> AFILIACIÓN	Federación de Comercio, separatistas

GENERADOR

El reactor principal y el equipo de comunicaciones están en la parte trasera, para mayor protección. Repulsores de alta potencia (de disco y de resistencia) hacen elevar al AAT y lo impulsan hacia delante.

Generador multirreactor de cuatro cámaras

COMBINACIÓN EXPLOSIVA

Las tres clases de munición transportadas habitualmente en el AAT son las altamente explosivas contra búnkeres, las capaces de penetrar blindajes y, finalmente, las estándar de alta energía para uso antipersonal y contra vehículos.

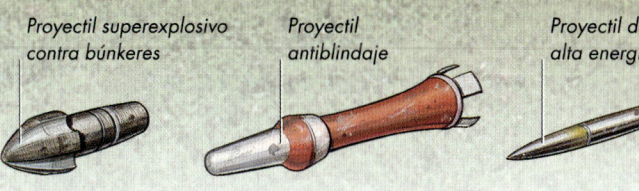

Proyectil superexplosivo contra búnkeres — Proyectil antiblindaje — Proyectil de alta energía

CARGADORES DE MUNICIÓN ENERGÉTICA

La tripulación del AAT no puede recargar los proyectiles energéticos. Esto se hace cuando el tanque regresa a una nave de desembarco o a una nave de combate, donde grandes máquinas retiran todo el contenido del «pie» del tanque desde abajo para luego sustituirlo por otro plenamente cargado.

DESLIZADORES DE NABOO

Los vehículos de los voluntarios de las Reales Fuerzas de Seguridad de Naboo tienen blindaje y armamento ligeros, pues sirven para vigilar una sociedad relativamente pacífica. Los deslizadores Flash y Gian son los vehículos terrestres más comunes de las fuerzas de seguridad. Son robustos y fiables, y cuentan con monturas para cañones láser que solo se usan cuando es absolutamente necesario.

DATOS

- > **FABRICANTE** Corporación SoroSuub
- > **MODELO** Flash
- > **TIPO** Deslizador
- > **DIMENSIONES** Longitud: 4,5 m
- > **TRIPULACIÓN** 1 piloto
- > **ARMAS** 1 bláster de persecución y defensa
- > **AFILIACIÓN** Reales Fuerzas de Seguridad de Naboo

DESLIZADORES FLASH

El deslizador Flash, uno de los varios vehículos empleados por las Reales Fuerzas de Seguridad de Naboo, está pensado para patrullar las calles y perseguir malhechores a toda velocidad. Se suele elevar a menos de un metro de altura, y hasta a un par de metros como máximo.

DATOS

- > **FABRICANTE** Corporación SoroSuub
- > **MODELO** Gian
- > **TIPO** Deslizador
- > **DIMENSIONES** Longitud: 5,7 m
- > **TRIPULACIÓN** 1 piloto, 1 artillero
- > **ARMAS** 2 blásteres ligeros de repetición (configuración estándar), 1 cañón láser pesado (modificación opcional)
- > **AFILIACIÓN** Reales Fuerzas de Seguridad de Naboo

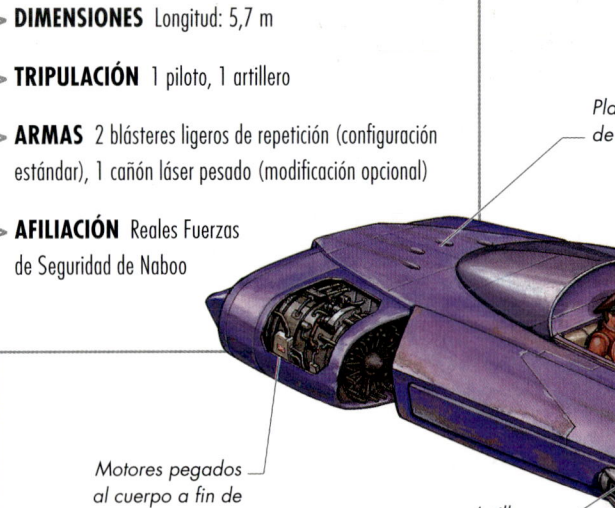

DESLIZADORES GIAN

Los deslizadores Gian son más pesados que los Flash y se emplean solo para situaciones comprometidas. Con sus cañones láser pueden vencer fácilmente a vehículos no militares. Tienen cascos más duros que los aparatos civiles tradicionales, y sus chasis reforzados les permiten resistir impactos indirectos. Su compacta silueta oblonga, con los motores muy cerca del cuerpo en lugar de en las alas, los hace menos maniobrables, pero también un objetivo más difícil para enemigos tanto delante como detrás.

Para ayudar en despliegues tácticos, estos deslizadores pueden equiparse con sistemas holográficos de planificación a medida.

TAXI DE CORUSCANT

Los taxis aéreos, volando entre rascacielos, son una de las vistas más típicas del famoso mundo metrópolis de Coruscant. Estos taxis gozan de «vuelo libre», sin restricciones, así que pueden abandonar las aeropistas y tomar la ruta más directa hacia su destino. Las aeropistas confinan la mayor parte de vehículos que efectúan viajes de larga distancia en pasillos definidos, sin los cuales el cielo sería un caos. Para obtener la licencia de «vuelo libre», los pilotos de taxis aéreos deben superar exigentes pruebas a fin de demostrar su capacidad para navegar el característico paisaje de la ciudad con habilidad y seguridad. Dependen de sus escáneres, de unos ojos entrenados y de su instinto para no chocar con otros aparatos, lo que haría que sus pasajeros cayeran a las calles muy, muy abajo.

DATOS

> **FABRICANTE** Corporación Hyrotii
> **MODELO** EasyRide
> **TIPO** Deslizador
> **DIMENSIONES** Longitud: 8 m
> **TRIPULACIÓN** 1 piloto
> **ARMAS** Ninguna
> **AFILIACIÓN** Ninguna

El ordenador de guiado equilibra el control de navegación entre repulsores de flotación, repulsores de navegación y motores

Se puede almacenar el equipaje en compartimentos en la separación

Los asientos emiten un suave campo de tracción en el aire que mantiene seguros a los pasajeros sin cinturones de seguridad

Antena de comunicaciones

Los eficaces motores requieren un mínimo de combustible

Motor de movimiento hacia delante

La turbina permite una rápida aceleración

La circuitería de la luz delantera varía el espectro de emisión de rayos

Góndola del motor

Construcción sencilla para un mantenimiento y reparaciones fáciles

Faros multiespectro

Repulsores laterales de baja intensidad evitan colisiones y amortiguan el atraque

Los receptores de señales carenados recogen transmisiones de control de tráfico

El repulsor de flotación eleva el taxi a las grandes altitudes de los rascacielos

El grupo radial de repulsores de estabilización y dirección ayuda al taxi a navegar en el denso tráfico de las aeropistas

TAXIS BIEN EQUIPADOS

El taxi aéreo estándar de Coruscant lleva un repulsor de grado medio compacto y concentrado para elevarse hasta la altura de los rascacielos. Un grupo radial de dispositivos antigravedad le ofrece un buen control de navegación en el aire. Unos motores refinados y bastante silenciosos propulsan el aparato con sorprendente aceleración. Un excelente equipo de recepción supervisa los canales del control de tráfico de Coruscant, lo que permite al conductor pilotar en automático o en manual.

ARRIBA Y ABAJO

Todo el tráfico importante en Coruscant es aéreo: los niveles y calles originales, a la altura del suelo, se abandonaron hace mucho. Túneles sellados en los niveles inferiores permiten el transporte de bienes y materiales por la ciudad, pues la ley prohíbe las grandes cargas en las aeropistas, reservadas a los pasajeros.

CRUCERO DE NABOO

Con la excepción de Padmé Amidala, pocos se sorprenden cuando su sucesora, la reina Réillata, le ofrece un puesto en el Senado. La estima que siente la corte de Naboo por ella es tan alta que se le asigna una nave con el cromado y las elegantes líneas antaño reservados a los monarcas. Como corresponde a uno de los últimos diseños del hangar de Theed, este crucero está tan bien pulido que solo las junturas decorativas se mantienen intencionadamente visibles. Aunque no está armado, a sugerencia del capitán Typho, crucero viaja con una escolta de cazas estelares N-1.

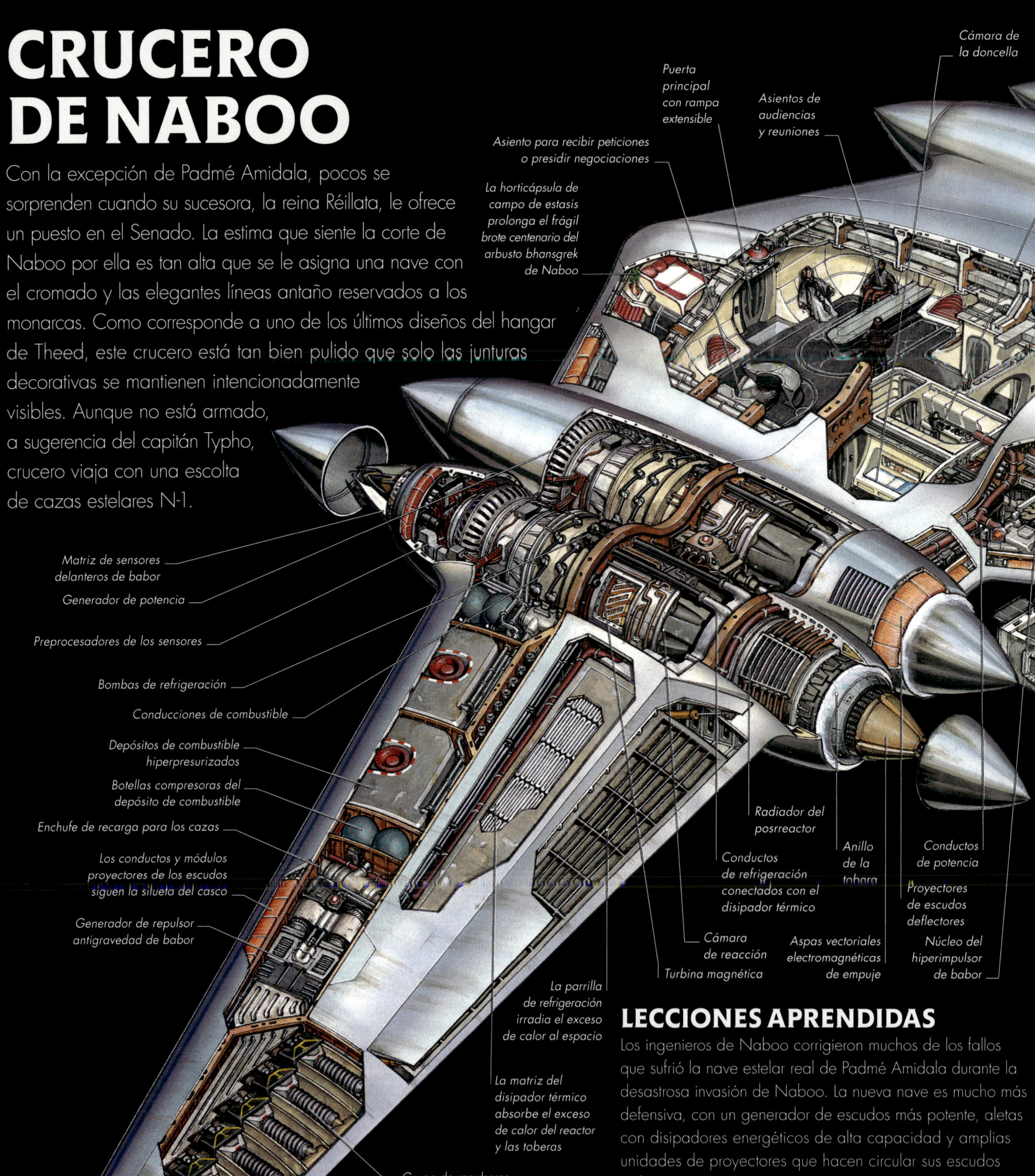

- Matriz de sensores delanteros de babor
- Generador de potencia
- Preprocesadores de los sensores
- Bombas de refrigeración
- Conducciones de combustible
- Depósitos de combustible hiperpresurizados
- Botellas compresoras del depósito de combustible
- Enchufe de recarga para los cazas
- Los conductos y módulos proyectores de los escudos siguen la silueta del casco
- Generador de repulsor antigravedad de babor
- La parrilla de refrigeración irradia el exceso de calor al espacio
- La matriz del disipador térmico absorbe el exceso de calor del reactor y las toberas
- Grupo de repulsores del ala de babor
- Enchufe de recarga para cazas
- Cámara de reacción
- Turbina magnética
- Conductos de refrigeración conectados con el disipador térmico
- Radiador del posrreactor
- Aspas vectoriales electromagnéticas de empuje
- Anillo de la tobera
- Conductos de potencia
- Proyectores de escudos deflectores
- Núcleo del hiperimpulsor de babor
- Puerta principal con rampa extensible
- Asientos de audiencias y reuniones
- Cámara de la doncella
- Asiento para recibir peticiones o presidir negociaciones
- La horticápsula de campo de estasis prolonga el frágil brote centenario del arbusto bhansgrek de Naboo

LECCIONES APRENDIDAS

Los ingenieros de Naboo corrigieron muchos de los fallos que sufrió la nave estelar real de Padmé Amidala durante la desastrosa invasión de Naboo. La nueva nave es mucho más defensiva, con un generador de escudos más potente, aletas con disipadores energéticos de alta capacidad y amplias unidades de proyectores que hacen circular sus escudos deflectores. Se ha reducido la masa y doblado el empuje de los motores. Uno solo de los dos hiperimpulsores es capaz de hacer saltar la nave al hiperespacio. Además, se amplió el espacio para reuniones y hay una mayor separación entre la tripulación y los pasajeros.

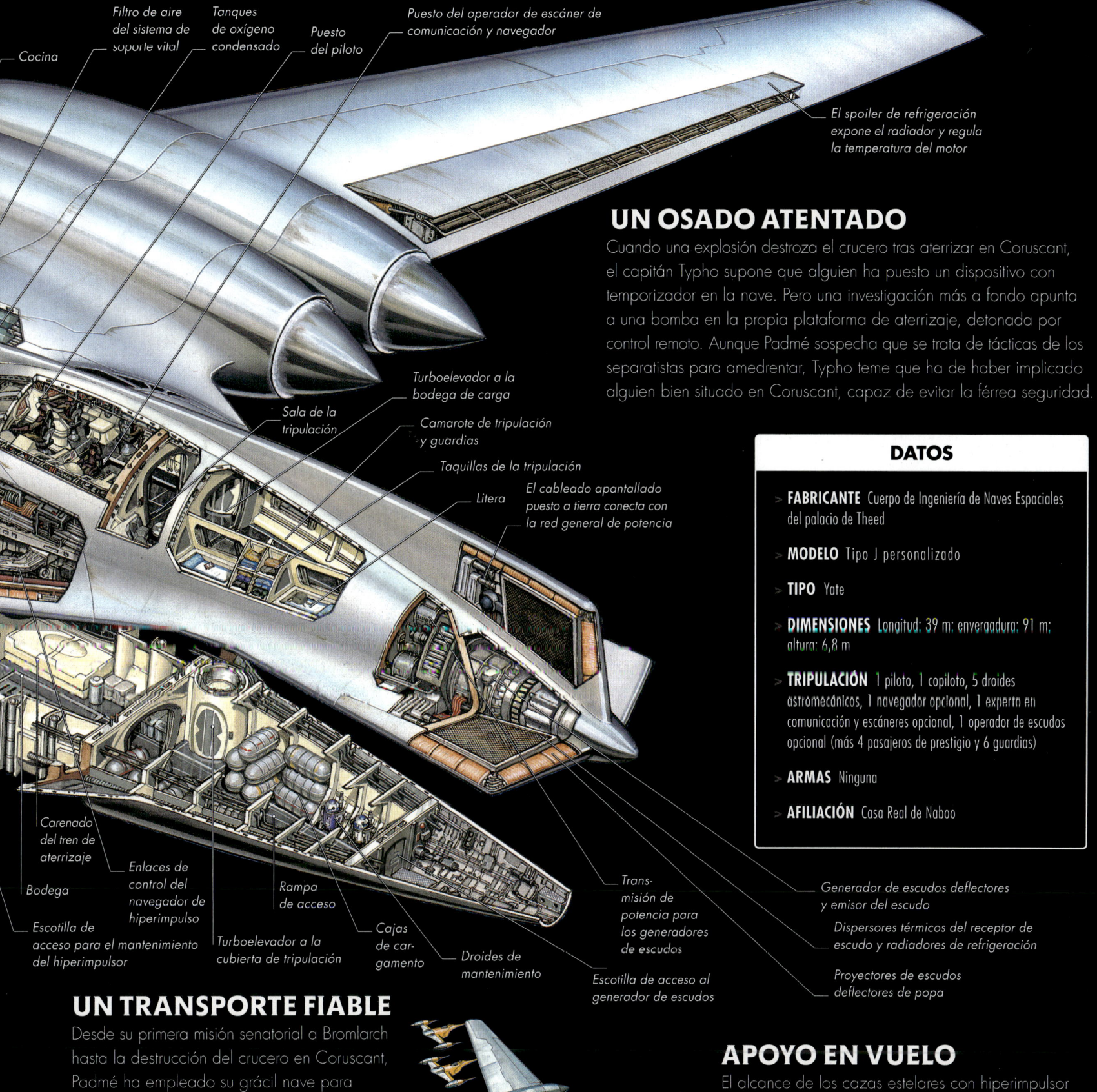

UN OSADO ATENTADO

Cuando una explosión destroza el crucero tras aterrizar en Coruscant, el capitán Typho supone que alguien ha puesto un dispositivo con temporizador en la nave. Pero una investigación más a fondo apunta a una bomba en la propia plataforma de aterrizaje, detonada por control remoto. Aunque Padmé sospecha que se trata de tácticas de los separatistas para amedrentar, Typho teme que ha de haber implicado alguien bien situado en Coruscant, capaz de evitar la férrea seguridad.

DATOS

- **FABRICANTE** Cuerpo de Ingeniería de Naves Espaciales del palacio de Theed
- **MODELO** Tipo J personalizado
- **TIPO** Yate
- **DIMENSIONES** Longitud: 39 m; envergadura: 91 m; altura: 6,8 m
- **TRIPULACIÓN** 1 piloto, 1 copiloto, 5 droides astromecánicos, 1 navegador opcional, 1 experto en comunicación y escáneres opcional, 1 operador de escudos opcional (más 4 pasajeros de prestigio y 6 guardias)
- **ARMAS** Ninguna
- **AFILIACIÓN** Casa Real de Naboo

UN TRANSPORTE FIABLE

Desde su primera misión senatorial a Bromlarch hasta la destrucción del crucero en Coruscant, Padmé ha empleado su grácil nave para muchas misiones diplomáticas por todo su sector y la galaxia. Incluso con esta robusta nave, una gira a fondo por toda su zona electoral duraría una vida entera: su no muy poblado sector Chommell incluye 36 mundos de plena membresía, más de 40 000 dependencias acordadas y 300 000 000 de estrellas yermas. Con más de mil sectores, la engañosamente frágil armonía de la galaxia depende de eficaces divisiones en la autoridad en el compartimentado gobierno, así como de la sabiduría de sus legisladores y funcionarios.

APOYO EN VUELO

El alcance de los cazas estelares con hiperimpulsor de esta era están limitados por la capacidad de combustible. Antes, los cazas naboo N-1 que volaban lejos de casa solo podían viajar haciendo escalas, acompañados por una nave cisterna. Tras la invasión de Naboo, los ingenieros añadieron una serie de innovadores enchufes en las alas de la nueva nave diplomática, permitiéndole transportar su propia escolta por el hiperespacio.

DESLIZADOR DE ZAM

La asesina a sueldo Zam Wesell vuela en un deslizador aéreo tan inusual como exótico. El aparato, completamente cerrado, no tiene reactores exteriores y cuenta con muy pocas tomas de aire, puesto que se construyó para usarse en entornos diversos. Sus unidades repulsoras le dan soporte antigravedad, y otros mecanismos generan radiación y campos electromagnéticos que mueven el aparato «tirando» de él. El sistema es versátil como para usarlo en varios tipos de atmósferas. Sin embargo, en zonas urbanas las redes de energía exteriores pueden deteriorar los campos de propulsión y perjudicar la dirección… Aunque esto solo supone tracción extra para una astuta piloto como Zam Wesell.

PENSADO PARA UN MUNDO SALVAJE

Las pinzas de la Koro-2 operan como un mecanismo de propulsión electromagnético externo. Irradian intensamente el aire a su alrededor para inducir la ionización y hacerlo conductor. Electrodos en las pinzas proyectan poderosas corrientes eléctricas en el hueco entre ellas, y el chorro de aire electrificado se ve propulsado magnéticamente hacia la popa, impulsando el deslizador. El aparato se pensó para misiones en las zonas salvajes de mundos sin vida nativa compleja. Zam adquirió el suyo en uno de los miles de millones de planetas jóvenes, anónimos y ricos en metal dominados por el codicioso Gremio de Minería de los brazos espirales de la galaxia. Su uso en depauperados entornos urbanos escandalizaría a sus diseñadores.

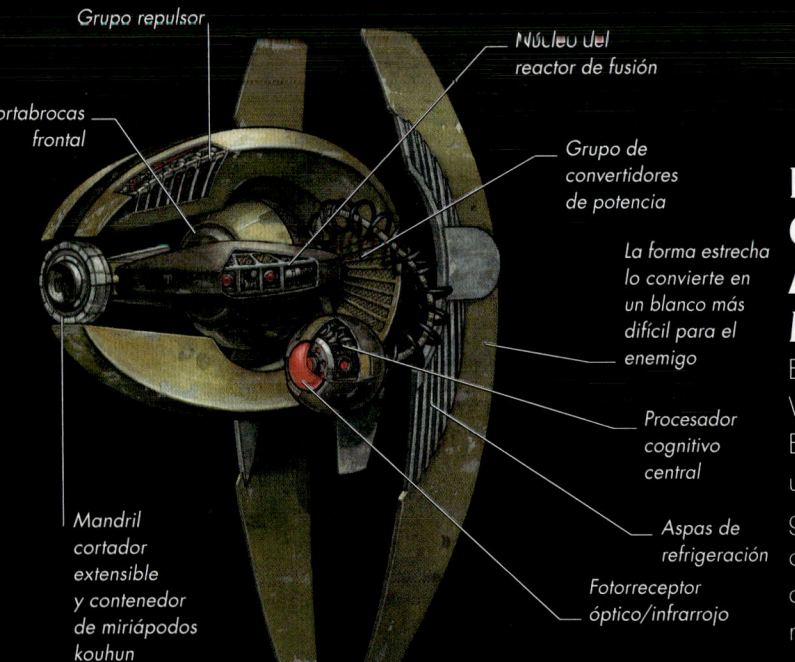

- Intercambiador térmico
- Pegatina de registro de permiso minero del sector Teraab
- Los radiadores dispersan el exceso de calor y radiactividad
- Generador de potencia de estribor
- Su forma reduce la resistencia aerodinámica
- Aceleradores eléctricos lineales transmutan los gases inertes
- Rejilla de ventilación, refrigeración y rellenado del transmutador
- Aislamiento del generador
- Diagnósticos de mantenimiento del generador
- Asiento básico y reposacabezas
- Droide centinela/asesino ASN-121
- Puertas tipo ala de gaviota
- Maletero
- La superficie exterior del electrodo mantiene naturalmente su brillo
- Conducto principal de suministro y contención de gas radiactivo
- Canalización de radiación del disociador de aire
- Grupo repulsor
- Núcleo del reactor de fusión
- Portabrocas frontal
- Grupo de convertidores de potencia
- La forma estrecha lo convierte en un blanco más difícil para el enemigo
- Procesador cognitivo central
- Aspas de refrigeración
- Fotorreceptor óptico/infrarrojo
- Mandril cortador extensible y contenedor de miriápodos kouhun

DROIDE CENTINELA ASN-121 MODIFICADO

El droide ASN-121 de la asesina Zam Wesell está bien equipado para su letal fin. Entre sus herramientas, el portabrocas frontal aloja un arpón, un bláster de francotirador, un inyector de gas, sensores de espionaje, lanzallamas, brocas y cortadores. Un compacto generador de fusión y un grupo modular de convertidores de potencia responden a la fluctuante demanda energética de esta máquina, mientras que barras repulsoras independientes logran un equilibrio óptimo incluso con cargas inusuales.

TECNOLOGÍA SUCIA

El deslizador de Zam causa peligrosos efectos colaterales que divierten a la cruel cazadora. La irradiación solo tiene lugar alrededor de las pinzas, pero puede marear a quienes se crucen con el aparato. Además, los iones del chorro impulsor se recombinan en compuestos químicos desagradables al pasar por el chasis. En atmósferas respirables los resultados incluyen asquerosos gases que dejan un hedor insoportable tras el deslizador.

DATOS

> **FABRICANTE** Corporación de Movilidad del Mundo Exterior Desler Gizh

> **MODELO** Aerodeslizador todoterreno Koro-2 con propulsor exterior

> **TIPO** Deslizador

> **DIMENSIONES** Longitud: 6,6 m; anchura: 2,1 m; altura: 0,9 m

> **TRIPULACIÓN** 1 (más un pasajero)

> **ARMAS** Ninguna

> **AFILIACIÓN** Cazarrecompensas

Toma de aire regulable para refrigeración del generador

Las palancas de mando controlan el equilibrio repulsor en los giros

Sistemas de soporte vital

Tablero de controles de navegación

Las luces de estatus indican la no contaminación de la cabina

Pantallas de control

Los pedales regulan la potencia de las pinzas delanteras

Los elementos fluorescentes bajo la superficie traslúcida detectan niveles de actividad dentro de los rangos operativos

Los sistemas de potencia de propulsión, mejorados con respecto al modelo estándar, se proyectan dentro de la pinza

Compartimento de almacenaje alargado para rifle de francotirador

Las superficies interiores delanteras poseen un denso cableado para proporcionar la máxima irradiación posible

Cápsula de registro de mantenimiento

Superficie interna del electrodo

El retransmutador mantiene la radiactividad

La bomba hace circular el líquido radiactivo

Disipador contra la sobrecarga de tensión del electrodo interior

Telémetro escáner delantero

Un revestimiento aislante protege el escáner

Alimentación de potencia para los electroimanes

Células de energía del sistema de propulsión

Escudo interno vertical para la radiación

Tubos de distribución del gas de irradiación

Elementos de cristal superconductor electromagnético

Cables de datos conectan los instrumentos con los controles de cabina

Células de energía delanteras

El control adaptable regula el rendimiento de los sistemas de propulsión de la pinza de estribor

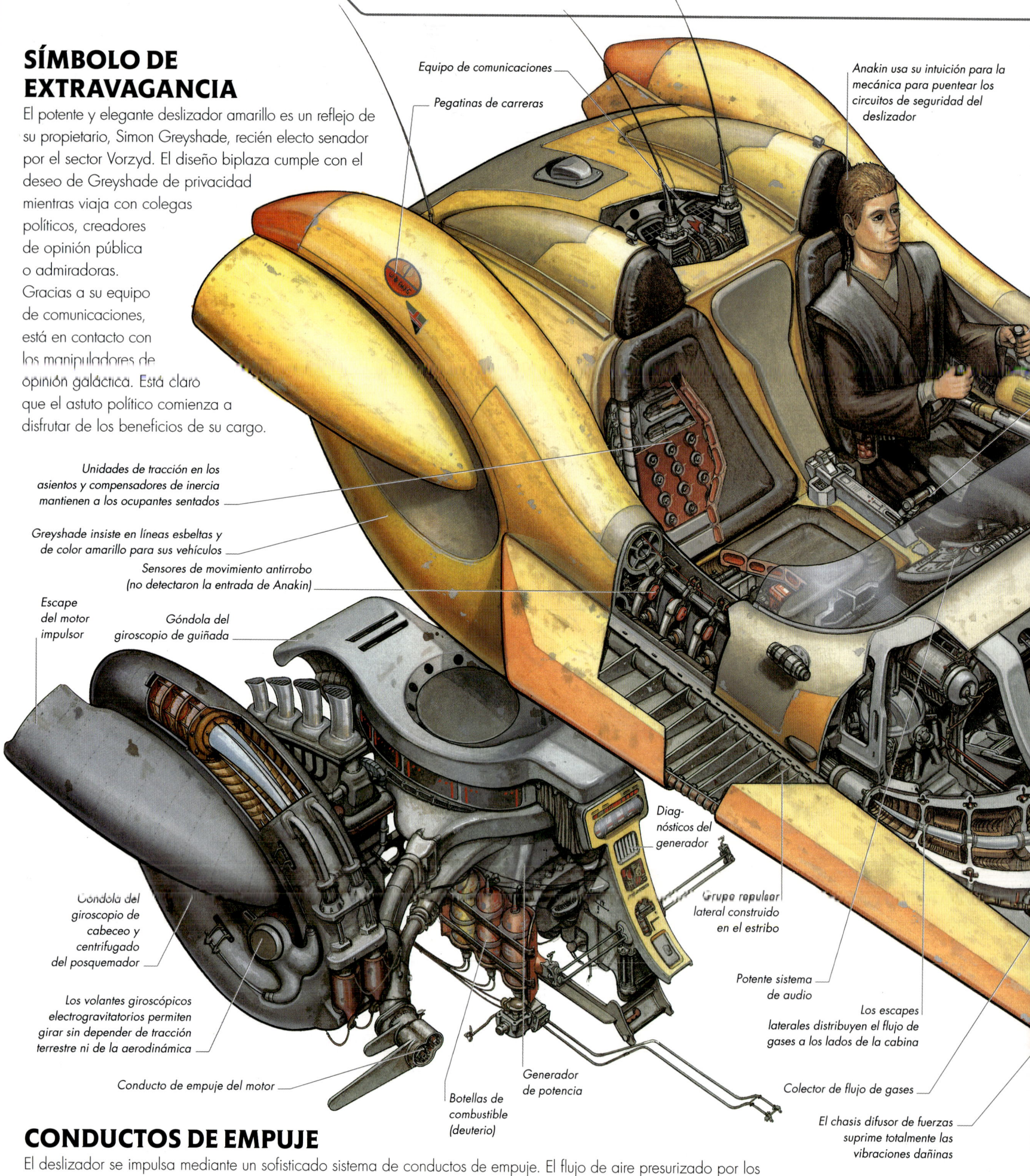

SÍMBOLO DE EXTRAVAGANCIA

El potente y elegante deslizador amarillo es un reflejo de su propietario, Simon Greyshade, recién electo senador por el sector Vorzyd. El diseño biplaza cumple con el deseo de Greyshade de privacidad mientras viaja con colegas políticos, creadores de opinión pública o admiradoras. Gracias a su equipo de comunicaciones, está en contacto con los manipuladores de opinión galáctica. Está claro que el astuto político comienza a disfrutar de los beneficios de su cargo.

CONDUCTOS DE EMPUJE

El deslizador se impulsa mediante un sofisticado sistema de conductos de empuje. El flujo de aire presurizado por los turbojets se enciende y escapa por estrechos conductos a velocidades supersónicas. Los conductos principales pasan por los mamparos laterales de la cabina. Los conductos secundarios se encuentran expuestos en la parte inferior para refrigerarse. Flujos de aire pasan por los centrifugadores de los posquemadores y por escapes en la popa. Los escapes, parcialmente cubiertos por parrillas protectoras, tienen spoilers para frenar de modo selectivo o redirigir el flujo.

DESLIZADOR DE ANAKIN

Cuando atentan contra la senadora de Naboo y su maestro Jedi cae por los cielos, Anakin necesita rápido un transporte. Con una intuición inequívoca, halla el medio ideal para una persecución en el cercano aparcamiento senatorial. Este vehículo de lujo, propiedad de un engreído político, es tan rápido y ágil como cualquier deslizador aéreo civil o *cloud car* de los cielos de Coruscant. Su complejo y sensible sistema de unidades repulsoras, sus conductos de empuje y la infrecuente disposición de sus motores, como en una vaina de carreras, ofrece a uno de los mejores pilotos el equilibrio perfecto entre un control extraordinario y una familiaridad instantánea vitales para la frenética caza de la asesina, Zam Wesell.

Palancas de mando separadas para los spoilers derecho e izquierdo de los conductos de empuje y para los giroscopios de giro

Control de empuje de ocho velocidades

El diminuto parabrisas obliga al piloto a tenderse en el asiento

El campo eléctrico se extiende sobre el capó para repeler insectos que de otra manera mancharían su brillante pintura

El repulsor ayuda a soportar el peso del ensamblaje de los turbojets

Faro de espectro estrecho
Cable de potencia de la turbina
Capó del motor izquierdo
Turboventilador y cámara de compresión

Generador de arranque en frío
Faro de espectro amplio y escáner anticolisión
El parachoques, hecho con metales exóticos y materia condensada, distribuye las fuerzas de manera regular y casi instantánea por todo el chasis
Encendido electromagnético de los turboventiladores y suspensión sin fricción
Anillo de condensadores de alta capacidad
Los turboventiladores a la vista reducen el exceso de calor y evidencian la potencia del vehículo
Reguladores magnéticos de botella

DATOS

> **FABRICANTE** Narglatch AirTech
> **MODELO** XJ-6
> **TIPO** Deslizador
> **DIMENSIONES** Longitud: 6,23 m; anchura: 2,66 m; altura (sin las antenas): 1,4 m
> **TRIPULACIÓN** 1 piloto (más 1 pasajero)
> **ARMAS** Ninguna
> **AFILIACIÓN** Ninguna

MOTORES EXCLUSIVOS

Los potentes turbojets gemelos se diseñaron para usarse en grupos de 50 en las góndolas alares de una colosal nave correo con repulsores de clase siete en Aargau. En este pequeño deslizador resultan excesivos por su potencia y consumo. La poco ortodoxa disposición de los motores gemelos en la proa del deslizador minimiza su anchura para una mejor maniobrabilidad en tráfico aéreo o en carreras improvisadas por estrechos laberintos urbanos.

CAZA ESTELAR JEDI

Sistemas de Ingeniería Kuat diseñó el interceptor ligero Delta-7 clase Aethersprite para los pilotos Jedi. Es una herramienta clave en el arsenal de un Jedi, cuando los parámetros de su misión no requieren un crucero de clase Consular. El caza estelar está blindado contra impactos y explosiones, y su afilada forma facilita el blindaje y proporciona una visibilidad excelente, lo cual, combinado con los extraordinarios sentidos y reflejos de un Jedi, hace de la nave un blanco muy difícil. Esta está equipada además con dos cañones láser duales que resultan fulminantes en un ataque frontal, pero los Jedi solo usan estas armas como último recurso. El maestro Jedi Obi-Wan Kenobi toma uno de estos cazas para su misión en Kamino.

DATOS

- **FABRICANTE** Sistemas de Ingeniería Kuat
- **MODELO** Delta-7 clase Aethersprite
- **TIPO** Caza estelar
- **DIMENSIONES** Longitud: 8 m; anchura: 3,92 m; altura: 1,44 m
- **TRIPULACIÓN** 1 piloto, 1 droide astromecánico modificado
- **ARMAS** 2 cañones láser duales
- **AFILIACIÓN** Orden Jedi

ICONO DE LA REPÚBLICA

El ala de estribor del caza de Obi-Wan lleva el símbolo de la República Galáctica, un círculo con ocho radios. Después de la caída de la República, el emperador profanó este símbolo quitándole dos radios.

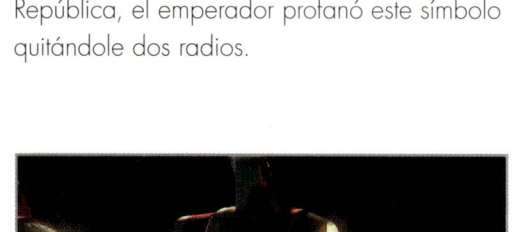

Dado que el Delta-7 carece de hiperimpulsor, Obi-Wan Kenobi emplea un anillo con esa función para viajar por el hiperespacio. Cuando llega a su destino, el Delta-7 se separa del anillo, que permanece en órbita hasta que se lo necesita nuevamente.

COMUNICACIÓN CONFIDENCIAL

Si es preciso, la nave de Kenobi puede emitir señales encriptadas a través de cualquier antena de hiperonda suficientemente potente que se halle en el mismo sistema planetario. Durante la misión a Geonosis, Obi-Wan emplea una potente estación repetidora para comunicarse con Anakin, quien está en Tatooine.

El reducido perfil del caza lo hace difícil de detectar y fácil de ocultar de sensores de larga distancia

Antiguo símbolo con ocho radios

El color rojo indica el estatus plenipotenciario de los Jedi y su inmunidad diplomática

Grupo de potencia de los escudos deflectores

Transformadores y células de energía para el equipamiento de proa

Surco del cañón

Alimentación de los deflectores de proa

Procesador del comscan

Disco reflector de comunicaciones y escáner

Transmisor/receptor de comunicaciones y escáner multifrecuencia

El tren de aterrizaje es un panel del casco que desciende

Compartimento del tren de aterrizaje

Luz de aterrizaje de babor

Proyectores delanteros de escudos deflectores

Góndola del reactor principal

Una garra en el tren de aterrizaje permite atraques en condiciones de gravedad cero, como asteroides rocosos

Condensadores del cañón láser

Árbol de potencia ventral delantero

Bocachas de los cañones láser gemelos

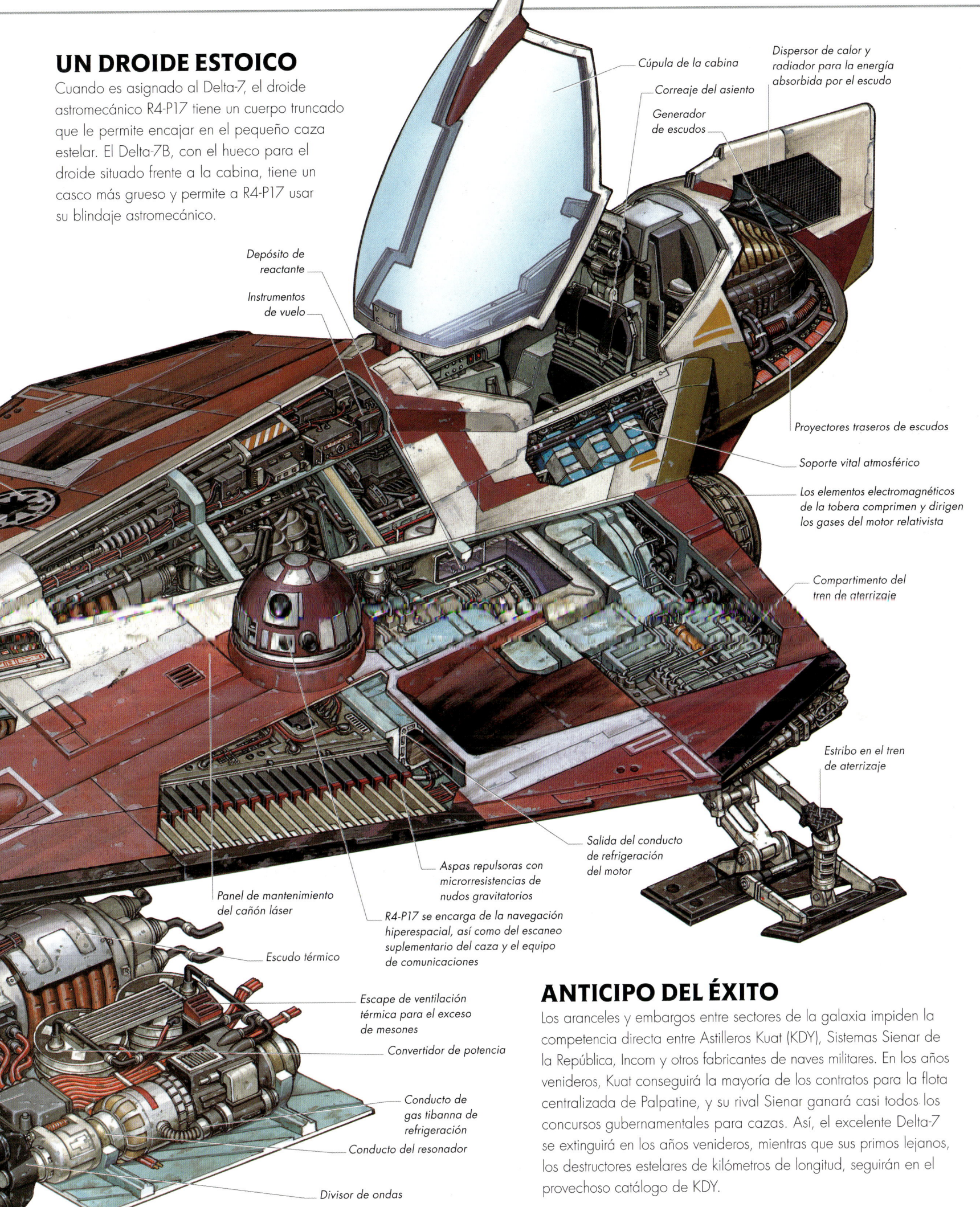

UN DROIDE ESTOICO

Cuando es asignado al Delta-7, el droide astromecánico R4-P17 tiene un cuerpo truncado que le permite encajar en el pequeño caza estelar. El Delta-7B, con el hueco para el droide situado frente a la cabina, tiene un casco más grueso y permite a R4-P17 usar su blindaje astromecánico.

- Cúpula de la cabina
- Correaje del asiento
- Generador de escudos
- Dispersor de calor y radiador para la energía absorbida por el escudo
- Depósito de reactante
- Instrumentos de vuelo
- Proyectores traseros de escudos
- Soporte vital atmosférico
- Los elementos electromagnéticos de la tobera comprimen y dirigen los gases del motor relativista
- Compartimento del tren de aterrizaje
- Estribo en el tren de aterrizaje
- Salida del conducto de refrigeración del motor
- Aspas repulsoras con microrresistencias de nudos gravitatorios
- R4-P17 se encarga de la navegación hiperespacial, así como del escaneo suplementario del caza y el equipo de comunicaciones
- Panel de mantenimiento del cañón láser
- Escudo térmico
- Escape de ventilación térmica para el exceso de mesones
- Convertidor de potencia
- Conducto de gas tibanna de refrigeración
- Conducto del resonador
- Divisor de ondas

ANTICIPO DEL ÉXITO

Los aranceles y embargos entre sectores de la galaxia impiden la competencia directa entre Astilleros Kuat (KDY), Sistemas Sienar de la República, Incom y otros fabricantes de naves militares. En los años venideros, Kuat conseguirá la mayoría de los contratos para la flota centralizada de Palpatine, y su rival Sienar ganará casi todos los concursos gubernamentales para cazas. Así, el excelente Delta-7 se extinguirá en los años venideros, mientras que sus primos lejanos, los destructores estelares de kilómetros de longitud, seguirán en el provechoso catálogo de KDY.

ESCLAVO I DE JANGO FETT

La patrullera de clase Firespray de Astilleros de Propulsores Kuat tuvo una producción limitada, pues estaba demasiado armada para el uso civil, pero no tenía suficiente potencia para los estándares defensivos de Kuat. Además, la Firespray resultó ser demasiado resistente, modular y duradera como para que el negocio del mantenimiento posventa resultara rentable. Si bien no convenían al fabricante, estas características la convertían en una nave perfecta para el cazarrecompensas independiente Jango Fett. Este ha personalizado la nave con un blindaje de gran calidad y un pesado arsenal de armas expuestas y ocultas. A Jango le gusta la *Esclavo I* por su aspecto inocuo, que no llama la atención; pese a ser uno de los mercenarios más eficaces de la galaxia, prefiere trabajar en la sombra y pasar desapercibido tanto para los oficiales de seguridad de alto rango como para los criminales. Cuando el hijo de Jango, Boba, hereda la *Esclavo I*, le hace algunos cambios para adaptarla a su estilo, más cruel y agresivo.

DATOS

- **FABRICANTE** Sistemas de Ingeniería Kuat
- **MODELO** Clase Firespray
- **TIPO** Patrullera
- **DIMENSIONES** Longitud: 21,5 m; envergadura: 21,3 m; altura (sin los cañones): 7,8 m
- **TRIPULACIÓN** 1 piloto, 2 copilotos/navegadores/artilleros opcionales (más 2 pasajeros sentados)
- **ARMAS** 2 cañones bláster, 2 cañones láser, 1 lanzamisiles, 1 minador, otras armas desconocidas
- **AFILIACIÓN** Cazarrecompensas

- Mortaja del escudo deflector
- Escalera a la cubierta inferior
- Segmento de pasillo procedente de una nave de línea correlliana desguazada
- Las aletas contienen parrillas repulsoras para maniobras de aterrizaje
- Boba Fett
- Jango Fett
- La gravedad artificial de cada cubierta se reorienta dependiendo del modo de vuelo
- Consola de instrumentos de vuelo
- Rejilla para instalar futuros dispositivos (Boba instalará equipo de vuelo sigiloso)
- Compensador de inercia superior de estribor
- Antena de comunicaciones subluminicas
- Conducción general de potencia del generador de escudos
- Generador de escudo delantero, destinado a recolocación para dejar espacio para células de energía y tanques de combustible más grandes
- Depósito de reactante delantero de estribor
- Litera de Jango

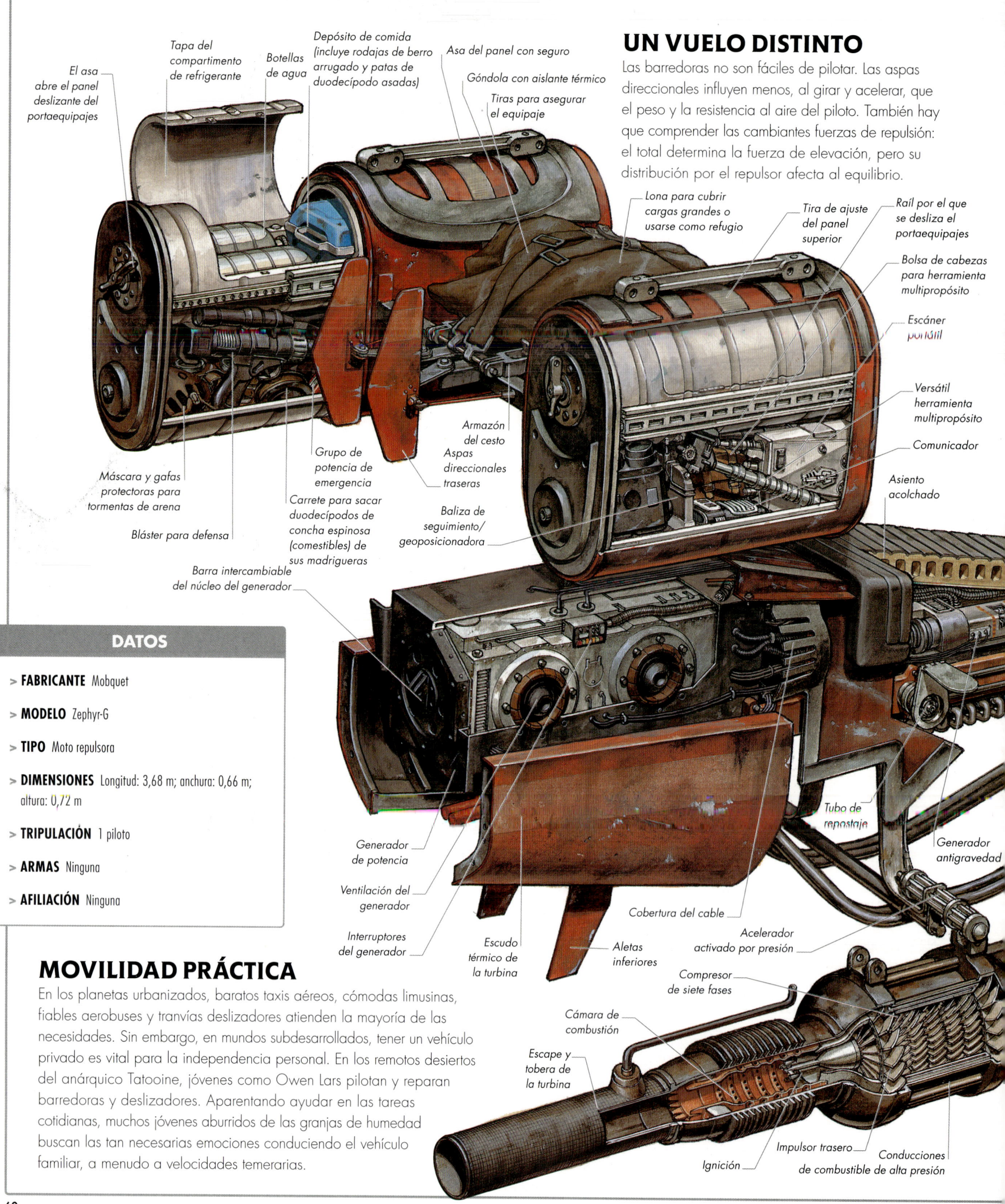

UN VUELO DISTINTO

Las barredoras no son fáciles de pilotar. Las aspas direccionales influyen menos, al girar y acelerar, que el peso y la resistencia al aire del piloto. También hay que comprender las cambiantes fuerzas de repulsión: el total determina la fuerza de elevación, pero su distribución por el repulsor afecta al equilibrio.

DATOS

- **FABRICANTE** Mobquet
- **MODELO** Zephyr-G
- **TIPO** Moto repulsora
- **DIMENSIONES** Longitud: 3,68 m; anchura: 0,66 m; altura: 0,72 m
- **TRIPULACIÓN** 1 piloto
- **ARMAS** Ninguna
- **AFILIACIÓN** Ninguna

MOVILIDAD PRÁCTICA

En los planetas urbanizados, baratos taxis aéreos, cómodas limusinas, fiables aerobuses y tranvías deslizadores atienden la mayoría de las necesidades. Sin embargo, en mundos subdesarrollados, tener un vehículo privado es vital para la independencia personal. En los remotos desiertos del anárquico Tatooine, jóvenes como Owen Lars pilotan y reparan barredoras y deslizadores. Aparentando ayudar en las tareas cotidianas, muchos jóvenes aburridos de las granjas de humedad buscan las tan necesarias emociones conduciendo el vehículo familiar, a menudo a velocidades temerarias.

BARREDORA DE OWEN LARS

En el desolado Tatooine, los granjeros de humedad tienen una visión más pragmática de los vehículos, de los que dependen para su supervivencia. El joven Owen Lars patrulla las tierras familiares en su rápida barredora azotada por la arena. Aunque no es especialmente fiable, este vehículo se utiliza más en la granja que los demás de la docena de aparatos medio restaurados, porque gasta menos combustible y es fácil de reparar con repuestos de los jawas. Owen compró esta barredora a un mercader revwien en una subasta de la lejana Mos Nytram. Aunque se trataba de un vehículo de carreras, Owen vio de inmediato su uso práctico. Los vecinos podían reírse al ver una moto de carreras acarreando contenedores de agua o trampas para alimañas, pero a Owen solo le interesa la utilidad de la barredora.

- Los mandos ajustan la amplitud del campo repulsor
- Embrague giratorio del compresor
- Indicadores de combustible
- Cableado principal de control
- Partición del tanque
- Válvula de combustible
- Mandos de ajuste de intensidad del campo repulsor
- Mando de la toma de aire
- Mando de inclinación y elevación de la toma de aire
- Las aspas direccionales ejercen fuerzas de giro contra el flujo de aire lejos del centro de masa de la barredora
- Dos reactantes en tanques separados
- Junturas de las aspas direccionales
- Horquillas de actuación de las aspas
- El obturador regula la toma de aire
- Tubos de combustible
- Insectos leebsie devoran los insectos aplastados en la rejilla y los filtros
- Grupo repulsor
- Filtro frontal contra arena
- Toma de aire
- Tubos de combustible
- Pinza de sujeción
- Cables de control
- Elementos del electrofiltro de polvo
- Cámara de mezclado de combustible
- Impulsor frontal

EL ÚLTIMO MODELO

La barredora de Owen se considera el último modelo en Tatooine, aunque salió de la cadena de montaje al menos 20 años antes de que él naciera. Este modelo (y otros parecidos) había sido común en mundos más ricos y cercanos al núcleo hace muchos años. A lo largo de las eras, las modas tecnológicas se han extendido de un modo extremadamente lento por los millones de sistemas habitados.

UN TERRITORIO DURO

El árido clima de Tatooine queda lejos de la extendida imagen de la cómoda agricultura en burbujas hidropónicas en mundos agroindustriales como Fengrine. Owen pasa sus días conduciendo su barredora por una tierra inhóspita, reparando distantes condensadores de humedad, luchando tenazmente contra plagas y comprobando fallos en los escudos de perímetro que impiden la entrada de depredadores y ataques de los moradores de las arenas.

MOTOR DE BARREDORA

La barredora, en su genial sencillez, es en esencia un tubo. En la parte delantera, una toma de aire alimenta una turbina en la que el combustible se mezcla y enciende. En la cola, el chorro procedente de una tobera da impulso al vehículo. Un repulsor bajo el sillín, alimentado por células de energía básicas y un generador, hace flotar la moto. Las únicas partes móviles son las palas y mecanismos del compresor, protegidos de la abrasión de la arena y el polvo mediante una rejilla en la boca de la toma de aire, con varios filtros electrostáticos.

NAVE ESTELAR DE PADMÉ

Este yate de los hangares reales de Naboo no es una espaciosa plataforma para viajes de larga duración y reuniones, sino una nave relativamente rápida para huidas discretas. Como elementos de seguridad incluye un potente escudo al estilo de Naboo, contramedidas electrónicas y una cápsula de escape para pasajeros. Las naves de la reina Jamillia suelen quedar atracadas, dado que prefiere concentrarse en problemas domésticos de Naboo, confiando sus poderes en el extranjero a la senadora Padmé Amidala. Así, el yate más pequeño está disponible y, puesto que Amidala es el blanco político más amenazado de la galaxia, resulta ideal para sus viajes de incógnito. El yate sirve a Padmé y Anakin en su peligroso viaje de Tatooine al cercano sistema Geonosis.

Alojamiento del ordenador de navegación y empalme principal de energía

Puesto de navegación Anakin

El tubo del turboelevador conecta rápidamente las cubiertas superior e inferior

Litera de tripulación para Anakin

Localización del comscan auxiliar

Caja de herramientas

Manual de la nave

Reactor principal

Cocina

La bomba de refrigeración hace circular un superfluido con gran capacidad de absorción de calor para moderar la matriz del escudo durante picos de potencia que no se pueden irradiar rápidamente

El brillante revestimiento del casco actúa como escudo pasivo contra radiación

Módulos de proyección de escudos deflectores

Dispersor térmico de los escudos y radiador de la matriz

Generador de escudos

Circuitería naboo, estéticamente ordenada

Bodega de droides astromecánicos con dos puestos

Conexión al reactor principal, ubicado arriba

Generador antigravedad de estribor

Nodo de potencia

Desvío de estribor del tronco de potencia

Muelles repulsores de la popa a estribor

Rampa extendida

Tanque de combustible del reactor

Depósitos

Escotilla

Subcapa del casco

Puesto de R2-D2 (sin ocupar)

Celdillas del combustible

UN TRANSPORTE DISCRETO

El yate es la nave más pequeña de los hangares de Theed, con excepción de los cazas. Sus sistemas simplificados reducen el tiempo de mantenimiento, lo que lo hace ideal para misiones sin apoyo y secretas. Mucho más rápido que la mayoría de naves civiles, su estrecho perfil y sus motores carenados ofrecen una marca muy pequeña a los sensores.

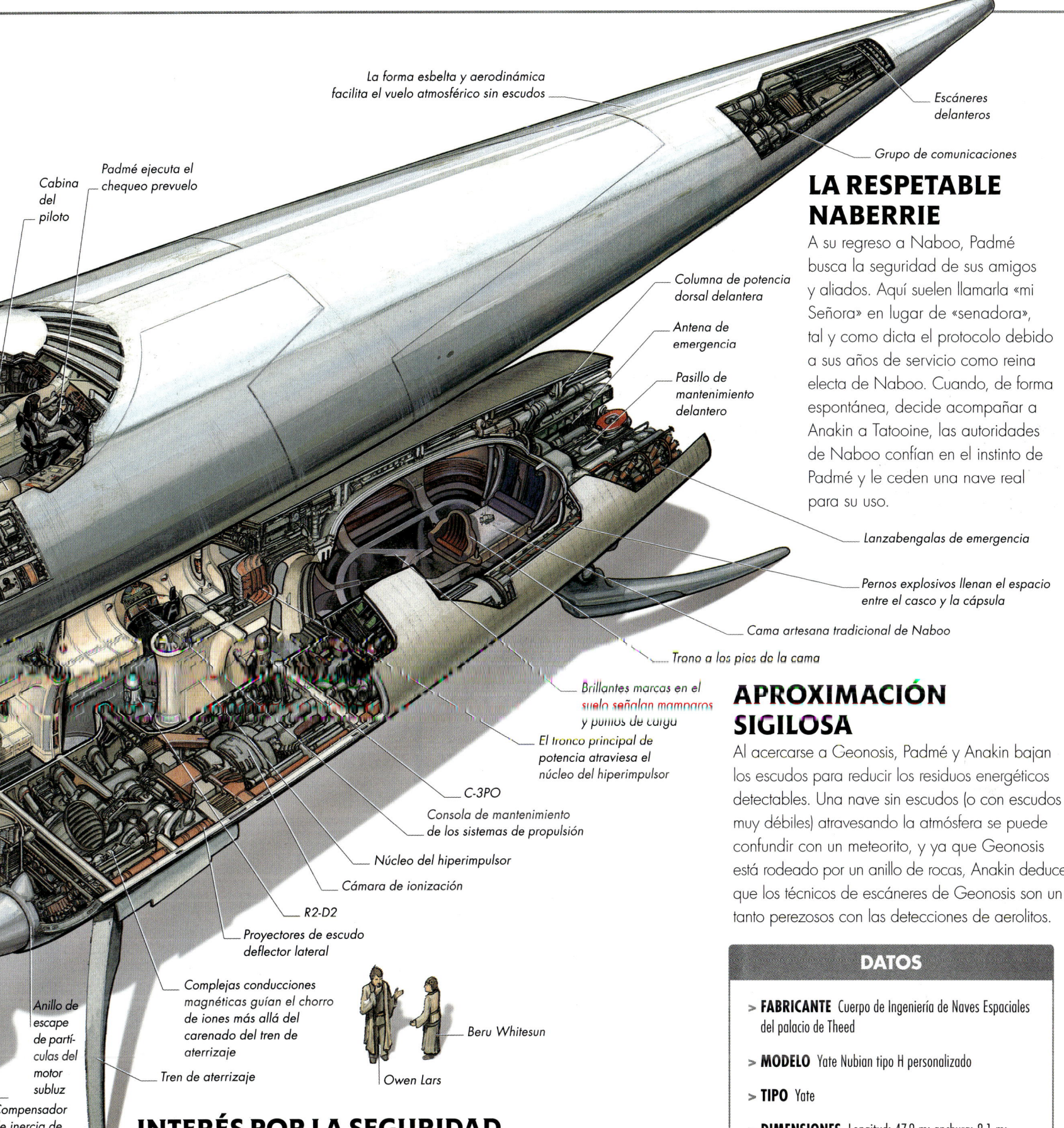

LA RESPETABLE NABERRIE

A su regreso a Naboo, Padmé busca la seguridad de sus amigos y aliados. Aquí suelen llamarla «mi Señora» en lugar de «senadora», tal y como dicta el protocolo debido a sus años de servicio como reina electa de Naboo. Cuando, de forma espontánea, decide acompañar a Anakin a Tatooine, las autoridades de Naboo confían en el instinto de Padmé y le ceden una nave real para su uso.

APROXIMACIÓN SIGILOSA

Al acercarse a Geonosis, Padmé y Anakin bajan los escudos para reducir los residuos energéticos detectables. Una nave sin escudos (o con escudos muy débiles) atravesando la atmósfera se puede confundir con un meteorito, y ya que Geonosis está rodeado por un anillo de rocas, Anakin deduce que los técnicos de escáneres de Geonosis son un tanto perezosos con las detecciones de aerolitos.

DATOS

> **FABRICANTE** Cuerpo de Ingeniería de Naves Espaciales del palacio de Theed

> **MODELO** Yate Nubian tipo H personalizado

> **TIPO** Yate

> **DIMENSIONES** Longitud: 47,9 m; anchura: 8,1 m; altura: 7,1 m

> **TRIPULACIÓN** 1 piloto, 1 copiloto, 2 droides astromecánicos, 1 navegador opcional, 1 experto en comunicación y escáneres y operador de escudos opcional

> **ARMAS** Ninguna

> **AFILIACIÓN** Casa Real de Naboo

INTERÉS POR LA SEGURIDAD

La invasión de la Federación de Comercio cambió el protocolo de defensa de Naboo. Cuando Padmé Amidala era aún reina, aprobó la instalación de un arma defensiva de propulsión iónica en Theed, por si la ciudad volvía a ser atacada. El pueblo reconoce la necesidad de tales defensas, discretas pero eficaces. El capitán Panaka, partidario de defensas mayores, tiene abundantes voluntarios para sus fuerzas de seguridad, y los ingenieros del palacio de Theed diseñan constantemente nuevas naves para llevar a sus dignatarios.

NAVE NÚCLEO DE LA FEDERACIÓN

ORGANIZACIÓN VERTICAL

La disposición jerárquica de zonas habitables en una nave núcleo encaja con la de las colmenas neimoidianas. El puente de control, las zonas de negocios y los tesoros están en los niveles superiores y en las torres. Los niveles medios son para directivos jóvenes, publicistas, agentes de bolsa y almacenamiento de droides. Los niveles inferiores contienen zonas de ingeniería y salas para reuniones con extranjeros; los oficiales superiores evitan estos niveles, similares a los áridos sótanos de las madrigueras neimoidianas.

Con su flota de cargueros-naves de guerra, la Federación de Comercio neimoidiana está equipada para ser una de las poderosas facciones de mercaderes causantes de las Guerras Clon. El cerebro y corazón de cada nave de combate es una nave núcleo acoplable, con un gigantesco ordenador central y varios sistemas de potencia. Estas enormes naves reciben mantenimiento en plataformas de aterrizaje especiales en planetas afiliados a la Federación, mientras los delicados brazos de carga y motores permanecen en órbita. Las toberas de los motores iónicos de las naves núcleo ofrecen una rudimentaria dirección y una lenta aceleración, permitiéndoles atracar en potentes cojines de repulsores antigravedad, con ocho patas como estable tren de aterrizaje. Hay muchas naves así en Geonosis, donde las actualizan para coordinarlas con los mejorados ejércitos droide de Baktoid. En la batalla de Geonosis, defensas aéreas y terrestres las rodean y permiten que muchas escapen al espacio.

UNA PARTE ESTÁNDAR

Siguiendo el espíritu economizador neimoidiano, el diseño de naves núcleo apenas ha cambiado en el último siglo y las esferas encajan en distintas naves: cargueros-naves de combate de anillo partido del bloqueo de Naboo, cargueros desarmados más grandes y nuevas naves de combate del periodo post-Naboo, como cruceros con mejores emplazamientos de armas y destructores más pequeños y veloces para defender las flotas y perseguir burladoras de bloqueos.

DATOS

> **FABRICANTE** Hoersch-Kessel Drive Inc.
> **MODELO** Clase Lucrehulk
> **TIPO** Aterrizador
> **DIMENSIONES** Diámetro: 696 m; altura (en tierra, sin el mástil de transmisiones): 914 m
> **TRIPULACIÓN** 60 supervisores de la Federación de Comercio, 3000 droides tripulantes, 200 000 droides de mantenimiento (y hasta 60 000 representantes de comercio)
> **ARMAS** 280 cañones láser ligeros de defensa puntual
> **AFILIACIÓN** Federación de Comercio

- Anillo de atraque para las cámaras estancas y los tubos de abordaje corellianos estándar
- Habitaciones de lujo de ejecutivos
- Puente de mando
- Grupo de antenas de escáneres
- Mástil de transmisiones para señales militares
- Células de ajuste de transmisión
- Zona de lanzamiento de cápsulas de salvamento para ejecutivos
- Radiador para refrigerar los generadores de transmisión
- Tesorería de los vips
- Un núcleo informático coordina los ejércitos droide con oficiales droide y naves de control cercanas
- Nuevos silos secundarios de combustible mejoran los sistemas de contención de sobrecarga del reactor principal
- Un generador de potencia alimenta los subsistemas de transmisión
- Torres de control militar (ahora instaladas en casi todas las naves núcleo)
- Rectena para intercambio de información entre militares y droides
- Los anillos de atraque en el casco encajan con varias clases de cargueros y naves de combate de la Federación
- Reactor compacto de hipermateria de aniquilación
- Nuevos tanques AAT mejorados cargados en la bodega de la zona media
- Reactores auxiliares
- Los ensamblajes de soporte del reactor son generadores de campo de contención del núcleo principal de hipermateria del reactor
- Proyectores de escudos de las trincheras
- El escape térmico modera los picos de temperatura del núcleo
- Generador de escudos
- Sala ceremonial para la firma de tratados y acuerdos de protección planetarios

- Las cubiertas inferiores suelen estar deshabitadas pero las patrullan droides
- Nave de desembarco C-9979
- Batallones de droides
- Rampa de acceso
- Compartimentos de carga añadidos tras la plena militarización
- Elevador para cargas pesadas Caballete de mantenimiento retráctil
- Alimentación de potencia para la recarga de los sistemas de la nave
- Retractores del tren de aterrizaje
- El transmisor de «hiperondas» más rápidas que la luz permite comunicarse con cualquier parte de la galaxia
- Secciones de la góndola carenada para el tren de aterrizaje
- Patas del tren de aterrizaje
- Suspensores de los repulsores antigravedad
- La tobera inferior sobresale de una escotilla
- Los anillos proveen un campo que contra la radiación dañina de las toberas c la zona de impacto
- Transportes de tropa MTT
- Artillería defensiva
- Escape de fluidos residuales
- Generador de potencia de la artillería
- Puestos de observación y talleres
- Túnel del elevador
- Paredes llenas de reflectores gravitacionales para que puedan interactuar con los repulsores
- Los escudos de partículas se intensifican en las trincheras
- Torretas de defensa pequeñas
- El chorro y la radiación de la tobera quedan confinados a una zona mínima

CONTROL DE LAS HIPERRUTAS

Los ordenadores de navegación de las naves núcleo contienen preciados mapas interestelares. Antaño, gobiernos y agencias privadas compartían esa información públicamente, pero ahora la Federación protege con celo estos valiosos datos. Dado que los cambios en las condiciones astronómicas pueden hacer inseguras las rutas, la Federación ha obtenido el casi total monopolio del transporte a zonas enteras de la galaxia. Hoy en día, solo los Jedi y el Senado Galáctico tienen acceso a los mapas más actualizados.

NUEVO ALIADO

Después de más de una década promoviendo sus intereses de mercado subrepticiamente, la Federación de Comercio reconoce el valor estratégico del conde Dooku. Como persuasivo orador, con una fiel audiencia en miles de mundos, Dooku impulsa la desunión por toda la galaxia... y, como reconoce Nute Gunray, los gobiernos débiles son buenos para el negocio.

CAZA GEONOSIANO

Durante la batalla contra la República, los geonosianos lanzan miles de cazas de clase Nantex para romper el cordón orbital con el que la República evita que la Alianza Corporativa reciba refuerzos terrestres. Estos aparatos combinan una alta aceleración lineal con una gran maniobrabilidad gracias al montaje rotatorio y sin fricción de sus motores. Pese a su superior agilidad, se exportan pocos de estos cazas, porque los sentidos y las articulaciones de los geonosianos difieren de los de la mayoría de la población humanoide de la galaxia, y sus cazas resultan difíciles de pilotar para otras especies.

ESTRUCTURAS FLEXIBLES

Las estructuras de las naves geonosianas se construyen con largas tiras de laminacero, que se tejen y sueldan a altas temperaturas, uniendo así los componentes de la nave. Al enfriarse, la estructura adquiere la dureza del acero, pero como los enlaces pueden ceder momentáneamente y volverse a unir, sobrevive a impactos que romperían una nave más rígida.

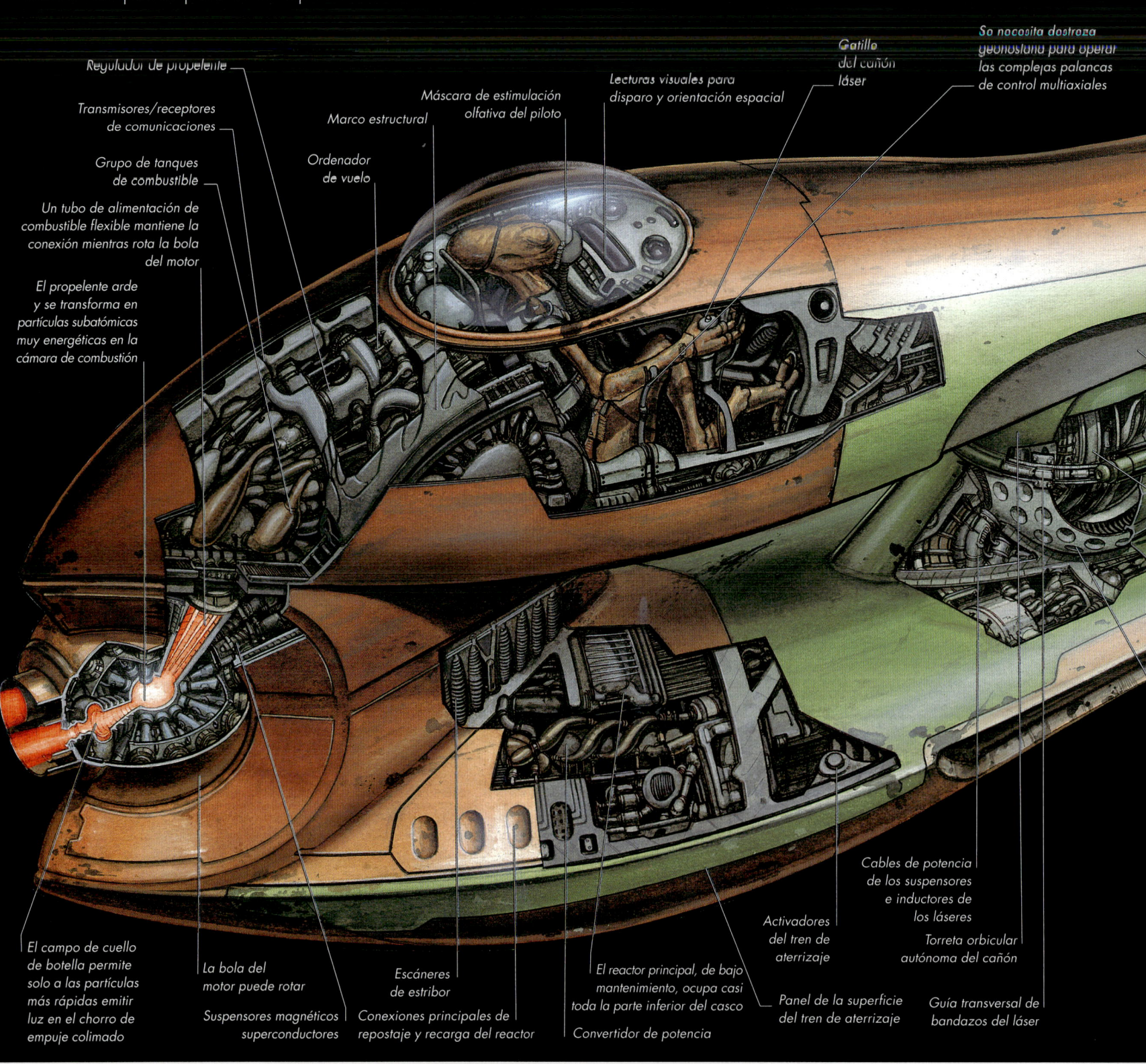

DATOS

> **FABRICANTE** Colectivo de Astilleros Huppla Pasa Tisc

> **MODELO** Clase Nantex

> **TIPO** Caza estelar

> **DIMENSIONES** Longitud: 9,8 m; anchura: 1,9 m; altura (sin la burbuja de la cabina): 2,2 m

> **TRIPULACIÓN** 1 piloto (vinculado a su caza)

> **ARMAS** 1 torreta de cañón láser, 100 proyectores de repulsor/rayo tractor que operan de forma independiente

> **AFILIACIÓN** Separatistas

ESFERAS MODULARES

Entre los rasgos más característicos del diseño de los cazas geonosianos están las esferas de la torreta del cañón y de los motores. Están magnéticamente sujetas y obtienen potencia por inducción, sin contacto directo. En las rótulas se pueden colocar diferentes módulos, como impulsores y grupos de escáneres avanzados para misiones de reconocimiento.

PILOTAR POR OLFATO

Un estimulador de aromas en la máscara del piloto aprovecha el agudo sentido del olfato geonosiano para informar sobre el vuelo y emite señales subverbales de feromonas a fin de que mariscales de vuelo y controladores modifiquen la actitud del piloto y dicten prioridades colectivas.

PILOTOS DE COLMENA

Los geonosianos han criado una casta de pilotos de combate en laberínticas colmenas protegidas de ataques aéreos. Los pilotos pueden pasar años listos para combatir, dado que la especie no necesita dormir. Durante el entrenamiento, cada pupa de piloto se empareja con un ordenador de vuelo, con el que desarrolla una relación de mejora de coordinación.

Cubiertas permeables a proyecciones de campos deflectores y tractores

La pintura de color bronce hace que el caza pase desapercibido en el rojizo planeta Geonosis

Tronco de potencia de la punta ventral

Subnodo del compensador de inercia delantero

Amortiguadores de retroceso de escudos y rayo tractor

El largo cañón del arma láser proporciona un mayor giro al rayo y reduce el fogonazo lateral en relación con su potencia destructiva

Muescas de encaje para la abrazadera de amarre

El cañón láser dispara a través del espacio neutro que queda entre los escudos de ambas puntas

La escotilla de la cabina se abre para limpiar o para realizar mantenimiento técnico o reparaciones

Consola de diagnóstico

Las muescas de retroceso protegen el cañón de sus propios gases residuales al dispararlo

Generador de escudo trasero del casco

Acceso del piloto

Las marcas de color verde recuerdan al porlceetin pigmeo, una gran criatura hexápoda venenosa de Geonosis

Proyectores de rayo tractor y escudos deflectores integrados

Célula de energía intermedia

Líneas del escáner dorsal delantero

Cuando la torreta del cañón gira, diferentes puntos de inducción de potencia se solapan sobre puntos fijos de la pared de la esfera

Cañón láser

El condensador dorsal distribuye la potencia

Manga de repostaje de gas refrigerante del bláster

Abrazadera de amarre

Cableado de recarga

Compensador de inercia principal y generador de gravedad

Articulación del hombro de la abrazadera de amarre

NAVE DE CLASE ACCLAMATOR

La llegada de las enormes naves de desembarco de tropas de clase Acclamator a Geonosis es un momento clave en la historia militar de la galaxia. Los separatistas, aliados con pérfidas organizaciones, se ven sobrepasados por el poder decisivo de la hasta entonces inerte República y por su uso de un ejército clon bien entrenado y equipado. En el momento crucial, las naves de desembarco despliegan enjambres de cañoneras protegidas por fuego de turboláseres junto a pesados vehículos terrestres y miles de soldados clon bien adiestrados y motivados.

NACIDO DE LA TRAICIÓN

Una poderosa corporación, que podría haber liderado a los separatistas de no ser por una sangrienta traición, creó en secreto el arsenal del Gran Ejército de la República. Cuando, una década atrás, los neimoidianos tomaron la Federación de Comercio en la Conferencia de Eriadu, asesinaron a los líderes de Kuat. Desde entonces, los industriales se han alineado con la Cancillería Suprema y la construcción clandestina ha aumentado en los astilleros y las fábricas de Rothana.

- Las salas de operaciones y el puente de mando poseen mandos holográficos muy sofisticados
- Torre de escáner principal y centro de comunicaciones
- El núcleo de potencia no está sometido a gravedad artificial
- Sala de reuniones
- Ventilación de mantenimiento de sistemas de potencia
- Emplazamiento del turboláser dorsal
- Mamparos de servicio de los motores
- Parrilla del radiador de la refrigeración de neutrinos del sistema de potencia
- Generador del repulsor antigravedad
- Conducciones del campo de integridad tensorial
- La cola aloja una larga conducción dorsal para los campos de compensación de inercia
- Generador del hiperimpulsor
- Toberas vectoriales electromagnéticas
- La tobera auxiliar afecta mucho en los giros por su localización alejada del eje central
- Canal de partículas de las toberas
- El hangar inferior, más pequeño, recibe soldados clon
- Cañoneras listas para el despliegue se dejan caer por la escotilla hacia la proa
- Los repulsores antigravedad soportan gran parte del peso de la nave, pero el tren de aterrizaje ofrece un contacto estable con la superficie

LA FORMA DE LO QUE VENDRÁ

En los siglos anteriores a las Guerras Clon se construyeron naves más grandes y poderosas para defender los sectores ricos e industrializados de Corellia, Humbarine y Kuat, pero el alcance de sus hiperimpulsores era local. El regreso de naves de guerra y ejércitos transgalácticos es una novedad inquietante.

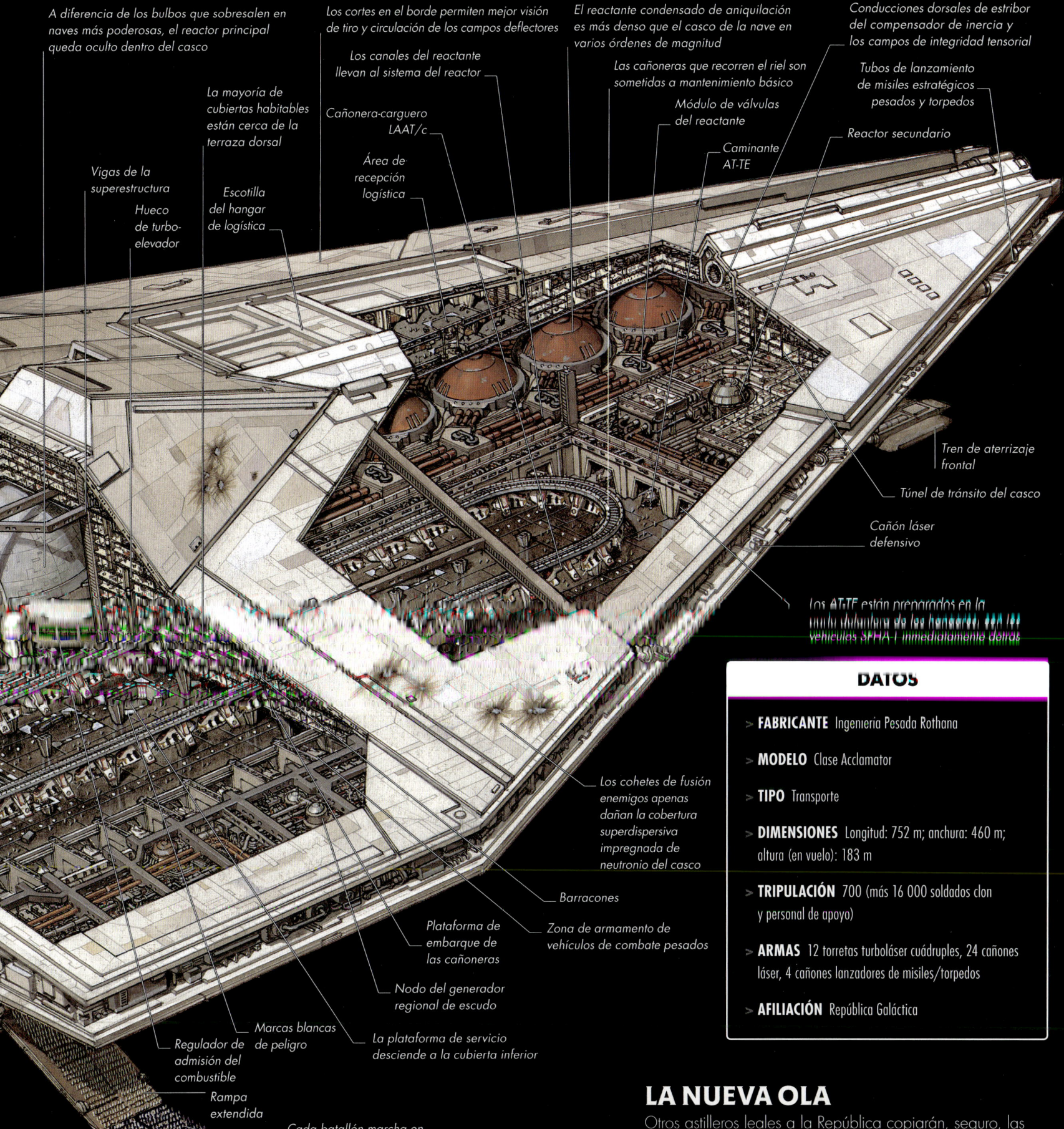

A diferencia de los bulbos que sobresalen en naves más poderosas, el reactor principal queda oculto dentro del casco

Los cortes en el borde permiten mejor visión de tiro y circulación de los campos deflectores

El reactante condensado de aniquilación es más denso que el casco de la nave en varios órdenes de magnitud

Conducciones dorsales de estribor del compensador de inercia y los campos de integridad tensorial

Los canales del reactante llevan al sistema del reactor

Las cañoneras que recorren el riel son sometidas a mantenimiento básico

Tubos de lanzamiento de misiles estratégicos pesados y torpedos

La mayoría de cubiertas habitables están cerca de la terraza dorsal

Cañonera-carguero LAAT/c

Módulo de válvulas del reactante

Vigas de la superestructura

Área de recepción logística

Caminante AT-TE

Reactor secundario

Hueco de turbo-elevador

Escotilla del hangar de logística

Tren de aterrizaje frontal

Túnel de tránsito del casco

Cañón láser defensivo

Los AT-TE están preparados en la cubierta delantera de los hangares AAT/LE vehículos SPHA-T inmediatamente detrás

Los cohetes de fusión enemigos apenas dañan la cobertura superdispersiva impregnada de neutronio del casco

Barracones

Plataforma de embarque de las cañoneras

Zona de armamento de vehículos de combate pesados

Nodo del generador regional de escudo

Regulador de admisión del combustible

Marcas blancas de peligro

La plataforma de servicio desciende a la cubierta inferior

Rampa extendida

Cada batallón marcha en hileras en dos escuadrones

DATOS

> **FABRICANTE** Ingeniería Pesada Rothana

> **MODELO** Clase Acclamator

> **TIPO** Transporte

> **DIMENSIONES** Longitud: 752 m; anchura: 460 m; altura (en vuelo): 183 m

> **TRIPULACIÓN** 700 (más 16 000 soldados clon y personal de apoyo)

> **ARMAS** 12 torretas turboláser cuádruples, 24 cañones láser, 4 cañones lanzadores de misiles/torpedos

> **AFILIACIÓN** República Galáctica

NAVE NODRIZA DE APOYO

Bombardeos orbitales con torpedos de protones de alta potencia y ataques con turboláseres golpean las fortalezas enemigas cuando su captura no es prioritaria. Se puede someter a los ejércitos atrincherados bajo tierra a un bombardeo «Base Delta Cero», que reduce la corteza del planeta a un lago de escoria fundida.

LA NUEVA OLA

Otros astilleros leales a la República copiarán, seguro, las naves que vencieron en Geonosis. El archipreboste de Rendili y los comisarios de Grizmallt han ordenado ya a incontables espías industriales y diseñadores de naves que reduzcan la ventaja competitiva de Kuat en la carrera por los nuevos contratos militares con la República. El empleo intensivo de Rendili de pequeños astilleros por el Borde Medio y Exterior de la galaxia le puede otorgar una ventaja temporal.

MUNICIÓN DIVERSA

El uso de misiles y armas energéticas de la cañonera LAAT tiene ventajas extra. Si bien un bláster puede dar casi instantáneamente a cualquier blanco en línea de tiro, un misil puede rodear obstáculos e ir más allá del horizonte. Igualmente, aunque a veces se puede evitar o derribar un misil, un rayo de energía no puede interceptarse, solo absorberse con escudos. Las cargas de los misiles varían según la misión, y van desde explosivos omnidireccionales hasta lluvias corrosivas de antimateria, pulsos electromagnéticos, radiación esterilizadora o efectos térmicos concentrados.

CAÑONERA LAAT/I

El Transporte de Asalto de Baja Altitud/infantería (LAAT/i) de la República desempeña un papel vital en la batalla de Geonosis. Estas naves de transporte táctico y sus variantes sobrevuelan terrenos abruptos para desplegar de forma rápida y segura un pelotón de soldados clon, o transportar un vehículo acorazado a su posición. Los cazas enemigos han de permanecer a gran altitud o disminuir su velocidad al perseguir a una cañonera por debajo del nivel de las montañas. La cañonera de una nave de ataque de la República puede desplegar más de 2000 soldados en cada viaje. Pero estos transportes aéreos de tropas son también versátiles plataformas de armamento: más ligeras y rápidas que la artillería móvil, aun así transportan un arsenal considerable. Los enormes lanzamisiles gemelos permiten ataques concertados sobre blancos fijos o de movimiento lento más allá del horizonte, como artillería enemiga y fortificaciones. Dos pares de cañones bláster con amplio arco de tiro defienden la nave con precisión letal. Por último, torretas de cañones láser montadas en la proa y la popa devastan la infantería enemiga y otros blancos terrestres ligeros.

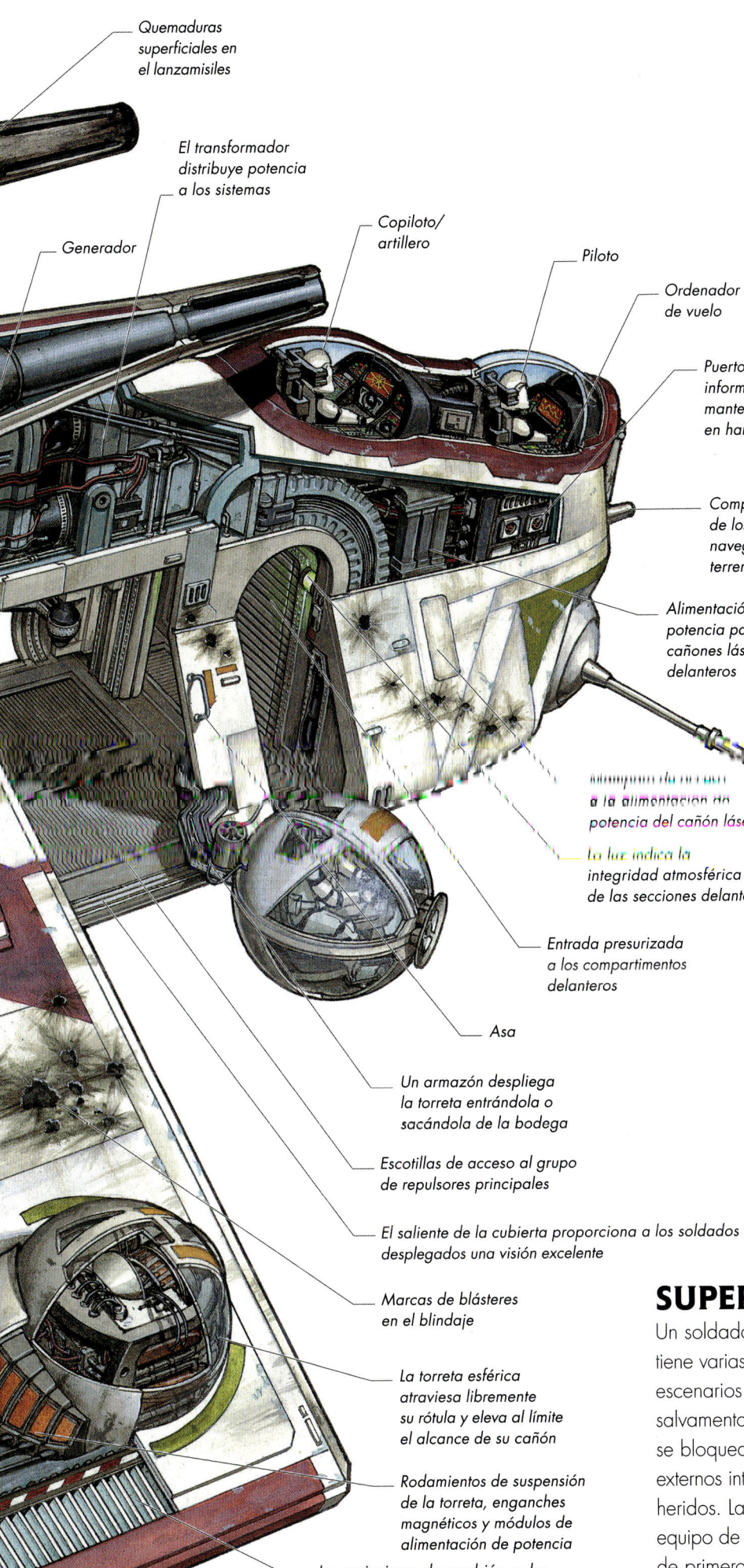

Quemaduras superficiales en el lanzamisiles

El transformador distribuye potencia a los sistemas

Generador

Copiloto/artillero

Piloto

Ordenador de vuelo

Puertos de interfaz informática para mantenimiento en hangar

Compartimento de los sensores de navegación sobre terreno

Alimentación de potencia para los cañones láser delanteros

Interruptor de rescate a la alimentación de potencia del cañón láser

La luz indica la integridad atmosférica de las secciones delanteras

Entrada presurizada a los compartimentos delanteros

Asa

Un armazón despliega la torreta entrándola o sacándola de la bodega

Escotillas de acceso al grupo de repulsores principales

El saliente de la cubierta proporciona a los soldados desplegados una visión excelente

Marcas de blásteres en el blindaje

La torreta esférica atraviesa libremente su rótula y eleva al límite el alcance de su cañón

Rodamientos de suspensión de la torreta, enganches magnéticos y módulos de alimentación de potencia

Las variaciones de repulsión en las parrillas de las puntas de las alas afectan al giro de la cañonera

DATOS

> **FABRICANTE** Ingeniería Pesada Rothana

> **MODELO** LAAT/i (Transporte de Asalto de Baja Altitud / infantería)

> **TIPO** Aterrizador

> **DIMENSIONES** Longitud: 17,4 m; envergadura: 17 m; altura: 6,1 m

> **TRIPULACIÓN** 1 piloto, 1 copiloto/artillero, 2 artilleros de torreta auxiliares (y hasta 30 soldados clon)

> **ARMAS** 3 torretas antipersona (2 delanteras, 1 trasera), 2 lanzamisiles conductores de masa (carga explosiva variable), 4 torretas láser de rayo compuesto de precisión (2 manuales, 2 de control remoto), 8 cohetes ligeros aire-aire

> **AFILIACIÓN** República Galáctica

TORRETAS DE COMPUESTOS

Las torretas esféricas montadas en armazones y en alas gozan de una amplia capacidad de rotación para acertar a blancos por encima y por debajo del plano horizontal. Son una defensa contra enemigos aéreos. La unión de varios rayos secundarios, sincronizada a la perfección, proporciona una precisión superior incluso a la de la rotación de la torreta.

VENTAJA TÁCTICA

Esta estratégica nave de transporte y sus variantes son maniobrables como para volar muy bajo y aprovechar así la cobertura natural de los precipicios y cañones de Geonosis. Sus largos cañones aceleradores de masa disparan proyectiles a velocidad supersónica. Una vez en el aire, los proyectiles vuelan con sus propios motores a lo largo de una trayectoria programada o siguiendo señales encriptadas de guía. La telemetría (comunicación remota) procede de una nave nodriza en órbita o de señales enviadas por unidades terrestres en contacto visual con el blanco, como exploradores clon.

SUPERVIVENCIA Y RECUPERACIÓN

Un soldado clon entrenado supone una gran inversión, así que la tripulación tiene varias opciones de escape si la cañonera queda inutilizada. En los peores escenarios de supervivencia, toda la cabina se eyecta a modo de cápsula de salvamento. Las cúpulas pueden eyectarse tras un accidente en el aterrizaje. Si se bloquea la salida bajo el nivel de cabina, la tripulación usa los escalones externos integrados en el casco. Siempre que sea posible se retira a los soldados heridos. La cañonera LAAT/i es el vehículo de recuperación principal. En su equipo de emergencia hay un droide médico globular de batalla IM-6, estuches de primeros auxilios, juegos de reparación de corazas, camillas repulsoras retráctiles y tiendas hinchables de descontaminación.

CAÑONERA LAAT/I (CONT.)

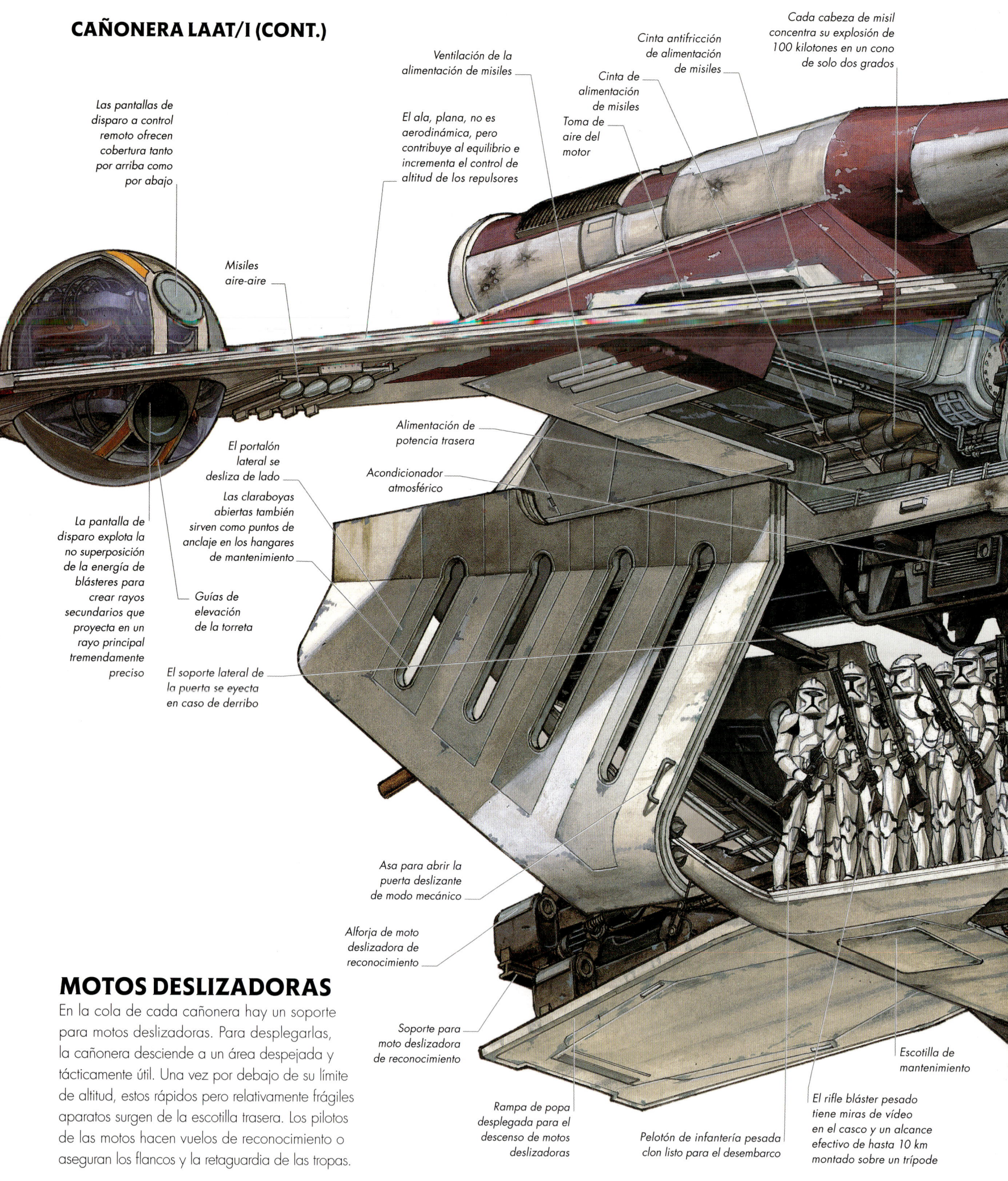

Las pantallas de disparo a control remoto ofrecen cobertura tanto por arriba como por abajo

Ventilación de la alimentación de misiles

El ala, plana, no es aerodinámica, pero contribuye al equilibrio e incrementa el control de altitud de los repulsores

Cinta antifricción de alimentación de misiles

Cinta de alimentación de misiles

Toma de aire del motor

Cada cabeza de misil concentra su explosión de 100 kilotones en un cono de solo dos grados

Misiles aire-aire

El portalón lateral se desliza de lado

Alimentación de potencia trasera

Acondicionador atmosférico

Las claraboyas abiertas también sirven como puntos de anclaje en los hangares de mantenimiento

La pantalla de disparo explota la no superposición de la energía de blásteres para crear rayos secundarios que proyecta en un rayo principal tremendamente preciso

Guías de elevación de la torreta

El soporte lateral de la puerta se eyecta en caso de derribo

Asa para abrir la puerta deslizante de modo mecánico

Alforja de moto deslizadora de reconocimiento

Soporte para moto deslizadora de reconocimiento

Rampa de popa desplegada para el descenso de motos deslizadoras

Pelotón de infantería pesada clon listo para el desembarco

Escotilla de mantenimiento

El rifle bláster pesado tiene miras de vídeo en el casco y un alcance efectivo de hasta 10 km montado sobre un trípode

MOTOS DESLIZADORAS

En la cola de cada cañonera hay un soporte para motos deslizadoras. Para desplegarlas, la cañonera desciende a un área despejada y tácticamente útil. Una vez por debajo de su límite de altitud, estos rápidos pero relativamente frágiles aparatos surgen de la escotilla trasera. Los pilotos de las motos hacen vuelos de reconocimiento o aseguran los flancos y la retaguardia de las tropas.

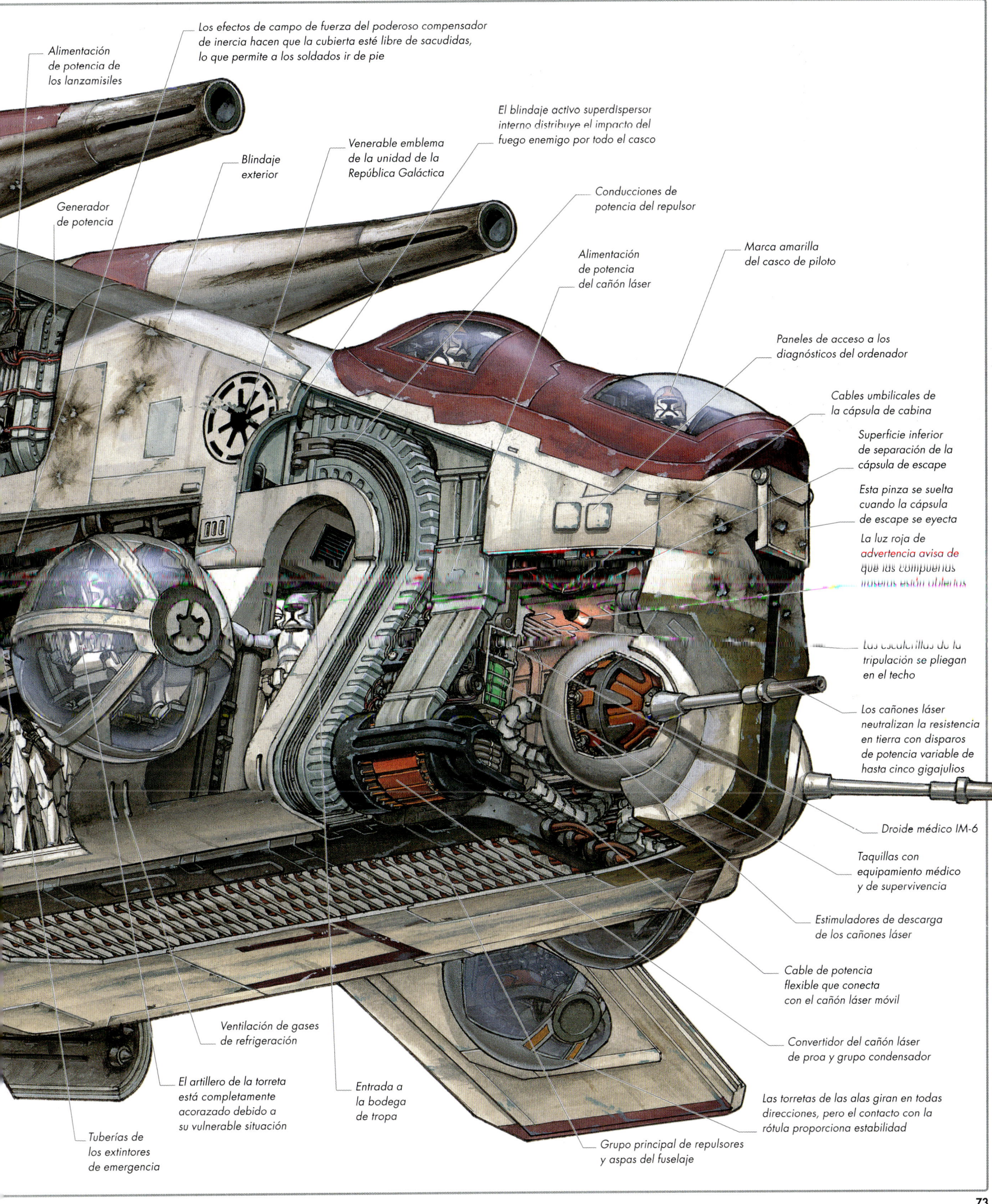

AT-TE

El temible Ejecutor Táctico Todoterreno (o AT-TE) es un vehículo de ataque que apoya al ejército clon de la República, eliminando amenazas a la infantería y ejerciendo el control táctico. Abriéndose paso por el caos de la batalla, el caminante, con el paso seguro y estable de sus seis patas, atraviesa grietas y trepa por colinas que de otro modo serían inaccesibles. Su enorme torreta lanzamisiles bombardea emplazamientos fijos y aniquila naves lentas, y seis torretas con cañones láser se mueven con rapidez para devastar los blancos más rápidos en su línea de disparo.

CONTROL EN TIERRA

A diferencia de los cazas y otras naves aéreas de gran velocidad, los AT-TE ejercen una formidable influencia en tierra. Toman posesión del territorio e igualan el combate entre los soldados clon y las máquinas de guerra separatistas. Para desplegar rápido las tropas, los AT-TE pueden desplegarse en el frente de batalla desde una cañonera LAAT/c. Una vez han descendido sus pasajeros, los caminantes dan caza a sus enemigos a un ritmo más rápido.

La coraza que viste la tripulación limita los movimientos (no ha habido tiempo suficiente antes de la batalla de Geonosis para modificaciones en el uniforme)

La bocacha reduce los efectos de la presión en la salida del proyectil

El cañón de empuje de masas acelera el proyectil

Resistencias de empuje de masa y radiador de dispersión térmica

Escotilla superior

Artillero exterior con coraza completa

Pantalla de artillería

Escalerilla

Eje de elevación

Cinta transportadora de munición

La cabina se abre desde esta bisagra

Periscopio y telémetro

El observador busca blancos y coordina a los artilleros

Piloto

La barra pivota para permitir el acceso de la tripulación a la cabina

Elementos delanteros del estimulador del cañón láser

Alimentación de potencia del cañón láser

Ordenador de tiro

Cargador/transformador del cañón láser

Muescas para las pinzas de enganche del hangar

Generador de compensación de inercia bajo los asientos

Unos generadores de tracción en los pies mejoran el agarre

DATOS

- **FABRICANTE** Ingeniería Pesada Rothana
- **MODELO** AT-TE (Ejecutor Táctico Todoterreno)
- **TIPO** Caminante
- **DIMENSIONES** Longitud (solo el casco): 13,2 m; anchura: 5,7 m; altura (casco y patas): 5,7 m
- **TRIPULACIÓN** 1 piloto, 1 vigía, 4 artilleros / tripulantes de apoyo, 1 artillero de torreta (y hasta 20 soldados clon)
- **ARMAS** 6 torretas de cañón láser antipersona (4 delanteras, 2 traseras), 1 cañón de proyectiles pesados
- **AFILIACIÓN** República Galáctica

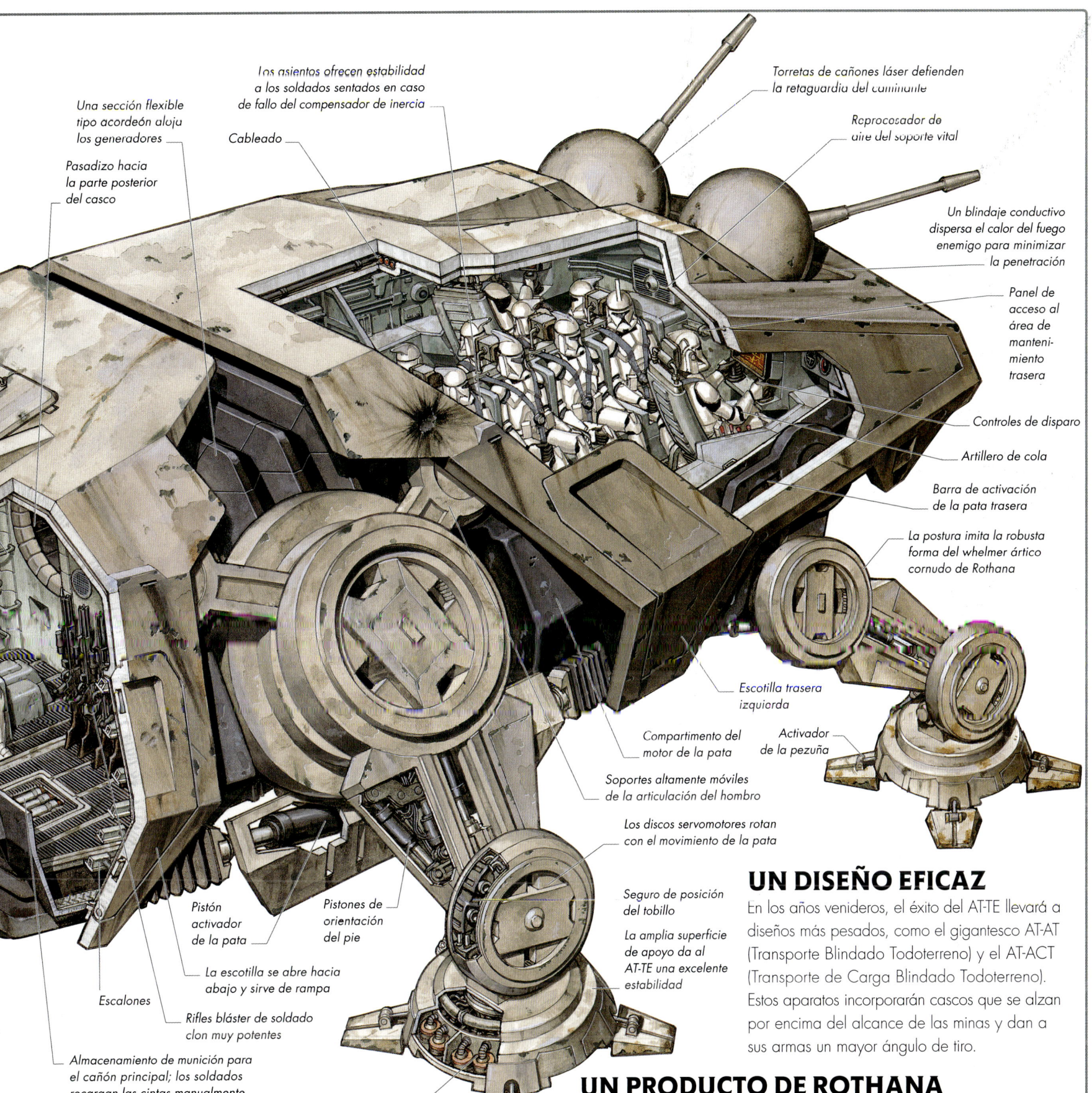

UNA VANGUARDIA INCISIVA

Los AT-TE son muy eficaces para penetrar escudos de energía. Su movimiento deriva de la tracción terrestre, mientras que las turbinas de alta velocidad de un deslizador o un caza se ven dañadas por los campos de partículas. Además, las descargas de energía que desprende el suelo a intervalos por los escudos pueden dañar aparatos aéreos, pero el caminante, en contacto con la superficie, es invulnerable a este efecto. Los AT-TE también están bien protegidos contra armas de pulso electromagnético y cañones de iones.

UN DISEÑO EFICAZ

En los años venideros, el éxito del AT-TE llevará a diseños más pesados, como el gigantesco AT-AT (Transporte Blindado Todoterreno) y el AT-ACT (Transporte de Carga Blindado Todoterreno). Estos aparatos incorporarán cascos que se alzan por encima del alcance de las minas y dan a sus armas un mayor ángulo de tiro.

UN PRODUCTO DE ROTHANA

A la hora de idear armamento y vehículos para los soldados clon, los kaminoanos subcontrataron en secreto a Ingeniería Pesada Rothana, una filial de Astilleros Kuat poco amiga de la Federación de Comercio y la Unión Tecnológica. Trabajando desde inmensas fábricas subterráneas y astilleros-colmena orbitales, la mano de obra de Rothana es famosa por su diligencia. Su sistema estelar es el único sin espías de la Federación de Comercio, gracias a lo impenetrable de la etiqueta rothaniana (que detecta fácilmente a los de fuera), a la notable flota estelar de seguridad de Kuat y a su inventivo despliegue de minas en las hiperrutas que llevan a Rothana.

UNA ANTIGÜEDAD MISTERIOSA

Siendo un joven Jedi, Dooku desarrolló su afición por los artefactos extraños. Tras abandonar la Orden Jedi y heredar la enorme fortuna de su familia, Dooku compró a un tratante de antigüedades cerca del Enclave Gree un antiguo velero con propiedades únicas. Está propulsado por una indetectable, hasta la fecha, fuente de emisiones de hiperluz, lo que le da una independencia jamás vista hasta entonces.

PUNTAS DE PROA

Las naves geonosianas suelen tener dos o más puntas multifuncionales en la proa. Hileras de estrechos emisores de rayos tractores/repulsores a lo largo de ellas actúan como pinzas ofensivas y ayudan a la maniobra cuando hay objetos que empujar y de los que tirar cerca. Además, se puede ajustar selectivamente la extensión de los escudos energéticos a lo largo de las puntas para dar a la nave una maniobrabilidad extra.

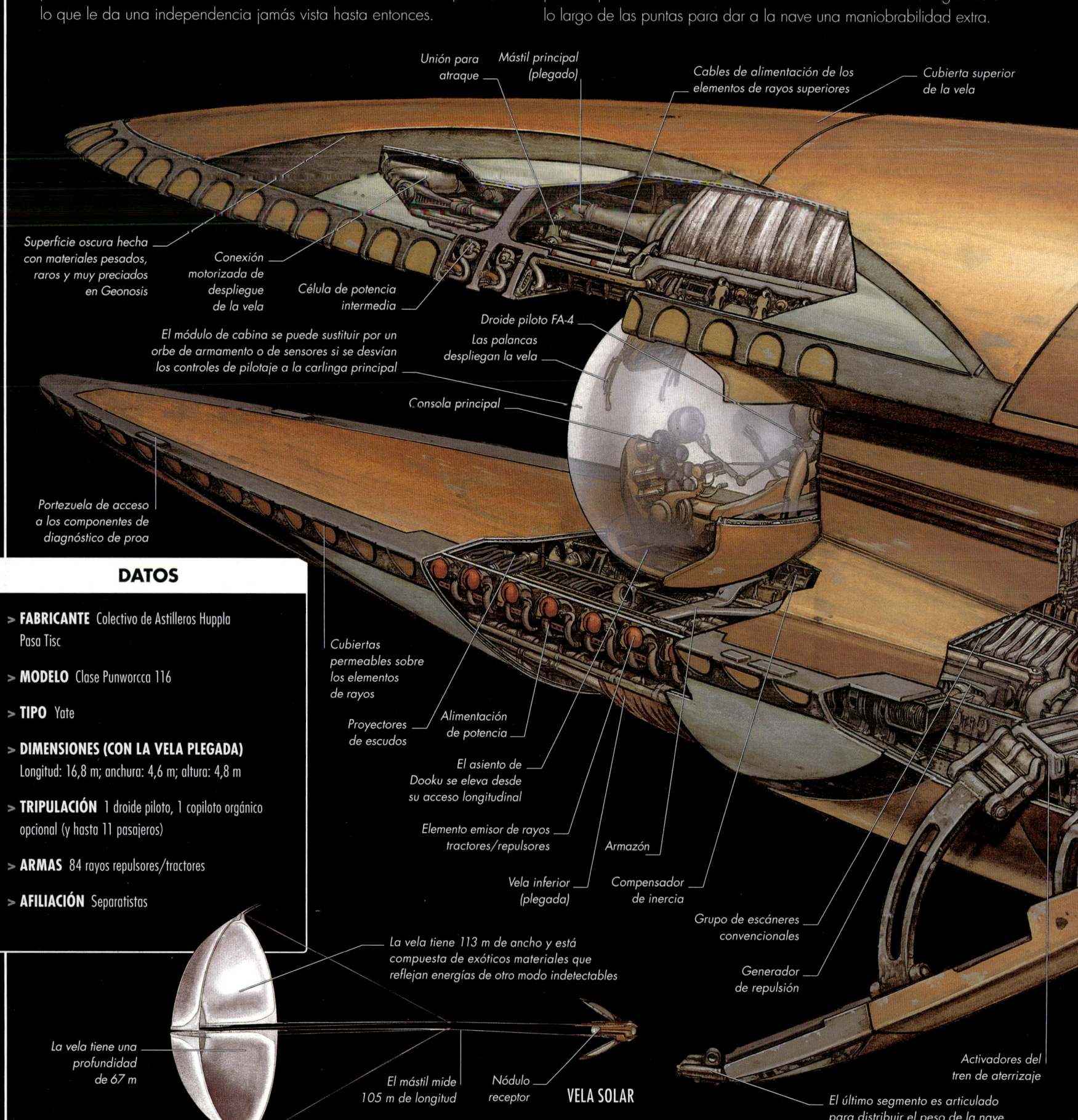

DATOS

- **FABRICANTE** Colectivo de Astilleros Huppla Pasa Tisc
- **MODELO** Clase Punworcca 116
- **TIPO** Yate
- **DIMENSIONES (CON LA VELA PLEGADA)** Longitud: 16,8 m; anchura: 4,6 m; altura: 4,8 m
- **TRIPULACIÓN** 1 droide piloto, 1 copiloto orgánico opcional (y hasta 11 pasajeros)
- **ARMAS** 84 rayos repulsores/tractores
- **AFILIACIÓN** Separatistas

VELERO SOLAR DEL CONDE DOOKU

Como otros diseños geonosianos, el balandro clase Punworcca 116 recurre a una tecnología inusual con gran efecto. Estas naves llevan velas solares que les proporcionan una fuente de energía independiente, sin tener que cargar combustible (excepto para las toberas direccionales). Este elegante velero es un encargo del conde Dooku, y su interior está hecho a su gusto, con una amplia biblioteca de datos y una refinada decoración.

- Consolas de ordenadores y pantallas de datos estratégicos
- El conde Dooku en la carlinga principal
- Biblioteca de datos
- Los segmentos del hiperimpulsor se cargan mediante receptores de potencia para los saltos al hiperespacio
- Canales de receptores de potencia recargan las células de potencia de energía
- La vela puede configurarse para centrarse sobre cualquiera de los cuatro nódulos especiales
- Depósitos de reactante
- Controles de ingeniería
- Radiador estimulador de aromas de estatus de la nave
- Alimentación de combustible del motor
- Tobera direccional
- Escudo del reactor
- Núcleo de babor del reactor
- Escalerilla a la sala de mantenimiento
- Panel de la cámara de descompresión
- La esfera de pasajeros no rota, pero con esfuerzo puede intercambiarse
- Puerta de la cámara de descompresión
- Luz de la escotilla
- Escotilla exterior de la cámara de descompresión
- Rampa de acceso retráctil
- Taquilla personal
- Ventanilla de observación
- Nódulo transmisor/receptor
- Cortinillas de las literas de pasajeros
- Casco interior laminar
- Unión horizontal del casco para realizar tareas de mantenimiento
- Soporte vital

DESTRUCTOR ESTELAR DE CLASE VENATOR

El destructor estelar de clase Venator de la República Galáctica es rápido como para perseguir burladoras de bloqueos y grande como para liberar Utapau y realizar otras misiones independientes. Una flotilla de estos vehículos versátiles y de peso medio atraviesa fácilmente los escudos de una nave de guerra de la Federación de Comercio. Sus hangares pueden alojar cientos de cazas. Esta nave puede realizar aterrizajes planetarios, actuando como transporte militar, y efectuar misiones de escolta para la Armada de la República. Sin embargo, el papel principal de la clase Venator es el combate y el transporte de cazas, por lo que es una de las naves preferidas por los pilotos Jedi.

EL LEGADO DE KUAT

Astilleros Kuat, empresa constructora de la clase Venator, asegura que la República está ganando las Guerras Clon gracias a esta nave y otras del mismo tipo en cuña. La clase Venator dará paso finalmente a los destructores estelares de clase Imperial y a naves aún mayores. Estas naves entrarán en servicio durante las próximas décadas, mientras la República se convierte en el Imperio. La flota imperial justificará su existencia en la interminable lucha contra bases separatistas y rebeldes.

- Silo de reactante de aniquilación
- Marcas de la Quinta Flota del Círculo Abierto de la Armada de la República
- Torreta de turboláser pesado
- Raíles de la puerta del hangar
- Puesto de mando del hangar
- La carga habitual comprende 192 cazas Ala-V
- Proyectores de campo de contención atmosférica a lo largo de la compuerta
- El suelo de la cubierta de vuelo puede descender hasta el muelle de atraque inferior Interceptor Eta-2 de clase Actis
- Emblema del Círculo Abierto de la Armada
- Un Venator acostumbra a transportar 36 cazas ARC-170
- Interceptor Eta-2 Actis
- LAAT/c (Transporte de Asalto de Baja Altitud/transportador)
- Cañoneras LAAT/i (Transporte de Asalto de Baja Altitud/infantería) pueden desplegar soldados si la nave se halla en vuelo atmosférico
- ARC-170 en vuelo de aproximación al hangar
- Hangares de cazas y vehículos
- Generador local de escudos
- Turboláseres gemelos medios
- Conducciones atmosféricas
- Muelle de atraque inferior (por iniciativa del general Skywalker, algunas naves de clase Venator llevan aquí cañones láser SPHA-T para aumentar la potencia de fuego inferior)
- Marca dejada en el casco por un tricaza separatista que se estrelló
- Caminante AT-TE (Ejecutor Táctico Todo Terreno)
- Zonas para la tripulación
- Generador de rayo tractor
- Proyector de rayo tractor de proa
- Puertas superiores: un potente escudo deflector protege el interior de la nave

Puente de control de vuelo de los cazas

Puente de mando y timón

El reactor principal usa 40000 toneladas de combustible por segundo cuando vuela a máxima potencia

Conducciones y bombas de reactante

Cubiertas de la torre

Comunicaciones y escáner de hiperonda

Generador de hiperimpulso

Compresor de inercia principal

Alimentación de potencia principal de popa

Toberas de los motores de iones

Placas electromagnéticas en las toberas dirigen el chorro de empuje para maniobrar

Reactor secundario

Células de energía

Las cubiertas del borde y el casco discurren horizontalmente

Cañones láser ligeros defienden contra veloces cazas

Vestíbulo de la zona de atraque de babor

Generador de escudo deflector de zona

La puerta de atraque encaja con estaciones espaciales, torres de anclaje o naves más grandes para transferir equipamiento y tropas

Columna de potencia del flanco de babor

Grúa para asegurar naves atracadas o mover carga

Zonas para la tripulación

DATOS

> **FABRICANTE** Astilleros de Propulsores Kuat

> **MODELO** Clase Venator

> **TIPO** Destructor estelar

> **DIMENSIONES** Longitud: 1137 m; envergadura: 548 m; altura (en vuelo): 268 m

> **TRIPULACIÓN** 7400

> **ARMAS** 8 torretas turboláser pesadas, 2 cañones turboláser duales medianos, 52 cañones láser de defensa puntual, 4 cañones de torpedos de protones, 6 proyectores de rayo tractor

> **AFILIACIÓN** República Galáctica

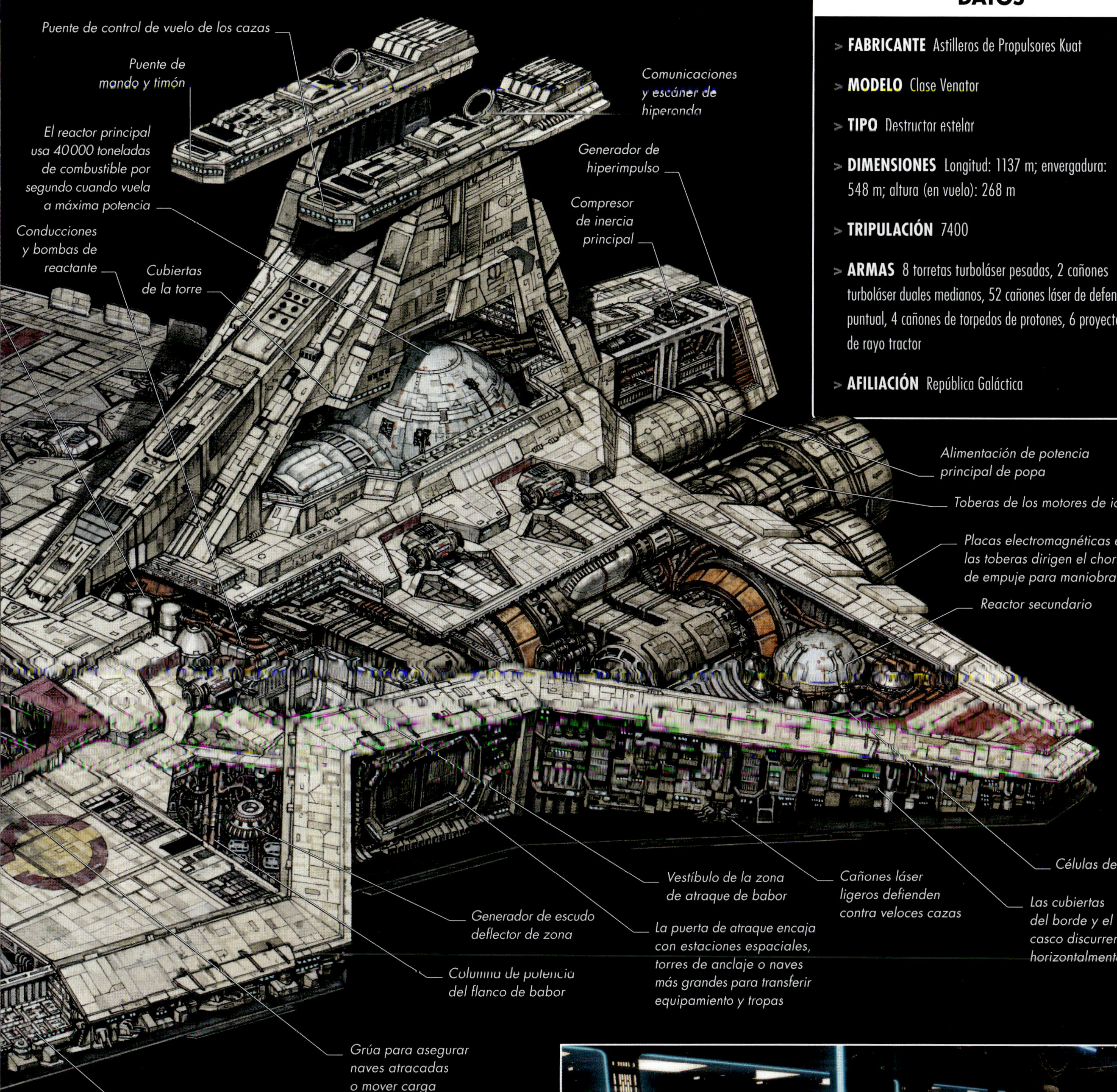

EL PAPEL DEL TRANSPORTE

La larga pista superior de aterrizaje de la clase Venator le permite desplegar instantáneamente cientos de cazas. La lenta apertura y cierre de las compuertas acorazadas de proa, sin embargo, hacen vulnerable la nave. Esta debilidad se compensa gracias al potente escudo deflector que rodea la entrada de la nave, pero este fallo de diseño se eliminará en futuros destructores imperiales.

Dentro del hangar del destructor estelar de clase Venator *Vigilancia*, el general Jedi Obi-Wan Kenobi instruye a miembros del 212.º Batallón de Ataque antes de su misión en el sistema Utapau.

POTENCIA DE LA REPÚBLICA

Pese a las victorias sobre los separatistas en las Guerras Clon, la República es cada vez más consciente de que sus enemigos pueden crear batallones de droides de combate a un ritmo mucho mayor que el de los kaminoanos para producir soldados clon, que, además, han de entrenarse. Para compensar tal disparidad, sus ingenieros se aseguran de que los destructores estelares puedan operarse con una tripulación relativamente pequeña, y los diseñadores de armas han creado cañones turboláser más potentes, con alcance y precisión mejorados, que dan a la Armada una fuerte ventaja sobre la flota separatista.

Soldados clon entrenados manejan los cañones láser en los destructores estelares de clase Venator.

Ser parte de la división de artillería de un destructor estelar es peligroso por su alta proporción de bajas.

TURBOLÁSERES PESADOS

Las ocho torretas de cañones turboláser pesados DBY-827 de un destructor estelar de clase Venator son el estándar en artillería naval para combates intensos y bombardeos planetarios. El modo de seguimiento de la DBY-827 le permite acertar a un objetivo a gran distancia, y la torreta puede girar en tres segundos en su modo de seguimiento rápido y combate cercano. Siete intensidades de fuego permiten elegir entre disparos para inutilizar y para vaporizar al enemigo. Como auténtica nave de guerra, la clase Venator puede, si es necesario, desviar toda la potencia de su reactor a los turboláseres.

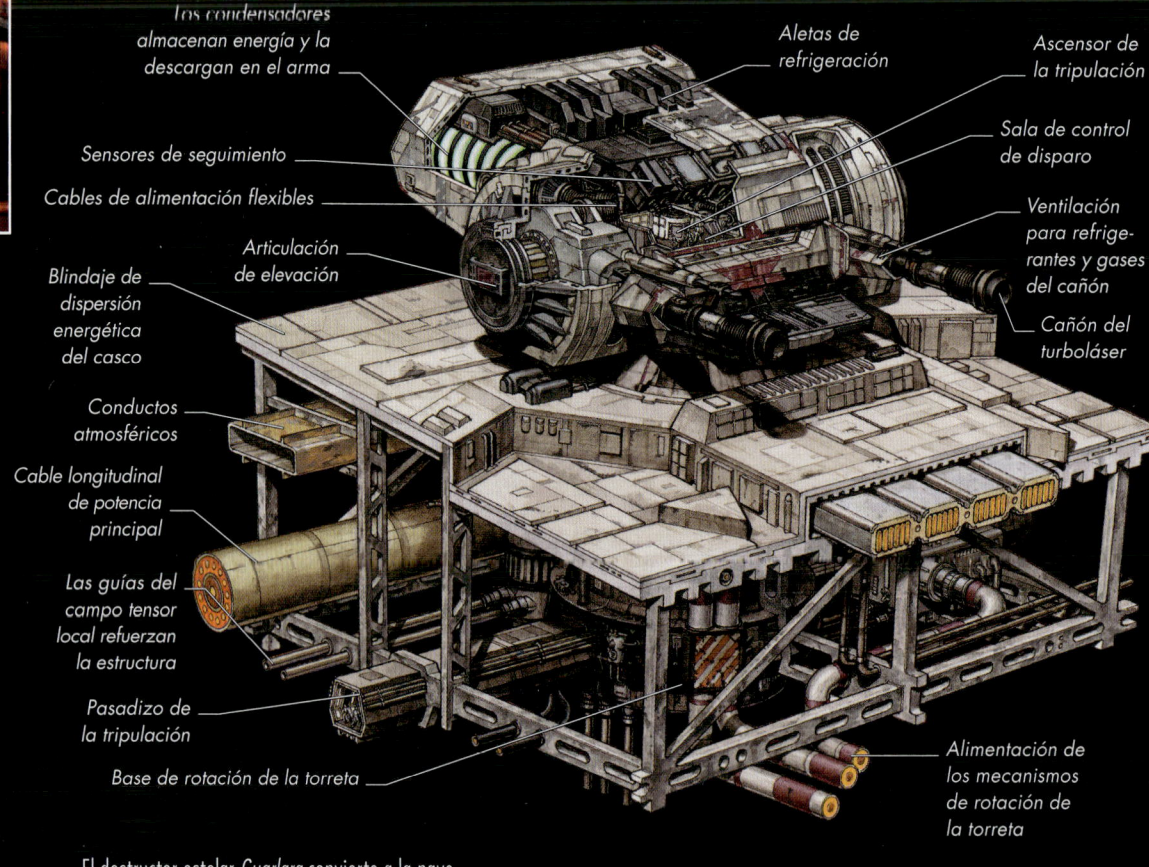

El destructor estelar *Guarlara* convierte a la nave insignia separatista *Mano Invisible* en una bola de fuego en un combate a quemarropa.

ALA-V

Los cazas Ala-V, uno de los nuevos y más numerosos cazas estelares de la República Galáctica, son elegantes y compactas naves de apoyo desplegadas en acciones de flota o en defensa de mundos-fortaleza. Lanzándose en furiosos enjambres desde los transportes y naves de guerra de la República, estos cazas ágiles y rápidos son blancos escurridizos, y sus cañones láser móviles los hacen oponentes sorprendentes y letales. Un piloto clon tripula cada Ala-V con ayuda de un droide astromecánico. Como muchos modelos producidos en masa para las fuerzas leales, los Ala-V son demasiado pequeños para tener hiperimpulso, pero llevan un potente reactor y emplean dos toberas direccionales de iones para realizar giros verticales increíblemente rápidos.

DATOS

> **FABRICANTE** Sistemas de Ingeniería Kuat
> **MODELO** Ala-V Alpha-3 de clase Nimbus
> **TIPO** Caza estelar
> **DIMENSIONES** Longitud: 7,9 m; anchura: 3,8 m; altura (con las alas desplegadas): 5,84 m
> **TRIPULACIÓN** 1 piloto, 1 droide astromecánico
> **ARMAS** 2 cañones láser gemelos
> **AFILIACIÓN** República Galáctica

PARA COMBATE CERRADO

El Ala-V Alpha-3 de clase Nimbus, fabricado por Sistemas de Ingeniería Kuat, la misma compañía que fabrica los cazas Jedi, usa tecnología de última generación para tener más maniobrabilidad, que lo hace más ágil que el ARC-170 y la mejor opción para que los pilotos clon se enzarcen en combates cerrados con veloces droides buitre y tricazas. Flanqueando la zona en forma de cuña hay un conjunto de alas planas que se extienden por encima y por debajo de la nave. Estas alas están en monturas articuladas que les permiten rotar 90 grados para aterrizar. En los ejes hay montados dos pares de cañones láser que le otorgan capacidad de fuego rápido.

Los paneles con radiadores ayudan a dispersar el calor durante actividades intensas

Dispersores térmicos de los escudos deflectores

Tobera

Copiloto astromecánico ayuda con la navegación y el mantenimiento en vuelo

En caso de eyección, el piloto está equipado con un traje de vuelo sellado

Procesadores de comunicación y escáneres

Sensores delanteros

Los cañones láser giran en las monturas de las alas

Aspas repulsoras

Unidades de proyección de escudos

Condensadores y alimentación de potencia de los cañones

Tanque de reactante

Cableado de los proyectores de escudos

Alas-radiador desplegadas en vuelo

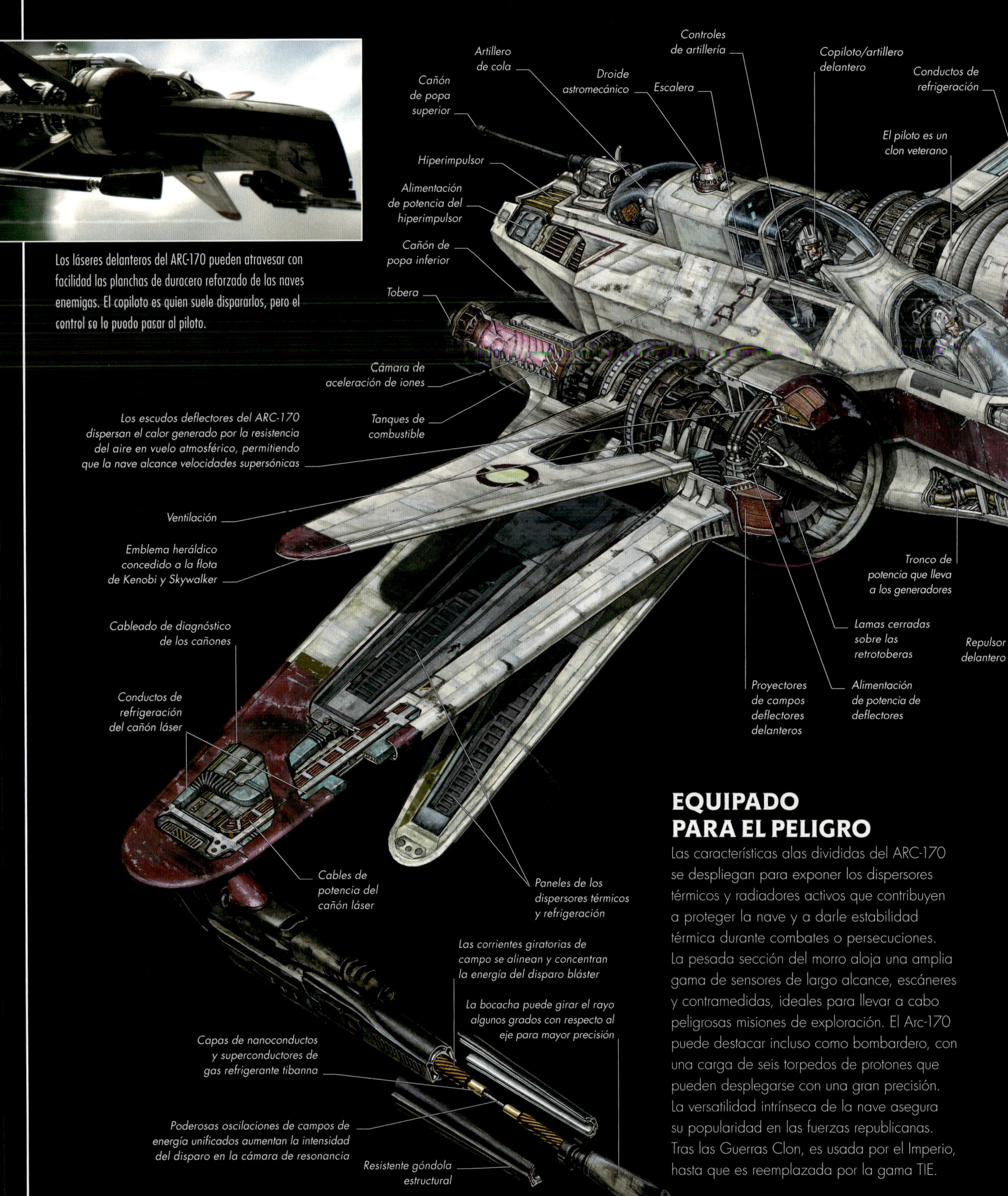

Los láseres delanteros del ARC-170 pueden atravesar con facilidad las planchas de duracero reforzado de las naves enemigas. El copiloto es quien suele dispararlos, pero el control se lo puede pasar al piloto.

EQUIPADO PARA EL PELIGRO

Las características alas divididas del ARC-170 se despliegan para exponer los dispersores térmicos y radiadores activos que contribuyen a proteger la nave y a darle estabilidad térmica durante combates o persecuciones. La pesada sección del morro aloja una amplia gama de sensores de largo alcance, escáneres y contramedidas, ideales para llevar a cabo peligrosas misiones de exploración. El Arc-170 puede destacar incluso como bombardero, con una carga de seis torpedos de protones que pueden desplegarse con una gran precisión. La versatilidad intrínseca de la nave asegura su popularidad en las fuerzas republicanas. Tras las Guerras Clon, es usada por el Imperio, hasta que es reemplazada por la gama TIE.

MODELO INSPIRADOR

El caza ARC-170 recuerda a otros cazas fabricados por Incom y Subpro habitualmente usados por la República en el Borde Exterior. Entre sus primos famosos están los más pesados bombarderos planetarios y navales PTB-625 y NTB-630. El aspecto del ARC-170 también recuerda al del popular caza monoplaza Z-95 «Cazacabezas», más ligero, producto de otra fructífera colaboración entre Incom y Subpro. Estas dos naves inspirarían la exitosa gama de Ala-Xw serie T de Incom, que desempeña un papel clave como versátil caza estelar en las flotas de la Alianza Rebelde, la Nueva República y la Resistencia.

CAZA ESTELAR ARC-170

Robusto y resistente, el ARC-170 (Caza estelar de Reconocimiento Agresivo) está pensado para patrullas solitarias o para los ataques más arriesgados, pues se adentra en sectores hostiles. Con su hiperimpulso integrado y espacio para un droide navegador, este caza de largo alcance se construyó para misiones de días de duración sin apoyo externo, lo que resulta clave para extender el alcance de los Jedi y su flota estelar más allá de las naves de guerra y los cazas de corto alcance. Sus cañones láser principales son inusualmente grandes y muy eficaces contra oponentes de mayor tamaño. Un grueso blindaje, escudos y armamento de cola mejoran sus probabilidades de supervivencia cuando la nave se ve rodeada por decenas o incluso centenares de cazas droide. En combate, codo con codo con los ágiles Ala-V y los interceptores Jedi, los escuadrones de pesados ARC-170 completan una formidable fuerza.

DATOS

- **FABRICANTE** Incom/Subpro
- **MODELO** ARC-170 (Caza estelar de Reconocimiento Agresivo)
- **TIPO** Caza estelar
- **DIMENSIONES** Longitud: 14,5 m; envergadura: 22,6 m; altura: 4,78 m
- **TRIPULACIÓN** 1 piloto, 1 copiloto, 1 artillero, 1 droide astromecánico
- **ARMAS** 2 cañones láser medianos, 2 cañones láser de popa, 6 torpedos de protones
- **AFILIACIÓN** República Galáctica

El principal escuadrón de ARC-170 de la Flota del Círculo Abierto está liderado por un comandante clon que vuela bajo la señal de identificación Odd Ball.

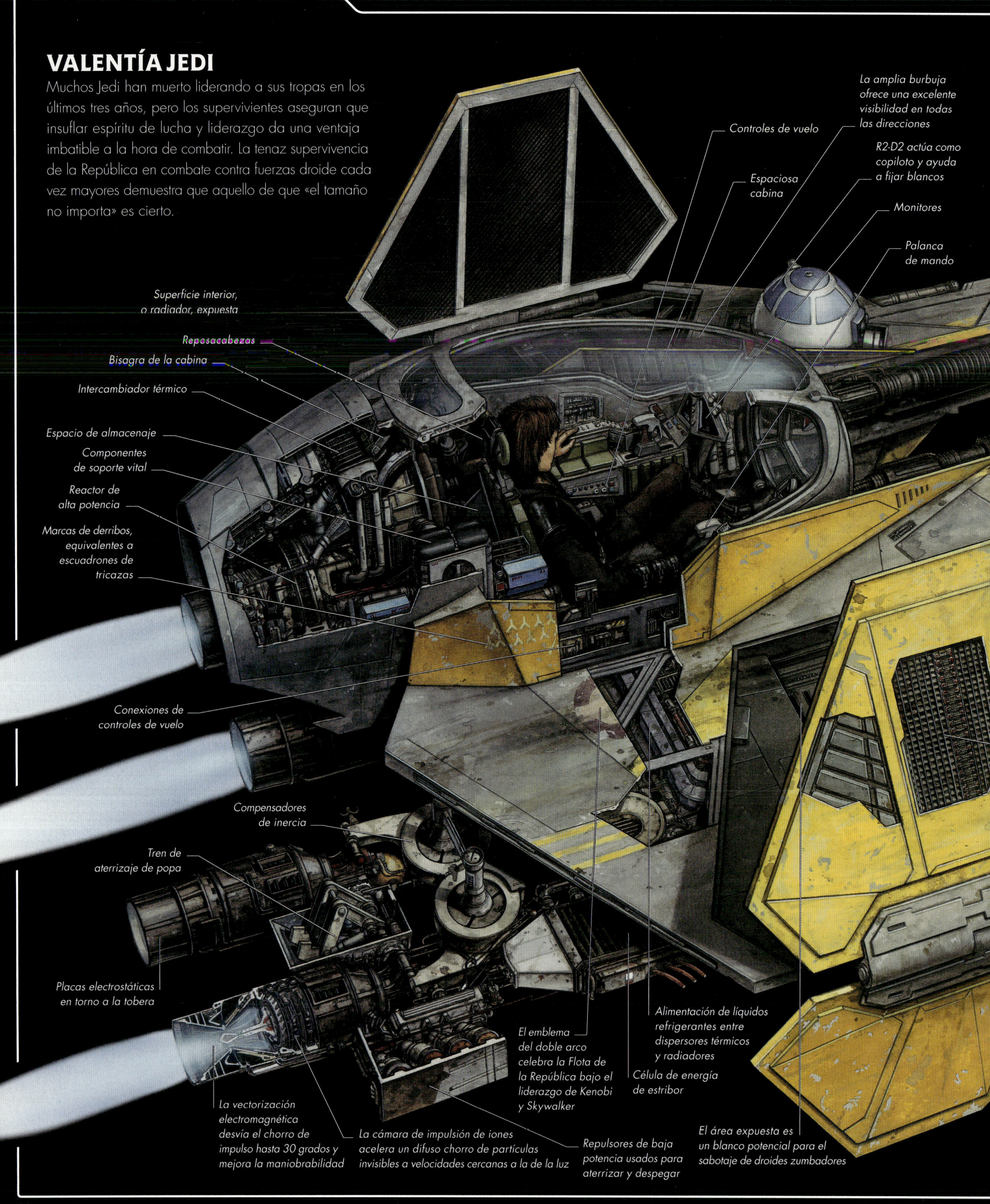

VALENTÍA JEDI

Muchos Jedi han muerto liderando a sus tropas en los últimos tres años, pero los supervivientes aseguran que insuflar espíritu de lucha y liderazgo da una ventaja imbatible a la hora de combatir. La tenaz supervivencia de la República en combate contra fuerzas droide cada vez mayores demuestra que aquello de que «el tamaño no importa» es cierto.

- Controles de vuelo
- Espaciosa cabina
- La amplia burbuja ofrece una excelente visibilidad en todas las direcciones
- R2-D2 actúa como copiloto y ayuda a fijar blancos
- Monitores
- Palanca de mando
- Superficie interior, o radiador, expuesta
- Reposacabezas
- Bisagra de la cabina
- Intercambiador térmico
- Espacio de almacenaje
- Componentes de soporte vital
- Reactor de alta potencia
- Marcas de derribos, equivalentes a escuadrones de tricazas
- Conexiones de controles de vuelo
- Compensadores de inercia
- Tren de aterrizaje de popa
- Placas electrostáticas en torno a la tobera
- La vectorización electromagnética desvía el chorro de impulso hasta 30 grados y mejora la maniobrabilidad
- La cámara de impulsión de iones acelera un difuso chorro de partículas invisibles a velocidades cercanas a la de la luz
- El emblema del doble arco celebra la Flota de la República bajo el liderazgo de Kenobi y Skywalker
- Repulsores de baja potencia usados para aterrizar y despegar
- Alimentación de líquidos refrigerantes entre dispersores térmicos y radiadores
- Célula de energía de estribor
- El área expuesta es un blanco potencial para el sabotaje de droides zumbadores

INTERCEPTOR JEDI

Volando a toda velocidad hacia casa tras los asedios del Borde Exterior para rescatar a Palpatine, Obi-Wan y Anakin Skywalker no pueden perder el tiempo cambiando a sus cazas. Desde sus interceptores Jedi, revolotean por la zona de batalla con sorprendente agilidad, liderando las fuerzas de la República. El compacto diseño de sus naves se adapta a las capacidades tácticas de los pilotos Jedi, ayudadas por la Fuerza: los instrumentos de vuelo, sensores y escudos pesados resultan innecesarios. En los últimos tres años, el diseño del interceptor se ha convertido en un símbolo de autoridad y esperanza para las fuerzas clon de la República, y en una frustrante visión para los separatistas.

El cañón largo proporciona un mayor rendimiento y un alcance excepcional

Los cañones láser disparan rayos estroboscópicos de energía sin masa

Tren de aterrizaje delantero de estribor

Pestaña de faro retráctil

Unas barras hidráulicas activan el tren de aterrizaje

Juego de herramientas para emergencias

El cañón de iones dispara chorros de plasma que causan una disrupción eléctrica en el blanco

Condensadores de energía

Superficie exterior de radiador oculta

Las alas-radiador se abren durante los intensos combates cerrados

Anakin solicitó que su Eta-2 se pintara de amarillo, seguramente como homenaje a la vaina de carreras de su infancia

Blindaje superficial del ala

DATOS

> **FABRICANTE** Sistemas de Ingeniería Kuat
> **MODELO** Eta-2 de clase Actis
> **TIPO** Caza estelar
> **DIMENSIONES** Longitud: 5,47 m; anchura: 4,3 m; altura (con las alas desplegadas): 2,5 m
> **TRIPULACIÓN** 1 piloto, 1 droide astromecánico
> **ARMAS** 2 cañones láser duales, 2 cañones de iones secundarios
> **AFILIACIÓN** Orden Jedi

UN ÁGIL OPONENTE

En las últimas batallas de las Guerras Clon, algunos Jedi pilotan uno de los cazas más ligeros y ágiles diseñado en milenios. Apenas más grande que un deslizador estándar, el interceptor de clase Actis cuenta con una velocidad y maniobrabilidad superiores a las del ya pequeño Delta-7 de clase Aethersprite. Compactar la potencia de un caza en un casco diminuto hizo del sobrecalentamiento un reto, que se afrontó con un extenso sistema de dispersores térmicos, bombas y paneles radiadores en las alas. Los grandes cañones láser del interceptor disparan potentes rayos, pero sus modestos condensadores limitan el fuego continuo. Esto no supone un problema para los Jedi, que no suelen fallar un disparo.

Debido a que Obi-Wan odia pilotar y que Anakin tiene una habilidad innata para dirigir vehículos, en los combates espaciales su habitual relación de maestro-alumno se ve de algún modo invertida.

ANILLOS HIPERIMPULSORES

Muchos cazas de la República son demasiado pequeños como para incorporar un hiperimpulsor, y han de conectarse a anillos hiperimpulsores externos. Ingeniería de Sistemas Kuat diseñó el interceptor ligero Delta-7 de clase Aethersprite, el caza Alpha-3 de clase Nimbus Ala-V y el interceptor Eta-2 de clase Actis con abrazaderas de amarre para anillos hiperimpulsores y conexiones de datos que permiten a los droides astromecánicos de los cazas transmitir coordenadas hiperespaciales a los ordenadores de los anillos. Industrias TransGalMeg Inc., del sector Rayter, una subcontrata de Kuat, fabrica los anillos.

DEPÓSITOS ORBITALES

La Armada de la República tiene grupos de anillos hiperimpulsores orbitando en torno a Coruscant y a otros mundos para ser utilizados por la flota de cazas Jedi. Su mantenimiento se lleva a cabo con droides de soporte técnico, preparados para operar en gravedad cero.

ANILLO SYLIURE-31

Impulsado por reactores gemelos y motores de iones, el anillo hiperimpulsor de atraque Syliure-31 contiene «hipermateria», que ofrece lastre al caza unido a él en el salto al hiperespacio. Al viajar a hipervelocidad, unos escudos protegen la nave y el anillo contra colisiones potencialmente fatales con gas interestelar y partículas oscuras. Campos de estasis actúan asimismo para ralentizar el paso del tiempo a bordo, y asegurarse así de que el piloto envejece al mismo ritmo que el resto de la galaxia.

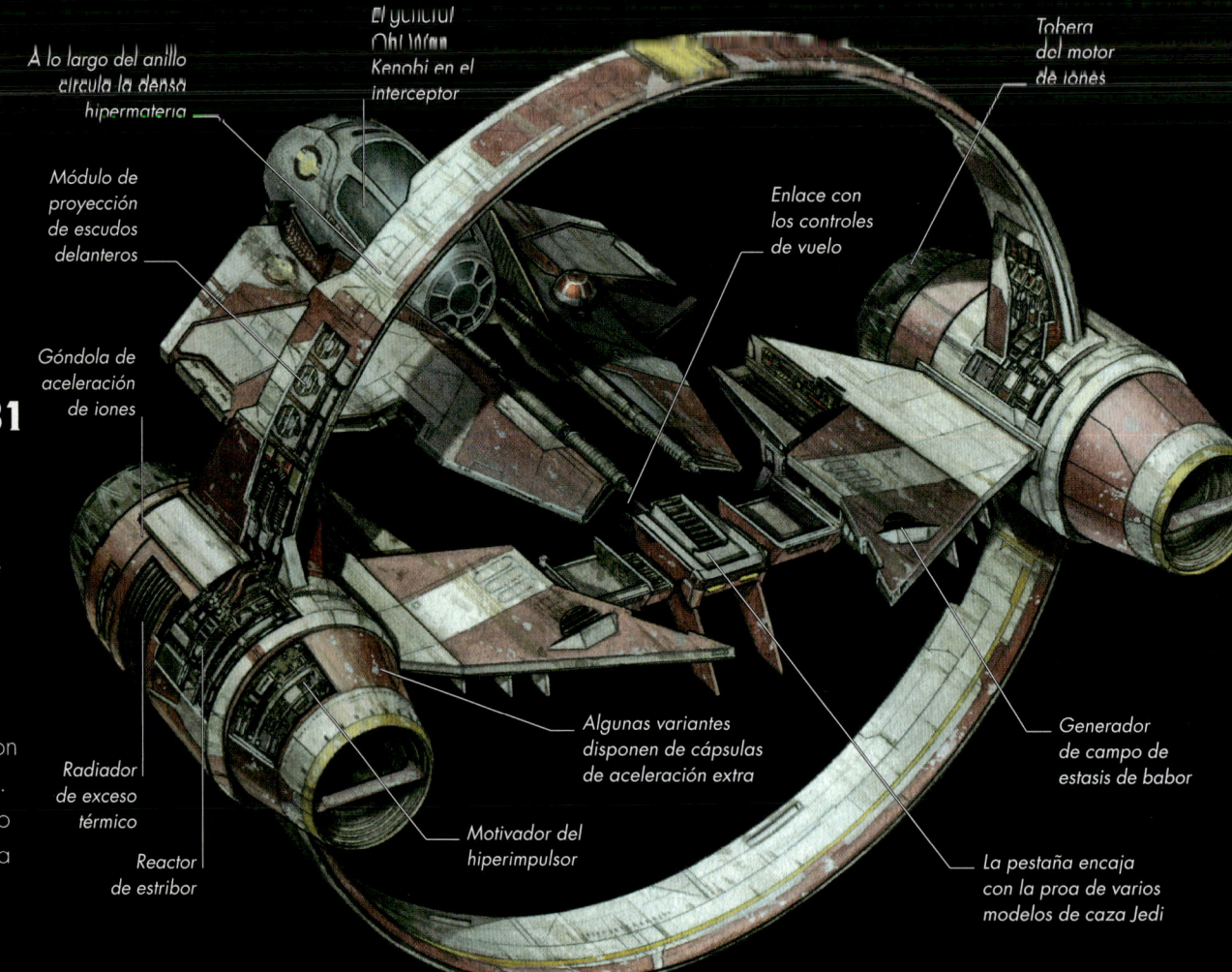

- El general Obi-Wan Kenobi en el interceptor
- A lo largo del anillo circula la densa hipermateria
- Módulo de proyección de escudos delanteros
- Góndola de aceleración de iones
- Radiador de exceso térmico
- Reactor de estribor
- Algunas variantes disponen de cápsulas de aceleración extra
- Motivador del hiperimpulsor
- Tobera del motor de iones
- Enlace con los controles de vuelo
- Generador de campo de estasis de babor
- La pestaña encaja con la proa de varios modelos de caza Jedi

Conforme el caza se desliza hacia el anillo impulsor, los pequeños proyectores del rayo tractor del anillo guían al caza con seguridad hasta el punto de atraque.

Dos droides de soporte técnico orbital supervisan el atraque y se aseguran de que el caza se une correctamente al anillo.

Concebido como una mejora del anillo hiperimpulsor Syliure-31, el Syliure-45 posee cuatro góndolas motrices adicionales.

DROIDE ZUMBADOR

Durante la batalla de Coruscant, los tricazas de los separatistas defienden la maltrecha nave insignia del general Grievous de los cazas Jedi con artillería especial. Lanzados desde tricazas modificados y otras naves, estos misiles/droides zumbadores guiados son letales, y capaces de superar en giro y velocidad a casi cualquier nave tripulada. Pero su objetivo no es el derribo inmediato: en lugar de explotar, el misil libera un enjambre de androides zumbadores, duendes mecánicos programados en las artes del sabotaje tecnológico.

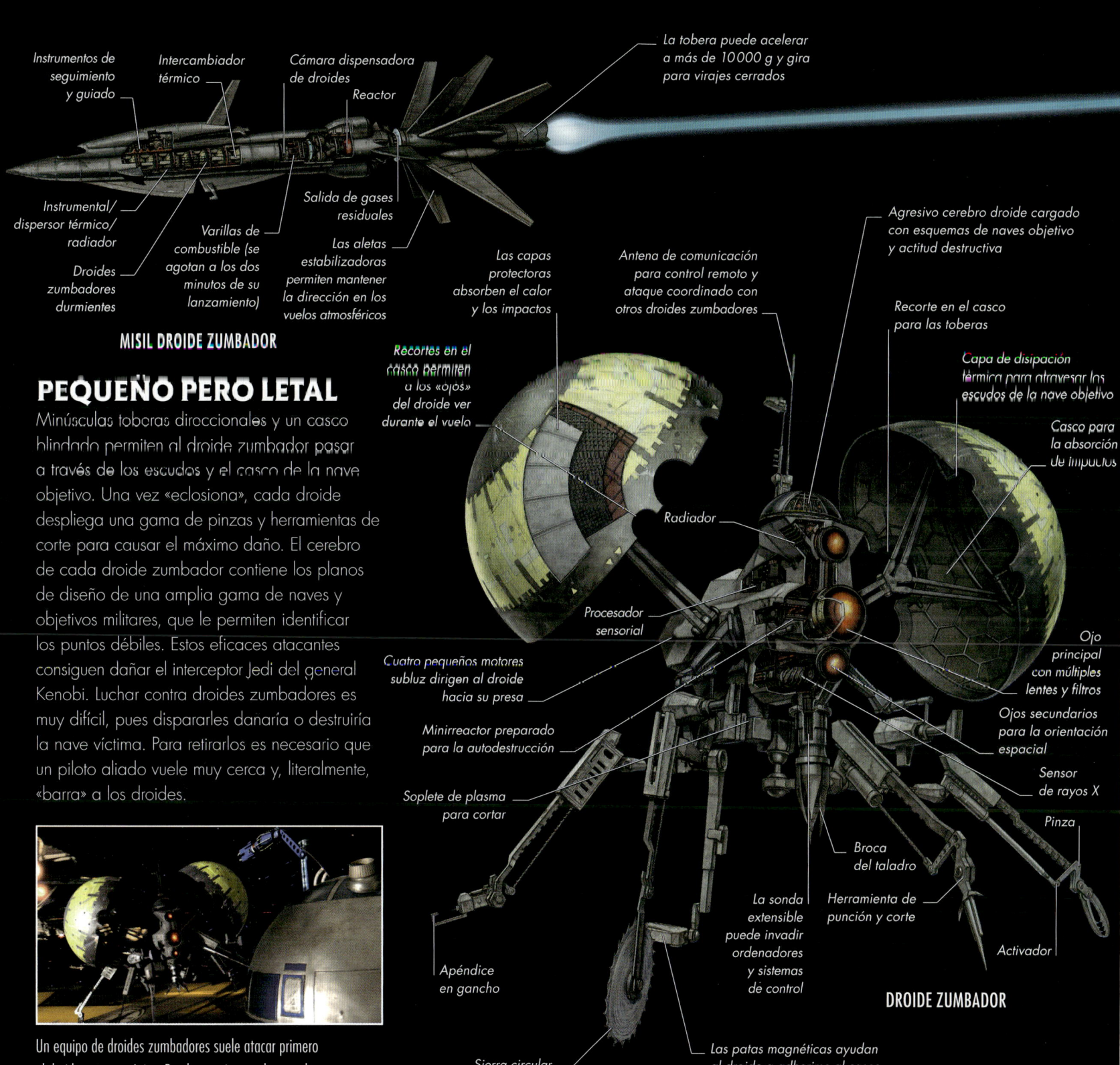

MISIL DROIDE ZUMBADOR

PEQUEÑO PERO LETAL

Minúsculas toberas direccionales y un casco blindado permiten al droide zumbador pasar a través de los escudos y el casco de la nave objetivo. Una vez «eclosiona», cada droide despliega una gama de pinzas y herramientas de corte para causar el máximo daño. El cerebro de cada droide zumbador contiene los planos de diseño de una amplia gama de naves y objetivos militares, que le permiten identificar los puntos débiles. Estos eficaces atacantes consiguen dañar el interceptor Jedi del general Kenobi. Luchar contra droides zumbadores es muy difícil, pues dispararles dañaría o destruiría la nave víctima. Para retirarlos es necesario que un piloto aliado vuele muy cerca y, literalmente, «barra» a los droides.

Un equipo de droides zumbadores suele atacar primero al droide astromecánico. Pueden agujerear el casco de una nave en menos de un minuto.

DROIDE ZUMBADOR

TRICAZA

Astutos y escalofriantemente decididos, los tricazas droide son los nuevos defensores de las flotas separatistas. Estos rápidos y ágiles cazas de superioridad espacial están fabricados especialmente para combate cerrado. Con cerebros droide más avanzados que los de los cazas droide buitre, los tricazas suponen un reto incluso para los mejores pilotos orgánicos. Los interceptores Jedi los superan en velocidad, pero ellos son más pesados y tienen mejor armamento, lo que los convierte en un enemigo formidable.

Persiguiendo cazas de la República durante una batalla orbital, un tricaza apunta con sus cañones y abre fuego.

Un trío de tricazas representa un peligro real para un solo caza, aunque los pilotos Jedi suelen evadirlos o destruirlos.

DISEÑO COLICOIDE

La temible apariencia y la programación depredadora del tricaza son obra de los colicoides, creadores de la infantería pesada droideka de la Federación de Comercio. El agresivo diseño con tres brazos se basa en los rasgos del cráneo de un terrorífico depredador prehistórico del planeta Colla IV. Tres toberas independientes otorgan al aparato su agilidad, y un potente reactor y transmisor/receptor de comunicaciones le dan un alcance inusual para un caza droide.

Los seis triángulos reordenados del emblema de la Confederación representan el escuadrón del tricaza

Agresivo cerebro droide alrededor del condensador del cañón de proa

DATOS

> **FABRICANTE** Industria de Autómatas Phlac-Arphocc

> **MODELO** Tricaza

> **TIPO** Caza estelar

> **DIMENSIONES** Longitud: 5,4 m; diámetro de las alas: 1,96 m; anchura: 3,45 m

> **TRIPULACIÓN** Cerebro droide integrado

> **ARMAS** 1 cañón láser mediano, 3 cañones láser ligeros, 2-6 misiles de droides zumbadores

> **AFILIACIÓN** Separatistas

ATAQUE COORDINADO

A diferencia de los droides buitre de la Federación de Comercio, los tricazas poseen unos cerebros equipados con procesadores heurísticos básicos que les permiten analizar mejor, anticiparse e incluso imitar las tácticas enemigas. Los tricazas pueden entrar en combate en modo autónomo o vincular sus sistemas de inteligencia para coordinar ataques contra un solo blanco.

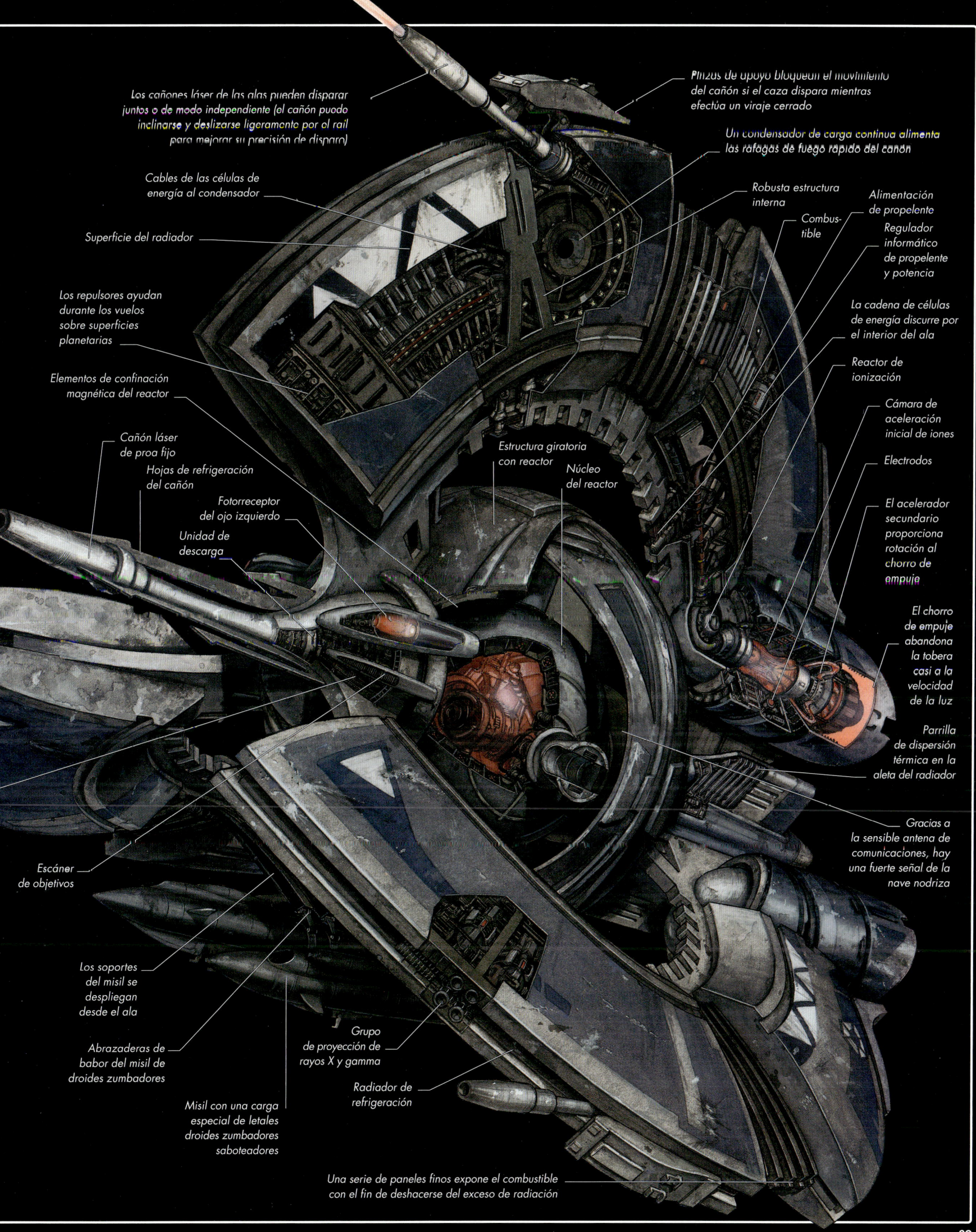

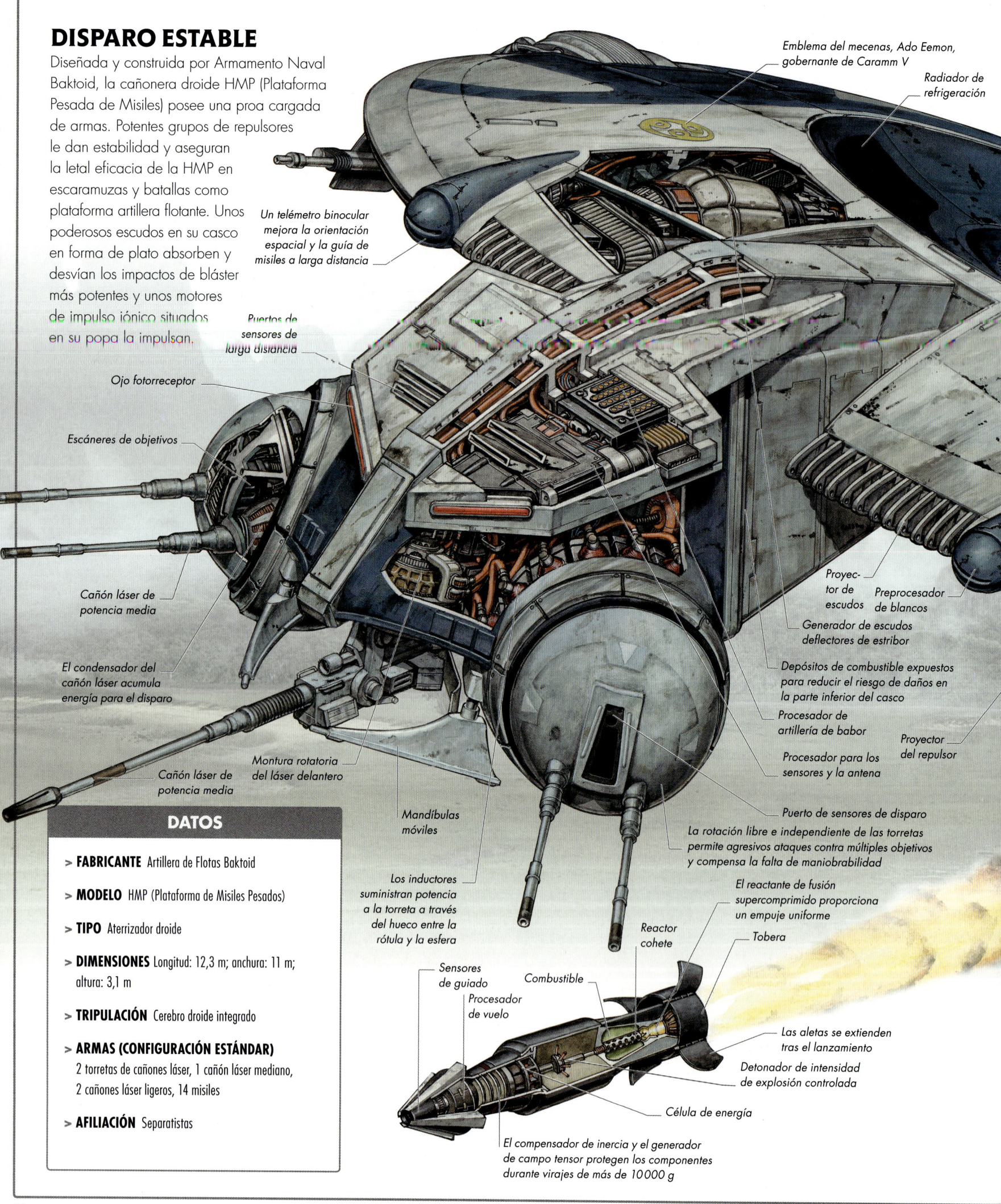

CAÑONERA DROIDE

De apariencia amenazadora e implacable durante la batalla, la cañonera droide es una poderosa y bien blindada plataforma lanzamisiles. Pensada para ataques aéreos en atmósferas planetarias, se mueve relativamente lento y tiene una maniobrabilidad limitada, lo que compensa con su impresionante potencia de fuego. Dos torretas de cañones láser atacan blancos de modo independiente, mientras que misiles y torpedos resultan devastadores contra instalaciones terrestres, vehículos de ataque y objetivos rápidos a corta distancia. Los módulos de las alas pueden transportar cañones láser extra, bombas de concusión y escáneres de artillería mejorados.

Escape de gases residuales
Núcleo del reactor
Célula de energía
Estructura interna de soporte
Generador de repulsión
Las toberas de empuje iónico están situadas en canales en la superficie de popa
La parrilla de proyección de repulsión aplica empuje antigravitatorio al sobrevolar la superficie de un planeta
Exótico combustible radiactivo superdenso proporcionado por Industrias Automáticas Phlac-Arphocc, diseñadores de la flota de cazas de la Confederación
El convertidor de potencia extrae energía de las células y la distribuye entre los sistemas de combate
Enganche magnético no asegurado
Bomba de combustible
El ala puede desmontarse desde la bisagra
Cañón láser ligero
El módulo de soporte alar resiste pesadas cargas de cohetes
Las bombas de concusión, más lentas que los cohetes regulares, desatan más de 600 veces la energía destructiva de estos
Ventana de sensores de guiado

CORRUPCIÓN

La cañonera droide, producida en masa en las fábricas de Baktoid de muchos mundos, desempeña un papel crucial en las fuerzas separatistas. En algunos de estos planetas, déspotas sedientos de poder mantienen algunas para su uso particular. Muchas de las cañoneras usadas durante el ataque del general Grievous sobre Coruscant llevan el emblema de la triple espiral de Ado Eemon, el meloso gobernante de Caramm V. Eemon emplea su propia flota de cañoneras para eliminar de manera implacable cualquier amenaza a su poder, destruyendo, en el proceso, su otrora hermoso planeta.

ALAS MODULARES

Las alas de la cañonera transportan un conjunto intercambiable de cargas útiles. Se pueden usar decenas de tipos de misiles y torpedos, en función del propósito: pulsos electromagnéticos para freír los sistemas eléctricos del enemigo, detonaciones concentradas o de gran alcance, terribles emisiones de radiación o dispositivos incendiarios. Se pueden añadir cañones láser adicionales en las puntas de las alas, adaptados para combates a distancia visual o a larga distancia.

JUGGERNAUT

El HAVw A6 Juggernaut de la República Galáctica, también conocido como tanque turbo clon, es una monstruosa caja acorazada con diez ruedas, construida en torno a un poderoso núcleo de reactor y motor, con blásteres y lanzagranadas a ambos lados. Además de ser vehículos de ataque de primera línea, estos gigantes alojan y transportan una compañía de soldados de asalto cada uno. Robustos y potentes, los Juggernauts son la perfecta columna vertebral de los ejércitos clon. Con el maestro Yoda al mando, son cruciales en la tenaz campaña para expulsar a los droides de combate invasores del estratégico mundo de los wookiees, Kashyyyk.

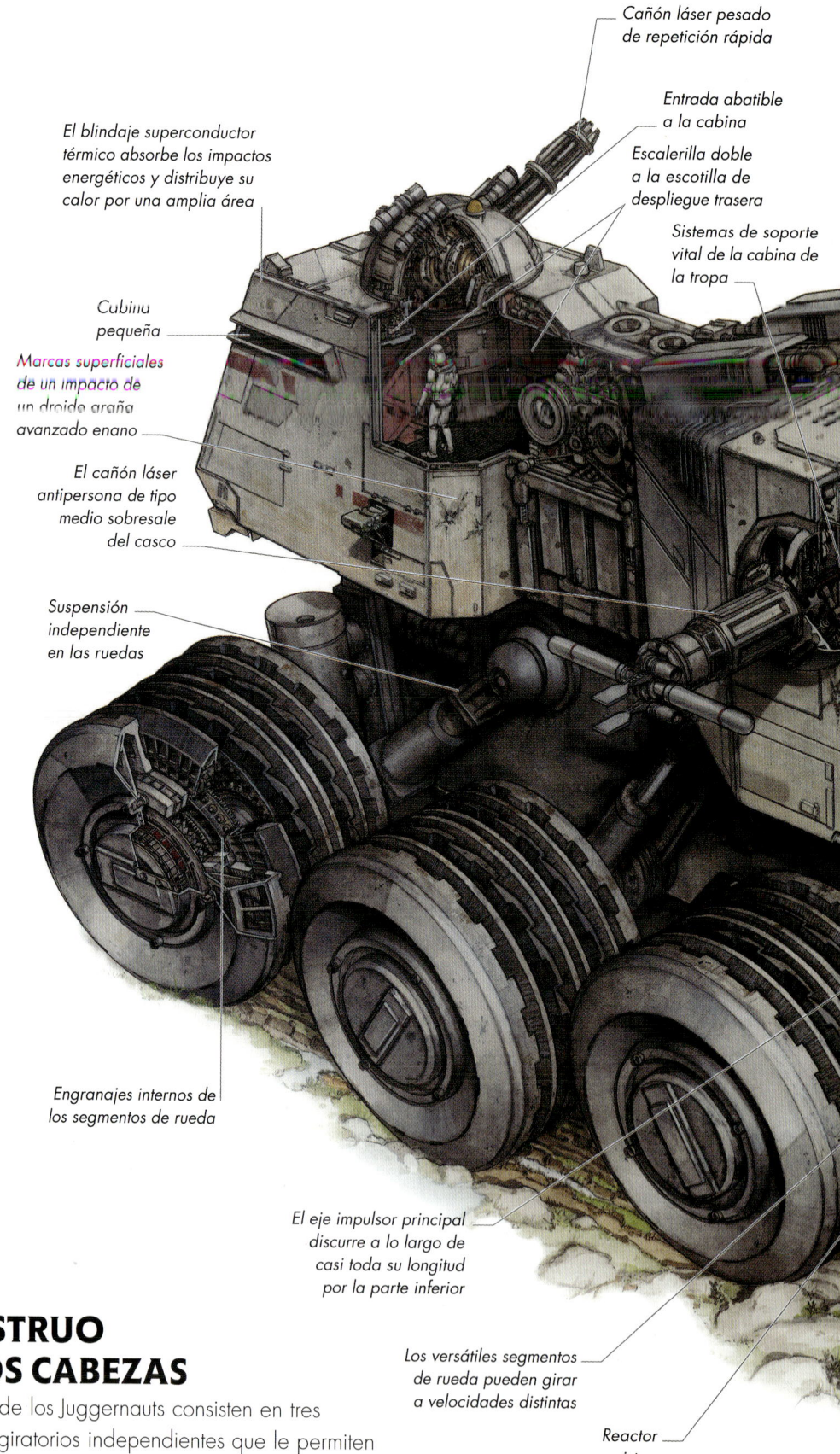

Cañón láser pesado de repetición rápida

Entrada abatible a la cabina

Escalerilla doble a la escotilla de despliegue trasera

Sistemas de soporte vital de la cabina de la tropa

El blindaje superconductor térmico absorbe los impactos energéticos y distribuye su calor por una amplia área

Cabina pequeña

Marcas superficiales de un impacto de un droide araña avanzado enano

El cañón láser antipersona de tipo medio sobresale del casco

Suspensión independiente en las ruedas

Engranajes internos de los segmentos de rueda

El eje impulsor principal discurre a lo largo de casi toda su longitud por la parte inferior

Los versátiles segmentos de rueda pueden girar a velocidades distintas

Reactor y sistemas de impulso

UNA MÁQUINA DE GUERRA RODANTE

Aunque el transporte sobre ruedas parezca anticuado, la gran superficie de las ruedas del Juggernaut reduce la presión sobre el suelo, y lo hace menos propenso que los caminantes a hundirse en suelos blandos. El contacto con el suelo lo protege de ataques electromagnéticos y descargas de escudos, y puede desacelerar y detenerse más rápido que deslizadores de un tamaño similar. Un blindaje casi impenetrable, junto con un arsenal de armamento energético y misiles, hacen del Juggernaut un rival muy serio para la mayoría de las fuerzas terrestres del ejército separatista.

MONSTRUO DE DOS CABEZAS

Las ruedas de los Juggernauts consisten en tres segmentos giratorios independientes que le permiten moverse con suavidad incluso por terrenos abruptos. El vehículo puede también invertir su dirección fácilmente, y funciona igual de bien hacia delante y hacia atrás. Cualquiera de ambas cabinas puede asumir el control, lo que ha causado no pocos debates entre las tripulaciones acerca de qué mando de cabina es el «verdadero».

DATOS

> **FABRICANTE** Astilleros de Propulsores Kuat

> **MODELO** HAVw A6 Juggernaut

> **TIPO** Tanque

> **DIMENSIONES** Longitud: 49,4 m; anchura: 19,6 m; altura: 30,4 m

> **TRIPULACIÓN** 12 (y hasta 300 pasajeros, según la configuración interna)

> **ARMAS** 1 torreta de cañón láser pesado, 1 cañón láser de repetición rápida, 2 cañones láser medianos antipersona, 2 cañones bláster gemelos, 2 lanzacohetes/lanzagranadas

> **AFILIACIÓN** República Galáctica

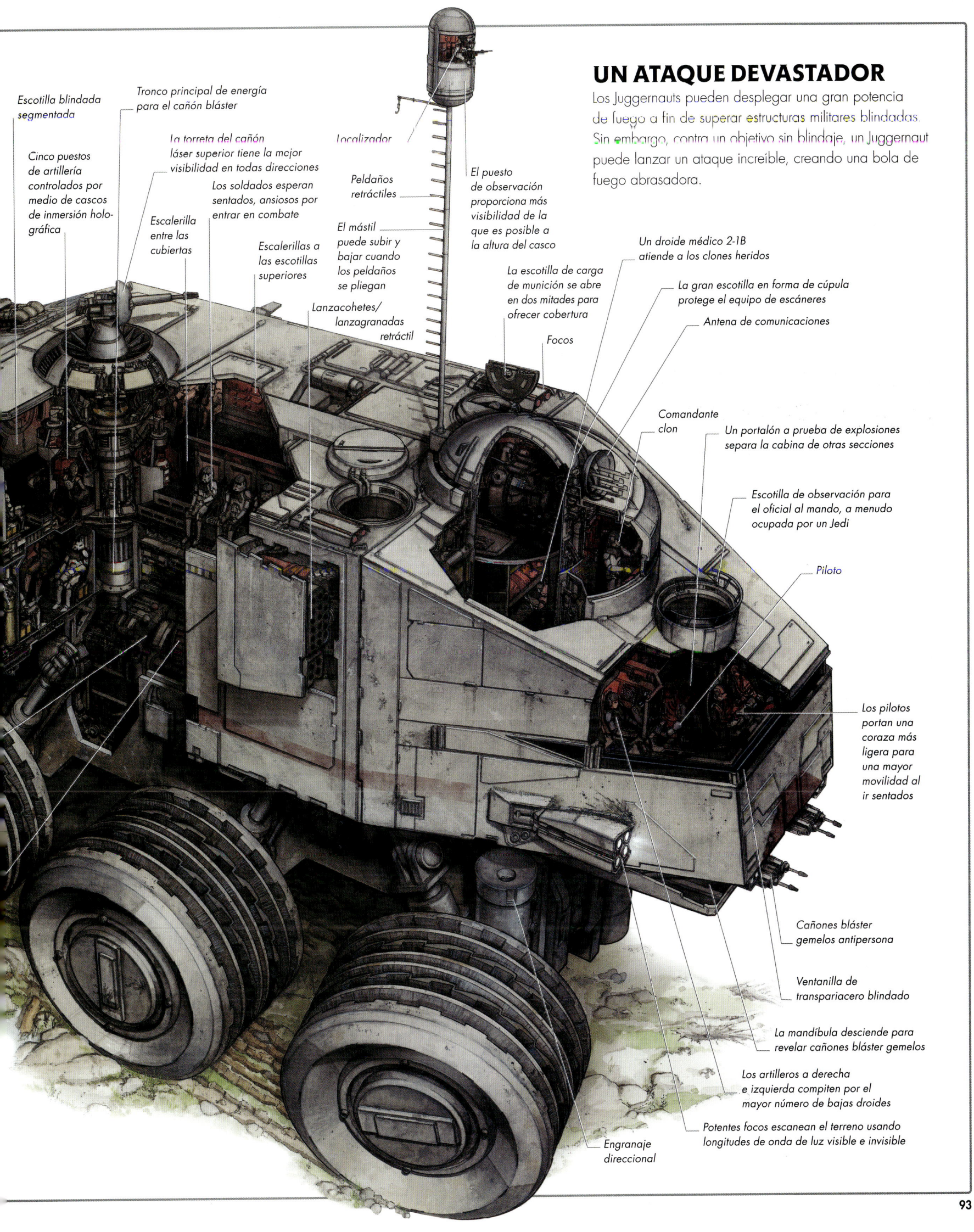

AT-RT

El Transporte de Reconocimiento Todoterreno (AT-RT), usado normalmente por la Fuerza de Reconocimiento Avanzado (ARF), es una plataforma monoplaza móvil armada para misiones de patrulla o reconocimiento. Es un caminante que respalda la acción policial en áreas urbanas o en zonas resentidas por una batalla reciente. Como su cabina está abierta, el piloto tiene una vista despejada pero queda expuesto al fuego. El cañón bláster resulta devastador contra la infantería, pero no penetra el blindaje de tanques y droides cangrejo y araña.

POSICIÓN ELEVADA

Gracias a la vista elevada que brinda el AT-RT y al láser de repetición montado en su morro, un piloto puede detectar y atacar objetivos a larga distancia que pasarían desapercibidos a la infantería aliada. Los soldados ARF se forman para servir como exploradores en solitario o para trabajar en equipo. Un escuadrón de cuatro AT-RT puede derrotar con facilidad a un Tanque Blindado de Asalto (AAT). El AT-RT es intuitivo y se maneja con pedales, un sillín sensible al movimiento y mandos manuales. Su escáner de detección de movimiento y las pantallas de datos de los sensores ayudan a detectar objetivos en distintos entornos.

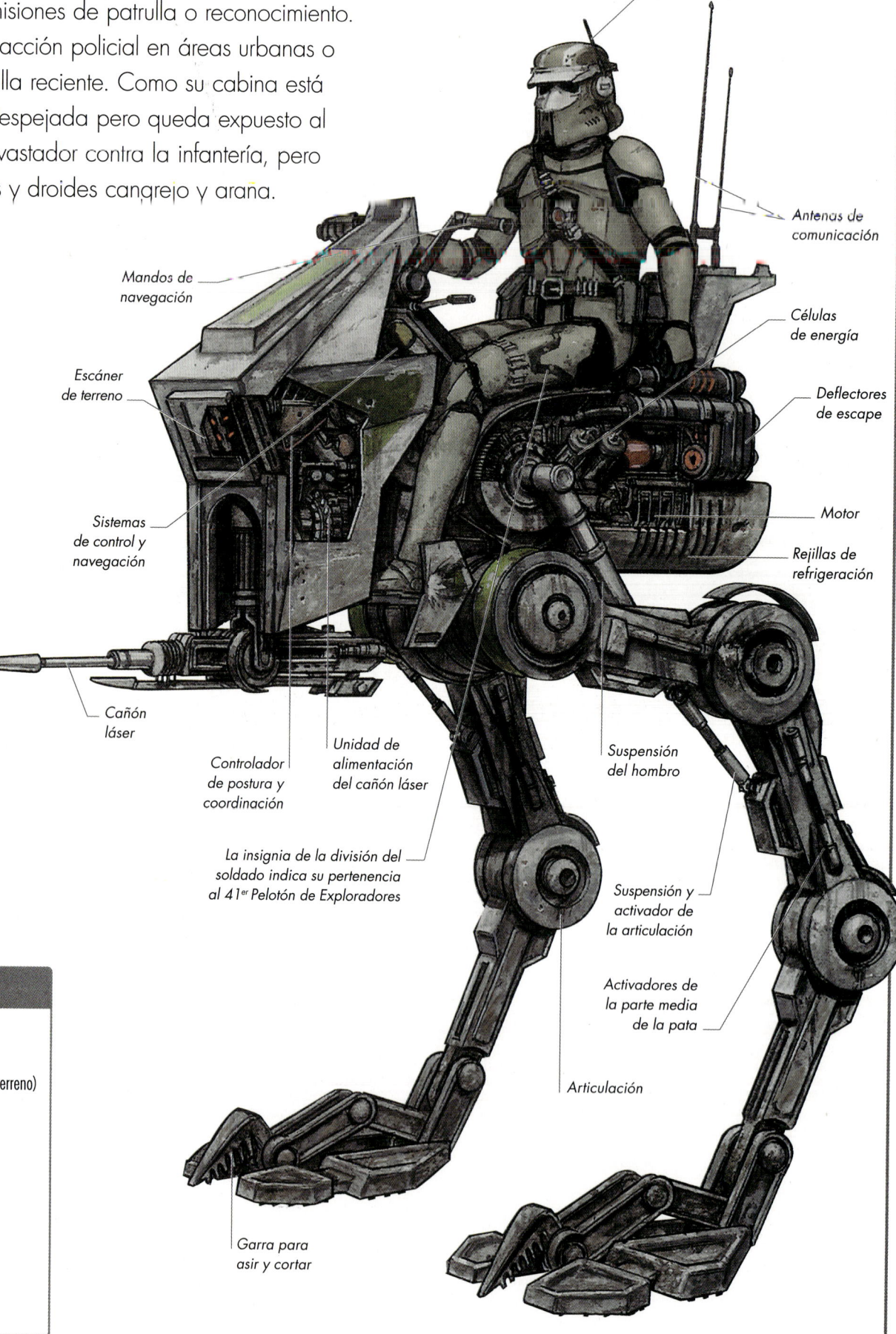

DATOS

- **FABRICANTE** Astilleros de Propulsores Kuat
- **MODELO** AT-RT (Transporte de Reconocimiento Todoterreno)
- **TIPO** Caminante
- **DIMENSIONES** Altura: 3,2 m
- **TRIPULACIÓN** 1 piloto
- **ARMAS** 1 cañón láser
- **AFILIACIÓN** República Galáctica

DESTRUCTOR DEL GREMIO DE COMERCIO

Unión Tecnológica fabrica en serie los destructores ligeros de clase Recusante de los separatistas con materiales de los mundos del Gremio de Comercio. Desde que empezaron las Guerras Clon, se han construido, destruido en batalla y repuesto incontables naves de este tipo. Suelen atacar en solitario a naves de comercio de la República, pero son más eficaces cuando se despliegan en gran número. Unas cuatro o seis pueden superar en potencia de fuego a un destructor estelar republicano de clase Venator.

DATOS

- **FABRICANTE** Hoersch-Kessel Drive Inc. y Cuerpo de Ingenieros Voluntarios Free Dac
- **MODELO** Clase Recusante
- **TIPO** Destructor ligero
- **DIMENSIONES** Longitud: 1187 m; anchura: 157 m; altura: 163 m
- **TRIPULACIÓN** 300 (y hasta 40 000 droides de combate)
- **ARMAS** 1 cañón turboláser pesado en la proa, 4 cañones turboláser pesados, 6 torretas turboláser pesadas, 5 cañones turboláser, 30 cañones láser duales, 12 cañones láser ligeros duales, 60 cañones láser de defensa puntual
- **AFILIACIÓN** Separatistas

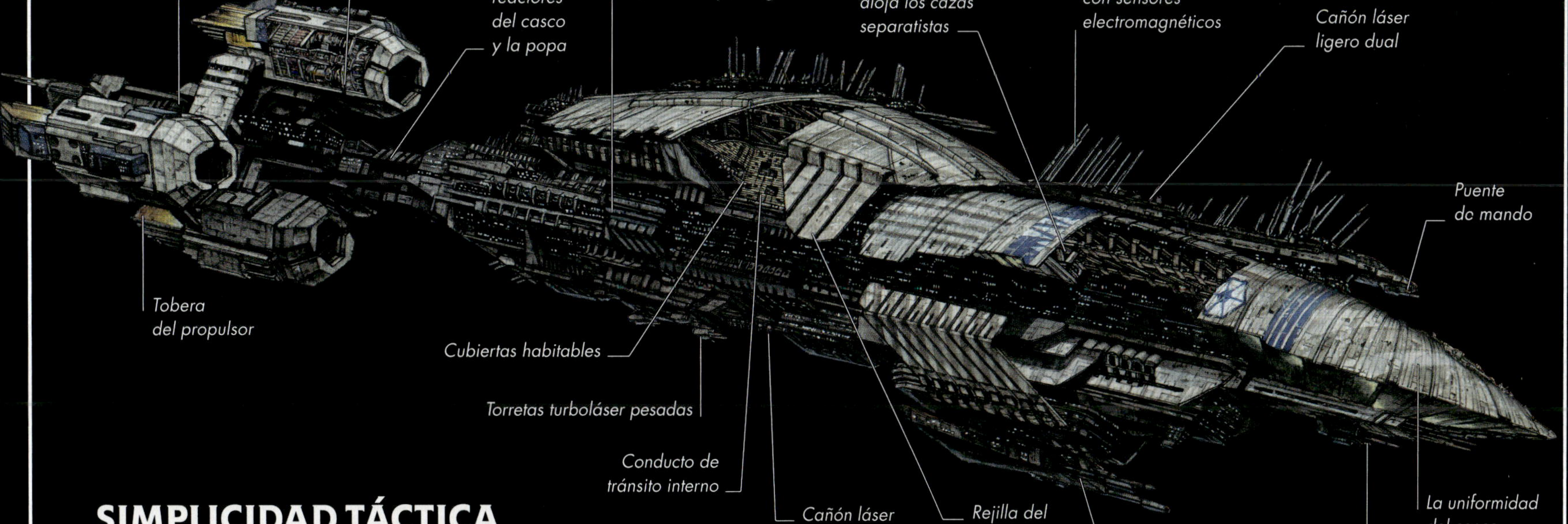

Los destructores ligeros del Gremio de Comercio llevan a bordo droides sin instinto de supervivencia. Por eso rara vez dudan a la hora de embestir contra los destructores estelares de la República.

Hiperimpulsor · Cámaras de ionización · Conectores de energía entre los reactores del casco y la popa · El reactor principal consume hasta 8600 toneladas de combustible por segundo · El interior «hueco» aloja los cazas separatistas · Antenas con sensores electromagnéticos · Cañón láser ligero dual · Puente de mando · Tobera del propulsor · Cubiertas habitables · Torretas turboláser pesadas · Conducto de tránsito interno · Cañón láser de defensa puntual · Rejilla del radiador de neutrinos · Cañón turboláser de proa · Cañón turboláser pesado · La uniformidad del casco contribuye a la conducción de los campos de energía

SIMPLICIDAD TÁCTICA

El destructor ligero de clase Recusante navega principalmente mediante tecnología droide. Su diseño se basó en los planos técnicos que los separatistas quarren robaron a los diseñadores de Mon Calamari. Su rasgo más destacado es su fuerte blindaje, que incluye turboláseres pesados fijos en la proa. Su única debilidad es quizá la simpleza y obstinación de su cerebro droide, que le obliga a atacar sin tregua a un solo objetivo e ignorar al resto hasta que aquel queda destruido o inutilizado.

FRAGATA DEL CLAN BANCARIO

Las fragatas estelares de clase Munificent son naves de combate y de comunicaciones y constituyen el grueso de la flota separatista durante las Guerras Clon. Estas versátiles naves sirven para gobernar y coordinar a la flota separatista en el espacio hostil. Sus antenas captan la señal de los transceptores supralumínicos de hiperonda e interceptan señales de sensores enemigos y sus sistemas de selección de objetivos. Las fragatas son también potentes naves ofensivas. Cada una lleva dos enormes cañones turboláser que puede, por ejemplo, derretir una luna de hielo de 1000 kilómetros de diámetro o perforar los escudos de una estación de batalla Grado III de 10 kilómetros de ancho. Estas naves coordinan y toman parte en las acciones de la flota separatista, como los ataques a los transmisores de la HoloRed, que incomunican a las fuerzas de la República.

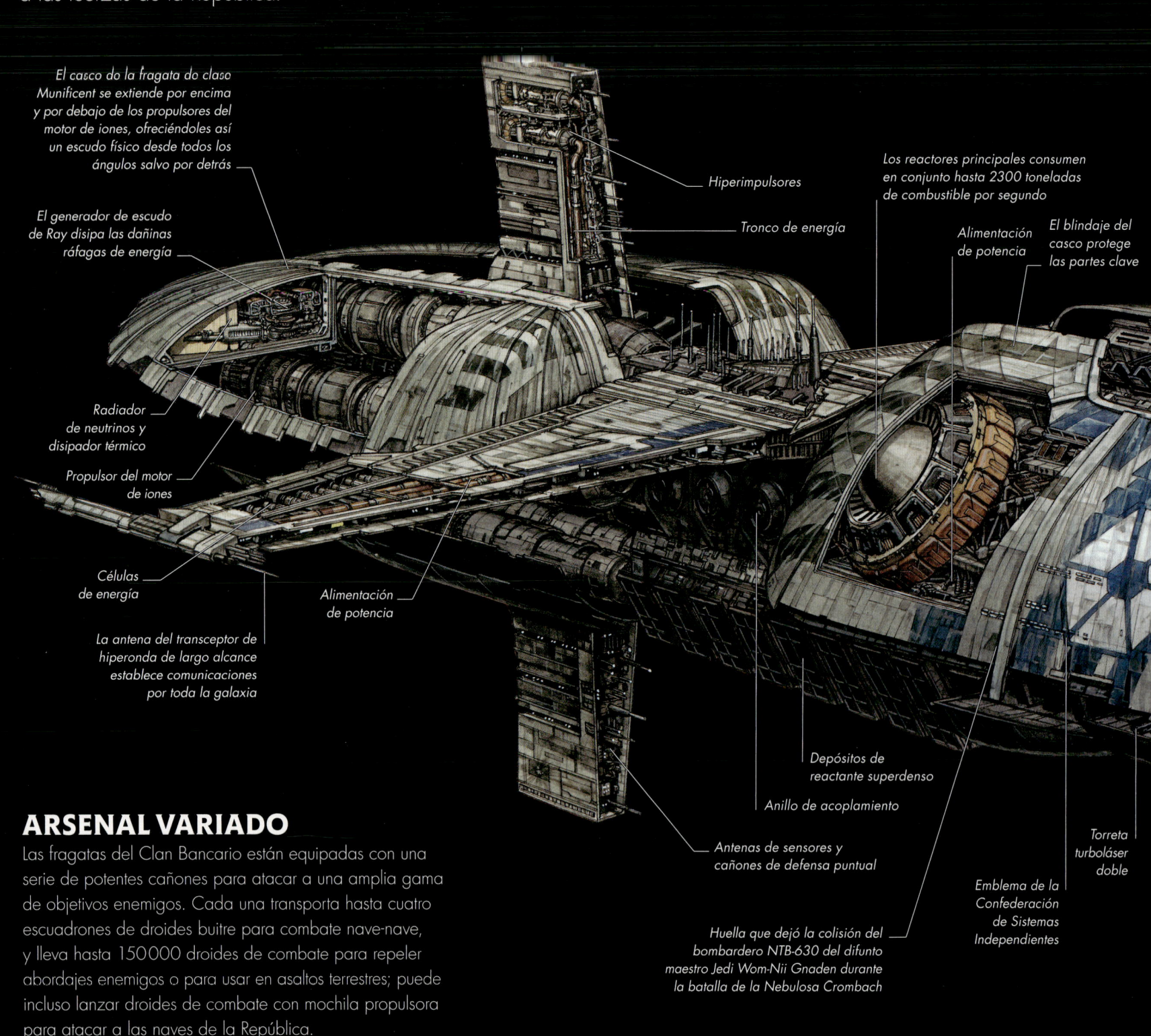

ARSENAL VARIADO

Las fragatas del Clan Bancario están equipadas con una serie de potentes cañones para atacar a una amplia gama de objetivos enemigos. Cada una transporta hasta cuatro escuadrones de droides buitre para combate nave-nave, y lleva hasta 150000 droides de combate para repeler abordajes enemigos o para usar en asaltos terrestres; puede incluso lanzar droides de combate con mochila propulsora para atacar a las naves de la República.

DATOS

- **FABRICANTE** Hoersch-Kessel Drive Inc.
- **MODELO** Clase Munificent
- **TIPO** Fragata
- **DIMENSIONES** Longitud: 825 m; anchura: 426 m; altura: 243 m
- **TRIPULACIÓN** 200 (y hasta 150 000 droides de combate)
- **ARMAS** 2 cañones turboláser pesados, 2 cañones de iones de largo alcance, 26 cañones turboláser gemelos, 20 torretas turboláser ligeras, 38 cañones láser de defensa puntual
- **AFILIACIÓN** Separatistas

En la órbita de Coruscant, una fragata de clase Munificent queda destruida por una explosión masiva fruto del fuego enemigo.

TRIPULACIÓN ESCASA

Puesto que las fragatas estelares de clase Munificent son controladas principalmente por tecnología de cerebro droide automatizado, solo requieren una pequeña tripulación de 200 droides de combate. El puente tiene un puesto de capitán para quienquiera que esté al mando de la nave, ya sea un droide de combate de serie OOM, un cazarrecompensas empleado o incluso el propio general Grievous.

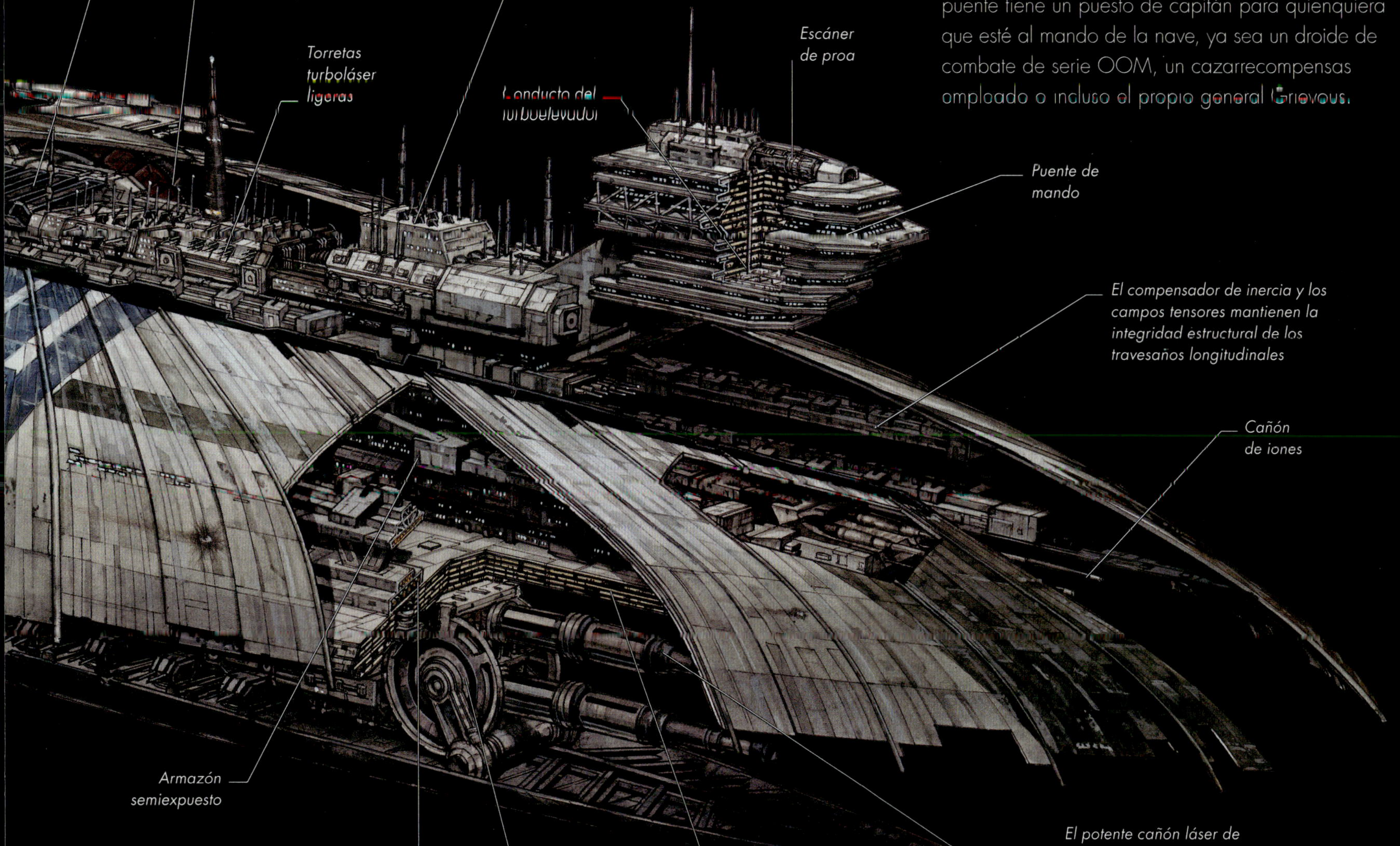

- Células de energía
- Los reactores gemelos principales pueden funcionar por separado si uno se daña
- Torretas turboláser ligeras
- La fragata controla el perímetro de una flota mediante sensores de alto rendimiento con alcance de varios días luz
- Conducto del turboelevador
- Escáner de proa
- Puente de mando
- El compensador de inercia y los campos tensores mantienen la integridad estructural de los travesaños longitudinales
- Cañón de iones
- Armazón semiexpuesto
- Tronco de energía de estribor en proa
- Soporte para montar el turboláser de proa
- Zonas habitables con tripulación y tropas droides
- El potente cañón láser de proa no es fácil de manejar, pero es letal para naves bélicas más grandes

MANO INVISIBLE

Los tripulantes del buque insignia separatista *Mano Invisible* perpetran un temerario ataque a Coruscant, la capital de la República, y secuestran al canciller supremo Palpatine. La nave aguarda en órbita con la flota separatista a que los secuestradores vuelvan con su botín, pero las naves de la República la atacan y queda atrapada en un combate en la atmósfera superior, dentro del escudo defensivo del planeta. El fuego enemigo la destroza, y los rescatadores Jedi, Obi-Wan Kenobi y Anakin Skywalker, buscan a Palpatine en una nave en ruinas. Sus compartimentos se inundan de propelentes, refrigerantes líquidos y combustible invisible de hipermateria exótica. La gravedad artificial, los campos tensores y los compensadores de inercia fallan y la nave amenaza con romperse en pedazos. La batalla continúa hasta que la *Mano Invisible* inicia su meteórica caída hacia la superficie de Coruscant.

DATOS

> **FABRICANTE** Cuerpo de Ingenieros Voluntarios Free Dac
> **MODELO** Clase Providence
> **TIPO** Destructor
> **DIMENSIONES** Longitud: 1088 m; anchura: 198 m; altura: 347 m
> **TRIPULACIÓN** 600 (y hasta 1,5 millones de droides de combate)
> **ARMAS** 14 torretas turboláser cuádruples, 34 cañones láser duales, 2 cañones de iones, 12 cañones de iones de defensa puntual, 102 cañones de torpedos de protones
> **AFILIACIÓN** Separatistas

Enjambres de droides buitre intentan evitar que los interceptores Jedi y los cazas ARC-170 alcancen la *Mano Invisible*.

UNA FIERA HERIDA

La *Mano Invisible* trata de deslizarse sin ser vista, al abrigo de destructores, fragatas y naves de guerra separatistas. Numerosos droides buitre y tricaza la rodean con objeto de protegerla. Cuando Kenobi y Skywalker se acercan en sus interceptores Jedi, los escudos deflectores del buque insignia ya no responden y pequeñas zonas del casco se exponen al ataque de los cazas más pequeños. Anakin dispara al escudo contenedor de la atmósfera que protege la entrada al hangar y abre una brecha en sus defensas.

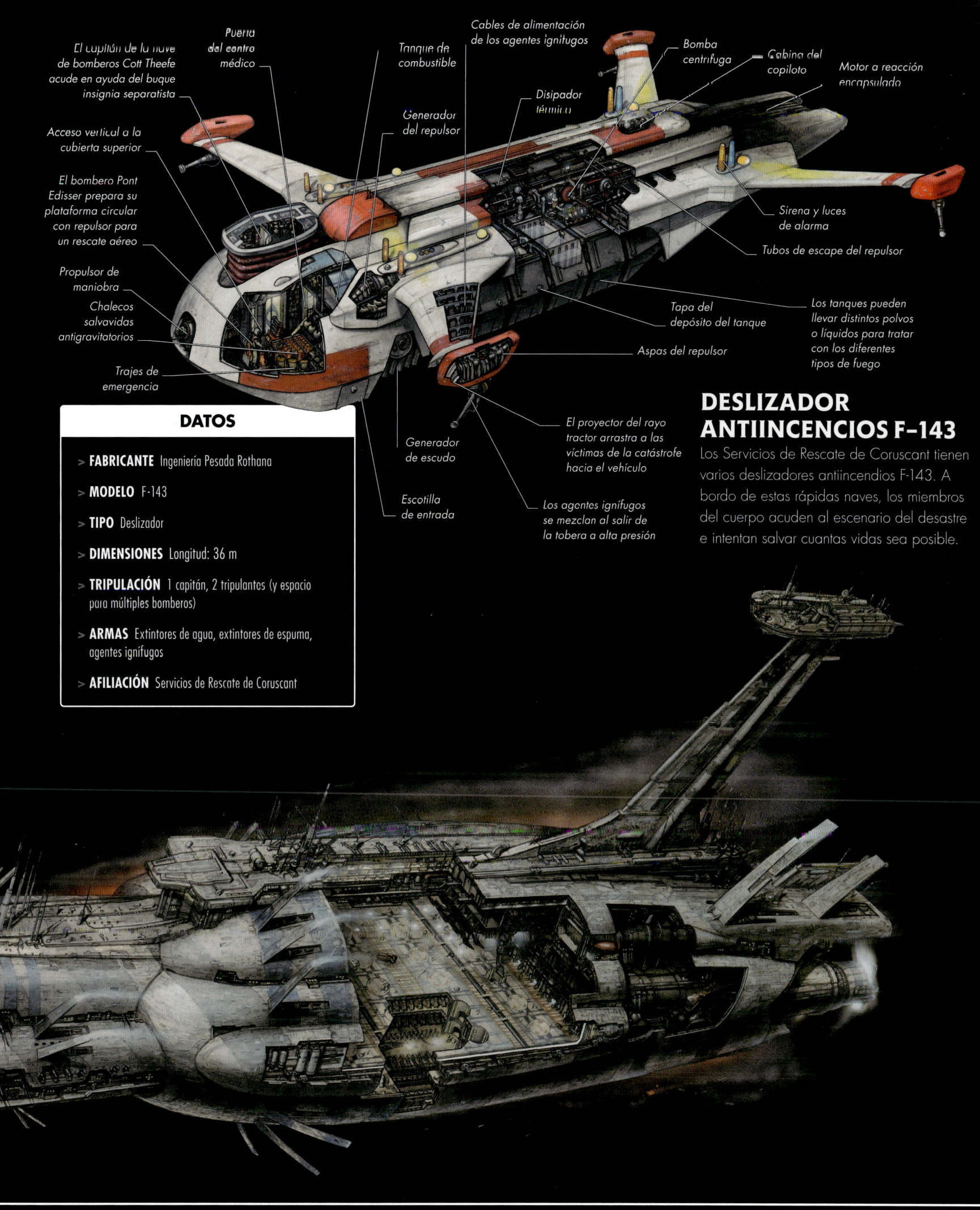

El capitán de la nave de bomberos Cott Theefe acude en ayuda del buque insignia separatista

Puerta del centro médico

Tanque de combustible

Cables de alimentación de los agentes ignífugos

Bomba centrífuga

Cabina del copiloto

Motor a reacción encapsulado

Acceso vertical a la cubierta superior

Generador del repulsor

Disipador térmico

El bombero Pont Edisser prepara su plataforma circular con repulsor para un rescate aéreo

Sirena y luces de alarma

Tubos de escape del repulsor

Propulsor de maniobra

Chalecos salvavidas antigravitatorios

Tapa del depósito del tanque

Los tanques pueden llevar distintos polvos o líquidos para tratar con los diferentes tipos de fuego

Aspas del repulsor

Trajes de emergencia

Generador de escudo

El proyector del rayo tractor arrastra a las víctimas de la catástrofe hacia el vehículo

Escotilla de entrada

Los agentes ignífugos se mezclan al salir de la tobera a alta presión

DATOS

> **FABRICANTE** Ingeniería Pesada Rothana

> **MODELO** F-143

> **TIPO** Deslizador

> **DIMENSIONES** Longitud: 36 m

> **TRIPULACIÓN** 1 capitán, 2 tripulantes (y espacio para múltiples bomberos)

> **ARMAS** Extintores de agua, extintores de espuma, agentes ignífugos

> **AFILIACIÓN** Servicios de Rescate de Coruscant

DESLIZADOR ANTIINCENCIOS F-143

Los Servicios de Rescate de Coruscant tienen varios deslizadores antiincendios F-143. A bordo de estas rápidas naves, los miembros del cuerpo acuden al escenario del desastre e intentan salvar cuantas vidas sea posible.

MANO INVISIBLE (CONT.)

Los soldados droides separatistas capturan a Obi-Wan Kenobi, Anakin Skywalker y el canciller supremo Palpatine y los escoltan hasta el puente de mando de la *Mano Invisible*.

Demostrando una vez más su preocupación por la supervivencia, el general Grievous huye de la *Mano Invisible*. Tras la ejecución del conde Dooku a bordo de la nave, Grievous se convierte en el representante del gobierno separatista.

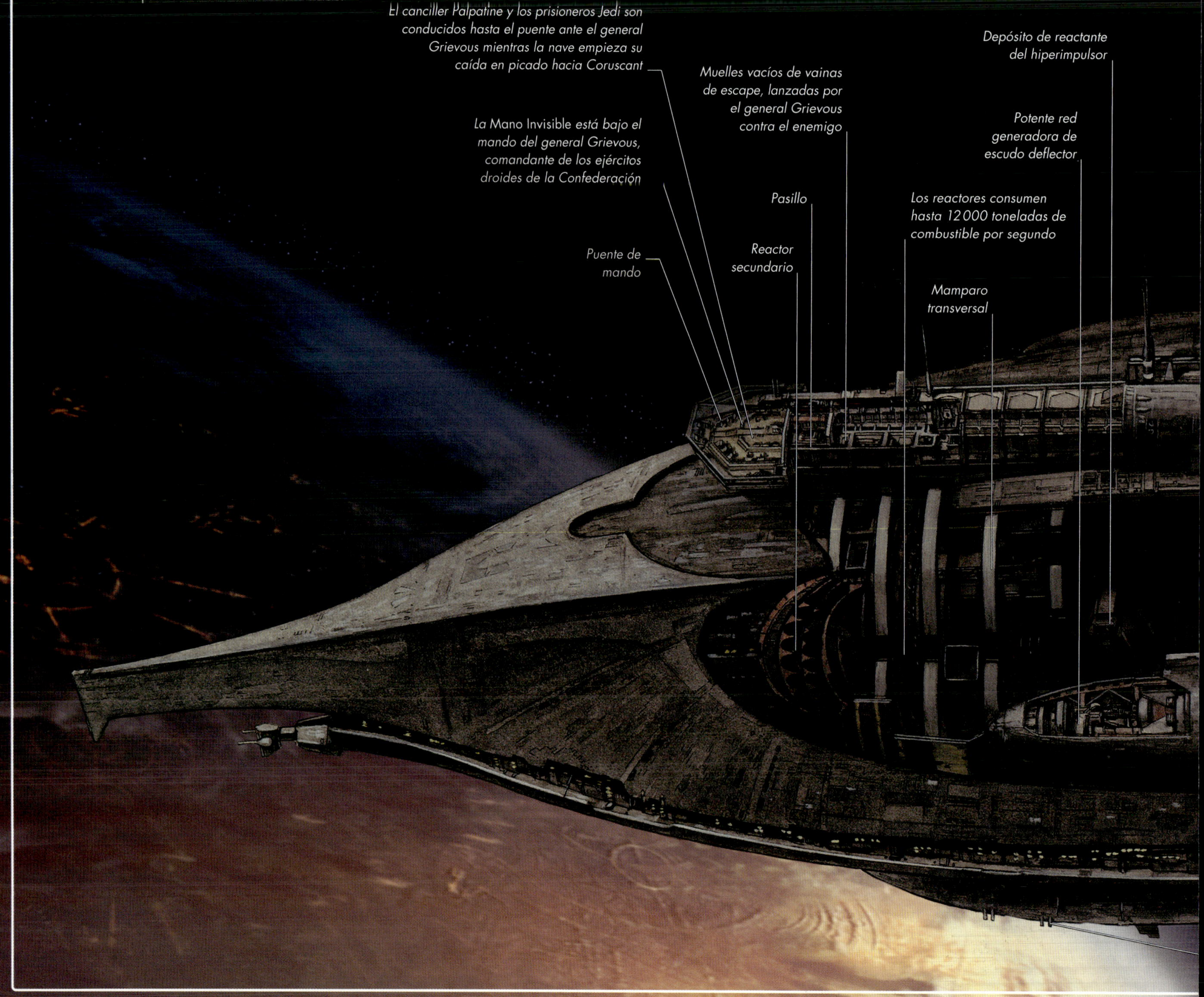

El canciller Palpatine y los prisioneros Jedi son conducidos hasta el puente ante el general Grievous mientras la nave empieza su caída en picado hacia Coruscant

La Mano Invisible está bajo el mando del general Grievous, comandante de los ejércitos droides de la Confederación

Muelles vacíos de vainas de escape, lanzadas por el general Grievous contra el enemigo

Depósito de reactante del hiperimpulsor

Potente red generadora de escudo deflector

Pasillo

Los reactores consumen hasta 12 000 toneladas de combustible por segundo

Puente de mando

Reactor secundario

Mamparo transversal

CONTROL DE DAÑOS

La batalla sobre Coruscant es desastrosa para la Ciudad Galáctica. Cada nave abatida hiere su paisaje urbano con un cráter de 10 kilómetros y las ondas sísmicas derriban los edificios circundantes. Los audaces pilotos de rescate vuelan sin descanso en los vehículos de emergencia, salvando a la tripulación de las naves y guiando los cascos que caen sobre la ciudad para reducir daños y bajas. Los deslizadores antiincendios enfrían el casco en llamas de la *Mano Invisible*. Gracias a su inestimable ayuda, Anakin Skywalker recupera el control de la nave y reduce la colisión a un leve impacto, salvando así la vida a miles de inocentes.

Los F-143 dirigen sus extintores contra los fuegos que devastan la *Mano Invisible*.

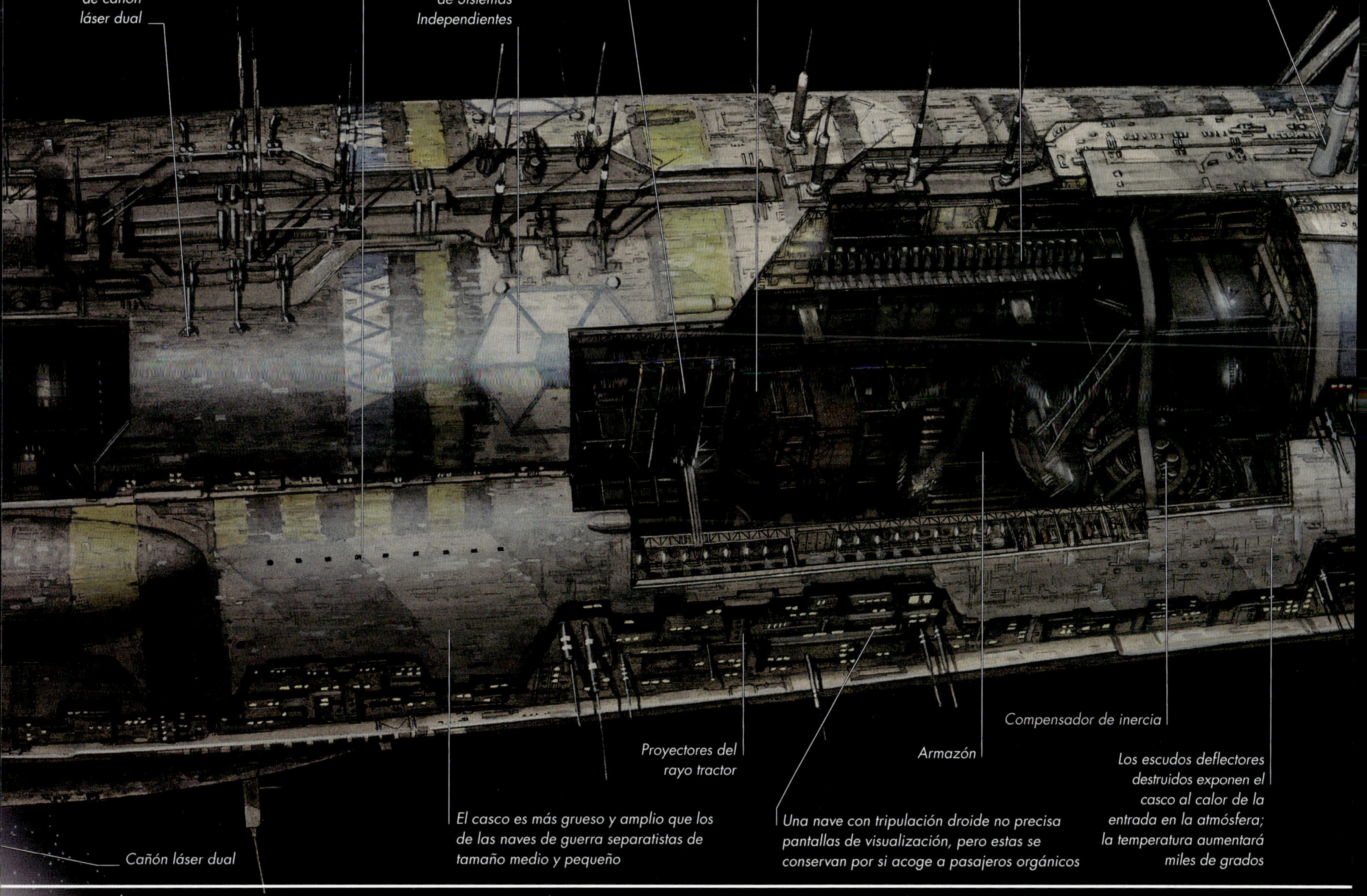

- Torreta de cañón láser dual
- Tubo del torpedo de protones
- Emblema de la Confederación de Sistemas Independientes
- Tanque de combustible comprimido
- Profundo compartimento interior con infraestructura y reactores de enorme importancia, mantenido con gravedad cero
- El ancho pasillo principal permite el acceso a los droides de clase Hailfire IG-227
- El sensor dorsal y las antenas de comunicación coordinan a los cazas droides; el general Grievous accede a ellos mediante los comunicadores que incorpora su sistema cibernético, y así dirige la defensa de la Mano Invisible
- Compensador de inercia
- Proyectores del rayo tractor
- Armazón
- Los escudos deflectores destruidos exponen el casco al calor de la entrada en la atmósfera; la temperatura aumentará miles de grados
- Cañón láser dual
- El casco es más grueso y amplio que los de las naves de guerra separatistas de tamaño medio y pequeño
- Una nave con tripulación droide no precisa pantallas de visualización, pero estas se conservan por si acoge a pasajeros orgánicos

MANO INVISIBLE (CONT.)

NAVES INSIGNIA

Desde las primeras hasta las últimas batallas de las Guerras Clon, los separatistas usan a menudo acorazados de clase Providence como naves insignia. Estas temibles naves suelen ser comandadas por los más altos cargos de la Armada, que pueden adornarlas con sus sellos personales. Durante la batalla de Christophsis, el astuto y veterano almirante Trench lanza un devastador ataque sobre el planeta cristalino desde el acorazado *Invencible*. Un ataque sorpresa por parte de una nave invisible experimental de la República destruye la nave de Trench, pero el almirante, herido, logra escapar.

La popa de las naves de clase Providencia suele llevar propulsores y reactores; los amplios hangares de la Mano Invisible son producto de una modificación considerable en su diseño

Conductos de aire: la circulación atmosférica que precisa la Mano Invisible es mínima, pues lleva poca tripulación o pasajeros orgánicos

Los soportes del techo alojan unos 120 droides tricaza y buitre

Cubiertas de mantenimiento con tripulación droide

MTT separatista

Vestigios del daño recibido durante el violento encuentro con el Ouuruluu, destructor estelar de la República

Sección de mando de las tropas de tierra

Interceptor Jedi de Anakin Skywalker

El sistema de frenado de aire de emergencia aumenta un poco la resistencia

Cañones conductores de masa en cubierta

La presión atmosférica y la pérdida de los campos tensores internos harán que la nave se quiebre por esta zona

La curvatura de los paneles es un rasgo típico del estilo de diseño aerodinámico de los constructores quarren, autores de la Mano Invisible

Segmento de una puerta blindada del hangar lista para cerrarse

El máximo rendimiento del cañón turboláser cuádruple equivale a un terremoto de magnitud 10

Plataforma elevadora

Grúa de hangar en forma de garra

Entre los vehículos de tierra se cuentan 160 MTT y otros 280 más, entre ellos ATT, droides Hailfire, droides araña de clase OG-9 y droides cangrejo de clase LM-432

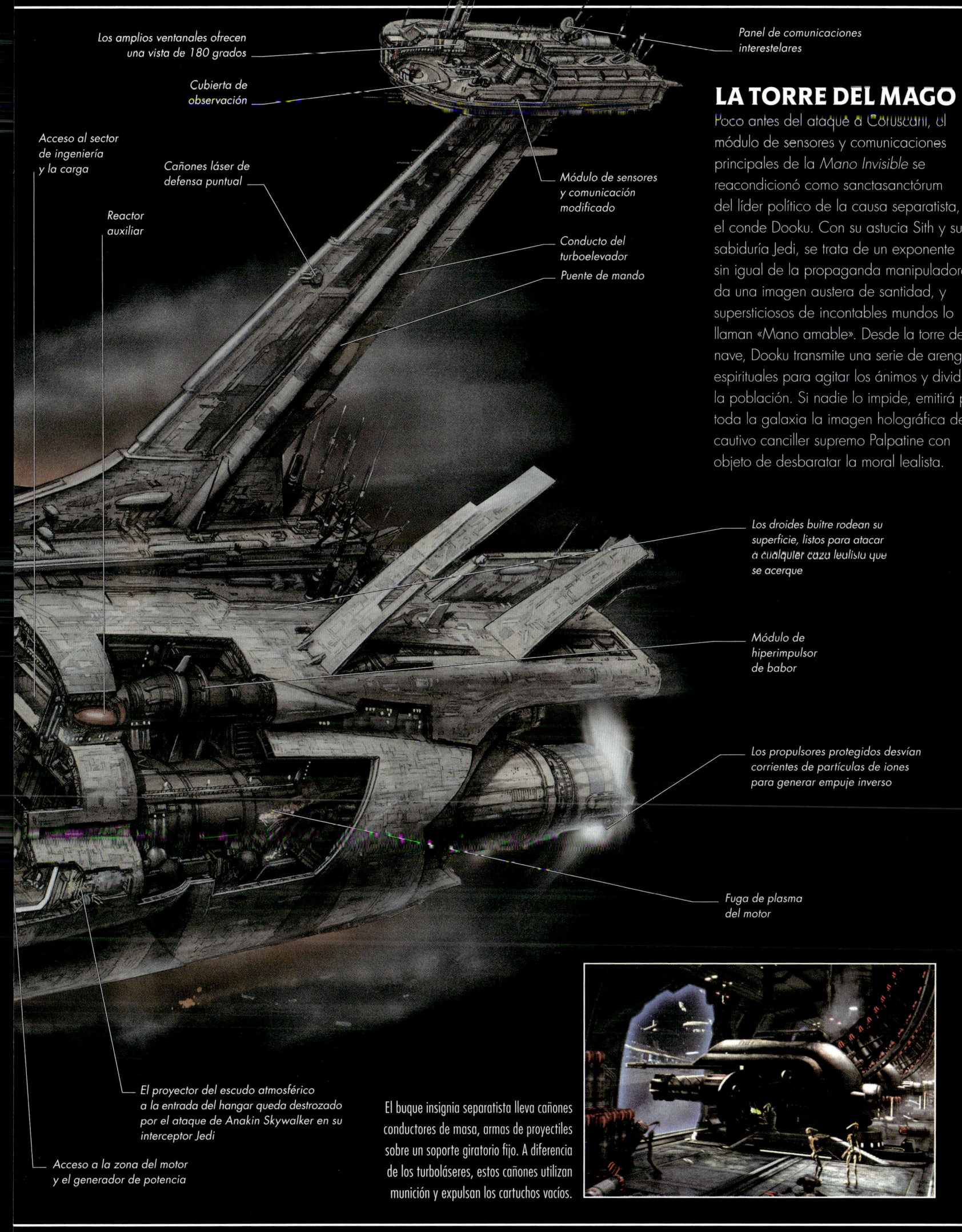

Los amplios ventanales ofrecen una vista de 180 grados

Cubierta de observación

Acceso al sector de ingeniería y la carga

Cañones láser de defensa puntual

Reactor auxiliar

Módulo de sensores y comunicación modificado

Conducto del turboelevador

Puente de mando

Panel de comunicaciones interestelares

LA TORRE DEL MAGO

Poco antes del ataque a Coruscant, el módulo de sensores y comunicaciones principales de la *Mano Invisible* se reacondicionó como sanctasanctórum del líder político de la causa separatista, el conde Dooku. Con su astucia Sith y su sabiduría Jedi, se trata de un exponente sin igual de la propaganda manipuladora: da una imagen austera de santidad, y supersticiosos de incontables mundos lo llaman «Mano amable». Desde la torre de su nave, Dooku transmite una serie de arengas espirituales para agitar los ánimos y dividir a la población. Si nadie lo impide, emitirá por toda la galaxia la imagen holográfica del cautivo canciller supremo Palpatine con objeto de desbaratar la moral lealista.

Los droides buitre rodean su superficie, listos para atacar a cualquier caza lealista que se acerque

Módulo de hiperimpulsor de babor

Los propulsores protegidos desvían corrientes de partículas de iones para generar empuje inverso

Fuga de plasma del motor

El proyector del escudo atmosférico a la entrada del hangar queda destrozado por el ataque de Anakin Skywalker en su interceptor Jedi

Acceso a la zona del motor y el generador de potencia

El buque insignia separatista lleva cañones conductores de masa, armas de proyectiles sobre un soporte giratorio fijo. A diferencia de los turboláseres, estos cañones utilizan munición y expulsan los cartuchos vacíos.

CAZA DE CLASE ROGUE

Las crecientes hostilidades de las Guerras Clon conllevan la intensificación de la producción de cazas estelares. El caza de clase Rogue es un modelo que raramente se ve en el Borde Medio y el Borde Exterior de la galaxia, pero con la escalada de la guerra, gobiernos locales y facciones separatistas los adquieren en gran número. Su uso por parte de los formidables magnaguardias los enfrenta directamente con las fuerzas de la República. En Utapau, durante los últimos días de las Guerras Clon, la resistencia local emplea cazas de clase Rogue frente a la ocupación separatista.

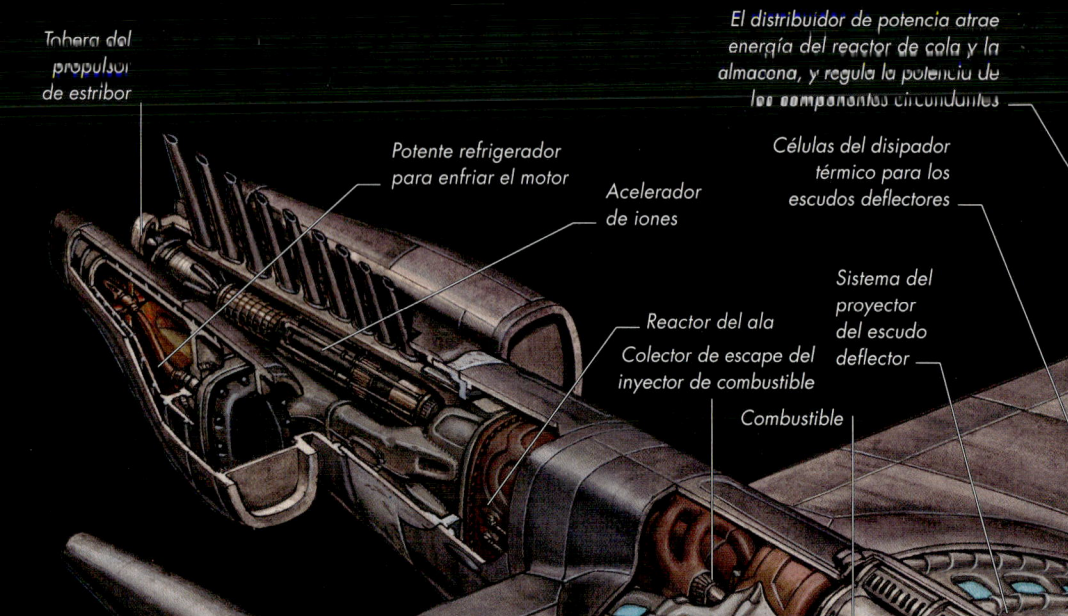

Las aspas del propulsor dirigen el empuje arriba o abajo durante la maniobra de acoplamiento

Tobera del propulsor de estribor

El distribuidor de potencia atrae energía del reactor de cola y la almacena, y regula la potencia de los componentes circundantes

El pequeño ordenador de navegación puede cargarse con mapas de sectores locales

Reposacabezas

Sistemas de soporte vital

Potente refrigerador para enfriar el motor

Acelerador de iones

Células del disipador térmico para los escudos deflectores

Motivador del hiperimpulsor

Reactor del ala

Sistema del proyector del escudo deflector

Colector de escape del inyector de combustible

Combustible

Los condensadores acumulan energía para alimentar el cañón láser

Tomas de energía simétricas

Células del repulsor

Cámara de resonancia y amplificación del rayo

Correa del compensador de inercia

Alimentación del sistema de reciclaje de refrigeración tibanna

Agujas para contrarrestar la electricidad estática

Cañón láser de gran potencia

Conexiones entre los sistemas de escáner y comunicación de estribor

Escáneres de proa

Los huesos fosilizados de criaturas gigantes se reutilizan como robustas vigas en las pistas de aterrizaje de los cazas P-38.

FUERZAS TERRITORIALES

La Federación de Comercio protege su posición en regiones galácticas remotas poniendo embargos sobre la venta de armas a los gobiernos planetarios. Como resultado, los utapauanos dependen de pequeñas naves. Su mayor superdestructor estelar antipirata de Rendili es cinco veces menor que una nave de combate de la Federación, pero compensan esa falta de flota pesada con sus curtidos y potentes cazas. Sus grandes P-38 pueden saltar al hiperespacio en solitario y defender la seguridad de Utapau en los confines del sector de Tarabba. Su autonomía interestelar hace que puedan aguantar misiones más duras y largas que pequeñas naves de flota como los cazas droide separatistas, los Ala-V de la República o los cazas Jedi.

Desde la invasión separatista, los obreros utais de Ciudad Pau han trabajado en secreto en sus ocultos cazas P-38.

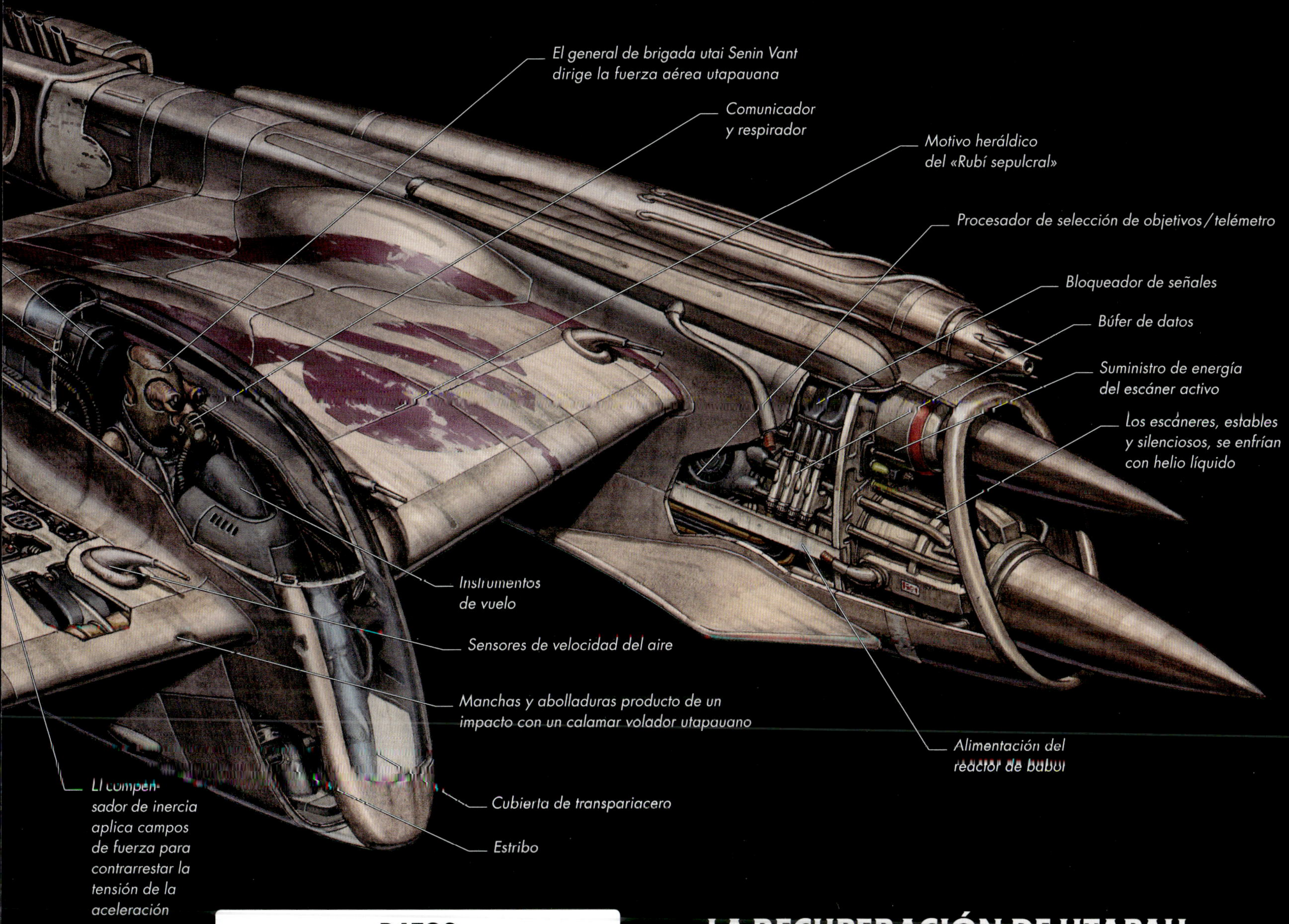

- El general de brigada utai Senin Vant dirige la fuerza aérea utapauana
- Comunicador y respirador
- Motivo heráldico del «Rubí sepulcral»
- Procesador de selección de objetivos / telémetro
- Bloqueador de señales
- Búfer de datos
- Suministro de energía del escáner activo
- Los escáneres, estables y silenciosos, se enfrían con helio líquido
- Instrumentos de vuelo
- Sensores de velocidad del aire
- Manchas y abolladuras producto de un impacto con un calamar volador utapauano
- Alimentación del reactor de babor
- El compensador de inercia aplica campos de fuerza para contrarrestar la tensión de la aceleración
- Cubierta de transpariacero
- Estribo

DATOS

> **FABRICANTE** Talleres de Blindaje Baktoid

> **MODELO** Clase Rogue

> **TIPO** Caza estelar

> **DIMENSIONES** Longitud: 12,7 m; anchura: 12,88 m; altura: 2,71 m

> **TRIPULACIÓN** 1 piloto

> **ARMAS** 2 cañones láser

> **AFILIACIÓN** Separatistas, Fuerza Aérea de Utapau

LA RECUPERACIÓN DE UTAPAU

Utapau es un espeluznante planeta de viento, huesos y cuevas lejos de Tarabba Prime, el núcleo de transporte y comunicaciones más cercano. Lo comparten tres especies humanoides: utais y pau'anos, conocidos colectivamente como utapauanos, y un grupo de amani, establecidos recientemente en este mundo. Su activo clave es la oscuridad, que el general Grievous explota para mantener su nuevo cuartel general oculto a la República. Cuando los utapauanos deciden responder a la ocupación separatista, tanto su conocimiento del lugar como los avanzados escáneres de sus P-38 les confieren ventaja durante las rápidas persecuciones por su traicionero terreno sembrado de cañones.

UNIÓN TECNOLÓGICA: NAVES

La Unión Tecnológica es el principal desarrollador galáctico de tecnología pionera, incluida la microelectrónica y la ingeniería avanzadas. Es de filiación separatista e incorpora tecnología de corporaciones rompedoras, como la Ingeniería Haor Chall, los Sistemas Sienar de la República, los Sistemas de Ingeniería Kuat, TaggeCo y Ensamblajes Expansibles Feethan Ottraw. La contribución de Feethan Ottraw a su causa incluye el interceptor ligero Mankvim-814, la nave de asalto Belbullab-23 y el caza estelar pesado Belbullab-22. A diferencia de los droides buitre y los tricaza, los Belbullab-22 son lo bastante potentes como para enfrentarse en combate singular con los cazas ARC-170 de la República.

Cuando las naves de la República llegan a Geonosis, los transportes de clase Hardcell de la Unión Tecnológica se preparan para una evacuación de emergencia.

TRANSPORTE INTERESTELAR

El transporte por excelencia de los oficiales de la Unión Tecnológica es la nave interestelar de clase Hardcell. Sus seis potentes propulsores hacen estragos en el área de lanzamiento, pero permiten la salida rápida de las atmósferas planetarias. Como la Unión Tecnológica la fundaron –y siguen dirigiéndola en gran parte– los skakoanos, casi todos estos transportes tienen cabinas presurizadas adecuadas a su biología, que les permiten viajar sin sus aparatosos trajes. Antes de que estallaran las Guerras Clon, la Unión Tecnológica contribuyó a la causa separatista con cerca de 286 transportes de clase Hardcell; 117 no sobrevivieron a la batalla de Geonosis.

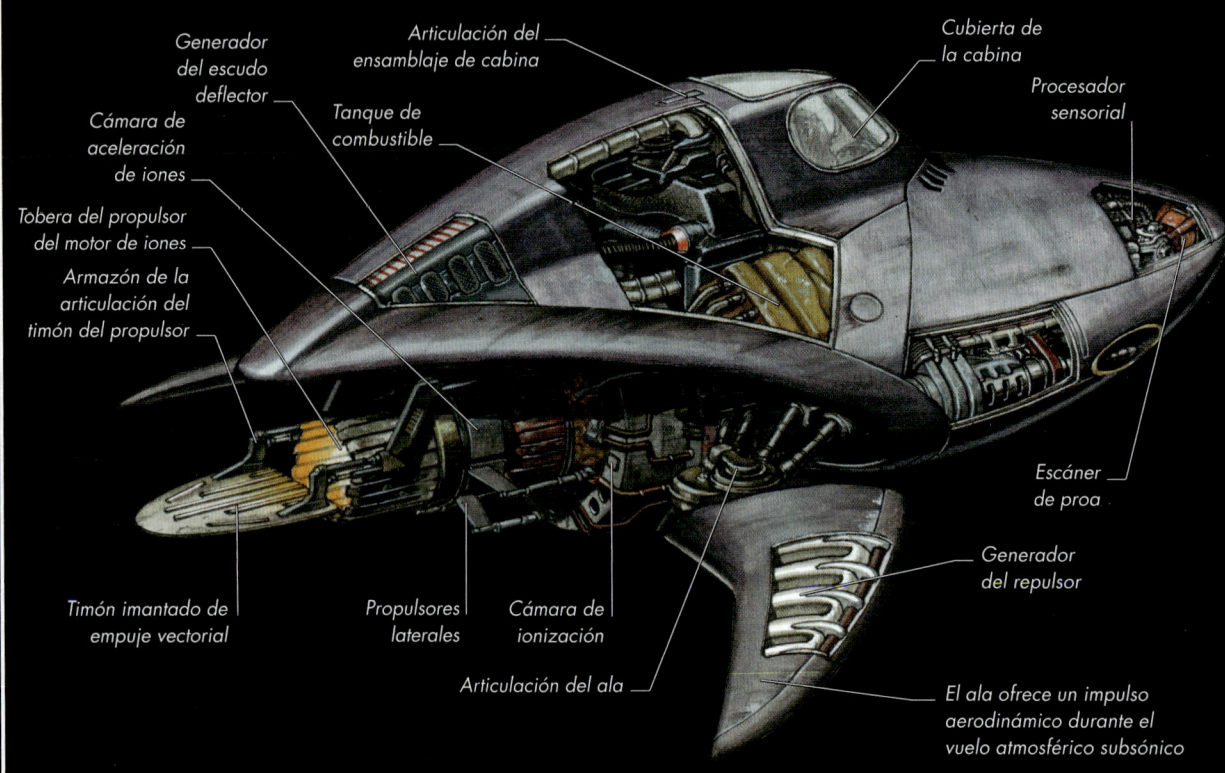

INTERCEPTOR LIGERO MANKVIM-814

Numerosos interceptores Mankvim-814 acuden a defender la posición de los separatistas en Utapau. La Unión Tecnológica construyó allí estos pequeños cazas de corto alcance con material autóctono tras construir fábricas a toda prisa en sus antiguos Grandes Salones, sin miramientos por el legado arquitectónico de Utapau. El mecanismo del Mankvim es simple: un reactor alimenta de energía y plasma a un potente motor de iones; un timón imantado dirige el flujo de iones para propulsarlo fuera de su eje, y los propulsores laterales, más pequeños, ayudan a alabear la nave. Tiene cañones láser gemelos de disparo rápido y resistentes escudos de combate. Las alas aerodinámicas con repulsores facilitan su manejo.

DATOS

> **FABRICANTE** Ensamblajes Expansibles Feethan Ottraw

> **MODELO** Mankvim-814

> **TIPO** Caza estelar

> **DIMENSIONES** Longitud: 10,7 m; anchura: 6,46 m; altura: 3,45 m

> **TRIPULACIÓN** 1 piloto

> **ARMAS** 2 cañones láser

> **AFILIACIÓN** Separatistas

EL DESALMADO

El general Grievous prefiere el combate cuerpo a cuerpo, pero a menudo viaja en un caza estelar Belbullab-22 modificado de Ensamblajes Expansibles Feethan Ottraw, especialista en fábricas de armamento autoconstruidas. Es una nave con hiperimpulsor pensada para un piloto orgánico, y por tanto es más voluminosa y resistente que los cazas droide desechables. Gracias a sus dos motores de iones, está a la altura de un caza de clase Rogue. Su pala de popa de empuje vectorial y los propulsores auxiliares en las alas ayudan en las maniobras de alabeo. Los cañones láser triples de disparo rápido tienen una potencia de fuego de capacidad destructiva similar a la de los cazas Ala-V de la República.

DATOS

- **FABRICANTE** Ensamblajes Expansibles Feethan Ottraw
- **MODELO** Belbullab-22 modificado
- **TIPO** Caza estelar
- **DIMENSIONES** Longitud: 6,7 m
- **TRIPULACIÓN** 1 piloto
- **ARMAS** 2 cañones láser de fuego rápido triples
- **AFILIACIÓN** Separatistas

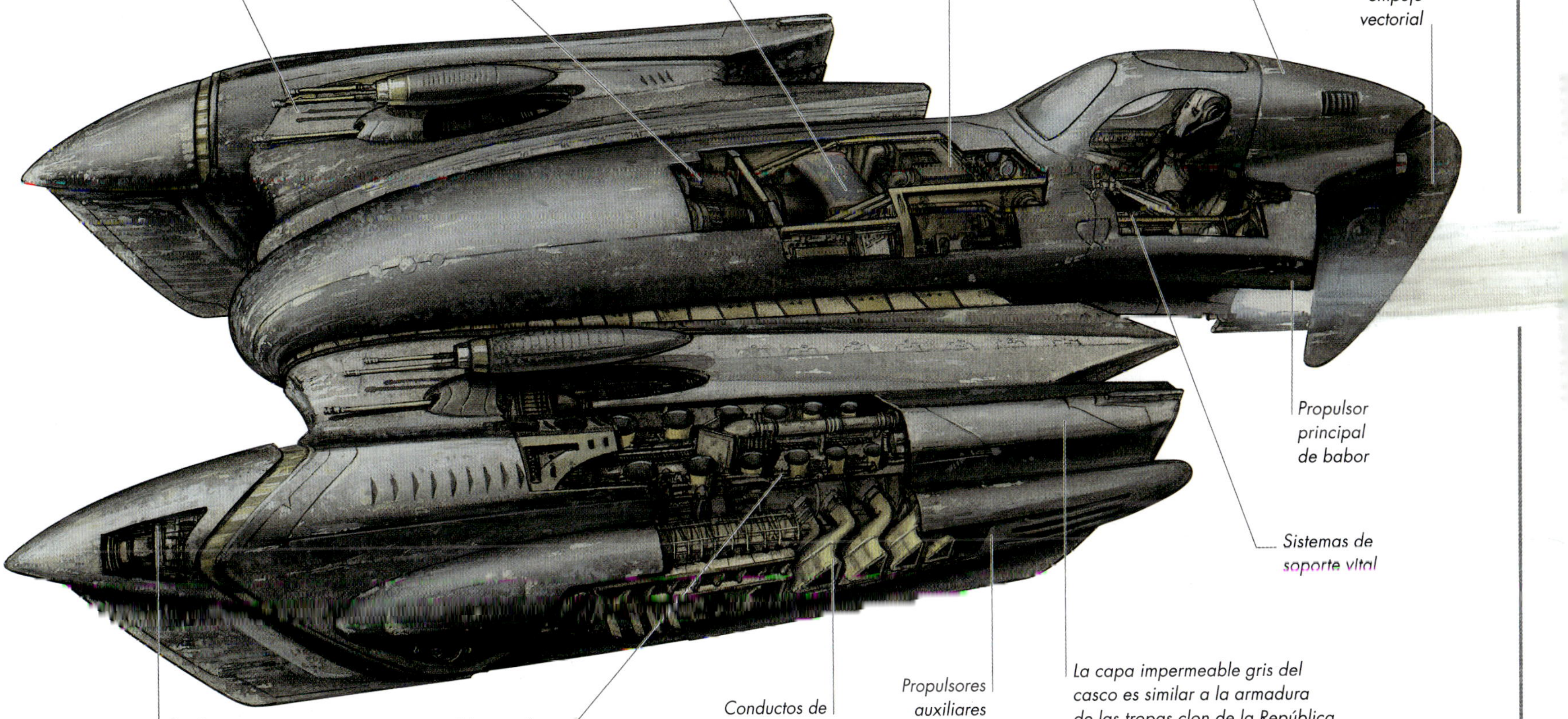

Cañón láser triple — *Convertidor de energía* — *Hiperimpulsor* — *Instrumentos de vuelo y ordenador de navegación* — *Generador de escudo* — *Pala de empuje vectorial*

Propulsor principal de babor

Sistemas de soporte vital

La capa impermeable gris del casco es similar a la armadura de las tropas clon de la República

Escáner de proa — *Cámara de aceleración de iones* — *Conductos de propulsión lateral* — *Propulsores auxiliares*

VEHÍCULO DE ESCAPE

Para mantener el contacto con sus ejércitos droides, el caza estelar de Grievous, *El Desalmado*, tiene un sofisticado transceptor compacto de HoloRed que también puede acceder a las redes piratas y de la República, lo cual permite al general anticiparse a la actividad enemiga y evitar confrontaciones que no puede ganar. Cuando las fuerzas republicanas llegan a Utapau, Grievous trata de huir en su caza, que mantiene en una plataforma de aterrizaje secreta. Grievous lo ignora, pero sus enemigos llaman a su caza *El Cobarde* por el uso que Grievous le dio en el pasado para retirarse de la batalla.

La cabina del Belbullab-22 de Grievous tiene un panel circular sensible al tacto para operar la nave, como su moto-rueda. Una palanca reforzada incorpora los mandos, que puede operar casi cualquier humanoide.

MOTO-RUEDA DE GRIEVOUS

La flota personal de vehículos y máquinas de matar del general Grievous refuerza su temible fama de despiadado líder militar. En la cavernosa Utapau, este general cíborg lleva una moto-rueda: una rueda doble que rodea un motor central, derivada de los Hailfire o droides rueda del Clan Bancario, diseñados para rodar a gran velocidad por superficies duras. La moto-rueda puede alzarse sobre dos pares de patas para caminar por encima de obstáculos o despojos bélicos. Un doble cañón láser sustituye al asiento lateral y, mientras rueda por el campo de batalla, Grievous puede operar una electrovara, un bláster o las espadas de luz Jedi que guarda como trofeos. Unas garras flexibles ofrecen estabilidad a la rueda y se clavan al suelo como dientes.

Los mandos de la moto están en una consola táctil iluminada, reforzada para que no se rompa bajo la presión de los afilados dedos metálicos de Grievous.

UNA NUEVA SEDE

Las fuerzas invasoras de Grievous han construido en Utapau centros de mando y fábricas de autorreplicación de la Unión Tecnológica para crear nuevas tropas, cazas, moto-ruedas y demás vehículos con material local. Si nadie las frena, convertirán Utapau en otro de los mundos fortaleza del Borde Exterior, sembrado de horribles refinerías y cadenas de montaje y temblando bajo el peso de las máquinas bélicas separatistas, cada vez más letales.

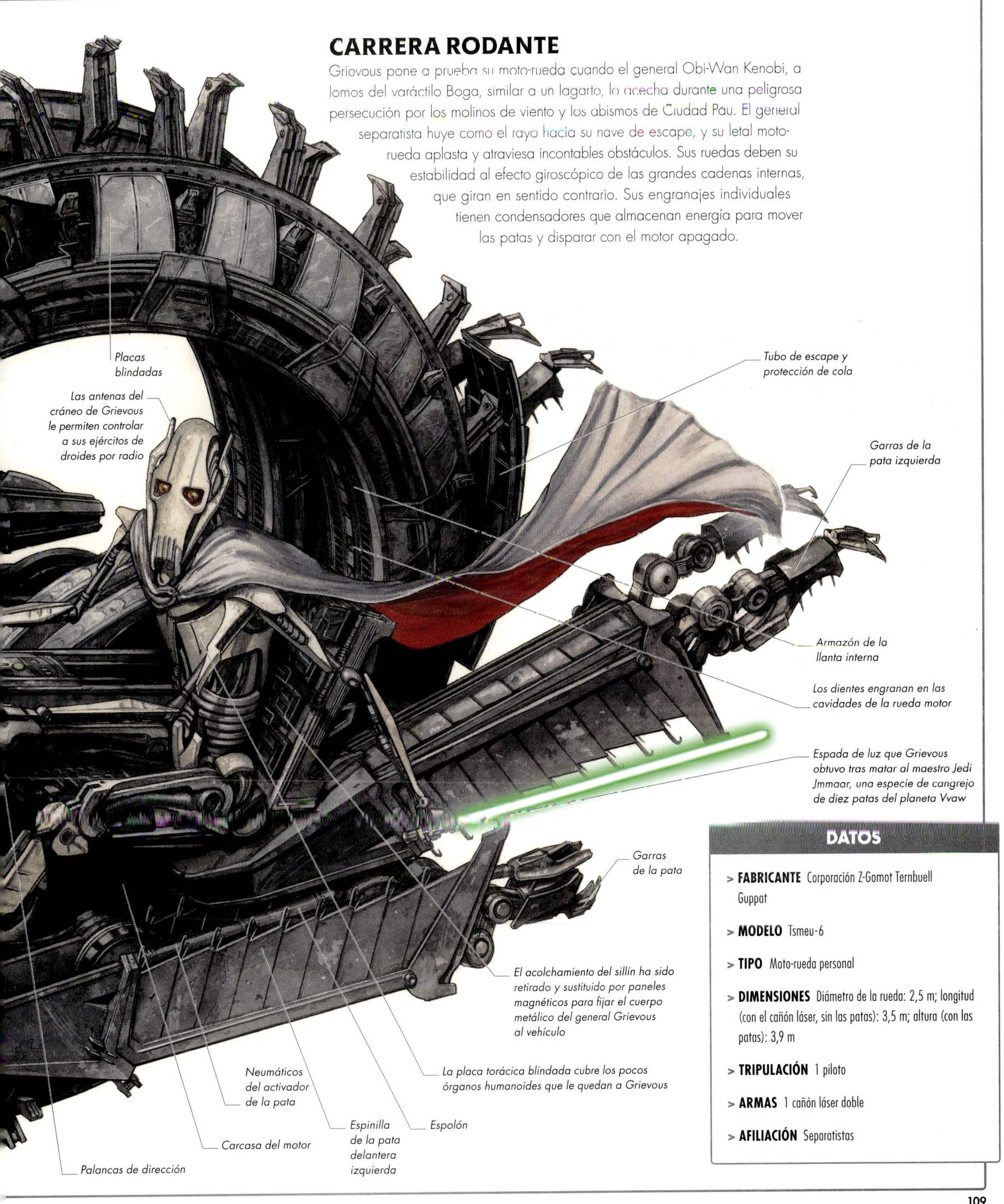

CATAMARÁN WOOKIEE

Los catamaranes wookiee Oevvaor son esbeltas naves de cascos gemelos que se deslizan sobre las aguas de Kashyyyk a velocidad de vértigo. Los sustenta un sistema repulsor a una altura máxima de 1000 metros, propulsado por motores a reacción similares a los de las vainas de carreras, y tienen timones y afiladas quillas. Se usan como naves deportivas o de pesca, y por tanto no incorporan armamento pesado. Sin embargo, durante la invasión de Kashyyyk se requisan cientos de catamaranes para transportar a las tropas en sus ataques con armas ligeras contra los separatistas. Su velocidad y fácil manejo son cruciales, pues los defensores de Kashyyyk saben que el enemigo debe tomar la costa antes de hacer incursiones en la densa vegetación de sus bosques interiores.

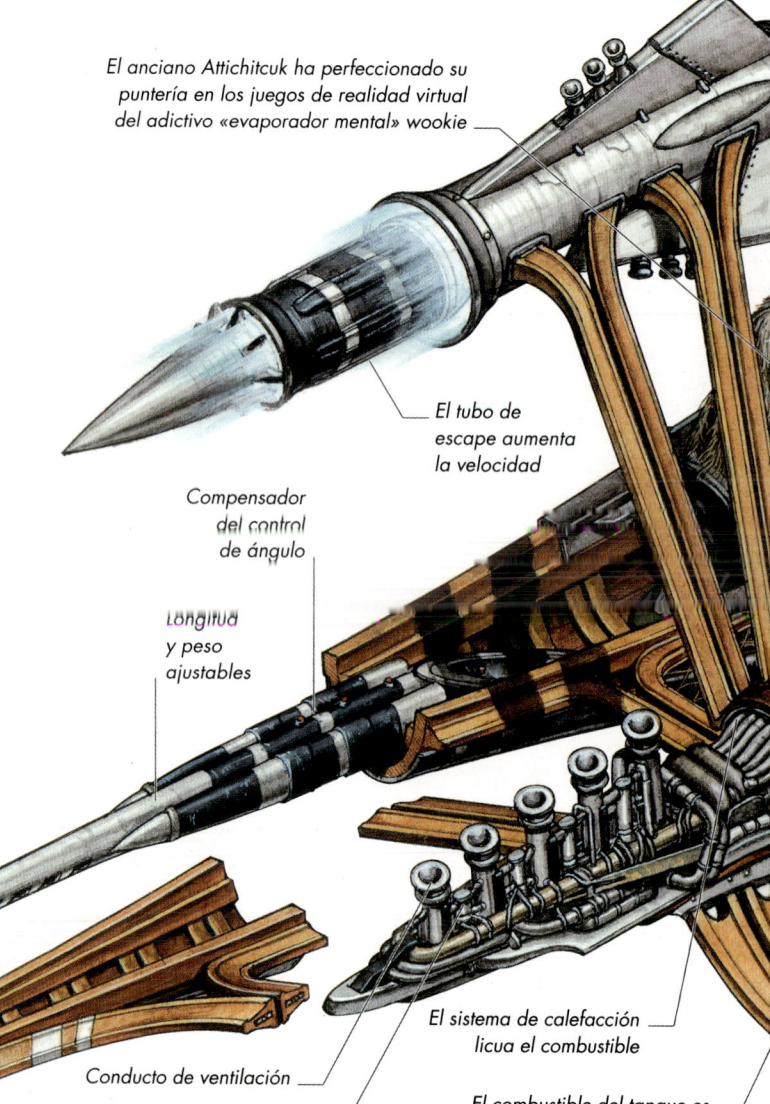

El anciano Attichitcuk ha perfeccionado su puntería en los juegos de realidad virtual del adictivo «evaporador mental» wookie

El tubo de escape aumenta la velocidad

Compensador del control de ángulo

Longitud y peso ajustables

El sistema de calefacción licua el combustible

El combustible del tanque es sólido a temperatura normal

Conducto de ventilación

Generador de energía

Activador del timón

Timón lateral

ÁGILES DEFENSORES

Las naves wookiees que defienden Kashyyyk se bautizaron en honor al oevvaor, un reptil marino de sus costas muy ágil y con un fiero instinto territorial. Los robustos cascos de estos catamaranes se construyen a mano con madera de wroshyr, un árbol de Kashyyyk que alcanza varios cientos de metros de altura y da una madera fuerte, clara y duradera.

Los timones inferiores se sumergen en el agua cuando se vuela al nivel del mar

DATOS

> **FABRICANTE** Talleres de Ingeniería Appazanna

> **MODELO** Oevvaor

> **TIPO** Deslizador

> **DIMENSIONES** Longitud: 15,1 m; anchura: 10,2 m; altura: 4,3 m

> **TRIPULACIÓN** 1 piloto, 1 copiloto (más 2 pasajeros)

> **ARMAS** Ninguna

> **AFILIACIÓN** Wookiees

Un catamarán wookie sobrevuela los fiordos y lagunas del archipiélago de Wawaatt en Kashyyyk, en dirección a la ciudad costera de Kachirho.

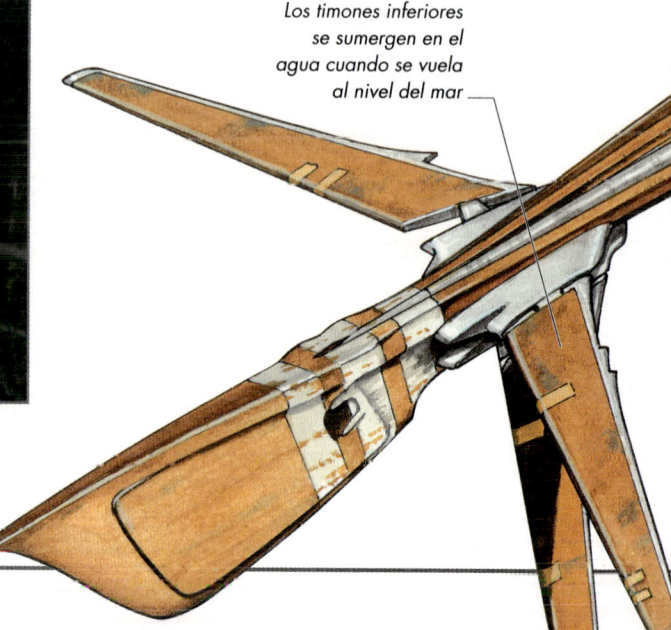

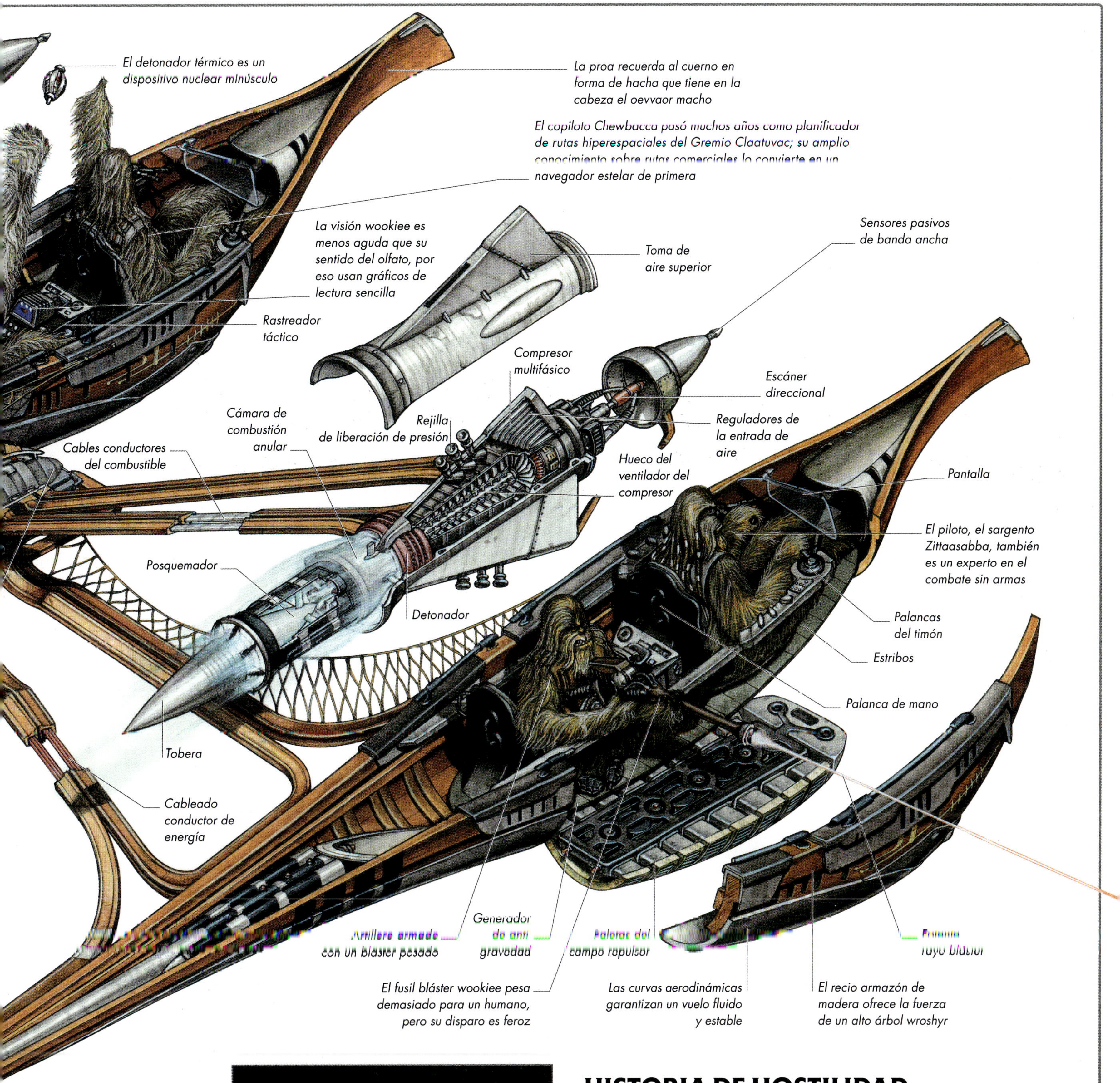

El detonador térmico es un dispositivo nuclear minúsculo

La proa recuerda al cuerno en forma de hacha que tiene en la cabeza el oevvaor macho

El copiloto Chewbacca pasó muchos años como planificador de rutas hiperespaciales del Gremio Claatuvac; su amplio conocimiento sobre rutas comerciales lo convierte en un navegador estelar de primera

La visión wookiee es menos aguda que su sentido del olfato, por eso usan gráficos de lectura sencilla

Toma de aire superior

Sensores pasivos de banda ancha

Rastreador táctico

Compresor multifásico

Escáner direccional

Cámara de combustión anular

Rejilla de liberación de presión

Reguladores de la entrada de aire

Cables conductores del combustible

Hueco del ventilador del compresor

Pantalla

El piloto, el sargento Zittaasabba, también es un experto en el combate sin armas

Posquemador

Palancas del timón

Detonador

Estribos

Palanca de mano

Tobera

Cableado conductor de energía

Artillero armado con un blaster pesado

Generador de anti gravedad

Paletas del campo repulsor

Prisma rayo blaster

El fusil bláster wookiee pesa demasiado para un humano, pero su disparo es feroz

Las curvas aerodinámicas garantizan un vuelo fluido y estable

El recio armazón de madera ofrece la fuerza de un alto árbol wroshyr

HISTORIA DE HOSTILIDAD

Los wookiees de Kashyyyk y sus mundos coloniales han sofocado las intrusiones de la codiciosa Federación de Comercio y otros insatisfechos. En esta nueva era de guerra sin cuartel, los invasores separatistas ignoran las colonias e intentan llevar a cabo un ataque definitivo contra la patria wookiee. El destacamento especial del general republicano Yoda contiene a la flota separatista, pero un gran ejército de tanques droide, droides cangrejo y cañoneras ocupa el archipiélago tropical de Wawaatt. Los wookiees saben que deben emplear toda su fuerza física, armas defensivas y vehículos para frenar su avance.

Los Talleres de Ingeniería Appazanna, fabricantes del catamarán wookiee, construyeron la Raddaugh Gnasp, bautizada en honor a los grandes insectos de Alaris, una de las lunas Kashyyyk, similares a avispas.

DESLIZADOR DE LOS PANTANOS

El Gran Ejército de la República respalda a la defensa wookiee con una amplia variedad de máquinas de guerra importadas. El ligero deslizador biplaza de la PAI (Plataforma de Apoyo de Infantería) es el equivalente más próximo de las tropas clon al catamarán wookiee Oevvaor y a la nave Raddaugh Gnasp. El repulsor antigravedad del ejército se desliza por el aire sin tocar tierra o agua. Lo propulsa un potente turboventilador que puede girarse para disparar aire comprimido, y que permite un control del rumbo que hace del PAI un vehículo de ataque muy manejable. Los dos cañones bláster de proa son letales para la infantería enemiga, pero también son muy eficaces contra cazas, cañoneras y los tanques droide NR-N99 de la Alianza Corporativa.

TURBOVENTILADOR ÚNICO

La Compañía de Repulsores Aratech creó el PAI como una versión pesada del deslizador del Comando de Reconocimiento Avanzado Motorizado (BARC) de la República. Cuenta con un turboventilador en la popa capaz de generar una propulsión de hasta 100 km/h, y en caso de emergencia puede girarse para parar en seco. Hace menos ruido que muchos propulsores de iones.

DATOS

- **FABRICANTE** Fabricaciones Uulshos
- **MODELO** ISP (Plataforma de Apoyo de Infantería)
- **TIPO** Deslizador
- **DIMENSIONES** Longitud: 5 m
- **TRIPULACIÓN** 2
- **ARMAS** 2 cañones bláster gemelos
- **AFILIACIÓN** República Galáctica

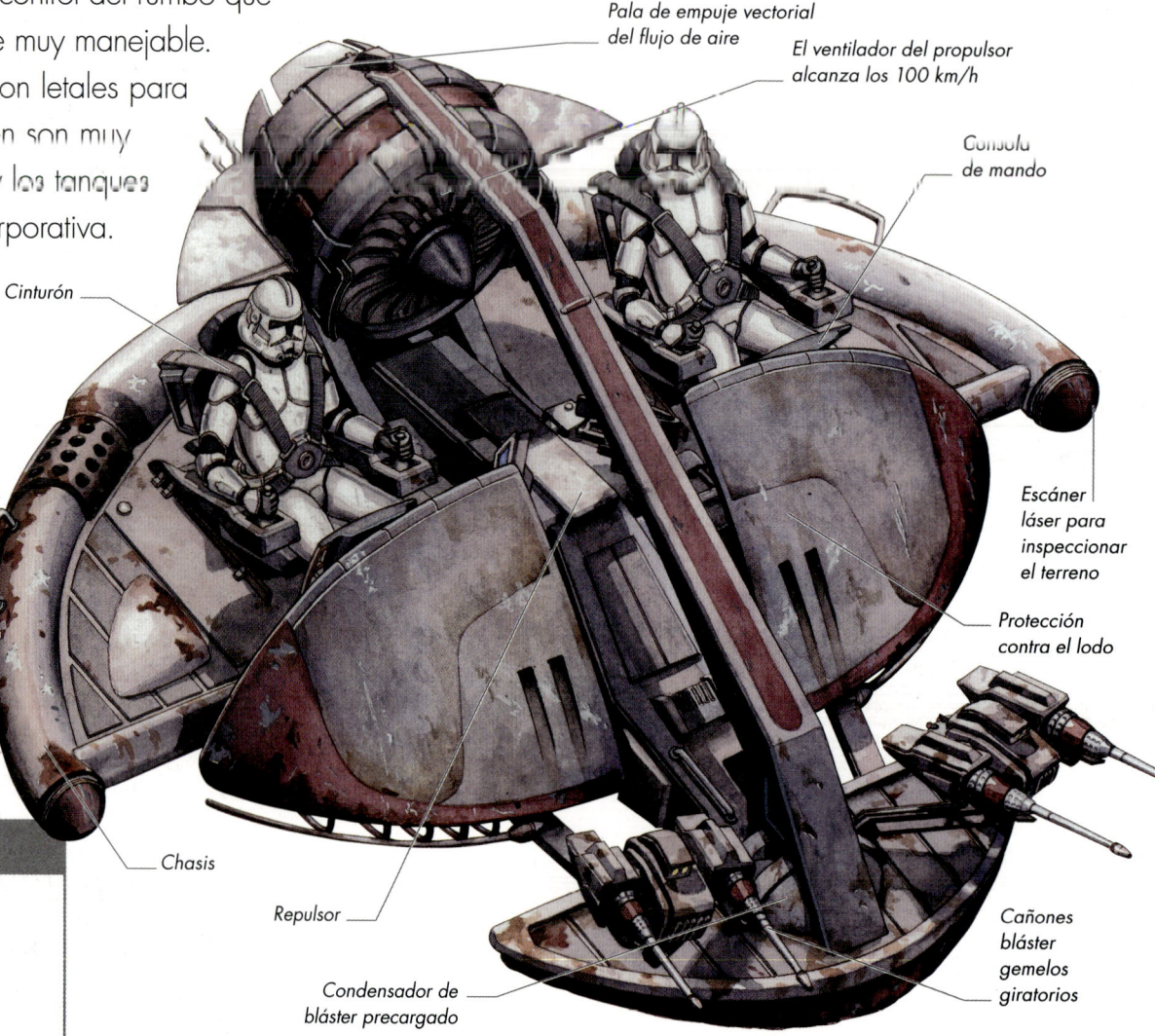

Pala de empuje vectorial del flujo de aire
El ventilador del propulsor alcanza los 100 km/h
Consola de mando
Cinturón
Escáner láser para inspeccionar el terreno
Protección contra el lodo
Chasis
Repulsor
Condensador de bláster precargado
Cañones bláster gemelos giratorios

Los PAI se introdujeron hacia el final de las Guerras Clon y suplieron la necesidad republicana de una gran plataforma armada móvil capaz de viajar por terreno blando y empantanado. Se despliegan en los bosques de hongos del planeta Felucia y en Kashyyyk.

PARA UN EMPERADOR

El emperador usa esta lanzadera personal de clase Theta como base móvil para lograr su fin: la dominación galáctica. En su seguro compartimento de popa se ha sobornado, presionado y amenazado a líderes separatistas, senadores corruptos y demás figuras de peso, y sueros de la verdad, controladores mentales, mecanismos de tortura y borradores de memoria Sith han contribuido a las «negociaciones» de Palpatine.

MODO VUELO

Escudos activos y desplegados, centrados en torno al fuselaje

Alas desplegadas

ATERRIZAJE SEGURO

Al aterrizar, las alas se pliegan hacia arriba para ofrecer acceso a la lanzadera por la escotilla principal. El motor de iones se apaga y los repulsores antigravedad guían la nave en un aterrizaje suave. Los escáneres de los sistemas de armamento controlados por ordenador examinan el terreno, listos para eliminar cualquier amenaza para la lanzadera o sus ocupantes.

MODO DESCENSO

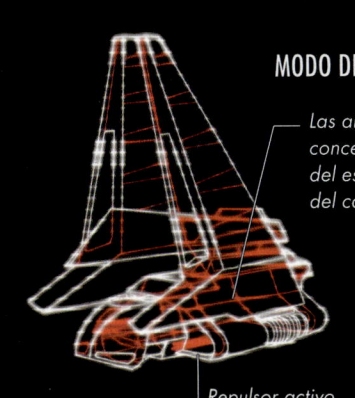

Las alas plegadas concentran la energía del escudo alrededor del casco al descender

Repulsor activo

MODO ATERRIZAJE

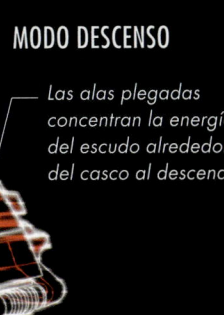

Motores y escudos desactivados

Sistema de armamento automatizado activo

El peso se equilibra a lo largo de deslizadores de aterrizaje bien espaciados

Un místico equipo Sith capaz de canalizar el lado oscuro de la Fuerza mantiene vivo a Darth Vader durante el viaje desde Mustafar hasta el centro médico secreto de Coruscant.

LANZADERA DE PALPATINE

Un líder galáctico como Palpatine, recién nombrado emperador, precisa un transporte personal seguro. En sustitución de su secreta y muy modificada lanzadera de clase Eta, el emperador encarga una T-2c de clase Theta a medida a Talleres Espaciales Cygnus. Esta lanzadera está diseñada para trasladar con seguridad a funcionarios, senadores y cortesanos destacados entre planetas y naves. Supera en potencia de fuego a muchos cazas estelares y lleva cañones láser cuádruples gemelos y un potente cañón en la popa. Este arsenal destructivo puede controlarse por ordenador o de forma manual desde el puesto de artillería y comunicaciones de la cabina. Las largas alas plegables se idearon para proteger sus potentes campos de escudos defensivos y aportan estabilidad en los vuelos atmosféricos.

DATOS

- **FABRICANTE** Talleres Espaciales Cygnus
- **MODELO** T-2c de clase Theta
- **TIPO** Lanzadera
- **DIMENSIONES** Longitud (sin los cañones): 18,5 m; anchura: 29,3 m; altura: 18,5 m
- **TRIPULACIÓN** 1 piloto, 4 tripulantes opcionales
- **ARMAS** 2 cañones láser cuádruples, 1 cañón láser en la popa
- **AFILIACIÓN** Imperio Galáctico

Dispositivos de descarga estática
Rampa de abordaje alzada
Luz de aterrizaje
Transmisores de comunicaciones
Puerta de la escotilla
Ordenador de navegación
Piloto con el traje de vuelo, listo para el combate
Puestos de artillería y comunicaciones
Las tomas de energía en la parte interior del ala de proa están separadas por disipadores térmicos
Generador del repulsor
Potente cañón láser cuádruple de babor

TRANSPORTE DE ÉLITE

La lanzadera de Palpatine ha sido actualizada por los «Magos de Warthan», unos de los mejores técnicos de la galaxia. Para dotarla de un sistema de comunicaciones transgalácticas instantáneo, instalaron un reflector de hiperonda similar al de los dispositivos secretos de localización Jedi. Además, sus máscaras de sensores hacen que su interior parezca vacío en los escáneres convencionales. Las últimas lanzaderas de Palpatine tendrán un mecanismo de ocultación que las hará invisibles a toda forma de luz, gravedad y demás energías conocidas.

SÍMBOLO IMPERIAL

Antes de la formación del Imperio Galáctico, unos diseñadores clave de Talleres Espaciales Cygnus, atraídos por sus suculentos sueldos, yates galácticos personales y futuros beneficios, se pasan a Sistemas Sienar, llevándose consigo sus planos. En los años de formación del nuevo régimen, Cygnus perderá el contrato de su línea de lanzaderas en favor de Sienar. En los años posteriores, la configuración de la clase Theta y su progenie devendrá símbolo del prestigio imperial.

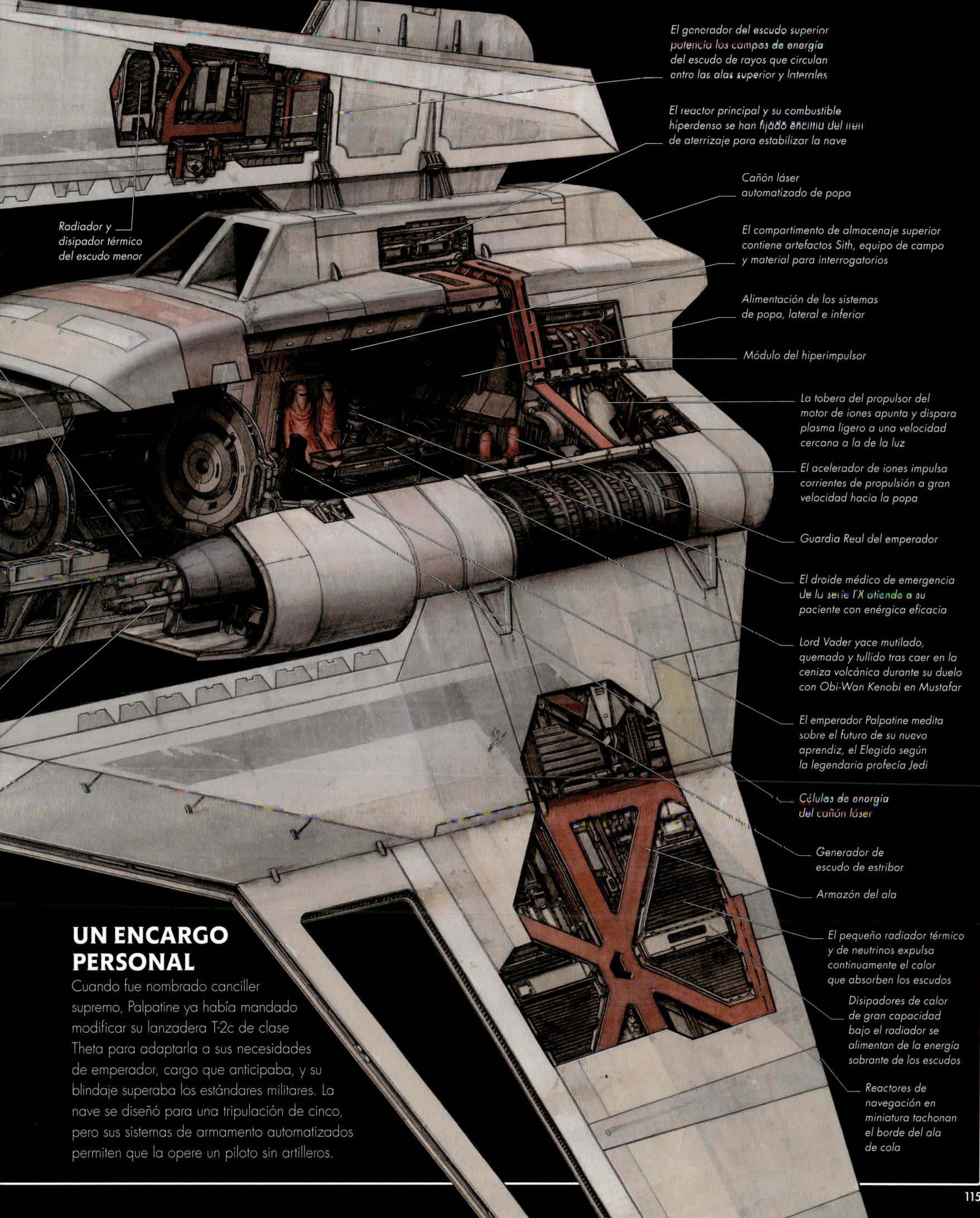

El generador del escudo superior potencia los campos de energía del escudo de rayos que circulan entre las alas superior y laterales

El reactor principal y su combustible hiperdenso se han fijado encima del tren de aterrizaje para estabilizar la nave

Cañón láser automatizado de popa

Radiador y disipador térmico del escudo menor

El compartimento de almacenaje superior contiene artefactos Sith, equipo de campo y material para interrogatorios

Alimentación de los sistemas de popa, lateral e inferior

Módulo del hiperimpulsor

La tobera del propulsor del motor de iones apunta y dispara plasma ligero a una velocidad cercana a la de la luz

El acelerador de iones impulsa corrientes de propulsión a gran velocidad hacia la popa

Guardia Real del emperador

El droide médico de emergencia de la serie FX atiende a su paciente con enérgica eficacia

Lord Vader yace mutilado, quemado y tullido tras caer en la ceniza volcánica durante su duelo con Obi-Wan Kenobi en Mustafar

El emperador Palpatine medita sobre el futuro de su nuevo aprendiz, el Elegido según la legendaria profecía Jedi

Células de energía del cañón láser

Generador de escudo de estribor

Armazón del ala

El pequeño radiador térmico y de neutrinos expulsa continuamente el calor que absorben los escudos

Disipadores de calor de gran capacidad bajo el radiador se alimentan de la energía sobrante de los escudos

Reactores de navegación en miniatura tachonan el borde del ala de cola

UN ENCARGO PERSONAL

Cuando fue nombrado canciller supremo, Palpatine ya había mandado modificar su lanzadera T-2c de clase Theta para adaptarla a sus necesidades de emperador, cargo que anticipaba, y su blindaje superaba los estándares militares. La nave se diseñó para una tripulación de cinco, pero sus sistemas de armamento automatizados permiten que la opere un piloto sin artilleros.

CÁPSULAS DE ESCAPE DE YODA

Las cápsulas de escape están diseñadas para alejar a un ser vivo del peligro lo más rápidamente posible. Son naves básicas que traquetean por el aire propulsadas por sencillos motores de iones. Sus compensadores de inercia y campos antigravitatorios suavizan el viaje. El maestro Jedi Yoda recurre a estas naves dos veces en una semana para huir del Imperio Galáctico, recién formado por el emperador Palpatine. Su primera cápsula es una simple nave de factura wookiee que lo aleja del peligro en Kashyyyk. La segunda, una nave estelar de salvamento estándar E3 de Polis Massa, es más grande y sofisticada, con avanzados sistemas de navegación y mecanismos de aterrizaje, y lo lleva al exilio en Dagobah.

DATOS

- **FABRICANTE** Ensambladores y Artesanos Uurbahhahvoovv
- **MODELO** Único
- **TIPO** Cápsula de escape
- **DIMENSIONES** Diámetro: 2,3 m; altura: 3,4 m
- **TRIPULACIÓN** 1
- **ARMAS** Ninguna
- **AFILIACIÓN** Ninguna

Etiquetas de la cápsula de Kashyyyk:
- Ventana del sensor óptico
- Ordenador de vuelo y procesador del sensor
- Reposacabezas diseñado para adaptarse a la altura de un wookiee
- Arnés más o menos ajustado
- Yoda, vencedor fugitivo de la batalla de Kashyyyk
- Panel de control
- Las aletas curvas garantizan un ascenso estable
- El práctico diseño wookiee ha previsto un recio casco resistente al calor
- Contenedor de sensores
- Tanque de combustible
- Tobera del propulsor
- Reactor

Etiquetas de la nave E3:
- Extremo de la pata ajustable
- Cámara de ionización y del reactor
- Los tanques de combustible apenas contienen reactante ni propelente
- Hueco de la articulación de la pata
- Conductos del combustible
- Baliza de emergencia, desactivada por Yoda
- Equipo de supervivencia y raciones
- Asientos diseñados para un massano medio de sexo masculino

HUIDA DE KASHYYYK

Los separatistas invaden Kashyyyk y los wookiees preparan múltiples cápsulas de escape para la evacuación. Yoda usa la primera de ellas. Sus tres propulsores subluz –procedentes de tres naves abatidas– tienen combustible suficiente para llevarlo al espacio interplanetario. Yoda desactiva su baliza de emergencia, pues podría delatar su ubicación, y depende solo de su transmisor de emergencias Jedi. Los agentes de Alderaan buscan supervivientes e interceptan su llamada. El senador Bail Organa lo rescata.

DAGOBAH

Pese a las afirmaciones de algunos sobre los Archivos Jedi, el conocimiento alojado entre los muros del Templo Jedi no es completo. Muchos mundos, incluidos algunos fuertes en la Fuerza, han escapado a la atención de los Jedi. Durante las Guerras Clon, Yoda tiene conocimiento de uno de estos mundos, Dagobah, y viaja allí para aprender más sobre la Fuerza. Tras la Orden 66 y la destrucción de la Orden Jedi, Yoda recuerda Dagobah y vuelve allí para esconderse.

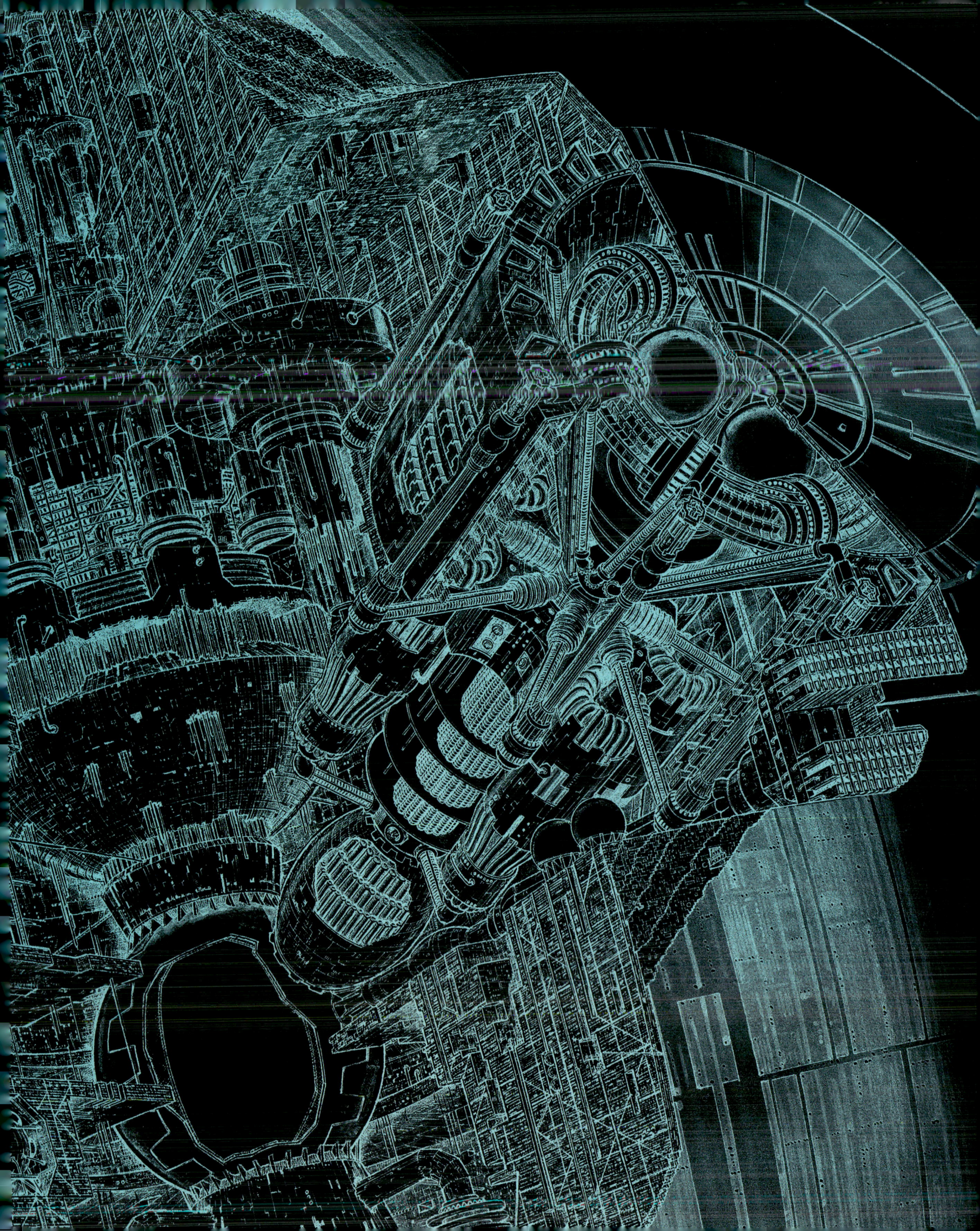

LA ERA IMPERIAL

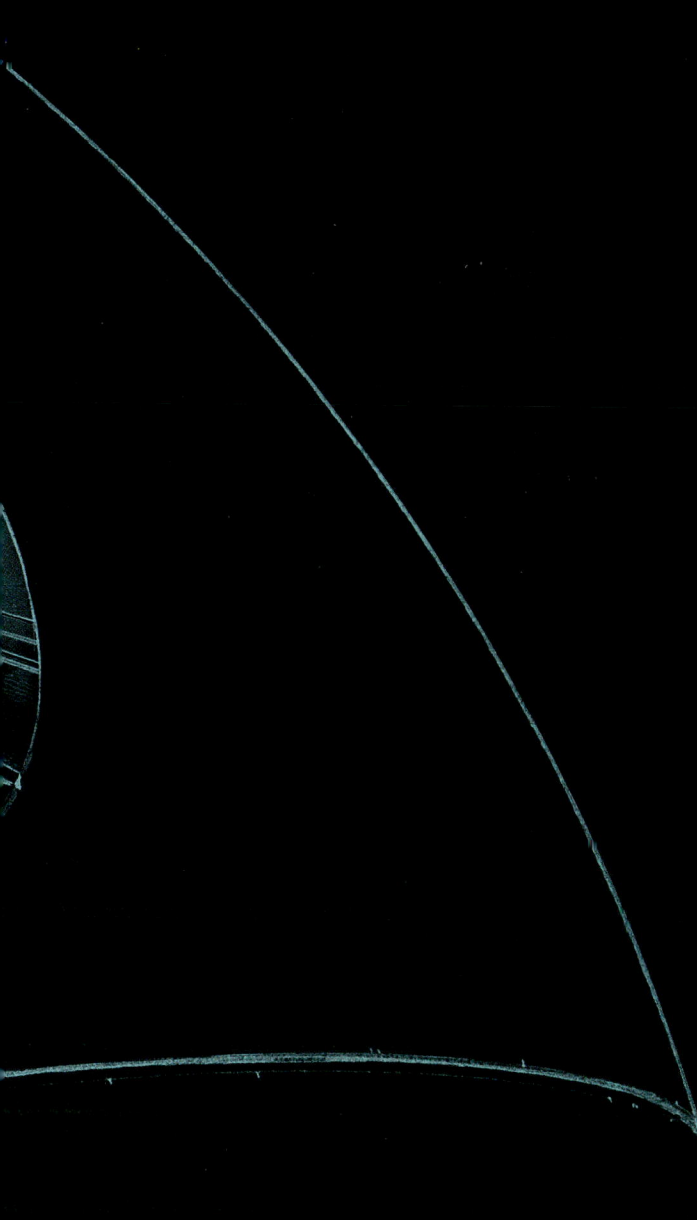

La transformación de la República en el Imperio Galáctico termina con el caos de las Guerras Clon, pero anuncia una nueva era de opresión en la que los ciudadanos de la galaxia viven subyugados por una terrible dictadura. Para ayudar al Imperio a mantener su férreo control, el régimen desarrolla nuevas tecnologías armamentísticas. Muchos fabricantes son sometidos al control del Imperio o cerrados, mientras que otras organizaciones prosperan gracias a lucrativos contratos imperiales. Como consecuencia, la variedad de los diseños de naves y vehículos producidos es muy reducida en comparación con los días de la Antigua República, y la producción en serie reemplaza a la artesanía tradicional.

La Alianza Rebelde, un pequeño ejército de disidentes que lucha contra el gobierno imperial, supone una amenaza creciente para el Imperio. Con la ayuda de simpatizantes bien situados y valientes agentes, la Alianza forma poco a poco una flota formidable —compuesta de naves robadas, adquiridas, modificadas e incluso de fabricación propia— para combatir al Imperio.

Un periodo de rebelión contra el Imperio desemboca pronto en un conflicto a gran escala, conocido como la Guerra Civil Galáctica. Gracias al heroico sacrificio del equipo de ataque rebelde llamado Rogue One durante la batalla de Scarif, los rebeldes consiguen los planos de una superarma imperial: la primera Estrella de la Muerte. Darth Vader fracasa en su intento de recuperar los planos y se propone aplastar a los rebeldes. El destino reúne ahora a los hijos de Anakin y Padmé, que fueron separados al nacer para protegerlos del emperador. Ignorantes de su parentesco, los hermanos —el granjero de Tatooine Luke Skywalker y la princesa Leia Organa de Alderaan— llevan la rebelión a una victoria crucial destruyendo la Estrella de la Muerte.

Mientras Luke entrena para convertirse en un Jedi bajo la tutela del anciano maestro Jedi Yoda, el emperador contraataca y los rebeldes quedan gravemente debilitados. Pero la Alianza se reagrupa y una decisiva batalla resulta en la destrucción de la segunda Estrella de la Muerte y en la redención de Anakin Skywalker, que al final rechaza el lado oscuro de la Fuerza y derrota al emperador.

Con el líder del Imperio vencido, la vasta organización se escinde en múltiples facciones, y la Alianza Rebelde, que ahora se llama la Nueva República, se aprovecha de su debilidad. La Guerra Civil Galáctica termina en Jakku, donde las fuerzas de la Nueva República obtienen una victoria crucial contra los restos de la flota imperial.

HALCÓN MILENARIO DE LANDO

Cuando el hábil contrabandista Lando Calrissian posó por vez primera sus ojos sobre un cierto carguero ligero, vio que tras una basta apariencia exterior se escondía un enorme potencial a la espera de que alguien lo desatase. Después de dos años de modificaciones y personalización, Lando considera el esbelto y elegante *Halcón Milenario* su mejor logro. Al cubrir los rasgos más utilitarios y de carguero del *Halcón*, presenta una nave con una engañosa proporción empuje/masa, perfecta para contrabandear.

DATOS

- **FABRICANTE** Corporación Corelliana de Ingeniería
- **MODELO** YT-1300f muy modificado
- **TIPO** Carguero
- **DIMENSIONES** Longitud: 40,8 m; altura: 7,58 m
- **TRIPULACIÓN** 1 piloto, 1 copiloto
- **ARMAS** 2 cañones láser pesados Arakyd Tomral RM-76
- **AFILIACIÓN** Ninguna

Etiquetas de la ilustración: Escape de ventilación dorsal (uno de seis); Anilla de atraque de babor; Escotilla superior; Litera extragrande en el camarote del capitán; Área para arreglarse; Vestidor; Bomba de combustible (los depósitos están debajo); Tuberías de combustible; Tobera de empuje sublumínico; Ignición; Cápsulas de escape; Aspa de empuje vectorial.

El buen gusto de Calrissian se extiende al interior del *Halcón*. El compartimento delantero, que alberga una zona de relax para la tripulación, incluye un bar, una holomesa y un sistema de sonido.

MÁXIMO RENDIMIENTO

El grupo de motores sublumínicos Girodyne SRB42 posee siete cableados de combustible exclusivos. Estos permiten un control preciso de la aceleración y las maniobras. El rasgo más impresionante de la nave es el hiperimpulsor Isu-Sim SSPO5, perfectamente sincronizado al ordenador de navegación Microaxial HyD y potenciado por los sistemas de navegación de última generación de L3-37.

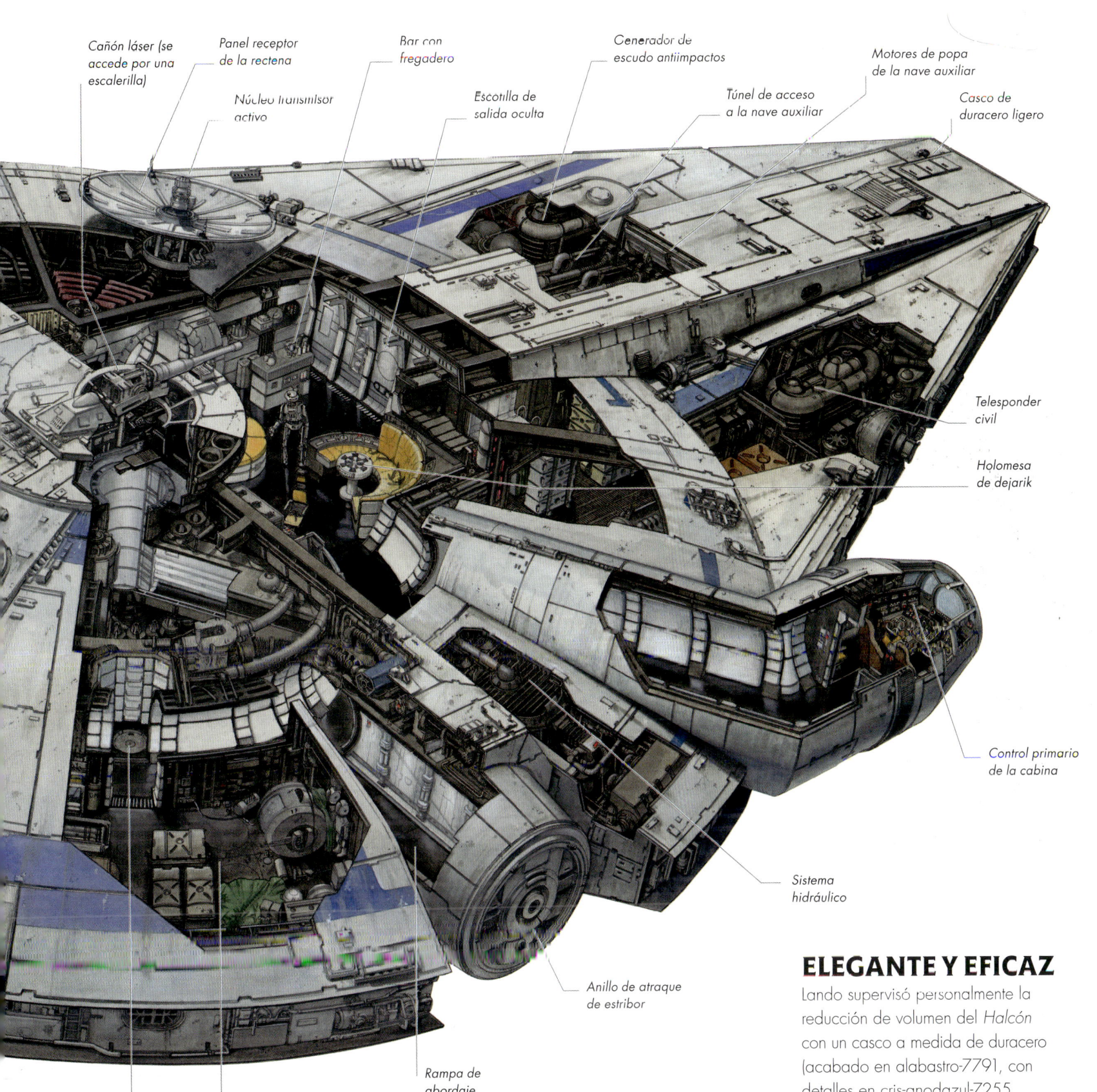

PERSONALIZAR CON CLASE

El *Halcón* es un carguero YT-1300 que antaño cruzaba las vías más concurridas de la galaxia. Calrissian vio la potencia de sus motores de remolcador intermodal e hizo de esta nave su embarcación deportiva superveloz; reconvirtió las dos mandíbulas de carga de la proa en una bodega para una nave auxiliar, transformando el carguero en un transporte estelar único.

ELEGANTE Y EFICAZ

Lando supervisó personalmente la reducción de volumen del *Halcón* con un casco a medida de duracero (acabado en alabastro-7791, con detalles en cris-anodazul-7255, en el código de color estándar de pintura lantilliana). Su esbelta forma aerodinámica facilita una rápida huida; además, dispone de diversas contramedidas. Las superficies lisas mejoran la emisión de señales de interferencia desde la nave. El sensor principal de la rectena procesa datos para evaluar el estado del *Halcón* y su entorno.

LANZADERA T-3C DE CLASE DELTA

Con la forma geométrica de su casco y sus alas plegables, como las de un murciélago, la lanzadera T-3c clase Delta constituye una imagen temible. El miedo que inspira demuestra ser fundado cuando aterriza y despliega a sus letales ocupantes. La clase Delta, superada por la versatilidad de la clase Lambda, no vio mucha acción en los primeros días del Imperio. Sin embargo, el gusto del director imperial Orson Krennic por la arquitectura más arriesgada lo ha hecho mantener una de estas naves en activo durante más de una década.

DATOS

- **FABRICANTE** Sistemas de Flota Sienar
- **MODELO** T-3C de clase Delta
- **TIPO** Lanzadera
- **DIMENSIONES** Longitud: 14,39 m; altura (con las alas erguidas): 25,1 m
- **TRIPULACIÓN** 2 (más 15 pasajeros)
- **ARMAS** 2 cañones láser duales Taim & Bak KX9, 3 cañones láser Taim & Bak KX3 en las alas
- **AFILIACIÓN** Imperio Galáctico

ALAS ALTAS

Las lanzaderas imperiales suelen maximizar los requerimientos de espacio del casco principal colocando todos los sistemas de escudos y de comunicaciones en sus grandes ensamblajes alares. Las superficies de los alerones son ideales para la transmisión de cualquier energía relacionada con mantos deflectores, radiónica subespacial y señales hiperespaciales, entre otras. Las estructuras alares están dotadas, además, de sistemas de dispersión térmica. El ordenador central de la nave gestiona estas funciones para evitar interferencias en las señales.

MODO DE ATERRIZAJE

Sistemas Sienar de la República convenció a su equipo de diseñadores de Talleres Espaciales Cygnus de desarrollar su línea de lanzaderas Abecedario antes de que el Imperio llegase al poder. Los diseños, procedentes de su estudio en el Borde Medio, comparten características, como elegantes líneas, simetría triangular y alas articuladas plegadas para aterrizar. La líder de dicho equipo, Lamilla Tion, era una escultora obsesionada con la papiroflexia. Incorporó el sistema de aterrizaje de geometría variable a los diseños pese a su gran coste, para minimizar el espacio de almacenaje de las naves y como reconocimiento artístico a sus creencias espirituales.

Telémetro láser multiespectro

Cañón láser Taim & Bak KX3

Generador de campo repulsor

Banco de procesamiento del cuadruplexor de transmisión

Sistema de antenas de comunicación subespacial e hiperespacial

Parrilla de refrigeración

Escalerilla de acceso a la bodega de tropas

Marcas de servicio

Generador de escudo deflector

Generador de escudo deflector trasero

Tobera del motor iónico SFS-215

Luces de formación

Tren de aterrizaje desplegado

Generador de escudo deflector

Escotilla de acceso a la cubierta de vuelo

Plano lateral de transmisión del escudo deflector

Bodega de diagnóstico y carga de combustible

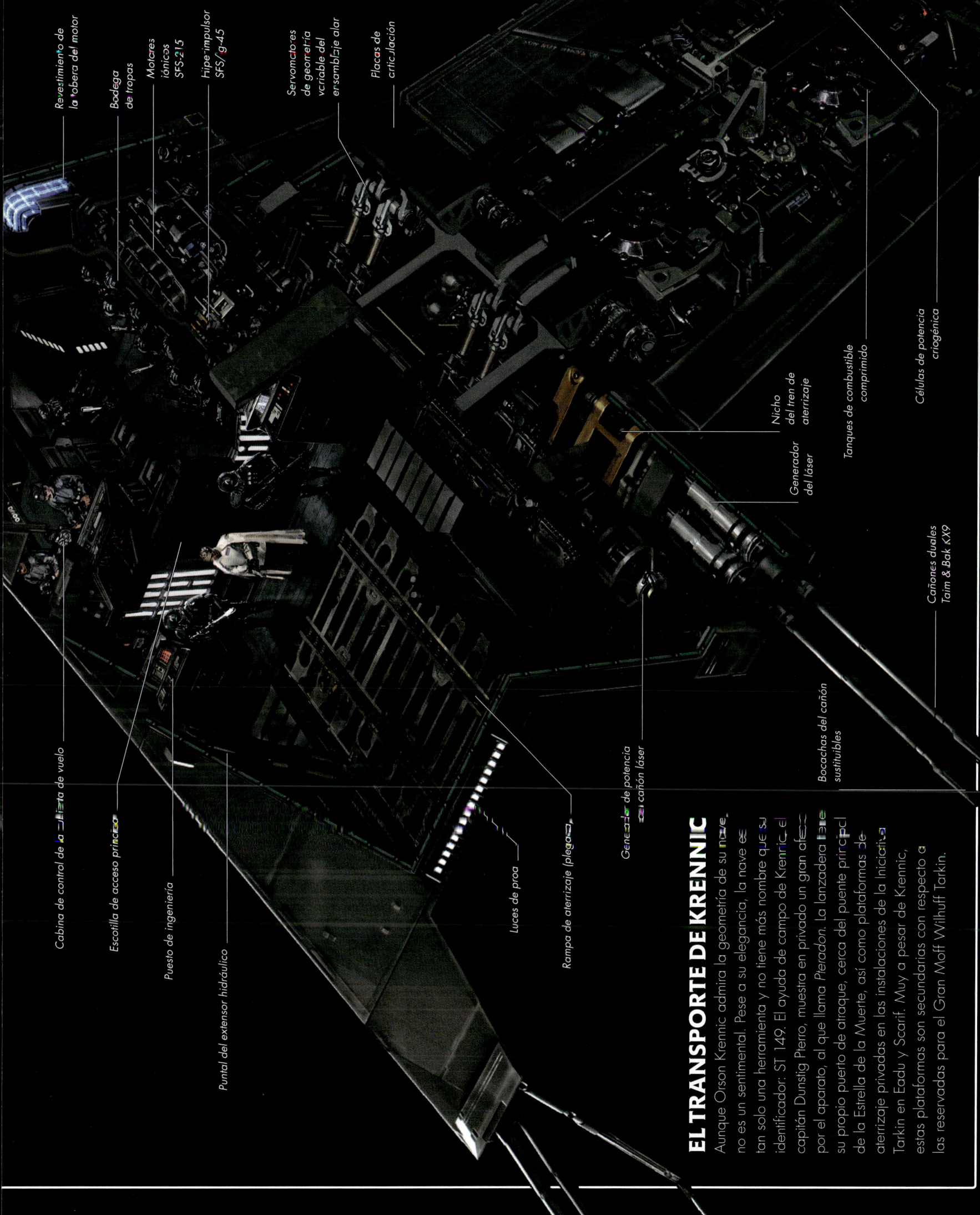

- Revestimiento de la tobera del motor
- Bodega de tropas
- Motores iónicos SFS-215
- Hiperimpulsor SFS/g-45
- Servomotores de geometría variable del ensamblaje alar
- Placas de criticJación
- Nicho del tren de aterrizaje
- Generador del láser
- Tanques de combustible comprimido
- Células de potencia criogénica
- Cañones duales Taim & Bak KX9
- Bocachas del cañón sustituibles
- Generador de potencia del cañón láser
- Rampa de aterrizaje (plegada)
- Luces de proa
- Puntal del extensor hidráulico
- Puesto de ingeniería
- Escotilla de acceso principal
- Cabina de control de la lista de vuelo

EL TRANSPORTE DE KRENNIC

Aunque Orson Krennic admira la geometría de su nave, no es un sentimental. Pese a su elegancia, la nave es tan solo una herramienta y no tiene más nombre que su identificador: ST 149. El ayuda de campo de Krennic, el capitán Dunstig Pterro, muestra en privado un gran afecto por el aparato, al que llama *Pteradon*. La lanzadera tiene su propio puerto de atraque, cerca del puente principal de la Estrella de la Muerte, así como plataformas de aterrizaje privadas en las instalaciones de la Iniciativa Tarkin en Eadu y Scarif. Muy a pesar de Krennic, estas plataformas son secundarias con respecto a las reservadas para el Gran Moff Wilhuff Tarkin.

CAÑONERA ALA-U

Un robusto transporte de tropa y nave cañonera, es un aparato de alas basculantes y bien armado, que debe penetrar en zonas de fuego enemigo intenso para depositar soldados en el campo de batalla y dar apoyo aéreo en peligrosas misiones contra el Imperio. A pesar de su nombre informal de «caza estelar», su función jamás podría ser realizada por un caza. Los cazas dependen de su velocidad para mantenerse fuera del alcance de cañones antiaéreos, mientras que los Ala-U, por definición, han de permanecer en zonas llenas de metralla y fuego enemigo. Los escudos y la coraza de un Ala-U añaden masa operativa a una carlinga llena de pasajeros. En resumen, un Ala-U se maneja más como un repulsor pesado que como una rápida nave de superioridad espacial.

DATOS	
> FABRICANTE	Corporación Incom
> MODELO	Ala-U UT-60D
> TIPO	Caza estelar
> DIMENSIONES	Longitud (con los alerones-S plegados): 24,98 m; altura: 3,35 m
> TRIPULACIÓN	1 piloto, 1 copiloto (más 8 pasajeros)
> ARMAS	2 cañones láser Taim & Bak KX7
> AFILIACIÓN	Alianza Rebelde

CAÑONERA IMPROVISADA

El sistema de armamento integrado del Ala-U está centrado en el combate directo contra otras naves. Sus armas principales, los cañones láser fijos, usan la orientación de la nave para apuntar, lo que limita su capacidad de apoyo a tropas de tierra. La Alianza Rebelde ha optado por no equiparla con modificaciones para disparo lateral, sino con monturas para convertir una o ambas puertas de carga en puestos artilleros. Esto es crucial para cubrir aterrizajes y extracciones. Así, cualquier arma de la infantería puede formar parte de la carga útil del Ala-U.

Plano de radiación del escudo deflector

Grupo principal de sensores

Cañón láser Taim & Bak KX7

Grupo de antenas integradas para el subespacio

Malla conductora para la distribución de energía de los escudos

Alerón-S plegado

Células de energía criogénicas

EDICIÓN LIMITADA

El UT-60D, uno de los últimos diseños de la Corporación Incom antes de ser nacionalizada por el Imperio, nunca se fabricó en serie. Una cuidadosa manipulación de los datos del Senado por parte del senador y secreto líder de la Alianza Bail Organa hizo que un valioso cargamento de Ala-U «se perdiera» y lo encontrase la Rebelión. El primo cercano del Ala-U, la versión civil BT-45D (sin aplicaciones militares defensivas y ofensivas ni hiperimpulsor) aún se ve en algunos mundos del Borde Medio.

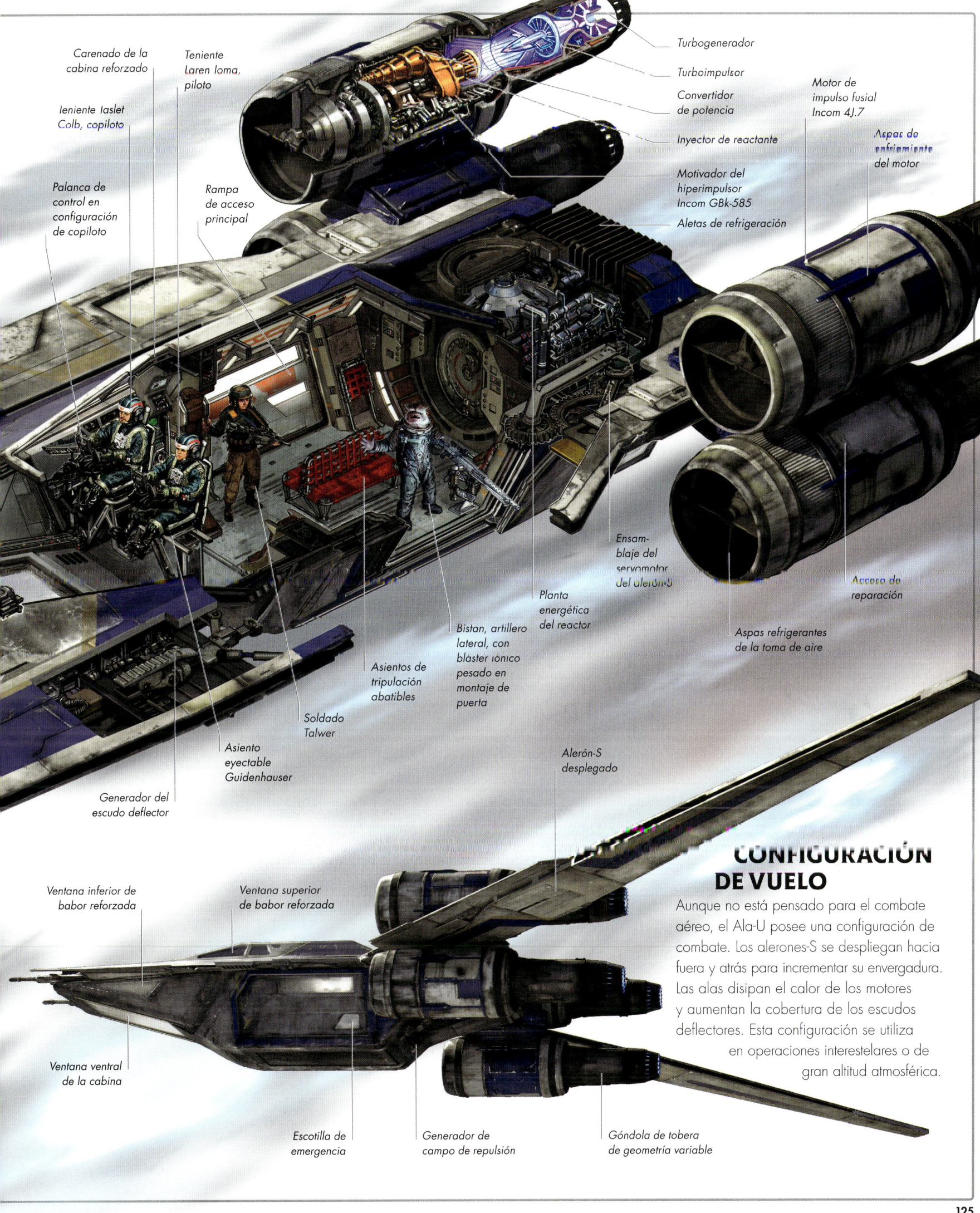

TX-225 «OCUPANTE»

Ingeniería Pesada Rothana tiene un largo historial de venta de blindaje al Imperio, e incluso produjo los primeros caminantes durante las Guerras Clon. Rothana, hoy día apenas una sombra de lo que fue, se especializa en vehículos blindados con efecto suelo y repulsores. Su carro de combate imperial TX-225 emplea orugas, que le dan maniobrabilidad en entornos estrechos como las calles de las ciudades ocupadas. Sus cañones láser pueden devastar tropas enemigas, y sus potentes motores, transportar cargas pesadas.

ESTRUCTURA DEL BLINDAJE

Los vehículos terrestres rara vez llevan escudos deflectores, pues la fricción del aire perjudica su rendimiento y sobrecarga los generadores. En su lugar, el TX-225 tiene un blindaje compuesto laminado que combina peso y resistencia. Una matriz de titanio enriquecido con quadanio, con placas cerámicas intercaladas y unidas por fases a una malla elástica, proporciona una notable resistencia al blindaje sin sobrecargar los sistemas de propulsión del vehículo con exceso de peso.

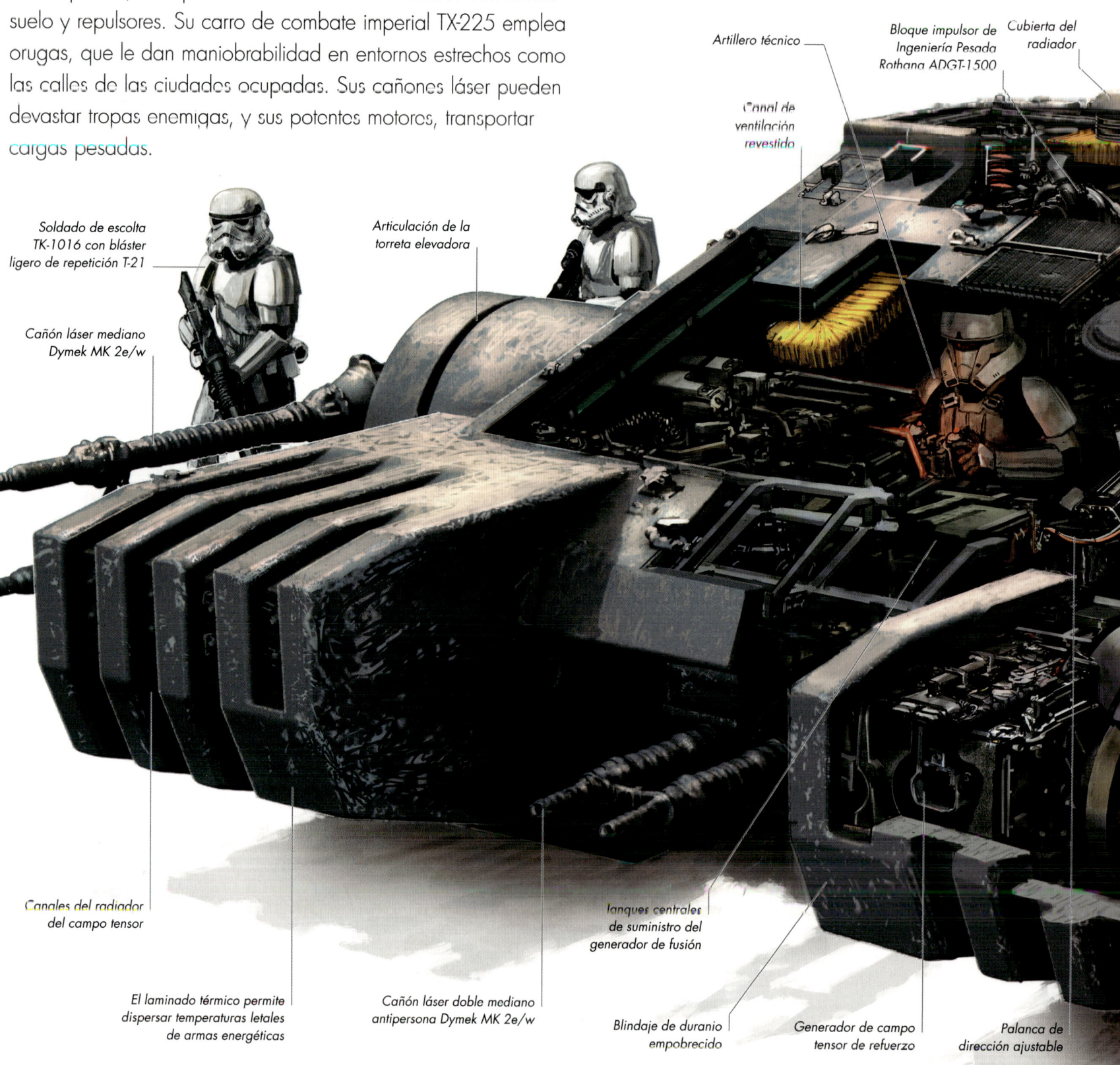

- Artillero técnico
- Bloque impulsor de Ingeniería Pesada Rothana ADGT-1500
- Cubierta del radiador
- Canal de ventilación revestido
- Soldado de escolta TK-1016 con bláster ligero de repetición T-21
- Articulación de la torreta elevadora
- Cañón láser mediano Dymek MK 2e/w
- Canales del radiador del campo tensor
- El laminado térmico permite dispersar temperaturas letales de armas energéticas
- Cañón láser doble mediano antipersona Dymek MK 2e/w
- Tanques centrales de suministro del generador de fusión
- Blindaje de duranio empobrecido
- Generador de campo tensor de refuerzo
- Palanca de dirección ajustable

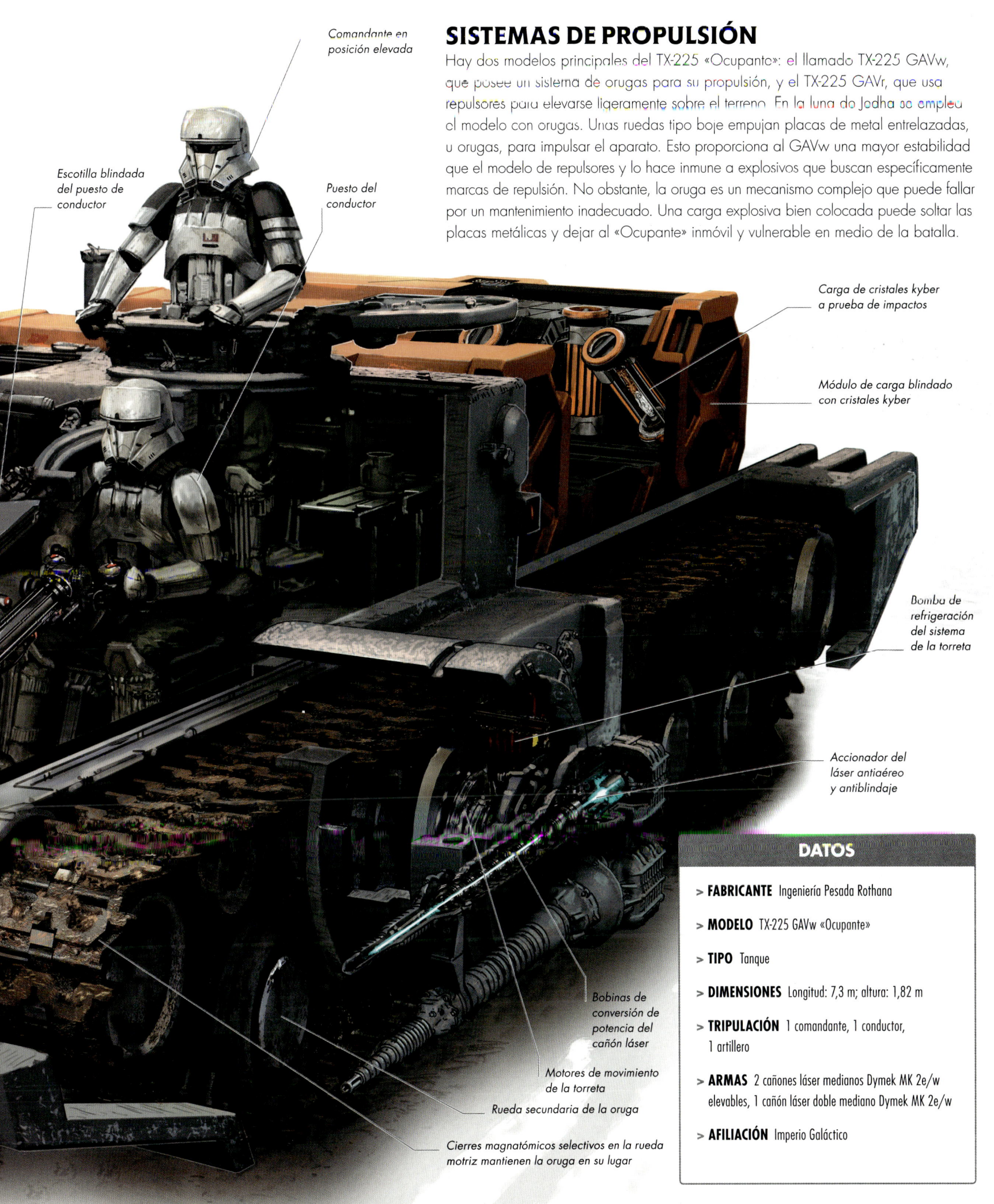

SISTEMAS DE PROPULSIÓN

Hay dos modelos principales del TX-225 «Ocupante»: el llamado TX-225 GAVw, que posee un sistema de orugas para su propulsión, y el TX-225 GAVr, que usa repulsores para elevarse ligeramente sobre el terreno. En la luna de Jedha se empleó el modelo con orugas. Unas ruedas tipo boje empujan placas de metal entrelazadas, u orugas, para impulsar el aparato. Esto proporciona al GAVw una mayor estabilidad que el modelo de repulsores y lo hace inmune a explosivos que buscan específicamente marcas de repulsión. No obstante, la oruga es un mecanismo complejo que puede fallar por un mantenimiento inadecuado. Una carga explosiva bien colocada puede soltar las placas metálicas y dejar al «Ocupante» inmóvil y vulnerable en medio de la batalla.

Comandante en posición elevada

Escotilla blindada del puesto de conductor

Puesto del conductor

Carga de cristales kyber a prueba de impactos

Módulo de carga blindado con cristales kyber

Bomba de refrigeración del sistema de la torreta

Accionador del láser antiaéreo y antiblindaje

Bobinas de conversión de potencia del cañón láser

Motores de movimiento de la torreta

Rueda secundaria de la oruga

Cierres magnatómicos selectivos en la rueda motriz mantienen la oruga en su lugar

DATOS

> **FABRICANTE** Ingeniería Pesada Rothana

> **MODELO** TX-225 GAVw «Ocupante»

> **TIPO** Tanque

> **DIMENSIONES** Longitud: 7,3 m; altura: 1,82 m

> **TRIPULACIÓN** 1 comandante, 1 conductor, 1 artillero

> **ARMAS** 2 cañones láser medianos Dymek MK 2e/w elevables, 1 cañón láser doble mediano Dymek MK 2e/w

> **AFILIACIÓN** Imperio Galáctico

LANZADERA DE CLASE ZETA

La corporación Telgorn y los Sistemas de Flota Sienar unieron sus recursos para crear la lanzadera de clase Zeta, una de las naves de transporte más versátiles del Imperio. La Zeta sirve al sector civil y al militar, y consta de un contenedor modular que puede modificarse según la carga. A medida que se construye la Estrella de la Muerte y hay que enviar los componentes de los distintos laboratorios a la estación de combate, estas lanzaderas se usan sin tregua.

DATOS

- **FABRICANTE** Corporación Telgorn
- **MODELO** Clase Zeta
- **TIPO** Lanzadera
- **DIMENSIONES** Longitud: 35,5 m; altura (con las alas erguidas): 28,74 m
- **TRIPULACIÓN** 2 (número de pasajeros variable, según los requisitos de la carga)
- **ARMAS** 2 cañones láser gemelos pesados Taim & Bak KV22 montados en las alas, 3 cañones láser gemelos Taim & Bak KX7 montados en el casco
- **AFILIACIÓN** Imperio Galáctico

CARGAS EN MÓDULOS

El módulo de carga central de la clase Zeta tiene mangas umbilicales y de atraque estándar para su fijación dentro del casco. Los módulos derivan su energía de la planta de reactores de la nave y la transfieren a su vez en forma de refrigeración o soporte vital, según los requisitos de la carga. Cuando no hay tiempo, los pilotos veteranos saben recoger y dejar la carga sin aterrizar. Las barcazas de suministros de clase Eta, más grandes, pueden alojar varios módulos en su área de carga dorsal.

Generador de repulsor pesado (juego de 20)

Lanzadera entrante SW-1721 con cañones turboláser

Los escudos de iones protegen los conductos de enlace troncal

Proyector del escudo deflector

INFILTRACIÓN EN SCARIF

El grupo de la Alianza Rogue One usa una lanzadera de clase Zeta robada para aterrizar en Scarif e incapacitar a un equipo de inspección, de modo que Cassian Andor, Jyn Erso y K-2SO pueden entrar disfrazados en el complejo imperial. El sistema de ventilación de la nave dispara a intervalos unas nubes de gas refrigerante que Baze, Chirrut y el resto del equipo aprovecha como cobertura para salir por una escotilla inferior del módulo de carga.

Puertos del radiador

Servomotor de rotación

Panel de activación del campo tensor

Servomotor de articulación del ala

Chirrut Îmwe

Baze Malbus

El teniente Taidu Sefla abre la escotilla

Manivela del montacargas

Bajas de tropas de asalto hacinadas en el suelo

Módulos de cristal kyber vacíos

Los rebeldes reptan bajo la nave

Puntal de refuerzo para el aterrizaje

DATOS

> **FABRICANTE** Sistemas de Flota Sienar

> **MODELO** TIE/sk x1

> **TIPO** Caza estelar

> **DIMENSIONES** Longitud: 17,18 m; altura: 2,95 m

> **TRIPULACIÓN** 1 piloto, 1 artillero opcional

> **ARMAS** 4 cañones láser de disparo vinculado SFS L-s9.3, 2 cañones láser pesados SFS H-s1, bodega de bombas de protones

> **AFILIACIÓN** Imperio Galáctico

MÁS DESLIZADOR QUE CAZA

Los núcleos de repulsión del casco del cazabombardero TIE reducen el peso gravitatorio general de la nave y actúan como alerones invisibles, esculpiendo el aire que fluye en torno al caza. Construido según un diseño basado en un antiguo caza de exoimpulsores y en los cazas geonosianos, el caza presenta campos repulsores localizados que mejoran su aerodinamismo. Aunque su cabina está presurizada para vuelo atmosférico, sus repulsores son menos efectivos cuanto más se aleja de la fuente de gravedad. Casi todos los rasgos que incorpora para convertirlo en un ágil caza atmosférico se convierten en desventajas en el espacio.

Viga alar rígida de quadanio

Cañón láser en la punta del ala

Articulación para configuraciones de geometría variable

Bodega para bombas de protones y minas orbitales

Superficie corrugada para maximizar el área del panel solar

CAZA TIE/SK

El grupo de diseño militar de Scarif tiene la tarea de desarrollar aparatos de nueva generación, haciendo seguimiento de su ejecución y recomendando o desaconsejando un despliegue más amplio. El cazabombardero TIE es uno de estos diseños experimentales. El aparato, una versión estilizada del caza TIE clásico, está pensado específicamente para patrullas atmosféricas sobre instalaciones de tierra imperiales. Aunque el TIE/sk puede realizar vuelos suborbitales, descuella en las batallas atmosféricas.

MODO DE ATAQUE

Los paneles solares de la nave están articulados, algo infrecuente en un aparato de la serie TIE. La configuración superior maximiza la capacidad de despegue y aterrizaje vertical (VTOL), aumentando así el empuje para un ascenso o descenso más rápidos. La configuración horizontal está pensada para una mayor velocidad lineal, lo que convierte al cazabombardero en un dardo capaz de superar los 1500 km/h. El caza está notablemente bien armado, con un par de cañones pesados fijos que proporcionan apoyo a tierra y fuego antiblindaje. Los cañones en las puntas de las alas son de fuego rápido y bien diseñados para combate aéreo.

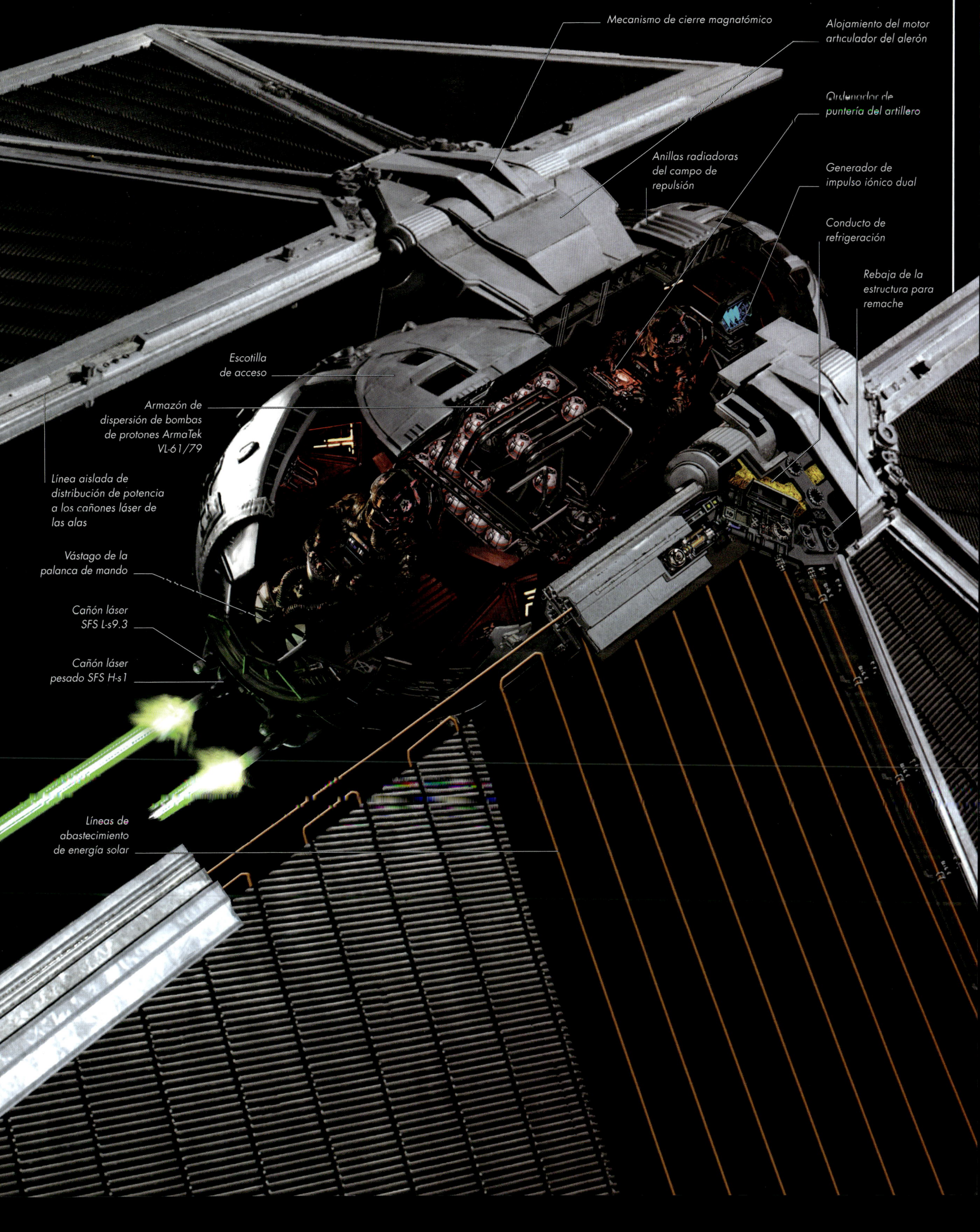

TANTIVE IV

La princesa Leia Organa de Alderaan viaja por toda la galaxia con su nave consular, la *Tantive IV*, negociando acuerdos de paz y ofreciendo ayuda a poblaciones en peligro. Se trata de una corbeta corelliana, una antigua nave fabricada a mano de una factura popular en toda la galaxia, y la gobierna el capitán Antilles, temerario y leal. Pertenece a la Casa Real de Alderaan y es una nave versátil que ha prestado servicio a dos generaciones de senadores alderaanianos desde que la compró el padre de Leia, Bail Organa, como transporte personal. Bajo el manto de la inmunidad diplomática, la *Tantive IV* ha llevado a cabo una serie de misiones para la Alianza Rebelde, y su blindaje adicional ha resultado tan vital como su sala de conferencias oficial. Este robusto vehículo ha llevado a los Organa en muchas aventuras arriesgadas, y solo Darth Vader ha logrado sorprenderla y capturarla.

DATOS

- **FABRICANTE** Corporación de Ingeniería Corelliana
- **MODELO** CR90
- **TIPO** Corbeta
- **DIMENSIONES** Longitud: 150 m
- **TRIPULACIÓN (DOTACIÓN ESTÁNDAR)** 46 tripulantes, 39 pasajeros del cuerpo diplomático/consular
- **ARMAS** 6 turboláseres Taim & Bak H9 (2 duales, 4 individuales)
- **AFILIACIÓN** Alianza Rebelde

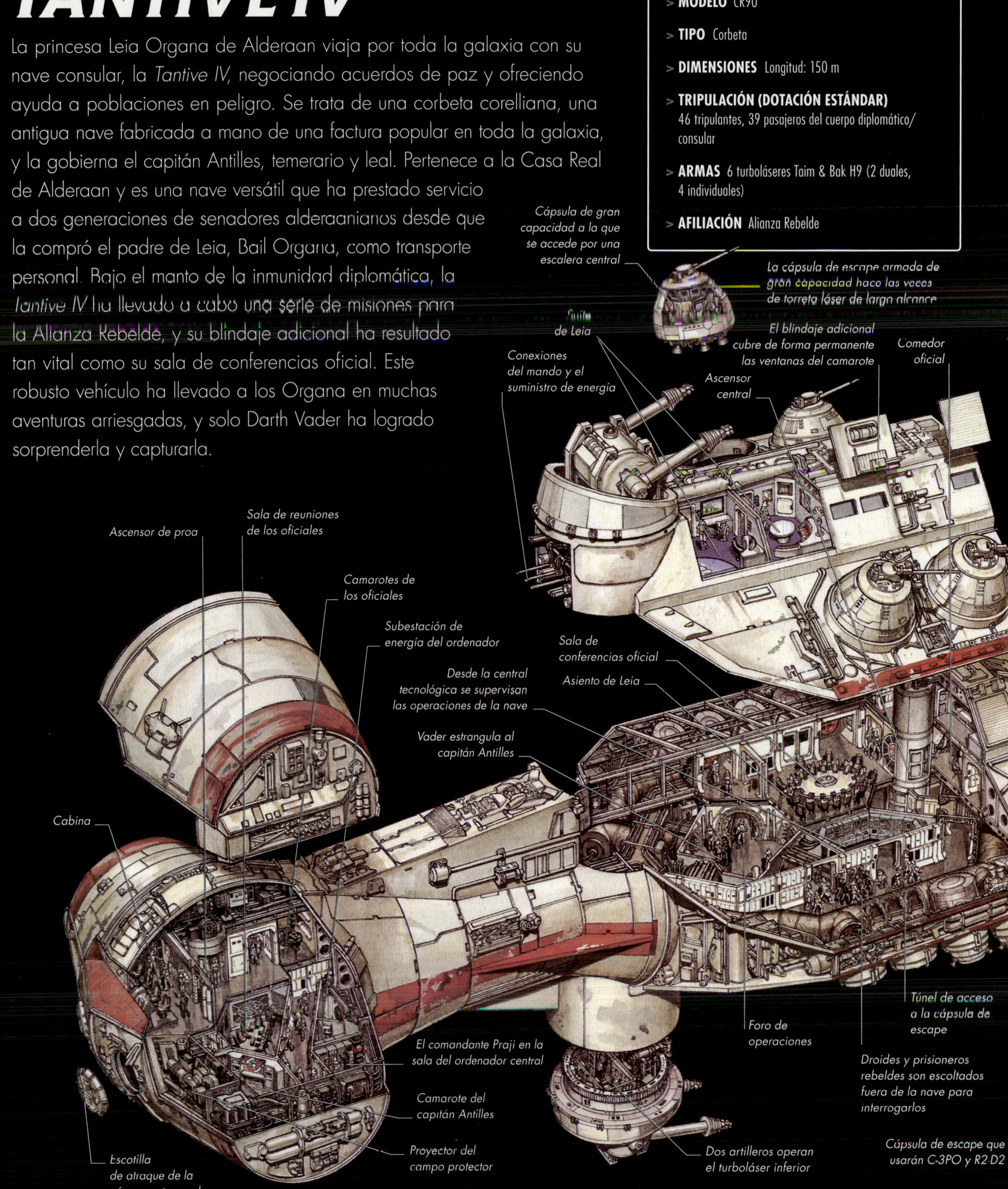

Cápsula de gran capacidad a la que se accede por una escalera central

La cápsula de escape armada de gran capacidad hace las veces de torreta láser de largo alcance

Camarote de Leia

Conexiones del mando y el suministro de energía

El blindaje adicional cubre de forma permanente las ventanas del camarote

Comedor oficial

Ascensor central

Ascensor de proa

Sala de reuniones de los oficiales

Camarotes de los oficiales

Subestación de energía del ordenador

Sala de conferencias oficial

Desde la central tecnológica se supervisan las operaciones de la nave

Asiento de Leia

Vader estrangula al capitán Antilles

Cabina

Foro de operaciones

Túnel de acceso a la cápsula de escape

Droides y prisioneros rebeldes son escoltados fuera de la nave para interrogarlos

El comandante Praji en la sala del ordenador central

Camarote del capitán Antilles

Proyector del campo protector

Dos artilleros operan el turboláser inferior

Cápsula de escape que usarán C-3PO y R2-D2

Escotilla de atraque de la cámara estanca de proa

REGRESO AL SERVICIO

Tras su captura sobre Tatooine, la *Tantive IV* debería haber sido destruida. Pero el Imperio relega la orden y la legendaria nave queda abandonada en un hangar. Décadas después, uno de los antiguos colegas de Leia Organa en el Senado Imperial descubre la nave perdida. Solidario con la grave situación de la Resistencia de Organa, el amable individuo repara la vieja corbeta y se la entrega a Leia. Durante la culminante batalla de Exegol, la *Tantive IV* es comandada por el veterano rebelde Nien Nunb y el descendiente de Alderaan Urcos Furdam. La nave sufre un fulminante ataque con un rayo de Fuerza y es destruida.

SÍMBOLOS DE LA NAVE

Los componentes de los sistemas funcionales de la corbeta se codifican mediante símbolos como estos para su identificación y mantenimiento.

- Subestación atmosférica
- Subestación de energía
- Hiperimpulsor
- Sistema deflector

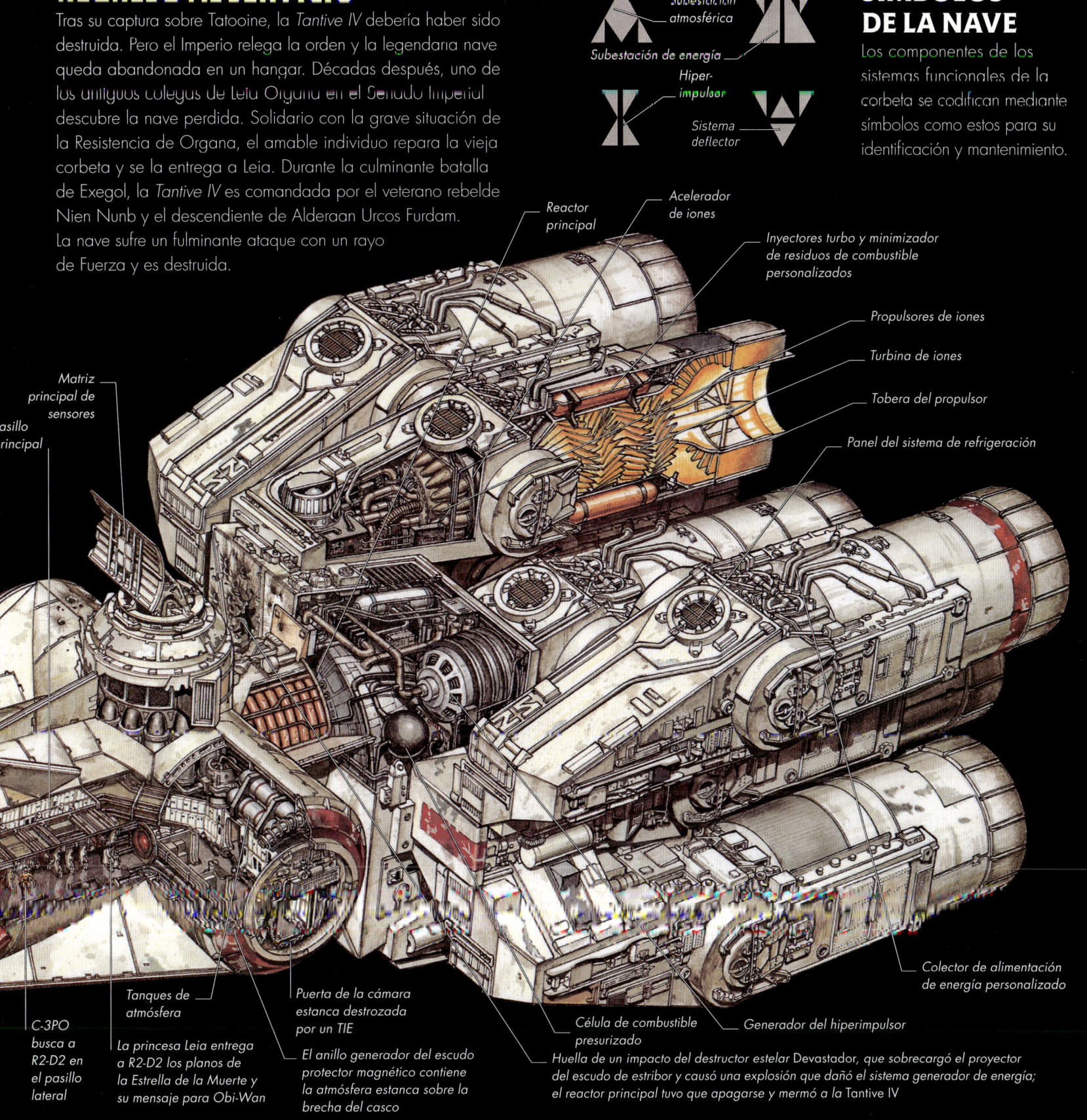

Etiquetas: Matriz principal de sensores; Pasillo principal; Reactor principal; Acelerador de iones; Inyectores turbo y minimizador de residuos de combustible personalizados; Propulsores de iones; Turbina de iones; Tobera del propulsor; Panel del sistema de refrigeración; Colector de alimentación de energía personalizado; Generador del hiperimpulsor; Célula de combustible presurizado; Huella de un impacto del destructor estelar *Devastador*, que sobrecargó el proyector del escudo de estribor y causó una explosión que dañó el sistema generador de energía; el reactor principal tuvo que apagarse y mermó a la *Tantive IV*; El anillo generador del escudo protector magnético contiene la atmósfera estanca sobre la brecha del casco; Puerta de la cámara estanca destrozada por un TIE; La princesa Leia entrega a R2-D2 los planos de la Estrella de la Muerte y su mensaje para Obi-Wan; Tanques de atmósfera; C-3PO busca a R2-D2 en el pasillo lateral.

UNA CORBETA MUY PRÁCTICA

La corbeta corelliana tiene torretas turboláser gemelas. La impulsan once motores de turbina de iones que le confieren gran velocidad. Equilibra su capacidad defensiva con una gran relación potencia-masa, de manera que lo que no puede destruir con sus armas, puede dejarlo atrás. La *Tantive IV* se ha modificado para cumplir con los requerimientos de la princesa Leia.

CÁPSULAS DE ESCAPE

Estos vehículos van desde cápsulas similares a ataúdes a botes salvavidas que son pequeñas naves. La «Burladora de bloqueos» lleva ocho pequeñas cápsulas de escape para un máximo de tres personas y cuatro cápsulas con láser para doce ocupantes. Los botes son más sofisticados que las cápsulas, pero tienen una autonomía muy limitada. Ninguno de los sistemas de huida de la *Tantive IV* podría salvarla de los cañones del *Devastador*.

CÁPSULA DE ESCAPE

La cápsula de R2-D2 y C-3PO lleva un equipamiento mínimo: la propulsan simples reactores de cohete, que la alejan del peligro en cuanto arranca gracias a su básica tecnología, libre de interferencias eléctricas o magnéticas. Un anillo gravitatorio bajo el asiento mantiene a salvo a sus ocupantes y amortigua el choque del aterrizaje proyectando un campo antigravitatorio hacia el suelo. Solo tiene una ventanilla para examinar el terreno. Un monitor interno con cámaras en la proa y la popa ayuda a encontrar un buen sitio donde aterrizar.

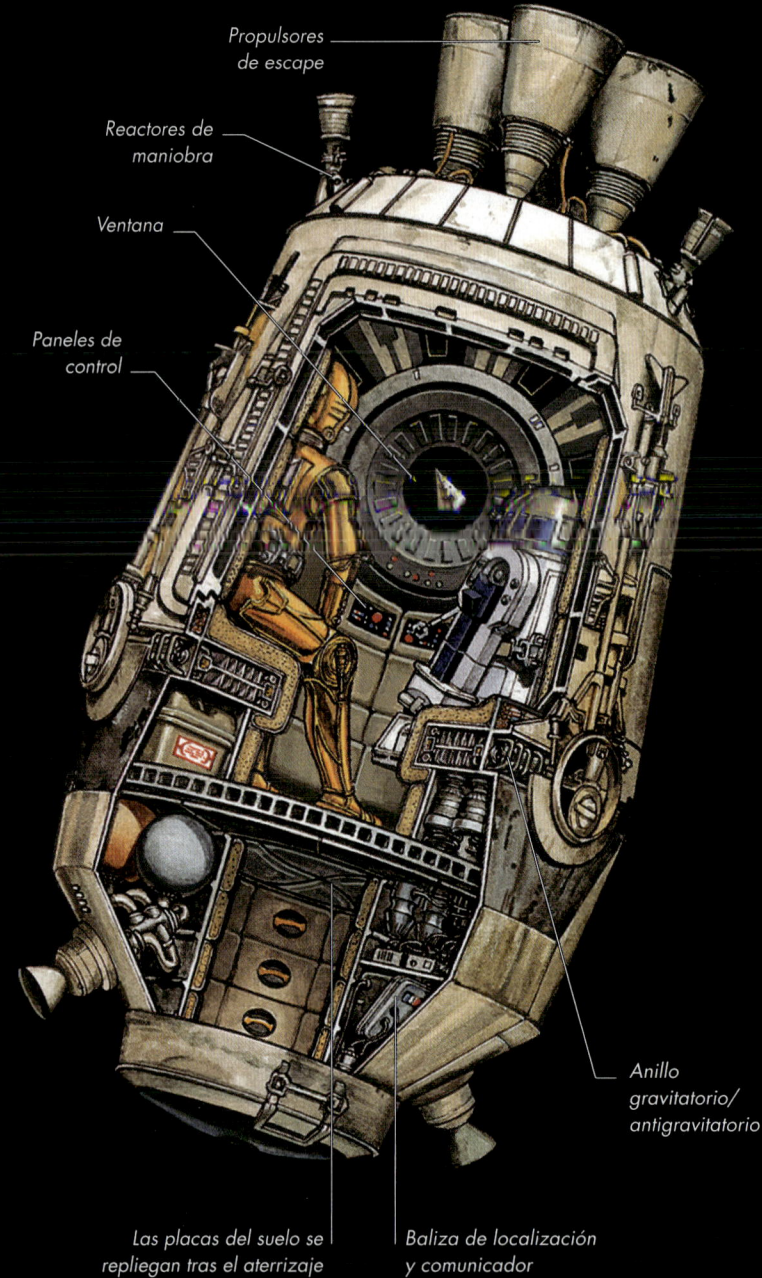

Propulsores de escape
Reactores de maniobra
Ventana
Paneles de control
Anillo gravitatorio/ antigravitatorio
Las placas del suelo se repliegan tras el aterrizaje
Baliza de localización y comunicador

Casi todas las cápsulas tienen paracaídas, repulsores y mecanismos de flotación que permiten aterrizajes seguros en diversos entornos.

DISEÑO SIN FLORITURAS

La cápsula de escape de la corbeta corelliana carece de adornos y elementos innecesarios. Solo los propulsores con retrocohetes y los propulsores con control de posición sobresalen de su casco cilíndrico, lo cual permite lanzarla desde el tubo de eyección de una nave estelar. Carece de botón o interruptor para abrir la escotilla: esta tiene una serie de lengüetas sensibles al tacto concebidas para facilitar su uso a diversas formas de vida. Las cápsulas suelen ser inaccesibles para los droides, pero un astromecánico puede usar su brazo utilitario para presionar las lengüetas.

Casi todas las cápsulas de escape tienen una simple estación de pilotaje, pero sus sistemas de a bordo están muy automatizados. Ello les permite viajar al planeta habitable más cercano sin un piloto al mando.

ARMADA IMPERIAL

Tras las Guerras Clon, la Armada de la República Galáctica se convirtió en la Armada Imperial. Pese a esta transición, su misión es la misma: eliminar los peligros que amenazan el lucrativo comercio de los sistemas imperiales, garantizar la seguridad de los mundos miembros frente a las fuerzas enemigas y apoyar a los gobiernos planetarios en tiempos de crisis. No obstante, la Armada Imperial también se ocupa de imponer el gobierno del emperador y sofocar cualquier resistencia. El corazón de esta rama militar son sus enormes acorazados: los destructores estelares.

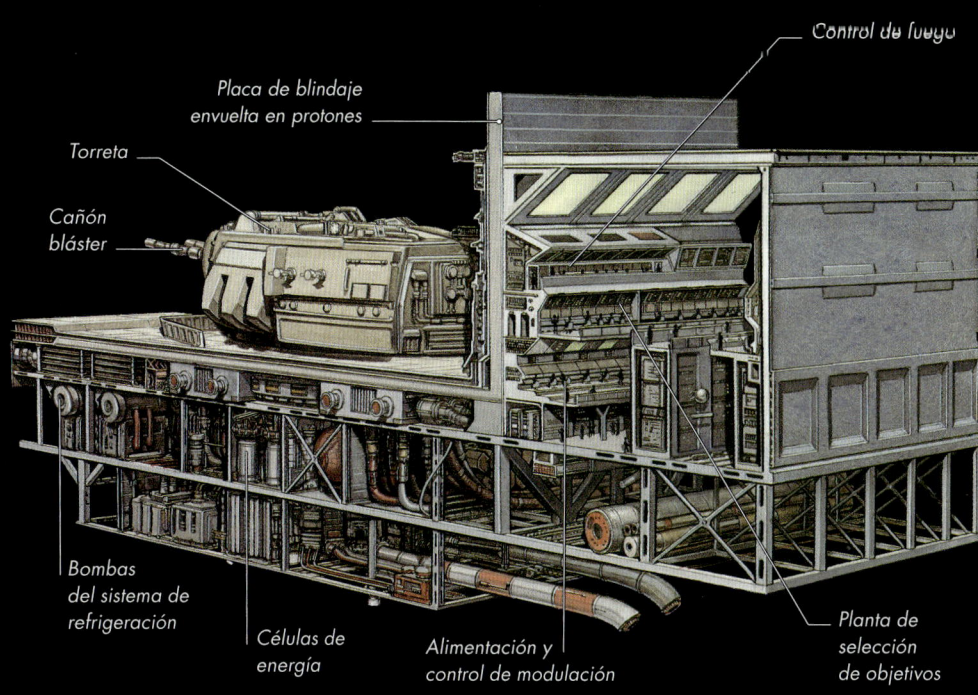

- Control de fuego
- Placa de blindaje envuelta en protones
- Torreta
- Cañón bláster
- Bombas del sistema de refrigeración
- Células de energía
- Alimentación y control de modulación
- Planta de selección de objetivos

Es imposible acuartelar todos los mundos habitados del espacio imperial, pero la Armada puede desplegar sus destructores estelares en poco tiempo hasta en los planetas más remotos. La sola idea de un bloqueo o un bombardeo insta a muchos mundos a acatar las leyes.

ESTACIÓN DE BLÁSTER PESADO

Las armas más pesadas a bordo del destructor estelar de clase Imperial I son sus seis torretas turboláser, colocadas con las dos torretas de cañones de iones pesados en los flancos de la cubierta superior. Con un diámetro de 50 metros, cada turboláser es capaz de sobrecargar escudos deflectores y perforar las naves mejor blindadas. Y aunque con estas torretas es difícil dar a naves pequeñas y ágiles, un mero roce puede destrozarlas.

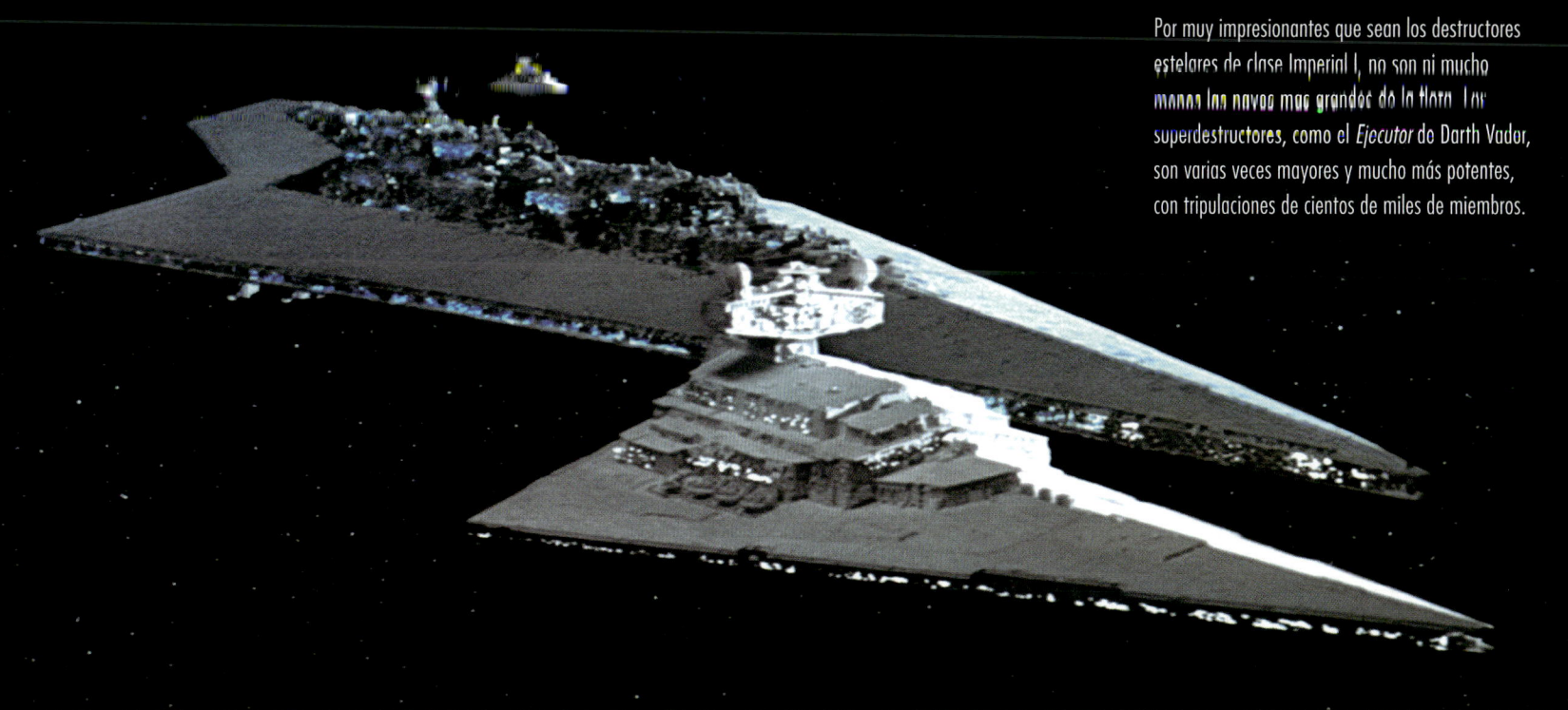

Por muy impresionantes que sean los destructores estelares de clase Imperial I, no son ni mucho menos las naves más grandes de la flota. Los superdestructores, como el *Ejecutor* de Darth Vader, son varias veces mayores y mucho más potentes, con tripulaciones de cientos de miles de miembros.

EVOLUCIÓN DEL DESTRUCTOR ESTELAR

El destructor estelar de clase Venator se desarrolló en los últimos años de la República como una nave de primera en las Guerras Clon. Durante la era imperial, estas naves son reemplazadas por los nuevos destructores estelares de clase Imperial I, que son un 40 por ciento más largos que sus predecesoras. El moderno destructor de Vader, el *Devastador*, es la última de las naves de clase Imperial I que se construye. Astilleros de Propulsores Kuat empieza luego a producir destructores estelares de clase Imperial II, que forman la flota que conquista la base rebelde de Hoth. Vader la lidera desde el *Ejecutor*, el primero de los superdestructores estelares, más de ocho veces mayor que las naves de clase Imperial.

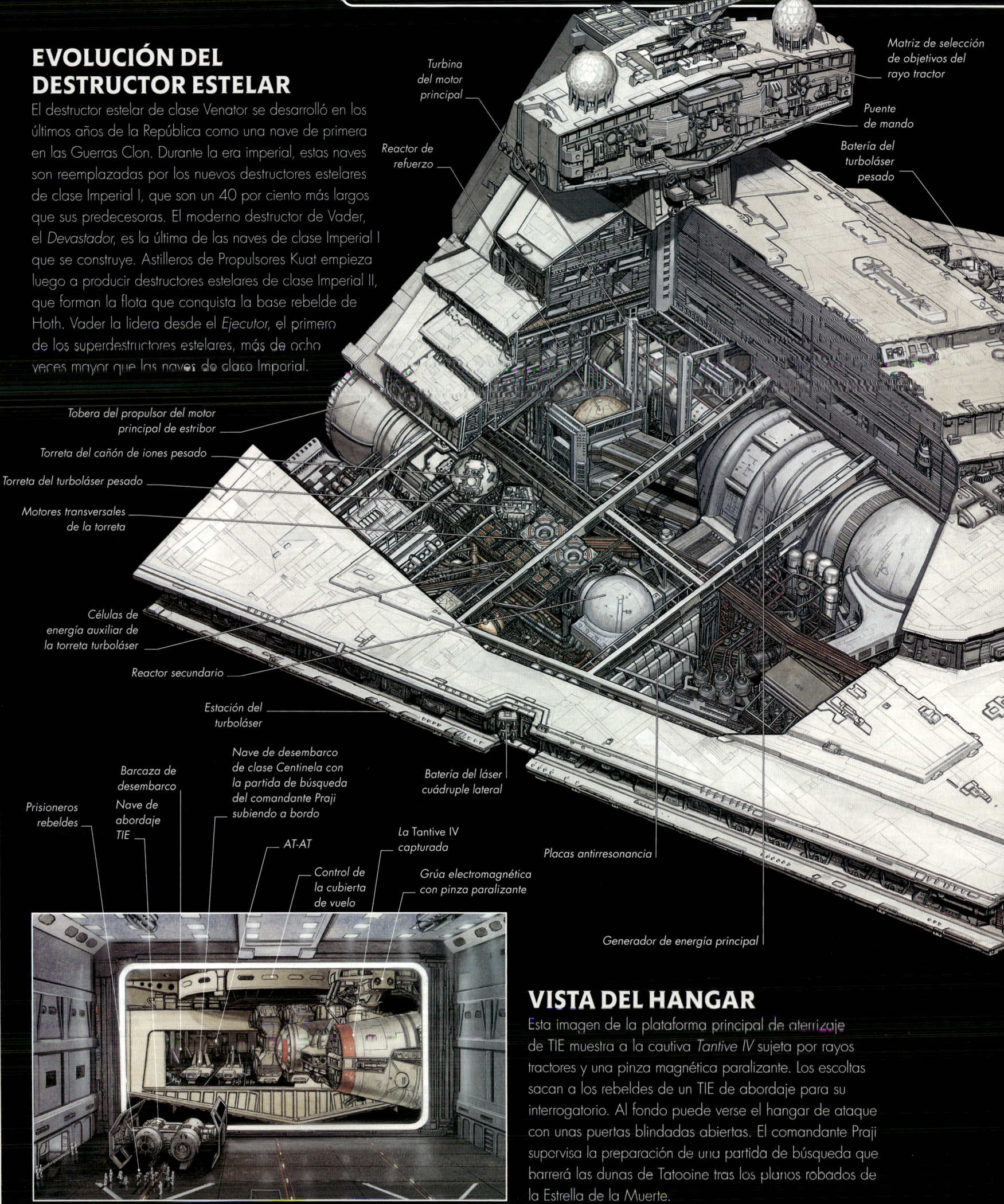

VISTA DEL HANGAR

Esta imagen de la plataforma principal de aterrizaje de TIE muestra a la cautiva *Tantive IV* sujeta por rayos tractores y una pinza magnética paralizante. Los escoltas sacan a los rebeldes de un TIE de abordaje para su interrogatorio. Al fondo puede verse el hangar de ataque con unas puertas blindadas abiertas. El comandante Praji supervisa la preparación de una partida de búsqueda que barrerá las dunas de Tatooine tras los planos robados de la Estrella de la Muerte.

DESTRUCTOR ESTELAR DE CLASE IMPERIAL I

El destructor estelar es un símbolo del poder militar del Imperio. Tiene una devastadora potencia de fuego y lleva tropas de asalto a cualquier rincón de la galaxia para sofocar la oposición. Un destructor estelar puede capturar con facilidad a casi cualquier nave, bombardeándola hasta someterla o arrastrándola a su hangar principal con sus rayos tractores. Los de clase Imperial I miden 1600 metros de eslora, llevan cañones turboláser y de iones, y están equipados con ocho puestos de artillería con torretas gigantes. Transportan a 9700 soldados de asalto y 72 TIE (que suelen distribuirse en 48 cazas estelares TIE, 12 bombarderos TIE y 12 naves de abordaje TIE), así como varias naves de ataque y aterrizaje. Un destructor estelar puede someter a todo un planeta rebelde. Los mundos más industrializados suelen ser asaltados por flotas de seis destructores que operan con diversas naves de apoyo. Dicha fuerza puede aniquilar cualquier defensa y ocupar o destruir asentamientos por completo.

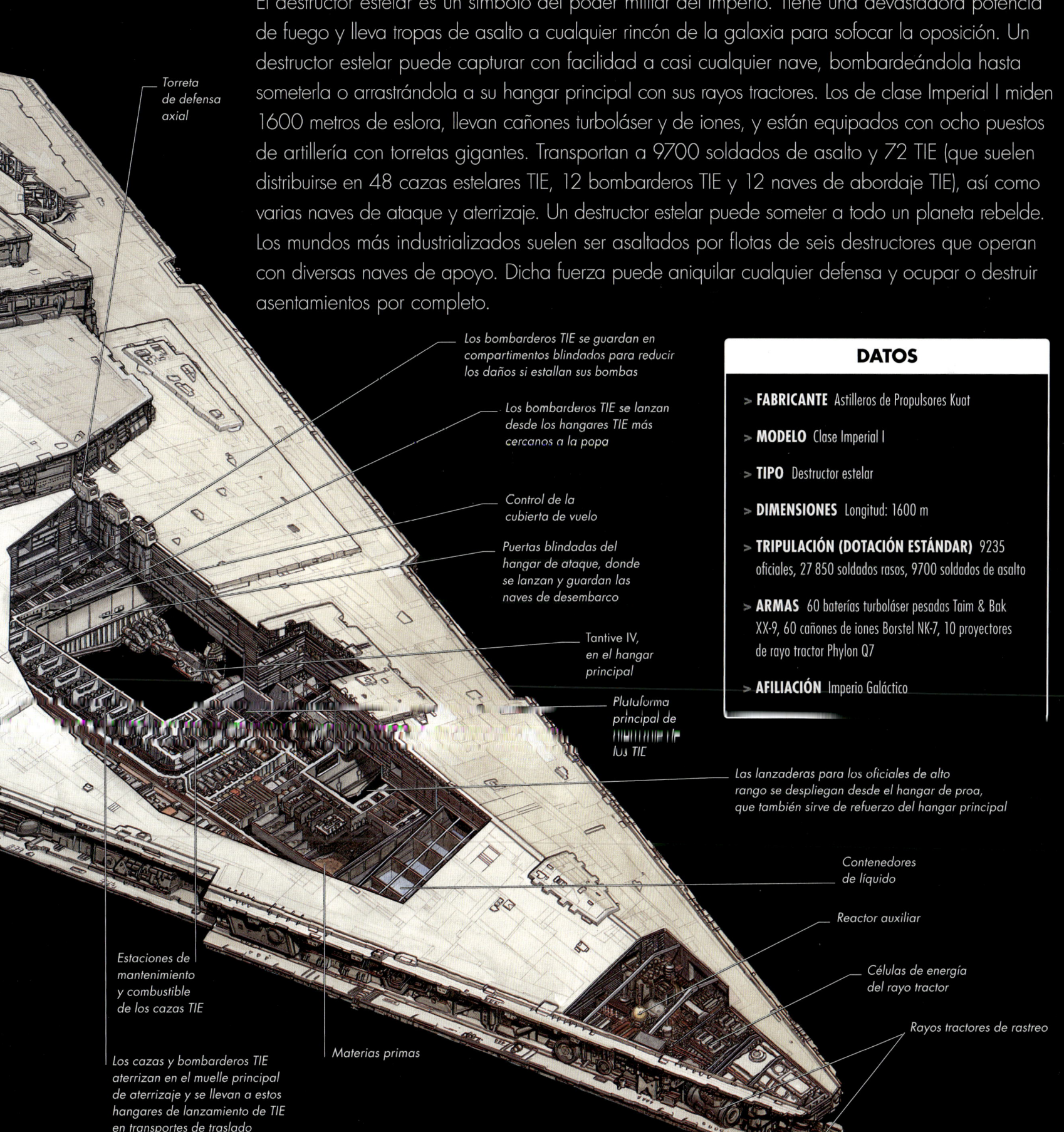

- Torreta de defensa axial
- Los bombarderos TIE se guardan en compartimentos blindados para reducir los daños si estallan sus bombas
- Los bombarderos TIE se lanzan desde los hangares TIE más cercanos a la popa
- Control de la cubierta de vuelo
- Puertas blindadas del hangar de ataque, donde se lanzan y guardan las naves de desembarco
- Tantive IV, en el hangar principal
- Plataforma principal de aterrizaje de los TIE
- Las lanzaderas para los oficiales de alto rango se despliegan desde el hangar de proa, que también sirve de refuerzo del hangar principal
- Contenedores de líquido
- Reactor auxiliar
- Células de energía del rayo tractor
- Rayos tractores de rastreo
- Estaciones de mantenimiento y combustible de los cazas TIE
- Los cazas y bombarderos TIE aterrizan en el muelle principal de aterrizaje y se llevan a estos hangares de lanzamiento de TIE en transportes de traslado
- Materias primas

DATOS

- **FABRICANTE** Astilleros de Propulsores Kuat
- **MODELO** Clase Imperial I
- **TIPO** Destructor estelar
- **DIMENSIONES** Longitud: 1600 m
- **TRIPULACIÓN (DOTACIÓN ESTÁNDAR)** 9235 oficiales, 27 850 soldados rasos, 9700 soldados de asalto
- **ARMAS** 60 baterías turboláser pesadas Taim & Bak XX-9, 60 cañones de iones Borstel NK-7, 10 proyectores de rayo tractor Phylon Q7
- **AFILIACIÓN** Imperio Galáctico

REPTADOR JAWA

El reptador de las arenas jawa es un titán abandonado de una era minera hace tiempo olvidada que patrulla el desierto de Tatooine. Sirve de hogar a todo un clan de jawas y, a lo largo del año, recorre un vasto territorio tras las huellas de los despojos espaciales que cubren la superficie del planeta. Los jawas también recogen a droides descarriados, vehículos desguazados y metal desechado de cualquier tipo en asentamientos y granjas de humedad. El reptador, dañado por incontables tormentas de arena, sirve a los jawas como medio de transporte, taller, tienda ambulante y protección frente a los incontables peligros del desierto.

REPARACIONES JAWAS

Los jawas son expertos en emplear cualquier componente que tengan a mano para reparar maquinaria, y pueden ensamblar un droide con la más asombrosa variedad de piezas de chatarra. Pero tienen fama de hacer reparaciones chapuceras que solo duran lo que tarda el reptador en desaparecer en el horizonte.

DATOS

> **FABRICANTE** Corporación Minera Corelliana

> **MODELO** Refinería móvil / excavadora

> **TIPO** Vehículo de oruga

> **DIMENSIONES** Longitud: 36,8 m; altura: 20 m

> **TRIPULACIÓN** 50 aprox. (miembros de un clan jawa)

> **ARMAS** Ninguna

> **AFILIACIÓN** Ninguna

UN BOTÍN PELIGROSO

Los feroces vientos de la estación de tormentas de Tatooine desentierran naves en ruinas en las arenas del Mar de Dunas. Tras las tormentas, los reptadores jawas se adentran en remotos territorios en busca de botines. Si topan con algo muy grande, llaman a otros reptadores para compartir la carga.

- Duros martillos aplastan los minerales o compactan el metal para almacenarlo
- Trituradora de mineral
- Muelas de la perforadora
- Transportador en lo alto del ascensor
- Preprocesador láser
- Generadores de energía
- El reactor alimenta todo el reptador
- Puesto de ingeniería
- Pasillo de mantenimiento
- El reactor funde el metal y el mineral procesado en una cascada de alta temperatura
- Célula de energía
- Los lingotes salen limpios de escoria
- Motor principal
- Las rodaduras posteriores no son dirigibles, solo aportan impulso
- Matriz del generador de vapor
- Puente de abordaje extensible de estribor
- Activador del tubo del repulsor
- Tubo del repulsor extensible

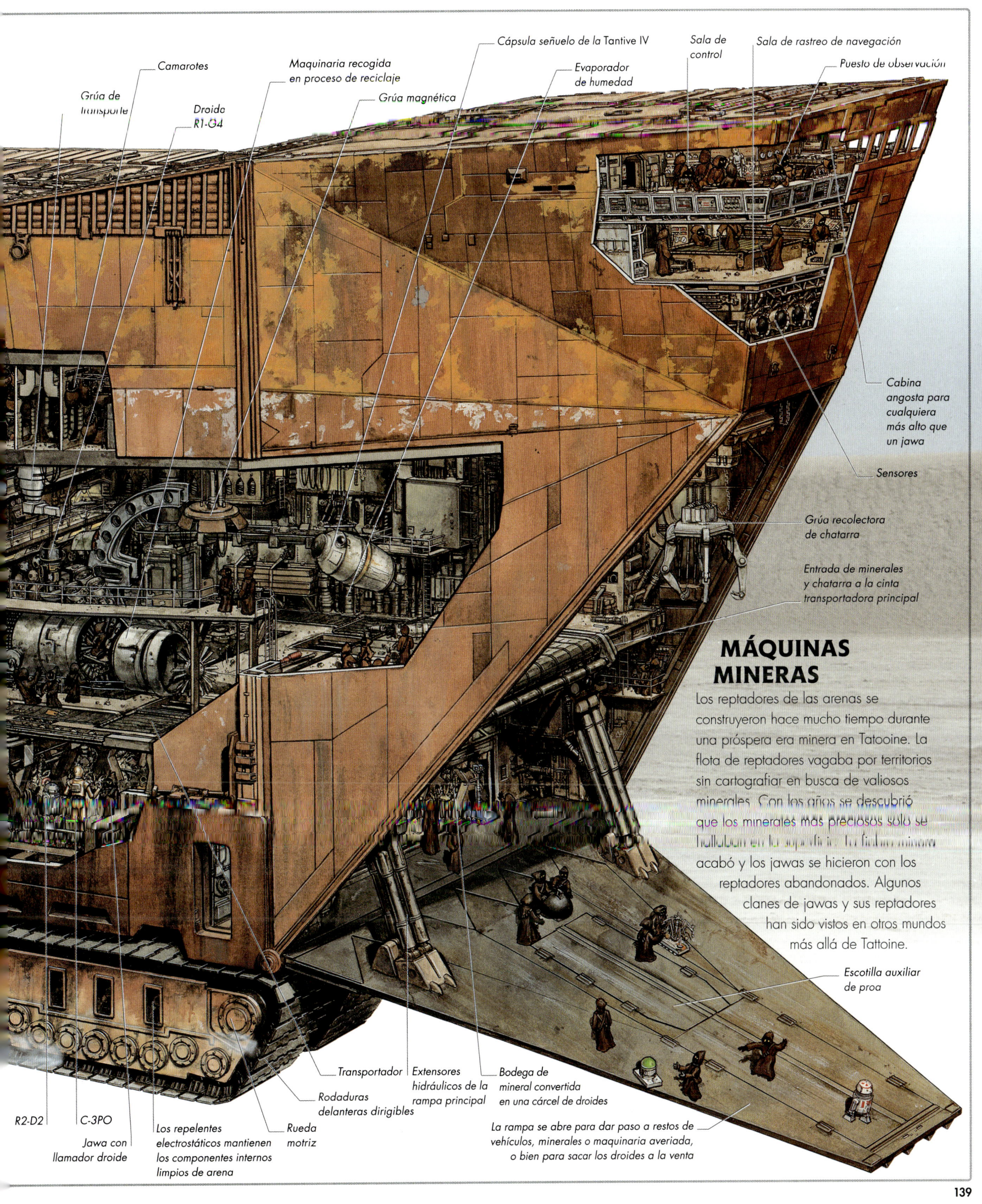

MÁQUINAS MINERAS

Los reptadores de las arenas se construyeron hace mucho tiempo durante una próspera era minera en Tatooine. La flota de reptadores vagaba por territorios sin cartografiar en busca de valiosos minerales. Con los años se descubrió que los minerales más preciosos solo se hallaban en la superficie. La fiebre minera acabó y los jawas se hicieron con los reptadores abandonados. Algunos clanes de jawas y sus reptadores han sido vistos en otros mundos más allá de Tattoine.

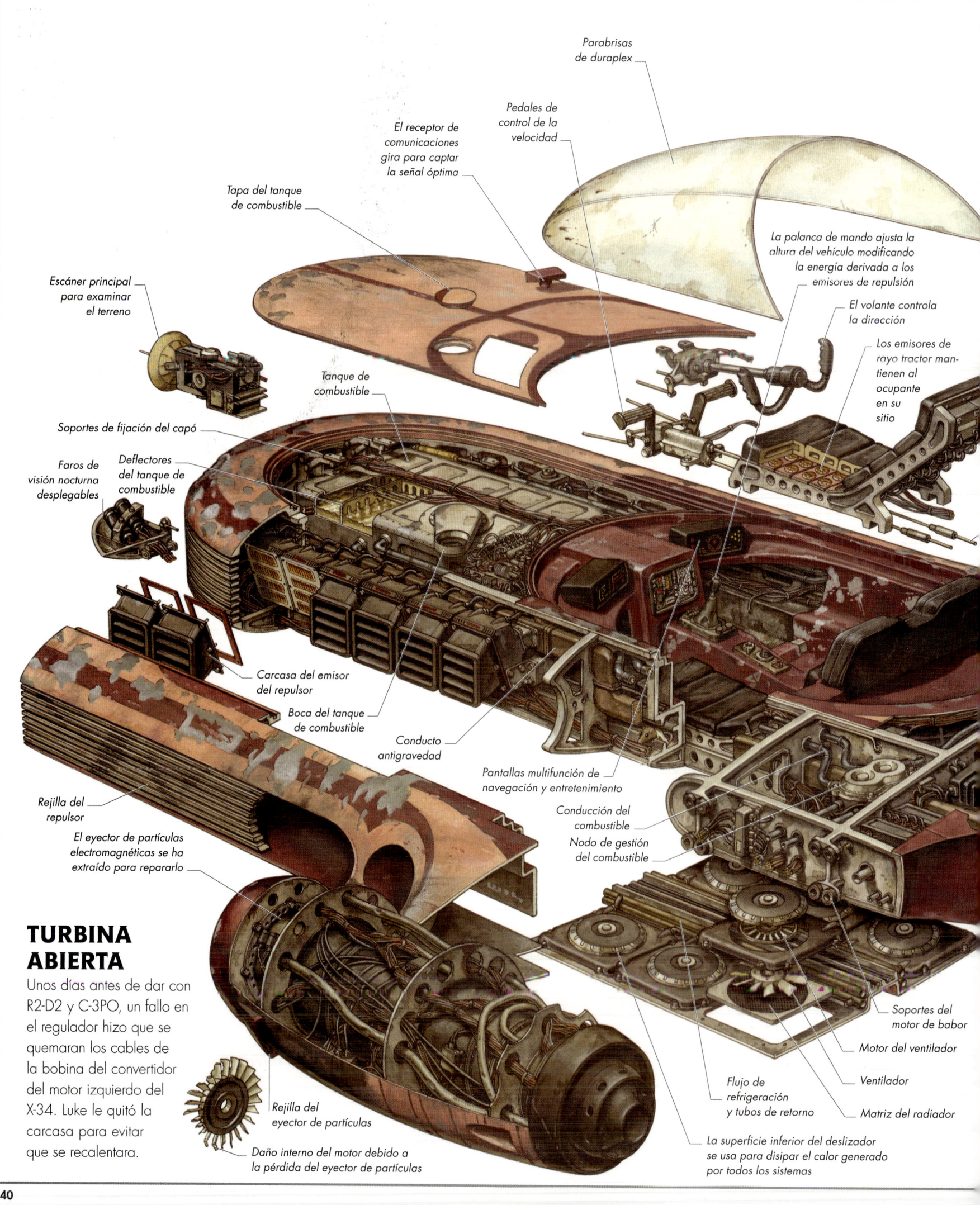

DESLIZADOR DE LUKE

El deslizador último modelo X-34 de SoroSuub de Luke Skywalker es una de sus pocas fuentes de alegría. Luke creció en la granja de humedad de su tío Owen Lars y su tía Beru, en Tatooine. Cuando Owen le pidió que supervisara más evaporadores de humedad en sus vastas tierras, Luke apuntó que el modo más eficaz de inspeccionar y mantener los evaporadores sería con un deslizador. Owen accedió a regañadientes a que su sobrino comprara el X-34, entonces en pésimo estado, por 2400 créditos. En su cabina abierta hay espacio para el conductor y un pasajero, y las abrazaderas magnéticas tras los asientos pueden sujetar a droides o pequeños módulos de carga. El parabrisas está diseñado para cerrarse en una burbuja hermética, pero Luke mantiene la cabina abierta porque aún ha de fijar la mitad posterior del mismo. Ha invertido mucho tiempo en restaurar el vehículo, y usa las mejores piezas que puede permitirse para renovar sus motores y repulsores.

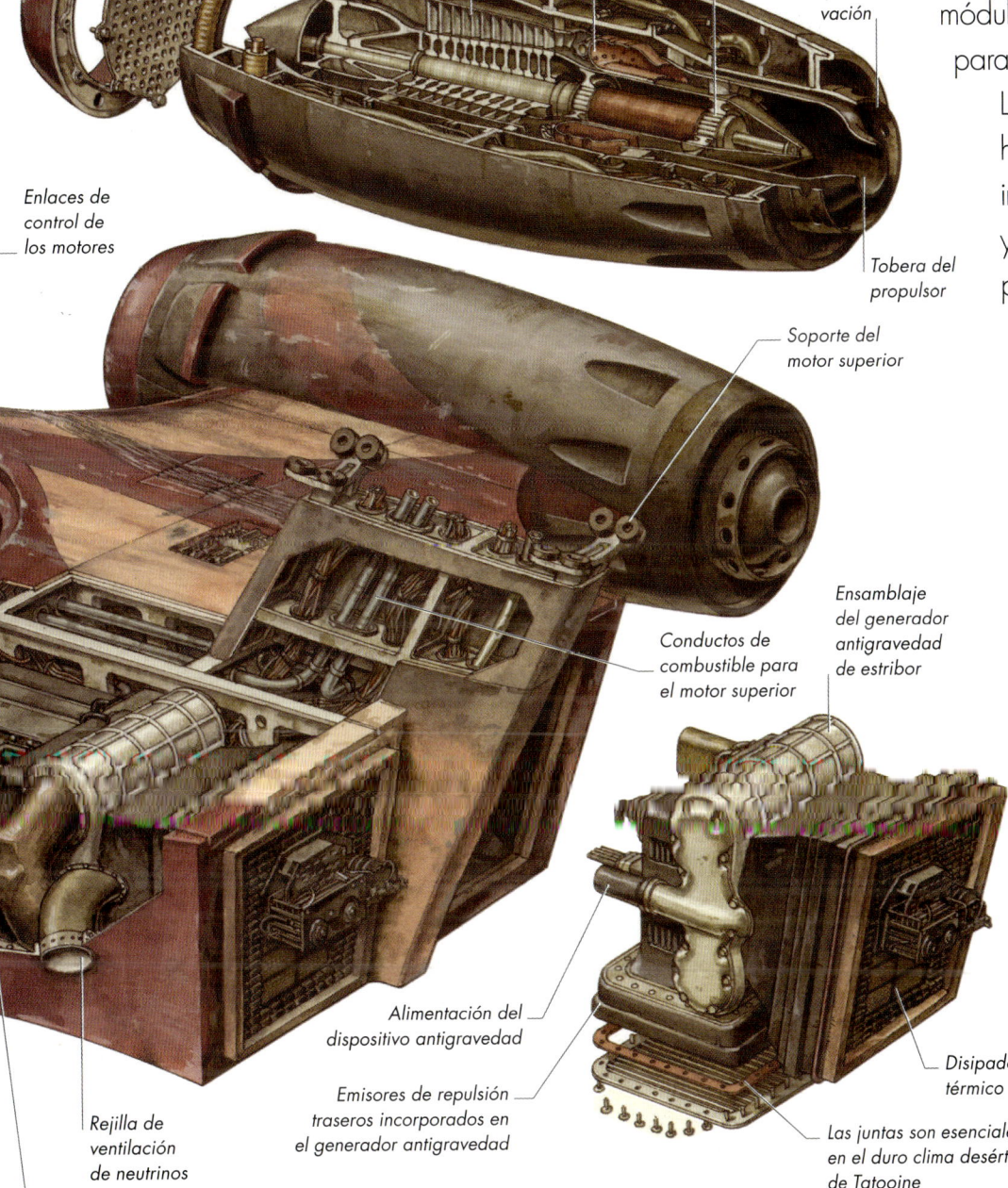

EL PILOTO DEL DESIERTO

Luke apenas conoció a su padre, Anakin, pero heredó su naturaleza inquieta, su talento para la mecánica y su afición a la velocidad. Luke y sus amigos pasan muchas horas haciendo carreras con sus deslizadores por las llanuras del desierto de Tatooine y los barrancos más allá del Mar de Dunas.

PIEZAS VALIOSAS

En Tatooine hay pocas fábricas e instalaciones importantes de manufactura, de manera que depende en gran parte de tecnología importada y material reciclado. Un deslizador abandonado es una tentación para los bandidos tusken, que suelen transformar el metal que encuentran en armas letales.

DATOS

> **FABRICANTE** Corporación SoroSuub

> **MODELO** X-34

> **TIPO** Deslizador

> **DIMENSIONES** Longitud: 3,4 m

> **TRIPULACIÓN** 1 piloto (más 1 pasajero)

> **ARMAS** Ninguna

> **AFILIACIÓN** Ninguna

HALCÓN DE HAN SOLO

Abollado, rayado y muy modificado, el *Halcón Milenario* de Han Solo parece el producto de una chapuza más que una de las naves más rápidas de la galaxia. Esta nave pirata corelliana empezó su andadura como un carguero ligero YT-1300f, pero, como muchas de su clase, los capitanes contrabandistas la sometieron a varias remodelaciones. Sus motores son ahora el doble de grandes, lleva como defensa armas destructivas pesadas de corte militar y, en todos los aspectos, es un bólido de gran rendimiento y calibre superior. Sus incontables retoques no salen gratis, pues exigen un mantenimiento constante. Solo se gana la vida con el contrabando de todo, desde armas hasta especias, burlando los bloqueos del Imperio y sacando provecho a sus restrictivas leyes.

UNA LARGA HISTORIA

Han Solo ganó el *Halcón Milenario* a su viejo amigo y compañero contrabandista Lando Calrissian en una partida de sabacc. Calrissian se enorgullecía de la elegancia de la nave cuando era suya. Pero quedó dañada durante la travesía del Corredor de Kessel con Han. Solo se niega a mejorar su aspecto por orgullo, pero realiza muchas modificaciones en la nave. Los cañones láser cuádruples de clase militar –ilegales– proporcionan una protección excelente, mientras que la gran antena de sensores de babor puede alertar a Han de la presencia de naves imperiales antes de que estas le detecten.

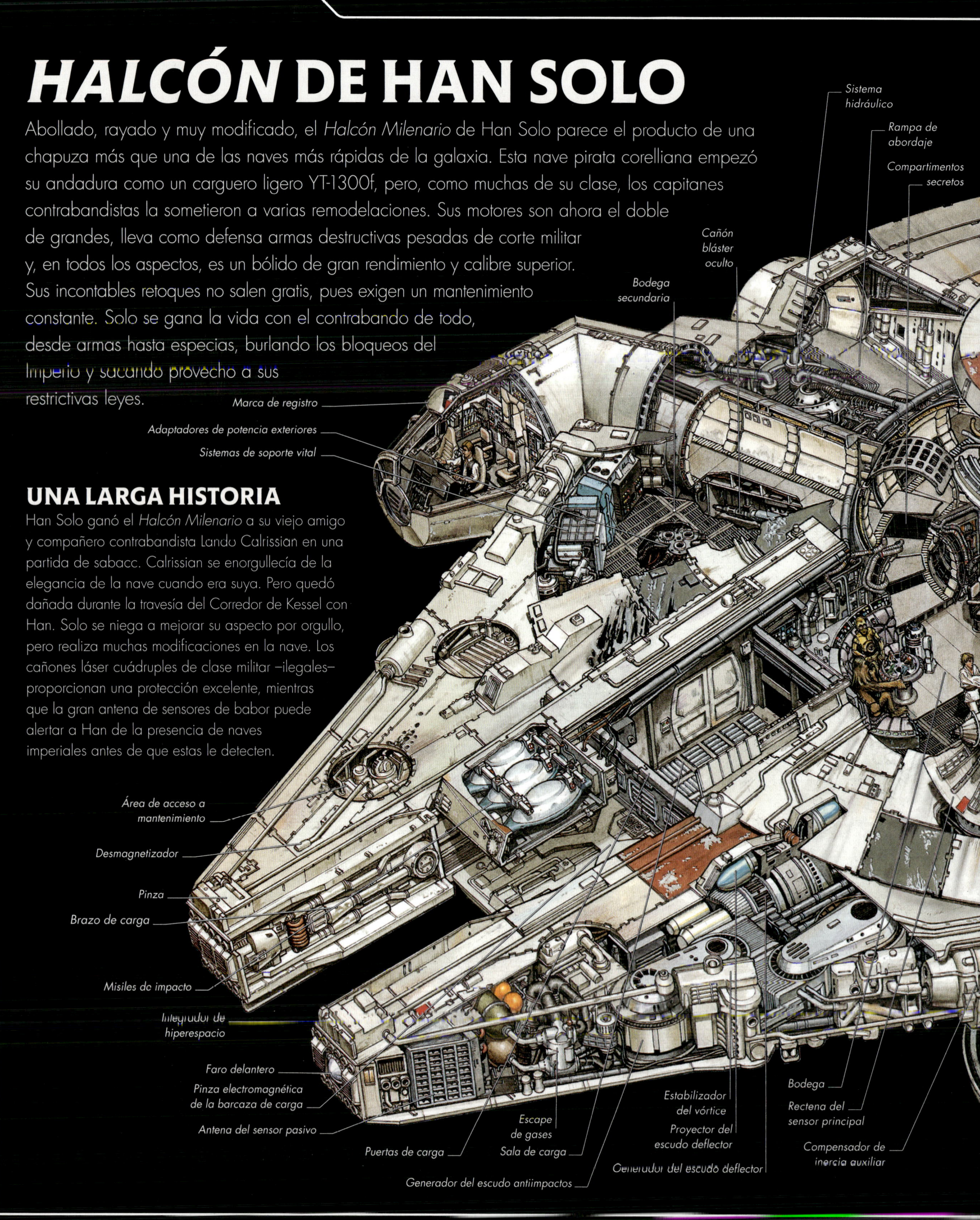

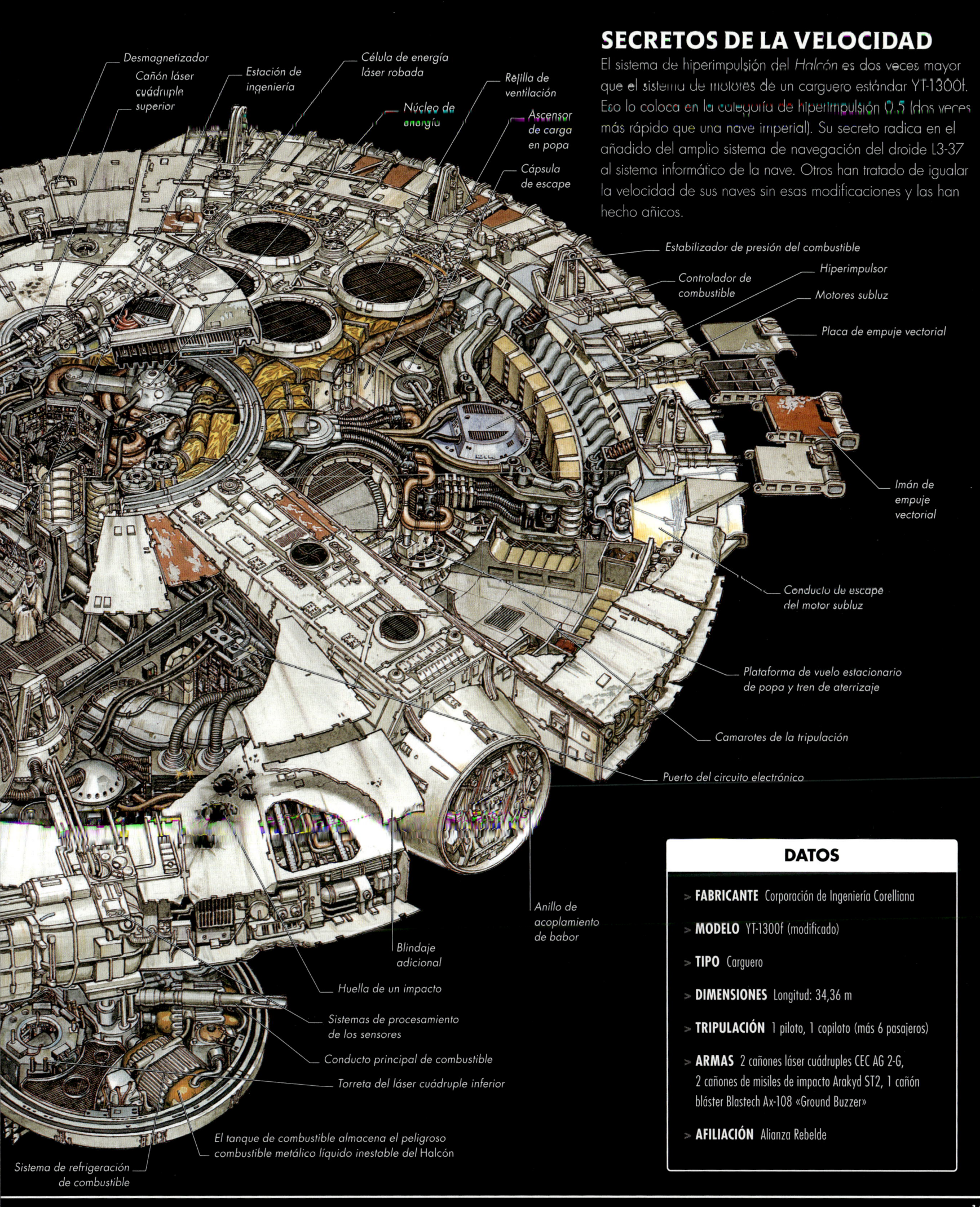

«¡VAYA PEDAZO DE CHATARRA!»

Como a la mayoría de la gente, a Luke Skywalker le cuesta hallar cualidades en el *Halcón Milenario* cuando lo ve por primera vez, pero enseguida descubre que su aspecto destartalado oculta el hecho de que es una de las naves más rápidas de la galaxia. Gracias a sus innovaciones, que incluyen tecnología interceptora de sensores, hasta los escáneres más sofisticados de las autoridades del espacio imperial y el Sector Corporativo son incapaces de detectar sus capacidades únicas.

AVENTURAS GALÁCTICAS

Tras capturar al *Halcón* cerca de los restos del planeta Alderaan, varias partidas imperiales de abordaje lo inspeccionan y no hallan nada destacable en su sucio interior. Sus escáneres tampoco detectan formas de vida. Ignoran que el capitán Solo tiene compartimentos ocultos de contrabando y que las cámaras bajo la cubierta ofrecen un práctico escondrijo a pasajeros y tripulación. Los ocupantes de la nave huyen, rescatan a la princesa Leia y ayudan a destruir la primera Estrella de la Muerte, asestando un golpe fatal al Imperio.

Al igual que los hangares de aterrizaje del puerto espacial de Mos Eisley, el n.º 94 no es más que una gran fosa sin techo con muros reforzados.

El *Halcón* está equipado con un tablero de holojuego de dejarik para entretenimiento de los pasajeros y la tripulación. Lamentablemente, en un ataque de ira Chewbacca dañó el tablero, y dos monstruos, Bulbous y Scrimp, quedaron inservibles.

Monnok — Ng'ok — Grimtaash el Molator — Kintan Strider — Savrip mantelliano — K'lor'slug — Ghhhk — Houjix

Los viejos muros del hangar 94 se diseñaron para soportar la onda expansiva de los motores de iones subluz. Cuando las tropas de asalto imperiales atacan al *Halcón*, sus motores de repulsión le permiten huir rápido a través del techo abierto.

El *Halcón Milenario* huye del destructor estelar Vengador ocultándose en el punto ciego de un sensor situado en la parte posterior de su puente de mando.

Han Solo aterriza el dañado *Halcón* en la Ciudad de las Nubes, donde busca la ayuda de Lando Calrissian, antiguo dueño de la nave.

De nuevo al mando del *Halcón*, Lando Calrissian dirige a la flota rebelde en la batalla de Endor.

LA NAVE DEL DESTINO

Años después, el *Halcón Milenario* será una de las muchas naves obligadas a huir de la base rebelde clandestina de Hoth ante un ataque imperial. Han Solo la guía hacia el cinturón de asteroides de Hoth para escapar de las naves imperiales, pese a que la probabilidad de atravesar con éxito un campo de asteroides es aproximadamente de 1/3720. Han necesita reparar el hiperimpulsor del *Halcón* y viaja a regañadientes a la Ciudad de las Nubes, en el sistema Bespin, para pedir ayuda al antiguo dueño de la nave, Lando Calrissian. Sin embargo, por el camino lo captura el infame cazarrecompensas Boba Fett. De nuevo bajo el mando de Lando Calrissian, el *Halcón* tiene un papel clave en la batalla de Endor al frente del ataque a la segunda Estrella de la Muerte, que acaba con la destrucción de la gigante estación de combate.

Lando pilota el *Halcón* a través de la superestructura de la segunda Estrella de la Muerte para destruir el núcleo del reactor de la estación bélica. El *Halcón* es más ágil en las curvas cerradas que los cazas TIE imperiales que le pisan los talones.

CAZA TIE IMPERIAL

Los TIE son la imagen más visible del inmenso poder imperial, y sus motores son el sistema propulsor de mejor factura de toda la galaxia. Sus paneles solares recogen la energía lumínica, que canalizan mediante un reactor que exhala emisiones de combustible de un gas radiactivo de alta presión. Al no tener partes móviles, el motor no precisa un gran mantenimiento.

Son naves ligeras sin escudos de defensa ni hiperimpulsores, por lo que ganan velocidad y maniobrabilidad a costa de su fragilidad y dependen de bases imperiales o naves de apoyo próximas.

DATOS

> **FABRICANTE** Sistemas de Flota Sienar
> **MODELO** Caza de superioridad espacial TIE/In
> **TIPO** Caza estelar
> **DIMENSIONES** Longitud: 7,2 m
> **TRIPULACIÓN** 1 piloto
> **ARMAS** 2 cañones láser SFS L-s1
> **AFILIACIÓN** Imperio Galáctico

Recolectores de energía solar
Armazón del panel solar
Escotilla de acceso a la cabina
Pantalla principal
Piloto con traje espacial
Cables colectores de energía
Cable colector de energía
Conductor de combustible
Punta del láser a baja temperatura
Tanque de combustible de gas radiactivo de alta presión
Tapa del tanque de combustible
Monitor del panel de energía
Matriz de intercambio de calor
Cables acumuladores de energía
Turbinas recolectoras de energía de fase dos

PERFIL DE UNA MISIÓN TIE

Los TIE sirven en misiones de distinta índole. Su papel principal es como cazas espaciales superiores que luchan contra naves rebeldes y defienden bases imperiales y naves capitales. Los exploradores pueden viajar solos patrullando amplias zonas espaciales, como el gran campo de asteroides producido por la explosión del planeta Alderaan. También se les asignan misiones de escolta por parejas, como los TIE gemelos que escoltan a la lanzadera imperial. Grupos centinelas de cuatro patrullan el espacio en torno a las bases y estaciones imperiales y las naves capitales. Un típico escuadrón de TIE consiste en 12 naves, y un ala completa de ataque se compone de seis escuadrones: 72 cazas.

HANGAR DE LOS TIE

Los TIE se lanzan desde soportes giratorios que contienen hasta 72 naves. Se abordan desde puentes superiores y despegan según su posición en el soporte que queda frente a la puerta de salida. Al regresar, aterrizan en otros hangares, donde rayos tractores los guían hacia los transportes de llegada. Estos los llevan a la estación de desembarco, donde los pilotos abandonan los TIE. Desde allí, los cazas repostan y se revisan en otra plataforma de camino a los túneles de traslado hacia el hangar de salida. Una vez en él, los TIE se colocan en el soporte de lanzamiento, listos para su próxima misión.

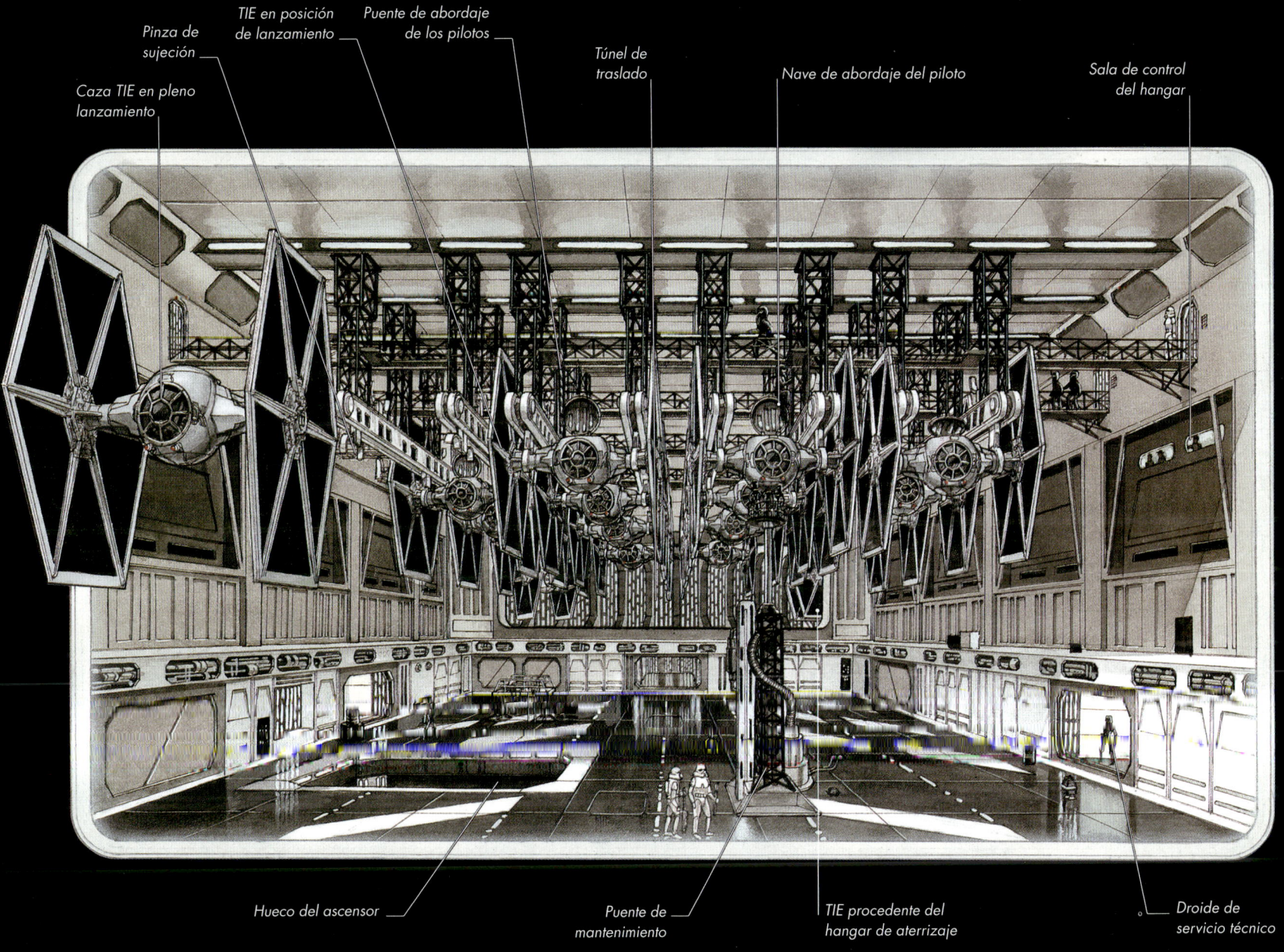

- Caza TIE en pleno lanzamiento
- Pinza de sujeción
- TIE en posición de lanzamiento
- Puente de abordaje de los pilotos
- Túnel de traslado
- Nave de abordaje del piloto
- Sala de control del hangar
- Hueco del ascensor
- Puente de mantenimiento
- TIE procedente del hangar de aterrizaje
- Droide de servicio técnico

TODOS IGUALES

Un piloto de TIE no suele volar dos veces en la misma nave, de manera que, a diferencia de los rebeldes, no desarrolla un vínculo emocional con su vehículo. Sabe que un caza reacondicionado es idéntico a uno recién salido de fábrica; todos son iguales, y eso refuerza la filosofía imperial, basada en la absoluta uniformidad.

PSICOLOGÍA DE PILOTO

Los aspirantes a piloto de TIE son rigurosamente entrenados en academias imperiales para pilotar toda la gama de naves TIE. Los reclutas más prometedores son enviados a academias de élite, como la Academia Skystrike de Montross. Se les enseña que son los mejores pilotos de la galaxia y solo unos pocos se gradúan con cargo, por lo que tienden a ser arrogantes y orgullosos. Estos pilotos se entregan completamente a su misión, aun a costa de su vida.

ESTRELLA DE LA MUERTE

La gigantesca estación bélica del Imperio, la Estrella de la Muerte, mide 160 kilómetros de diámetro, bastante como para confundirse con una luna menor. Es una superarma colosal diseñada para imponer el mandato del emperador mediante el terror, y es tanto un símbolo como una realidad del poder destructivo definitivo. En ella se empleó la superingeniería más avanzada del Imperio, y en su centro se encuentra un reactor de hipermateria que puede generar energía suficiente para destruir un planeta entero. Se diseñó parcialmente en secreto en Geonosis y se construyó en órbita alrededor del planeta; la construcción fue promovida por el gran moff Wilhuff Tarkin y supervisada por el director imperial Orson Krennic. Su vasto armazón alberga a más de un millón de individuos y miles de naves, lo que la hace capaz de ocupar sistemas solares enteros por la fuerza. Artilleros de élite manejan sus avanzadas armas. Una vez en pleno funcionamiento, representa un escalofriante espectro de dominación totalitaria y amenaza con extinguir toda esperanza de libertad para la galaxia.

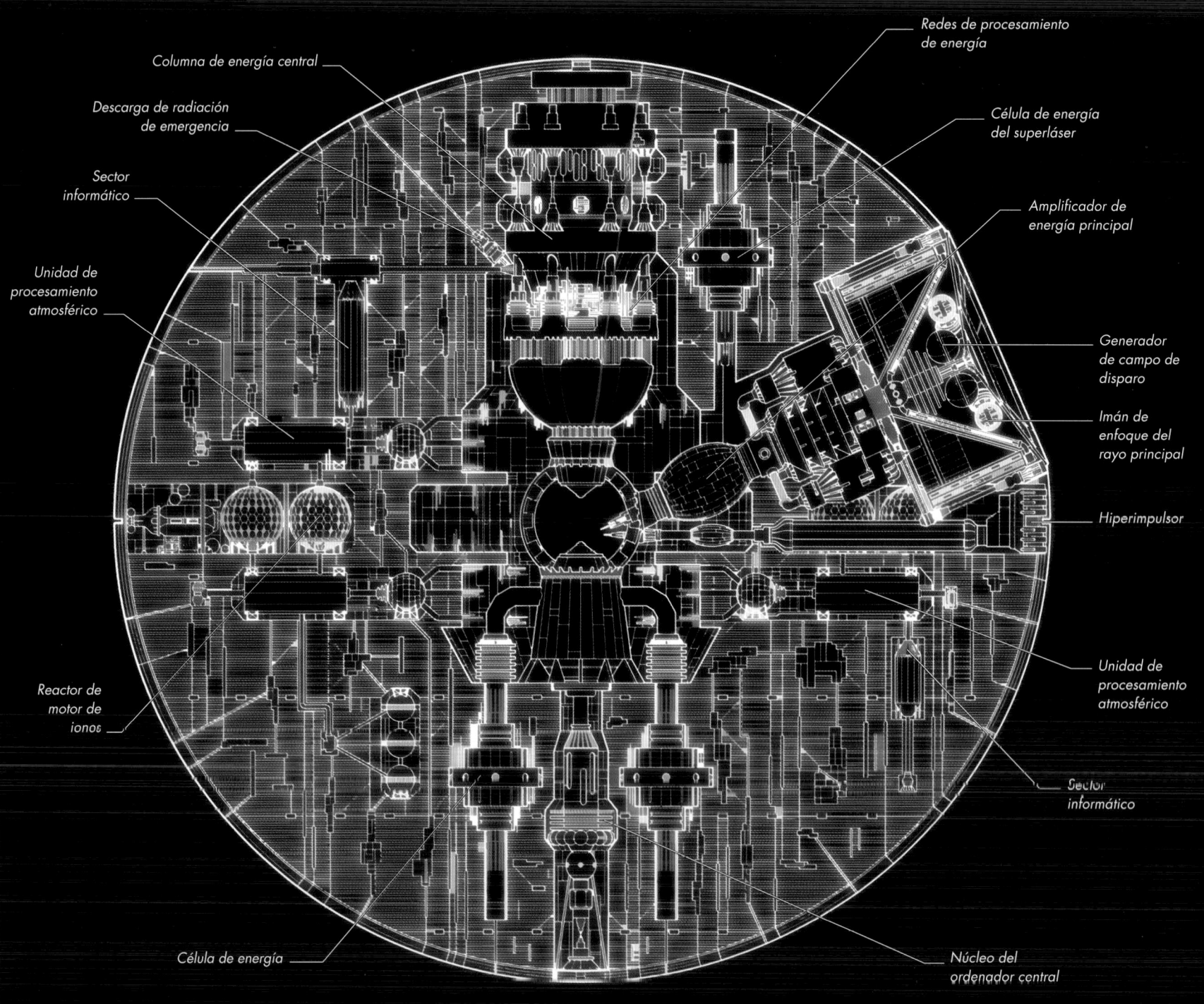

- Columna de energía central
- Descarga de radiación de emergencia
- Sector informático
- Unidad de procesamiento atmosférico
- Reactor de motor de iones
- Célula de energía
- Redes de procesamiento de energía
- Célula de energía del superláser
- Amplificador de energía principal
- Generador de campo de disparo
- Imán de enfoque del rayo principal
- Hiperimpulsor
- Unidad de procesamiento atmosférico
- Sector informático
- Núcleo del ordenador central

LOS PLANOS ROBADOS

Durante la batalla de Scarif, los rebeldes roban una lectura técnica completa de la estación de combate (abajo, izda.). Dichos planos revelan el poder arrollador de la Estrella de la Muerte, detallando su inmensa estructura y sus incontables sistemas de armamento. Motores de iones, hiperimpulsores y hangares rodean su trinchera ecuatorial, y células de energía de más de 15 kilómetros de anchura distribuyen la energía por sus miles de cubiertas internas. Pozos de ventilación y otros huecos perforan su interior. La columna de energía central está en su eje polar, con el reactor de hipermateria en su núcleo. Pero el científico rebelde Galen Erso incluye una fisura letal en las defensas de la Estrella de la Muerte: un pequeño conducto de escape que lleva desde la superficie al corazón del reactor principal.

DATOS

- **FABRICANTE** Investigación de Armas Avanzadas
- **MODELO** DS-1
- **TIPO** Estación de combate
- **DIMENSIONES** Diámetro: 160 km
- **TRIPULACIÓN** 342 953 tripulantes (y hasta 843 342 pasajeros)
- **ARMAS** 1 superláser, 15 000 turboláseres, 2500 cañones láser, 768 bases de rayo tractor
- **AFILIACIÓN** Imperio Galáctico

La sala de control principal de la Estrella de la Muerte es el puente de mando situado en el extremo superior de la parabólica del superláser. Desde este centro el gran moff Tarkin dirige la gigantesca estación bélica. El personal envía la información crucial a su pantalla principal.

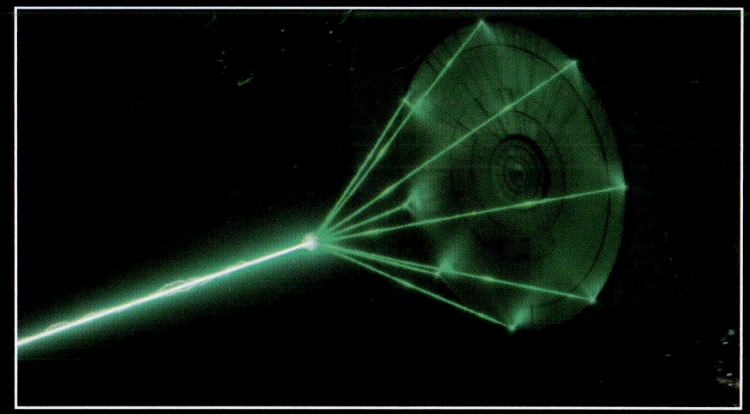

Un haz de ocho rayos secundarios forma el rayo principal del superláser. Dichos rayos se distribuyen alrededor de un campo de enfoque central invisible que dispara en secuencia alterna a fin de reunir la potencia suficiente. Su titánica energía debe controlarse para evitar explosiones desequilibradas.

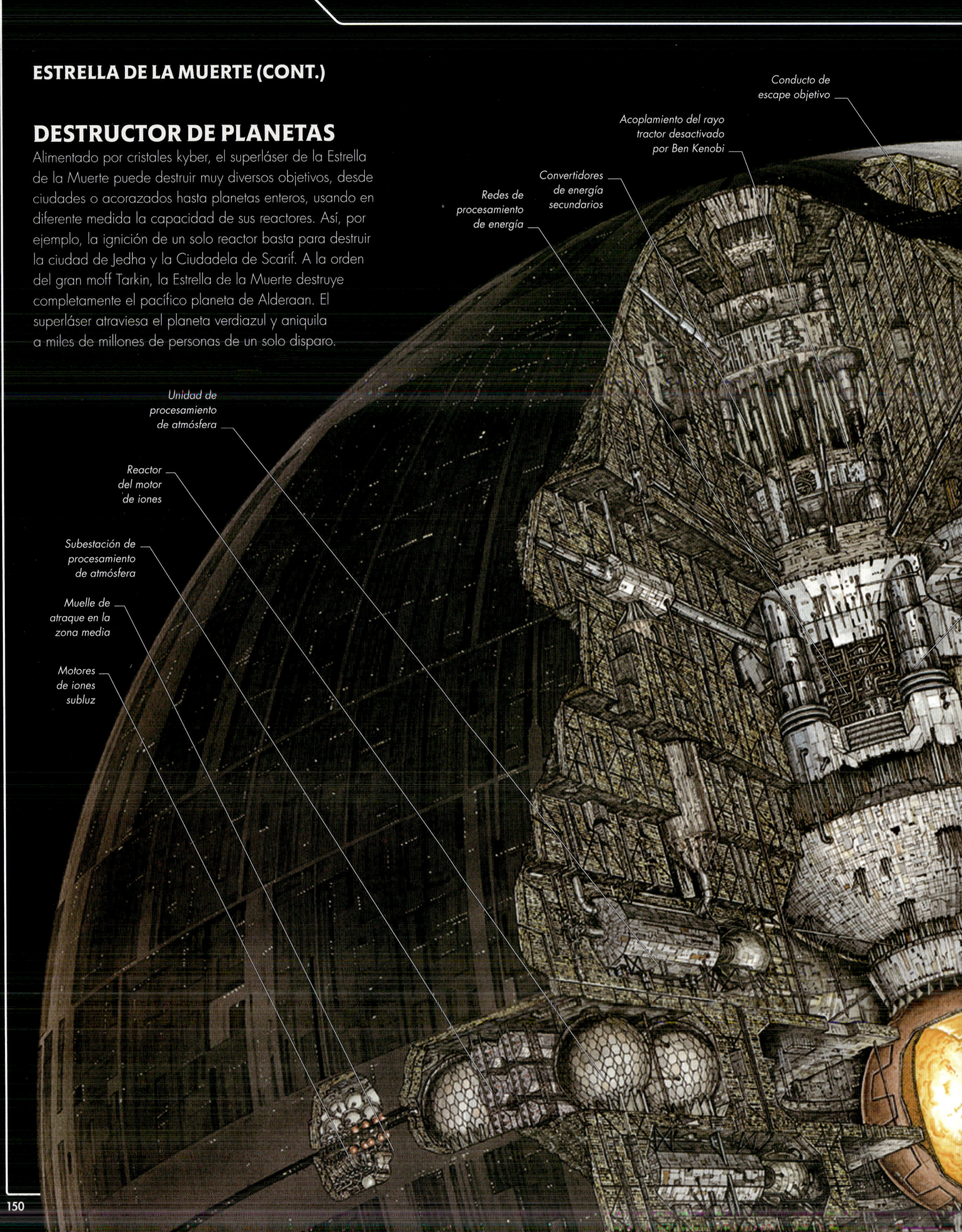

ESTRELLA DE LA MUERTE (CONT.)

DESTRUCTOR DE PLANETAS

Alimentado por cristales kyber, el superláser de la Estrella de la Muerte puede destruir muy diversos objetivos, desde ciudades o acorazados hasta planetas enteros, usando en diferente medida la capacidad de sus reactores. Así, por ejemplo, la ignición de un solo reactor basta para destruir la ciudad de Jedha y la Ciudadela de Scarif. A la orden del gran moff Tarkin, la Estrella de la Muerte destruye completamente el pacífico planeta de Alderaan. El superláser atraviesa el planeta verdiazul y aniquila a miles de millones de personas de un solo disparo.

- Conducto de escape objetivo
- Acoplamiento del rayo tractor desactivado por Ben Kenobi
- Convertidores de energía secundarios
- Redes de procesamiento de energía
- Unidad de procesamiento de atmósfera
- Reactor del motor de iones
- Subestación de procesamiento de atmósfera
- Muelle de atraque en la zona media
- Motores de iones subluz

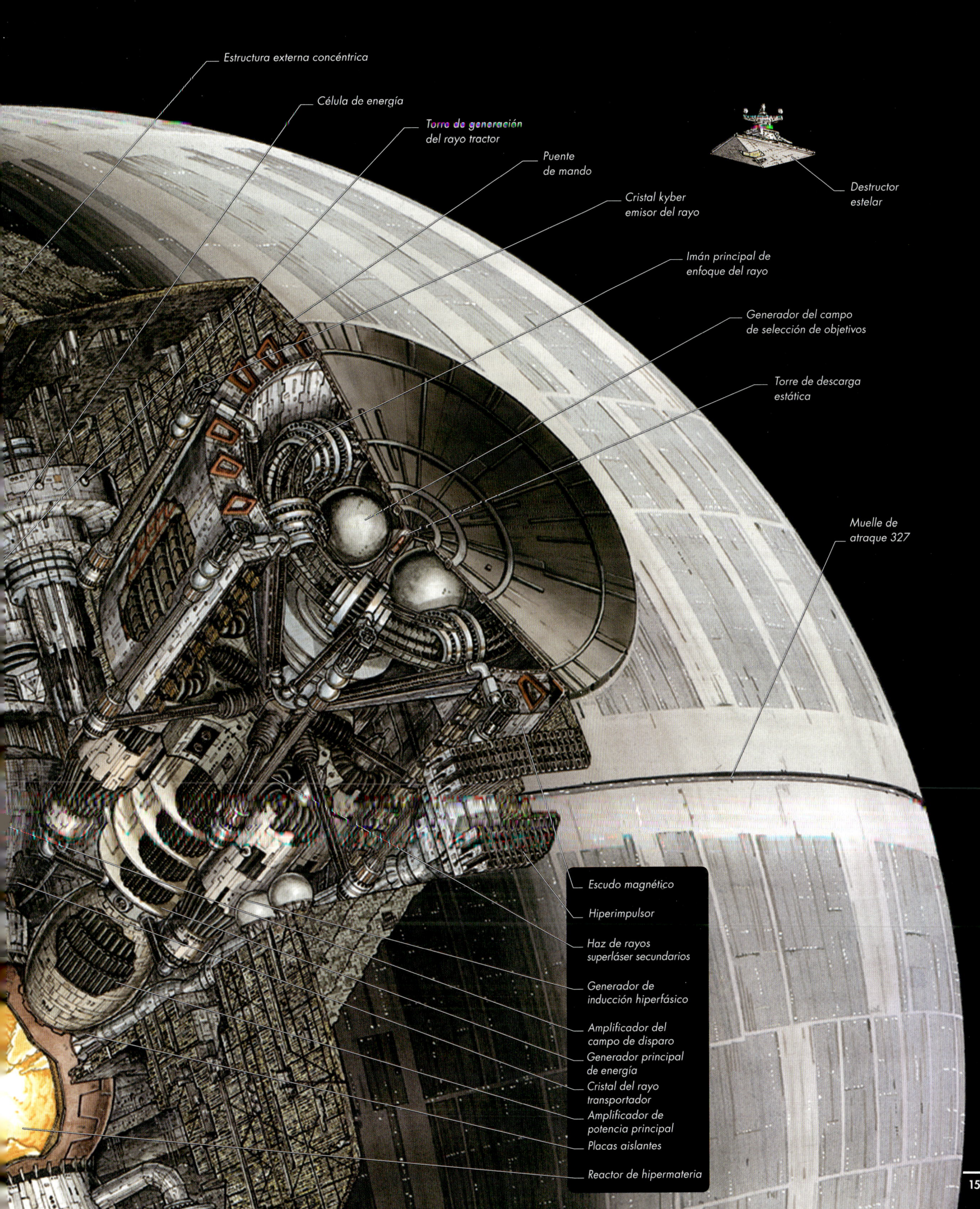

ALA-X T-65

Con la transición de la República al Imperio, la Armada Imperial pidió a la Corporación Incom que diseñara un nuevo caza estelar para su flota. El prototipo resultante de Incom, llamado Ala-X, se inspiraba en los puntos fuertes de predecesores como el Z-95 «Cazacabezas» y el ARC-170. Con una gran potencia de fuego, un hiperimpulsor y escudos defensivos, este nuevo caza tenía una tasa de supervivencia mayor que los cazas TIE. El Ala-X empezó a producirse, hasta que entró en juego la política imperial, que suspendió su fabricación, pues para algunos su producción era demasiado cara comparada con la de los cazas TIE. Más tarde, agentes rebeldes abordaron a ciertos empleados de Incom, que accedieron a darles el valioso caza. El Ala-X pronto adquirió relevancia en manos de la Alianza Rebelde, y ayudó a quebrar el dominio del Imperio en la galaxia.

DATOS

> **FABRICANTE** Corporación Incom
> **MODELO** Ala-X T-65C-A2
> **TIPO** Caza estelar
> **DIMENSIONES** Longitud: 13,4 m
> **TRIPULACIÓN** 1 piloto, 1 astromecánico
> **ARMAS** 4 cañones láser Taim & Bak KX9, 2 lanzadores de torpedos de protones Krupx MG7
> **AFILIACIÓN** Alianza Rebelde

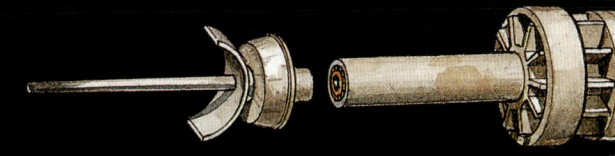

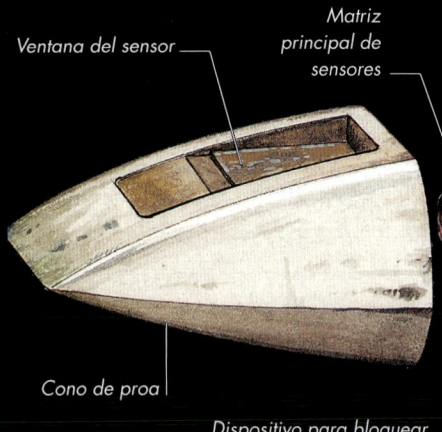

EN LA CABINA

Los mandos del Ala-X responden tan bien que puede ser una nave peligrosa para pilotos novatos. Además de los sistemas de control de vuelo habituales, la exhaustiva información que brindan las pantallas de su cabina permite controlar la distribución de energía en todos los sistemas.

AUTONOMÍA

El Ala-X puede operar con autonomía gracias a su hiperimpulsor y a la capacidad de despegar y aterrizar sin apoyo externo. Tras el asiento del piloto hay un kit de soporte vital para sobrevivir una semana en el espacio, que incluye aire, agua y comida. Al aterrizar, la reserva de aire y agua, y los sistemas de soporte vital pueden recargarse parcialmente. También lleva equipo de supervivencia para aterrizajes en entornos hostiles.

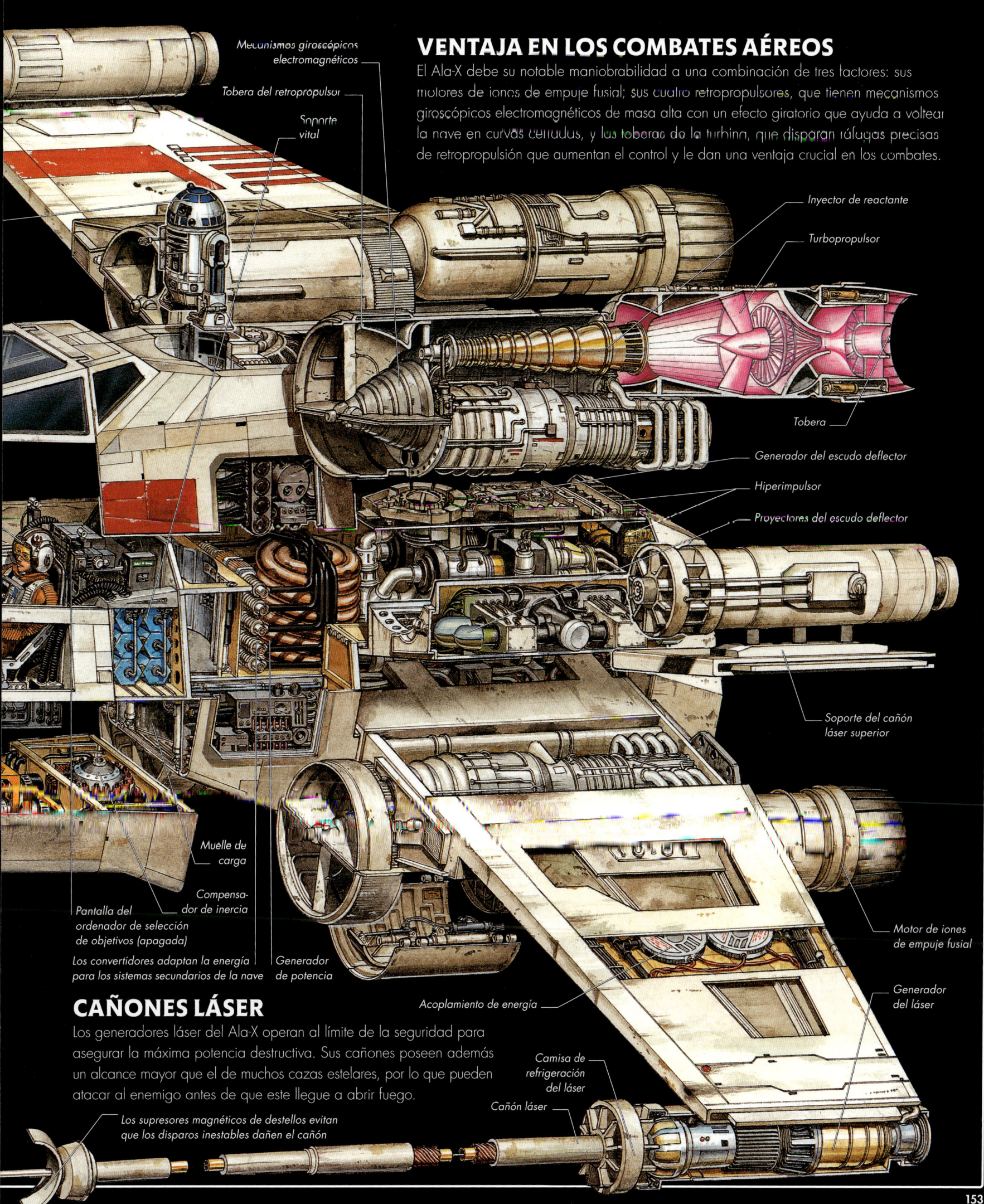

ALA-Y BTL-A4

Producido originalmente por Fabricaciones Koensayr para la flota de la República durante las Guerras Clon, el Ala-Y BTL es una combinación de caza y bombardero con un versátil armamento. Es el caza predominante en la flota de la Alianza Rebelde, la mayoría de cuyos Ala-Y tiene más de dos décadas. Para acceder más fácilmente a la maquinaria interna de las viejas naves, algunos técnicos han retirado permanentemente buena parte de la chapa del casco y han aumentado la potencia del escudo para compensarlo. De hecho, los Ala-Y de la Alianza han sido tan reparados y modificados que cada uno de ellos es único. Aunque no es tan rápido ni maniobrable ni lleva tantas armas como otros cazas, el Ala-Y es una nave potente por su habilidad para resistir y dar guerra.

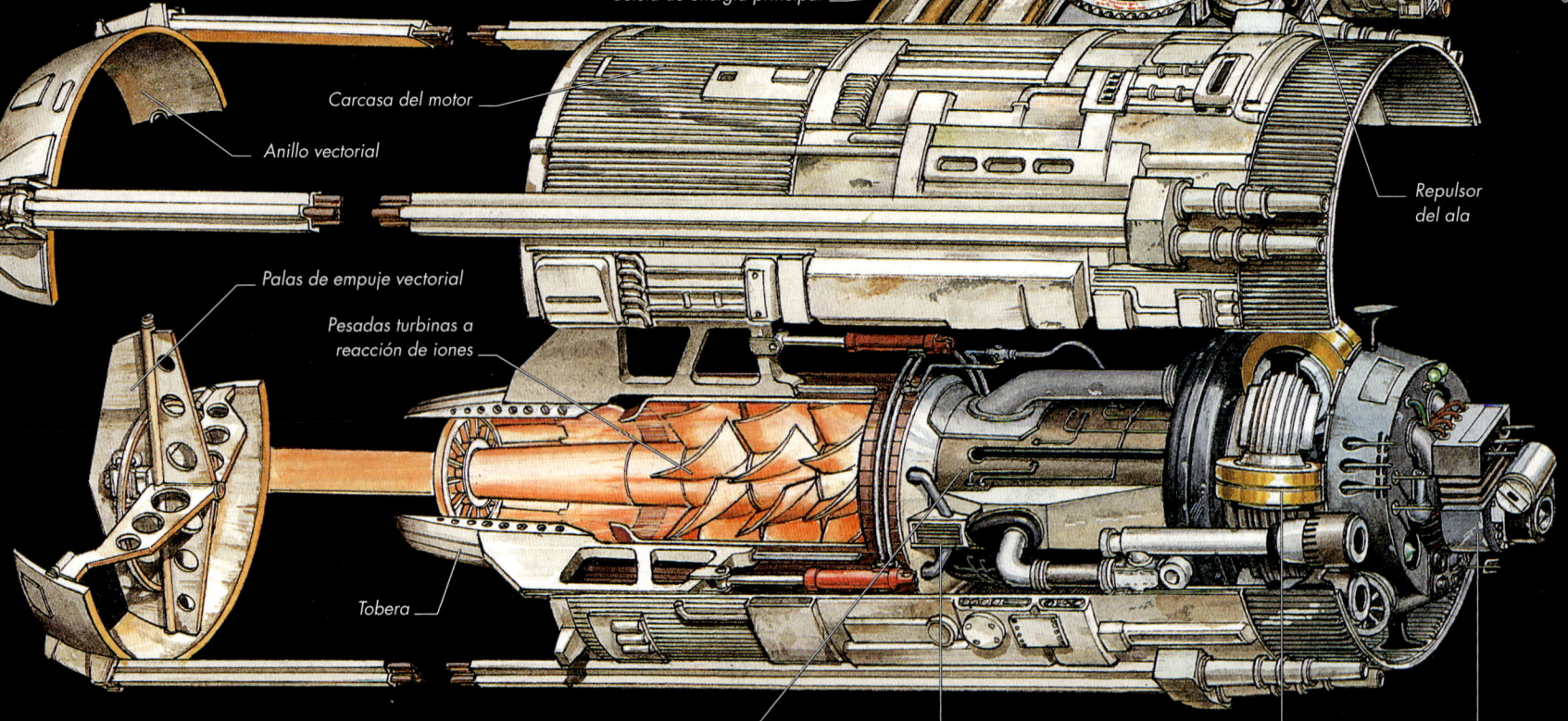

Secuenciador del hiperimpulsor
Tubo de escape de taquiones del hiperimpulsor
Proyectores del escudo deflector
Generador del escudo deflector
Carcasa del hiperimpulsor
Célula de energía principal
Carcasa del motor
Anillo vectorial
Repulsor del ala
Palas de empuje vectorial
Pesadas turbinas a reacción de iones
Tobera
Reactor de fisión de iones
Turboinyector de iones personalizado
Los electroimanes de pulso aceleran el combustible ionizado para inyectarlo en las turbinas
Matriz de sensores de selección de objetivos de largo alcance

CAÑONES DE IONES

Estos cañones disparan una carga eléctrica para dañar los circuitos de mando de una nave enemiga sin destruirla. El Ala-Y tiene un cañón de iones gemelo, que es un instrumento muy delicado. Su matriz de cristal se desalinea durante el vuelo y en los combates, y los mecánicos lo odian por el tiempo que lleva darles mantenimiento. Durante el ataque a la Estrella de la Muerte, solo dos Ala-Y de la flota rebelde tienen el cañón de iones gemelo operativo. Este resulta ser muy útil, y uno de esos dos cazas —pilotado por el teniente de Alderaan Evaan Verlaine— es el único Ala-Y que sobrevive a la batalla.

SISTEMA DE REFRIGERACIÓN

El Ala-Y se calienta mucho para una nave de su tamaño, y un complejo sistema de refrigeración la recorre por completo. Algunas partes de este sistema exigen mantenimiento tras cada vuelo. Los mecánicos improvisan apaños en los tubos de refrigeración cuando las fugas dejan inoperativas ciertas áreas inaccesibles.

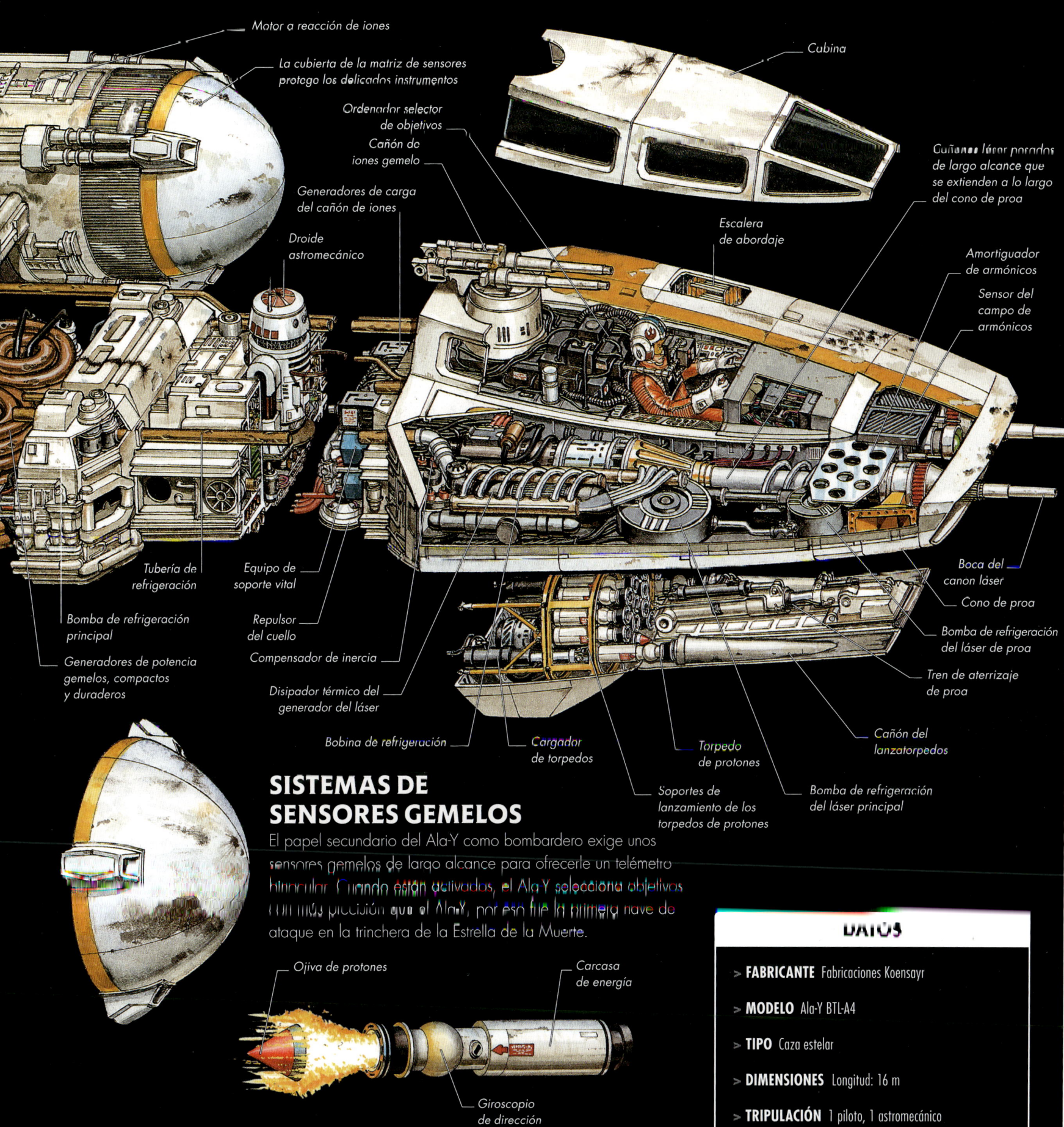

SISTEMAS DE SENSORES GEMELOS

El papel secundario del Ala-Y como bombardero exige unos sensores gemelos de largo alcance para ofrecerle un telémetro binocular. Cuando están activados, el Ala-Y selecciona objetivos con más precisión que el Ala-X, por eso fue la primera nave de ataque en la trinchera de la Estrella de la Muerte.

TORPEDO DE PROTONES

Los torpedos de protones como los MG7-A que llevan el Ala-X y el Ala-Y son explosivos muy peligrosos. Se usan para destruir objetivos clave o para atravesar los escudos de rayos que desvían los disparos láser. Son muy caros y la Alianza solo puede obtenerlos en número limitado. El Ala-X Rojo Cinco de Luke Skywalker está equipado con un solo par, que usa para destruir la Estrella de la Muerte.

DATOS

- **FABRICANTE** Fabricaciones Koensayr
- **MODELO** Ala-Y BTL-A4
- **TIPO** Caza estelar
- **DIMENSIONES** Longitud: 16 m
- **TRIPULACIÓN** 1 piloto, 1 astromecánico
- **ARMAS** 2 cañones láser Taim & Bak KX5, 2 lanzadores de torpedos de protones Arakyd Flex Tube (4 torpedos por lanzador), 1 cañón de iones ligero gemelo ArMek SW-4
- **AFILIACIÓN** República Galáctica, Alianza Rebelde

TIE AVANZADO X1

La nave personal de Darth Vader es un prototipo del TIE Avanzado x1, que emplea con un efecto devastador contra la flota rebelde. Es el sucesor del TIE Avanzado v1 usado por los inquisidores imperiales, y es superior al TIE estándar, con un sistema de rastreo de objetivos más sofisticado y un motor mejorado alimentado por las células solares de alta conversión de sus alas. Además, a diferencia del TIE estándar, tiene escudos protectores e hiperimpulsor; este salva a Vader cuando los rebeldes destruyen la primera Estrella de la Muerte, permitiéndole llegar a una base imperial para reparar los daños de su nave.

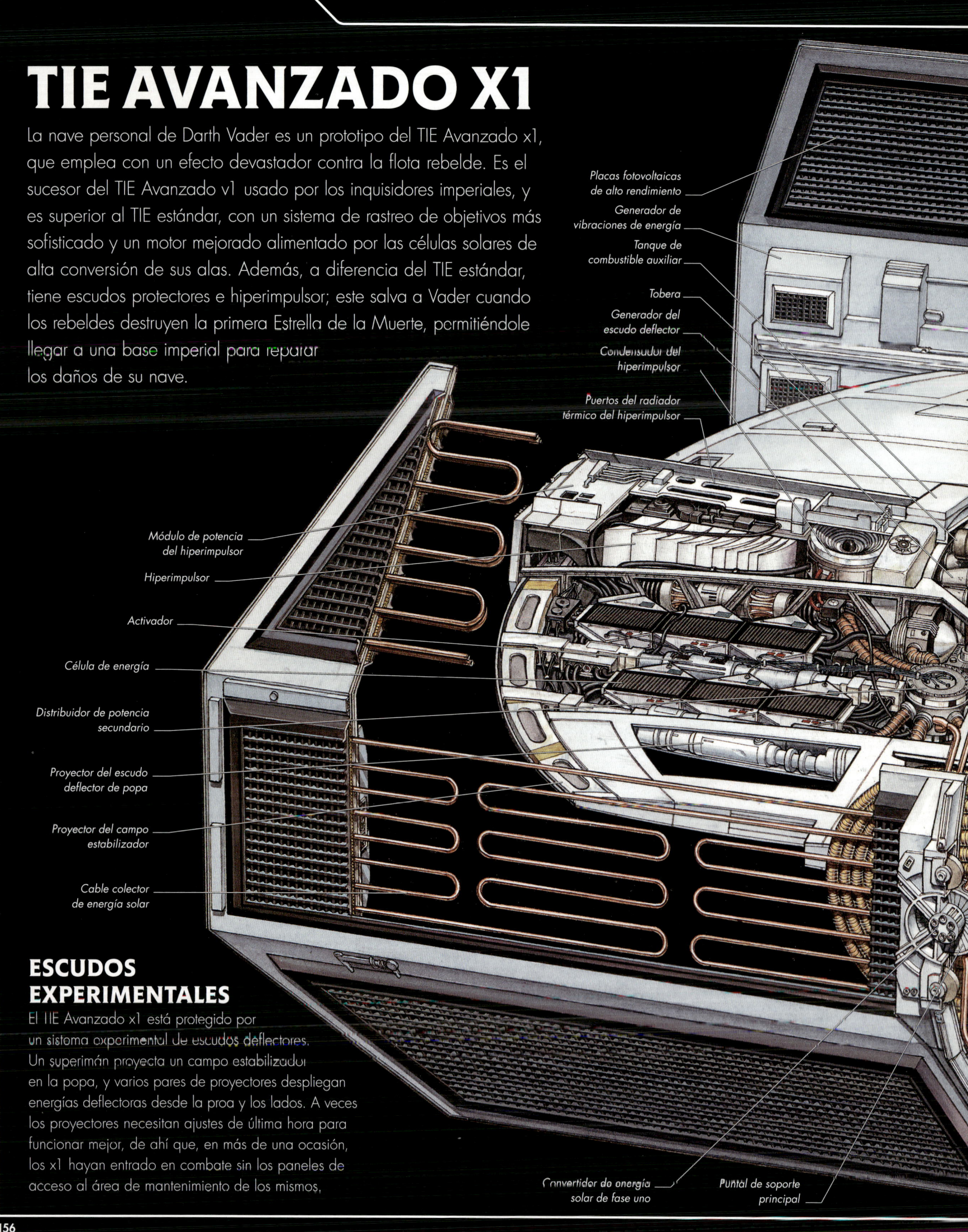

Placas fotovoltaicas de alto rendimiento
Generador de vibraciones de energía
Tanque de combustible auxiliar
Tobera
Generador del escudo deflector
Condensador del hiperimpulsor
Puertos del radiador térmico del hiperimpulsor
Módulo de potencia del hiperimpulsor
Hiperimpulsor
Activador
Célula de energía
Distribuidor de potencia secundario
Proyector del escudo deflector de popa
Proyector del campo estabilizador
Cable colector de energía solar
Convertidor de energía solar de fase uno
Puntal de soporte principal

ESCUDOS EXPERIMENTALES

El TIE Avanzado x1 está protegido por un sistema experimental de escudos deflectores. Un superimán proyecta un campo estabilizador en la popa, y varios pares de proyectores despliegan energías deflectoras desde la proa y los lados. A veces los proyectores necesitan ajustes de última hora para funcionar mejor, de ahí que, en más de una ocasión, los x1 hayan entrado en combate sin los paneles de acceso al área de mantenimiento de los mismos.

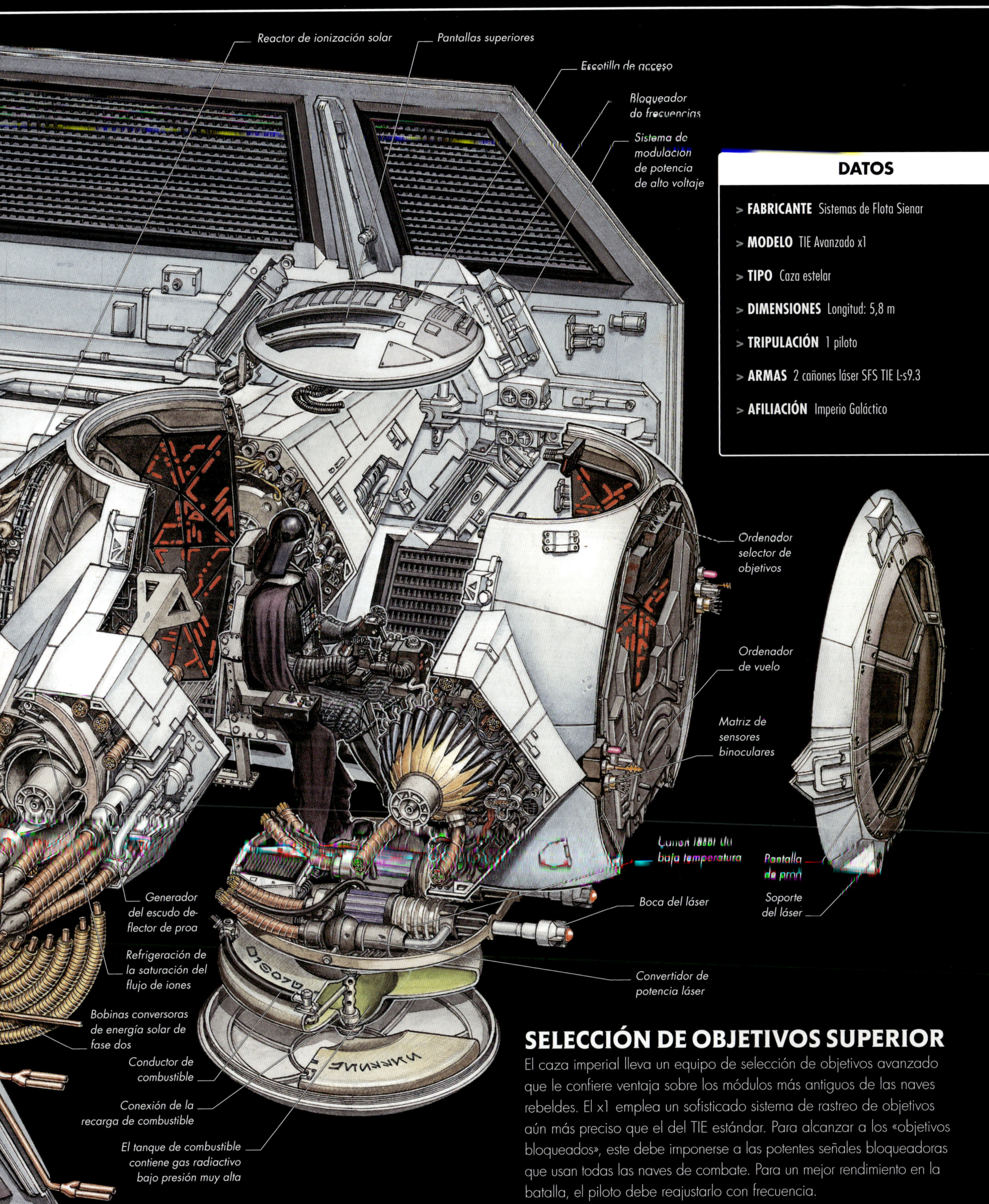

SELECCIÓN DE OBJETIVOS SUPERIOR

El caza imperial lleva un equipo de selección de objetivos avanzado que le confiere ventaja sobre los módulos más antiguos de las naves rebeldes. El x1 emplea un sofisticado sistema de rastreo de objetivos aún más preciso que el del TIE estándar. Para alcanzar a los «objetivos bloqueados», este debe imponerse a las potentes señales bloqueadoras que usan todas las naves de combate. Para un mejor rendimiento en la batalla, el piloto debe reajustarlo con frecuencia.

DATOS

> **FABRICANTE** Sistemas de Flota Sienar

> **MODELO** TIE Avanzado x1

> **TIPO** Caza estelar

> **DIMENSIONES** Longitud: 5,8 m

> **TRIPULACIÓN** 1 piloto

> **ARMAS** 2 cañones láser SFS TIE L-s9.3

> **AFILIACIÓN** Imperio Galáctico

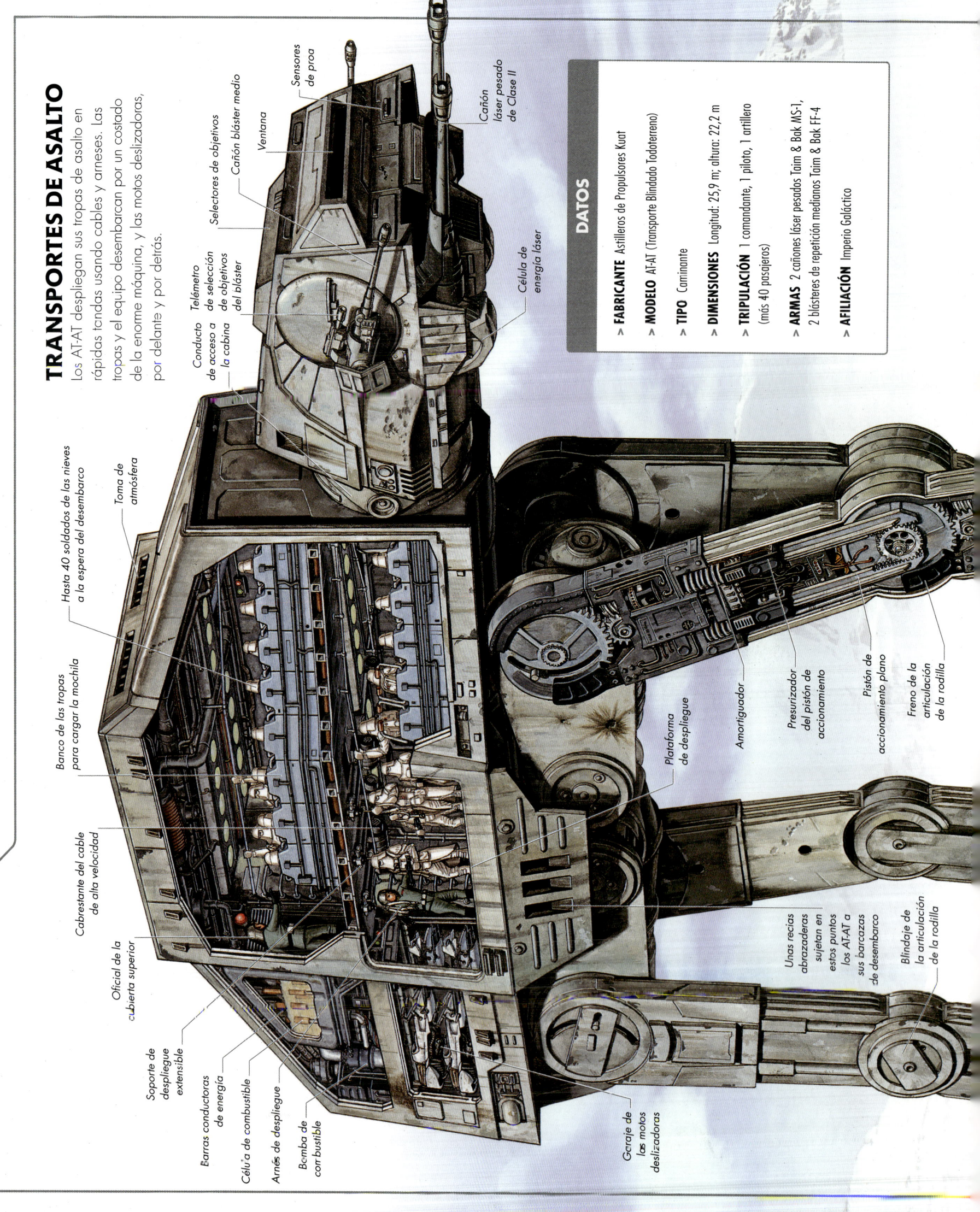

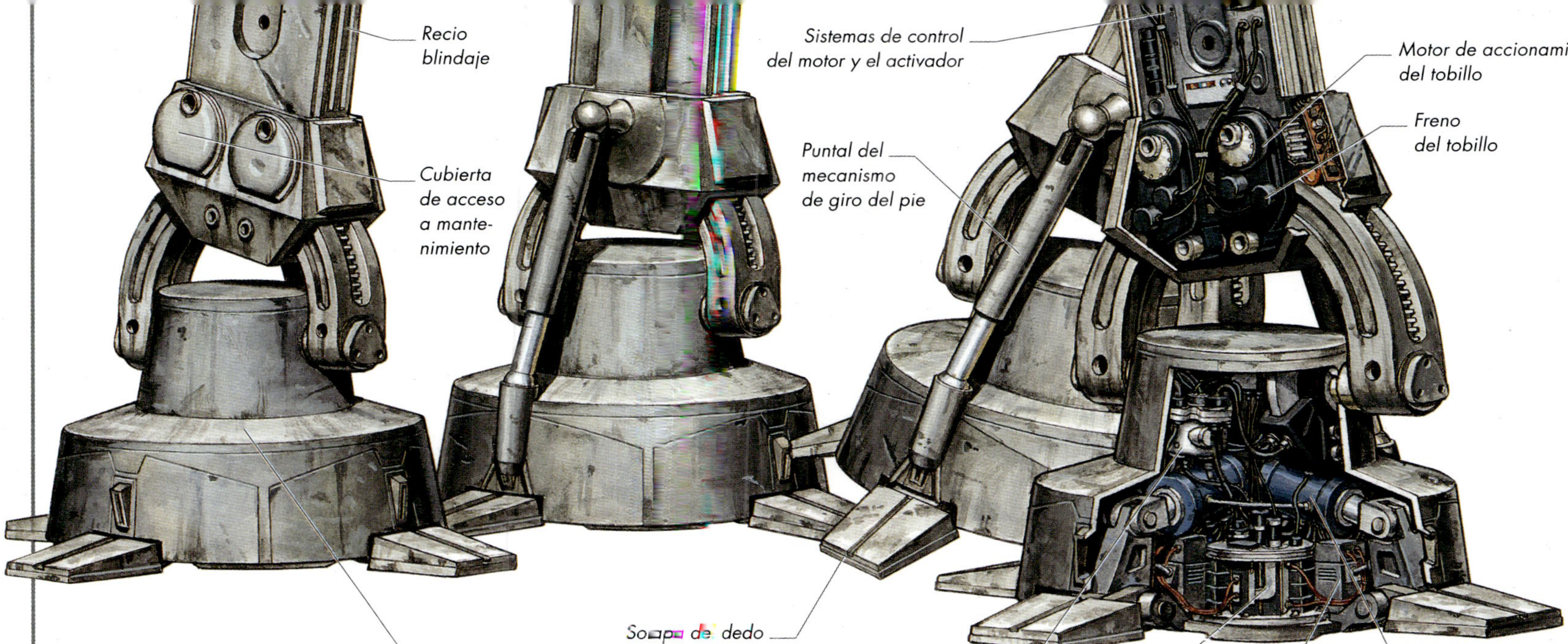

AT-AT

El Transporte Blindado Todoterreno (AT-AT) imperial es un arma para sembrar el terror, un caminante que avanza por el campo de batalla como un gigante imparable, un monstruo enorme con un recio blindaje que lo hace invulnerable a todo salvo a los turboláseres pesados. Los impactos de bláster de cañones y torretas ordinarios apenas mellan su coraza, o bien los absorbe y disipa sin daño alguno. Un potente reactor genera la energía necesaria para mover esta pesada máquina bélica. Los cañones de su cabina móvil siembran la muerte entre los indefensos enemigos a sus pies, abriendo un sendero de destrucción que las poderosas patas se encargan después de aplastar. Además de romper las líneas enemigas con su bláster y su pesada masa, el AT-AT sirve como transporte de tropas, pues aloja pelotones de soldados de asalto, armamento de infantería y hasta cinco motos deslizadoras. Cuando esa carga se despliega entre el destrozo y el caos producidos por el caminante, la victoria imperial está casi asegurada.

Recio blindaje

Cubierta de acceso a mantenimiento

Pie

Sistemas de control del motor y el activador

Puntal del mecanismo de giro del pie

Solapa de dedo

Motor de accionamiento del tobillo

Freno del tobillo

Pistón de la solapa del dedo

Ordenador del sensor de terreno

Sensor de impulso

Escáneres de terreno

TODOTERRENO

Dado su grueso blindaje, el AT-AT es demasiado pesado para llevar unos repulsores eficaces, de ahí sus grandes patas, que le permiten esquivar obstáculos y avanzar por terreno muy accidentado. Solo le cierran el paso los pantanos profundos y las colinas abruptas.

Los rebeldes logran abatir varios AT-AT, pero enseguida los abruma la potencia de fuego de estos pesados vehículos.

MOTOS DESLIZADORAS

Cañón de seguimiento antipersona

Visor macrobinocular

Soldado explorador con traje climatizado

Equipo climatizador y de energía

Los AT-AT suelen llevar un juego de motos deslizadoras con repulsores de alta velocidad para reconocer el terreno o buscar supervivientes. La velocidad y agilidad de estas motos complementan la fuerza de los caminantes, y su asalto combinado resulta asolador. El tamaño colosal y el aspecto pesadillesco de los AT-AT que parecen grandes fieras, les confieren además un poder psicológico tremendo.

CABINA DE AT-AT

La cabeza blindada del AT-AT sirve de cabina para dos pilotos y el comandante del vehículo. Los sistemas de armamento están en su exterior. Ambos pilotos están cualificados para llevar a cabo todas las operaciones de mando, pero en la práctica uno es el conductor y el otro, el artillero. Los mandos de disparo pueden cederse en cualquier momento al comandante, que emplea un periscopio capaz de hacer lecturas fotográficas y tácticas. Los pilotos se guían por sensores de terreno colocados bajo la cabina y en los pies del vehículo. Los escáneres interpretan la naturaleza y la forma del terreno y garantizan un avance seguro.

Los sistemas electromagnéticos anulares dan flexibilidad al cuello del vehículo

Comandante del vehículo

Comunicador holográfico

Piloto

Los AT-AT son muy visibles en terreno abierto, pero su blindaje es casi impenetrable al fuego de bláster, y su tripulación, en la elevada cabina de mando, tiene una vista clara de obstáculos y objetivos lejanos.

El comandante del AT-AT usa un periscopio sujeto al techo de la cabina, que ofrece vistas aumentadas de los objetivos, lecturas de los sensores y datos tácticos.

DIVISIÓN BLINDADA DE ASALTO

Escogido por Darth Vader para liderar esta división del Ejército Imperial contra los rebeldes en Hoth, el general Maximilian Veers está al mando del escuadrón de AT-AT Manada Atronadora y de la unidad de élite de tropas de las nieves Fuerza Tempestuosa.

Los cañones láser gemelos Taim & Bak MS-1 del AT-AT pueden dispararse alternativamente en rápida sucesión o simultáneamente en una potente descarga.

AT-ST

El caminante de exploración o Transporte de Exploración Todoterreno (AT-ST) recorre con facilidad terreno accidentado para ejecutar sus misiones. Las tareas de reconocimiento, refuerzo en combate y persecución antipersona sacan gran provecho de sus armas y capacidades. Es más veloz que un AT-AT, atraviesa terreno más denso con mayor facilidad, y viaja por calles urbanas, pequeños cañones y zonas boscosas que frenarían a un AT-AT. Los AT-AT aplastan las defensas principales rebeldes y los AT-ST alcanzan pequeños focos de resistencia. Ante ellos es casi imposible huir a pie; la sola visión de una patrulla de AT-ST siembra el pánico entre las tropas de infantería.

El AT-ST tiene ventanas y holoproyectores para ver lo que ocurre delante y detrás simultáneamente. El ordenador lo guía por terreno uniforme, pero un piloto humano experto debe controlar su paso en terreno dificultoso.

DATOS

- **FABRICANTE** Astilleros de Propulsores Kuat
- **MODELO** AT-ST (Transporte de Exploración Todoterreno)
- **TIPO** Caminante
- **DIMENSIONES** Altura: 9,04 m
- **TRIPULACIÓN** 1 piloto, 1 artillero
- **ARMAS** 1 cañón bláster gemelo Taim & Bak MS-4, 1 cañón bláster ligero gemelo E-web, 1 lanzador de granadas de impacto Dymek DW-3
- **AFILIACIÓN** Imperio Galáctico

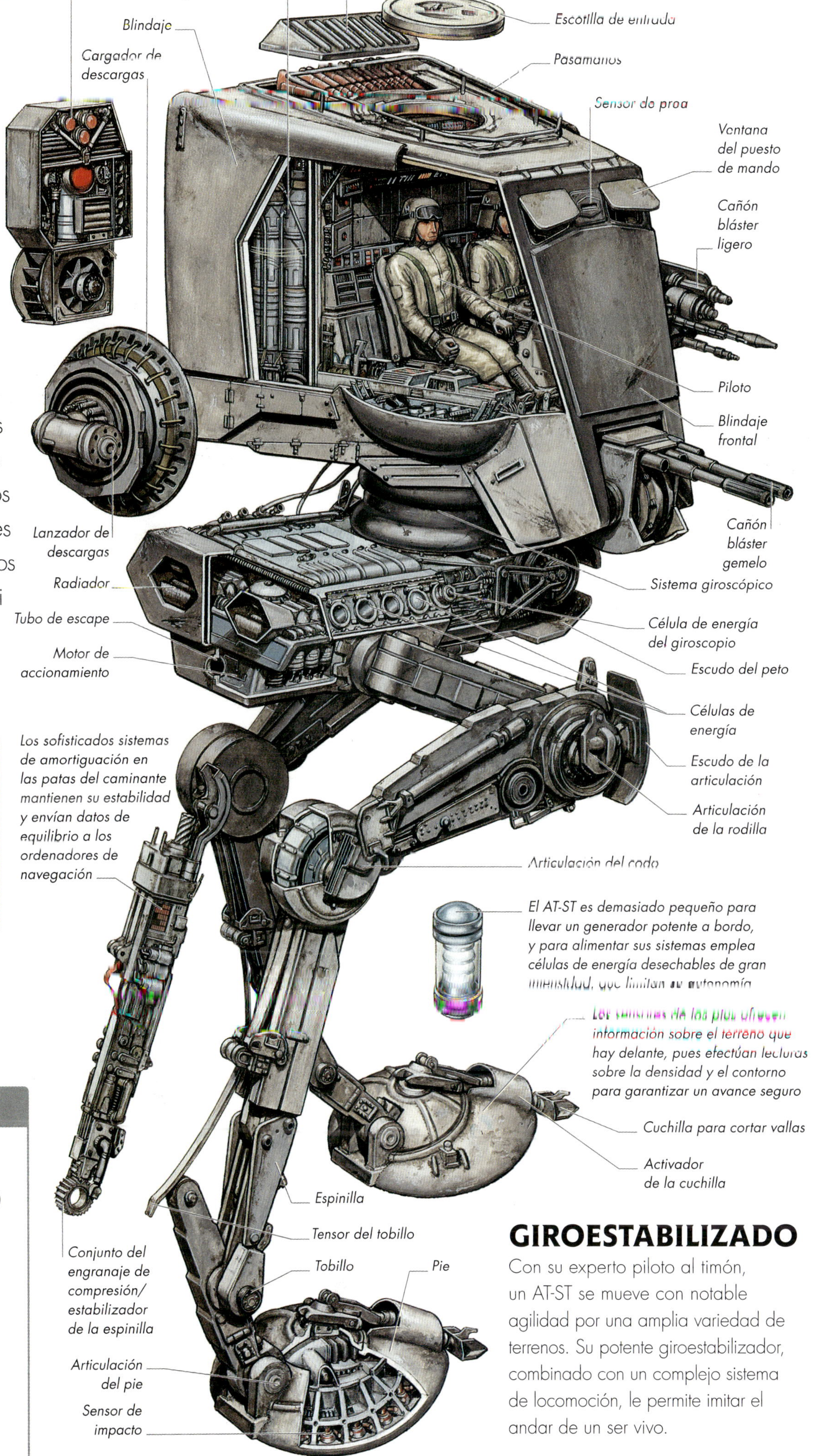

Ordenador de locomoción · Convertidores de energía de las armas · Sistema de refrigeración de la cabina · Blindaje · Escotilla de entrada · Cargador de descargas · Pasamanos · Sensor de proa · Ventana del puesto de mando · Cañón bláster ligero · Piloto · Blindaje frontal · Lanzador de descargas · Radiador · Cañón bláster gemelo · Tubo de escape · Sistema giroscópico · Motor de accionamiento · Célula de energía del giroscopio · Escudo del peto · Células de energía · Escudo de la articulación · Articulación de la rodilla · Articulación del codo · Cuchilla para cortar vallas · Activador de la cuchilla · Espinilla · Tensor del tobillo · Tobillo · Pie · Conjunto del engranaje de compresión/estabilizador de la espinilla · Articulación del pie · Sensor de impacto

Los sofisticados sistemas de amortiguación en las patas del caminante mantienen su estabilidad y envían datos de equilibrio a los ordenadores de navegación

El AT-ST es demasiado pequeño para llevar un generador potente a bordo, y para alimentar sus sistemas emplea células de energía desechables de gran intensidad, que limitan su autonomía.

Los sensores de los pies ofrecen información sobre el terreno que hay delante, pues efectúan lecturas sobre la densidad y el contorno para garantizar un avance seguro

GIROESTABILIZADO

Con su experto piloto al timón, un AT-ST se mueve con notable agilidad por una amplia variedad de terrenos. Su potente giroestabilizador, combinado con un complejo sistema de locomoción, le permite imitar el andar de un ser vivo.

DESLIZADOR T-47

Poco después de establecer su nueva base secreta en el planeta helado Hoth, los rebeldes adquieren un escuadrón de deslizadores Incom T-47 como unidades de defensa, equipados con potentes convertidores y cañones láser militares. Al principio, el intenso frío de Hoth resulta demasiado duro para ellos, pero los técnicos rebeldes los modifican para adaptarlos al entorno, tras lo cual vienen a conocerse comúnmente como deslizadores de nieve. Son muy rápidos y manejables, por lo que parecían idóneos para la defensa de la base Echo.

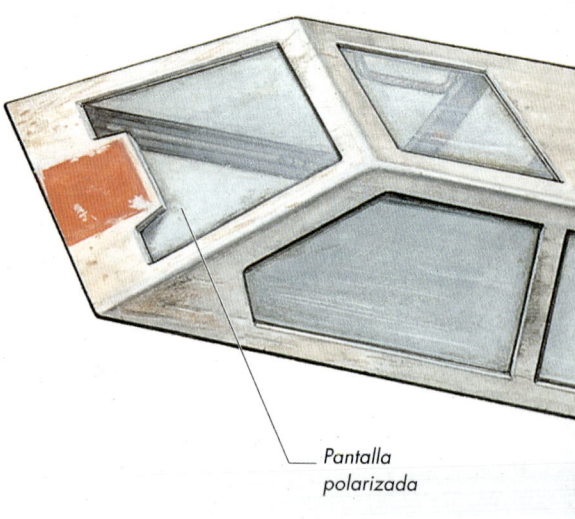

Pantalla polarizada

Piloto

Artillero

Sensores de selección de objetivos

Punta del colimador del cañón

DE USO CIVIL A MILITAR

Para convertir el deslizador civil T-47 en un vehículo militar, se fijaron cañones láser a las alas. Los convertidores de potencia externos y el sistema generador de láser derivaban la energía adicional de sus potentes generadores, y se reforzó el blindaje del casco. El resultado es un vehículo de ataque de corto alcance y extraordinaria maniobrabilidad. Su origen civil y su pequeño tamaño explican la falta de escudos defensivos. En la batalla, depende de su velocidad y agilidad para esquivar los disparos láser.

Sensores de localización

Blindaje

Cañón del láser

Activador de la fase final

Generador de láser

Acoplamiento de energía

Activador del láser

Luke idea una estrategia poco ortodoxa para atacar a los caminantes imperiales: usar los cables de remolque de los deslizadores, diseñados para transportar trineos de carga, para enredar las patas de los AT-AT y así inmovilizarlos y derribarlos. Es una victoria de la determinación y el coraje frente a la fuerza bruta.

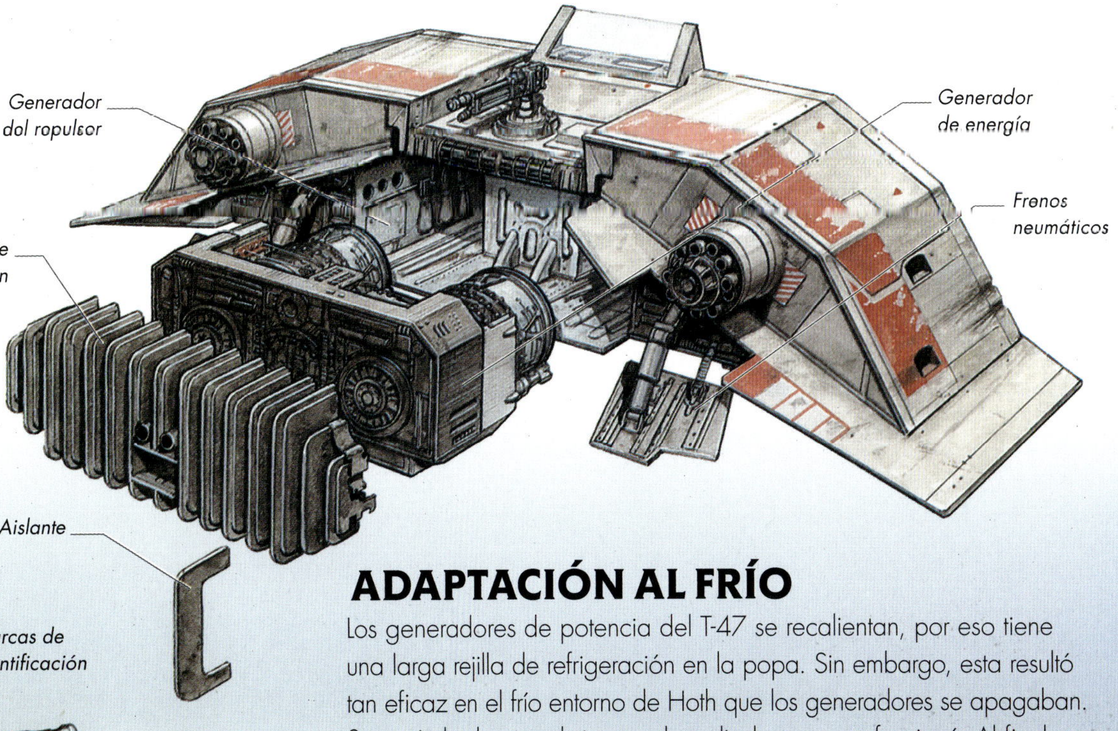

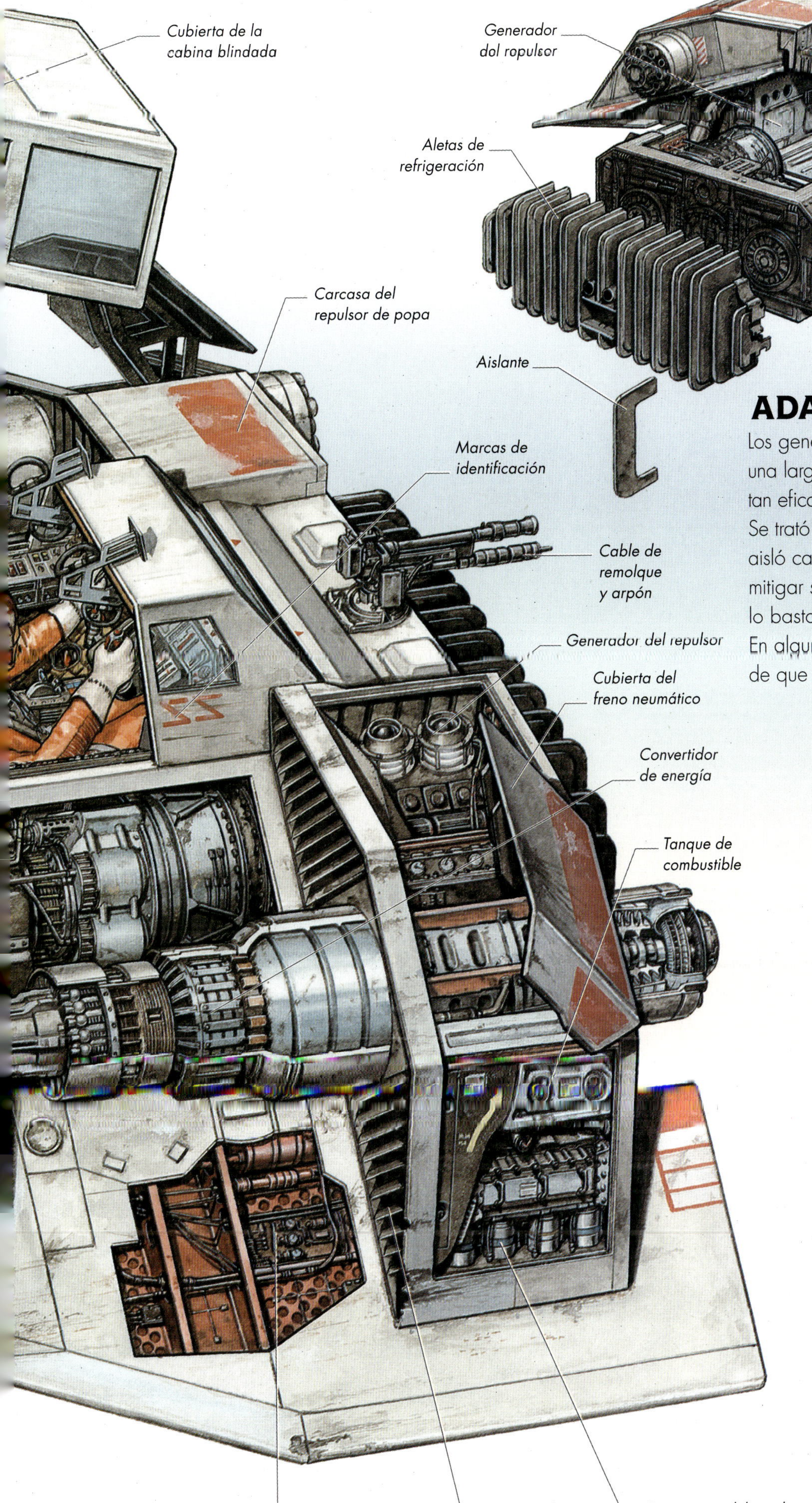

ADAPTACIÓN AL FRÍO

Los generadores de potencia del T-47 se recalientan, por eso tiene una larga rejilla de refrigeración en la popa. Sin embargo, esta resultó tan eficaz en el frío entorno de Hoth que los generadores se apagaban. Se trató de desviar el sistema de radiador pero no funcionó. Al final, se aisló cada una de las aletas del radiador con paneles laterales para mitigar su efecto disipador de calor y mantener los sistemas del motor lo bastante calientes como para garantizar su buen funcionamiento. En algunos vehículos esa modificación se acabó unos minutos antes de que empezara el ataque imperial a la base de Echo.

Las miras de los mandos del T-47 se proyectan ligeramente hacia arriba sobre la base de la pantalla frontal, lo que da una visión periférica que permite ver su información enseguida.

DATOS

> **FABRICANTE** Corporación Incom

> **MODELO** Incom T-47 (modificado)

> **TIPO** Deslizador

> **DIMENSIONES** Longitud: 5,3 m

> **TRIPULACIÓN** 1 piloto, 1 artillero

> **ARMAS** 1 cañón láser doble CEC Ap/11, 1 cable de remolque y arpón Ubrikkian Mo/Dk

> **AFILIACIÓN** Alianza Rebelde

BOMBARDERO TIE

Derivado de la nave de abordaje TIE de la familia de cazas estelares TIE, el bombardero TIE se desarrolló para sustituir a las naves capitales del Imperio en la tarea de los bombardeos orbitales. Con su enorme capacidad artillera, esta formidable nave de asalto puede desplegarse contra objetivos en tierra o en el espacio, y liberar su carga letal con absoluta precisión. Su certera puntería es una habilidad crucial, pues, mientras que el bombardeo de una nave capital suele resultar en graves daños colaterales, la capacidad del TIE para dar «golpes quirúrgicos» permite aislar objetivos específicos y dejar su entorno intacto.

DATOS

- **FABRICANTE** Sistemas de Flota Sienar
- **MODELO** TIE/sa
- **TIPO** Caza estelar
- **DIMENSIONES** Longitud: 7,8 m
- **TRIPULACIÓN** 1 piloto
- **ARMAS** 2 cañones láser SFS L-s1, misiles de impacto SFS M-s3, minas orbitales ArmaTek SJ-62/68, bombas de protones ArmaTek VL-61/79
- **AFILIACIÓN** Imperio Galáctico

Células fotovoltaicas ultraeficaces de girondio y colio

Las vigas del armazón refuerzan el ala inclinada con panel solar incorporado

Módulo de mando de estribor

Mandos de vuelo

Pantalla de transpariacero

Ordenador para supervisar la red de energía

Bobinas de conversión de energía solar de fase dos

Un potente juego de cables conduce la energía desde las placas fotovoltaicas

El piloto lleva un traje con soporte vital como apoyo de emergencia en operaciones espaciales

Cañón láser (uno de los dos montados a cada lado de la cabina)

Suministro de aire de emergencia de la cabina (también se usa en eyecciones a gran altitud)

Equipo de supervivencia para casos de emergencia

LA COMPAÑÍA TIE

La familia TIE de naves de guerra imperiales es probablemente el producto más inconfundible de los Sistemas de Flota Sienar, uno de los principales fabricantes de naves militares del Imperio. Durante los últimos días de la República, Raith Sienar —amigo de Wilhuff Tarkin— está al frente de la compañía, llamada originalmente Sistemas Sienar de la República. Supuestamente, él construye una serie de naves secretas, incluida la *Cimitarra*, para Darth Sidious. En tiempos del Imperio, la compañía es rebautizada como Sistemas de Flota Sienar (SFS). Los contactos imperiales de Raith le aseguran lucrativos contratos militares, incluida la fabricación de una amplia gama de naves de la serie TIE, así como de la lanzadera de clase Lambda y del destructor estelar de clase Interdictor. Tras la caída del Imperio, la compañía se escinde en dos entidades, Sistemas de Flota Sienar-Jaemus y Sistemas de Ejército Sienar-Jaemus. Ambas empresas construyen naves, incluidos nuevos modelos de TIE, para la Primera Orden.

SUPERVIVENCIA

A diferencia de casi todas las naves imperiales, el bombardero TIE tiene un asiento eyectable. Sus pilotos también gozan del lujo de un sistema de soporte vital, aunque llevan trajes de vuelo por si hay una emergencia.

BLANCO PERFECTO

El bombardero TIE tiene un casco más robusto que sus camaradas cazas e interceptores. Está equipado con refuerzos estructurales para soportar el retroceso de sus bombardeos, sobre todo en operaciones planetarias. Como exige más potencia, sus placas fotovoltaicas son alargadas, con una mayor superficie para recoger energía que las del TIE estándar. Sin embargo, su gran casco hace que sea más lento y menos maniobrable que el resto de las naves TIE, por lo que se ha ganado el apodo de «blanco perfecto» entre los pilotos rebeldes, que lo consideran una presa fácil.

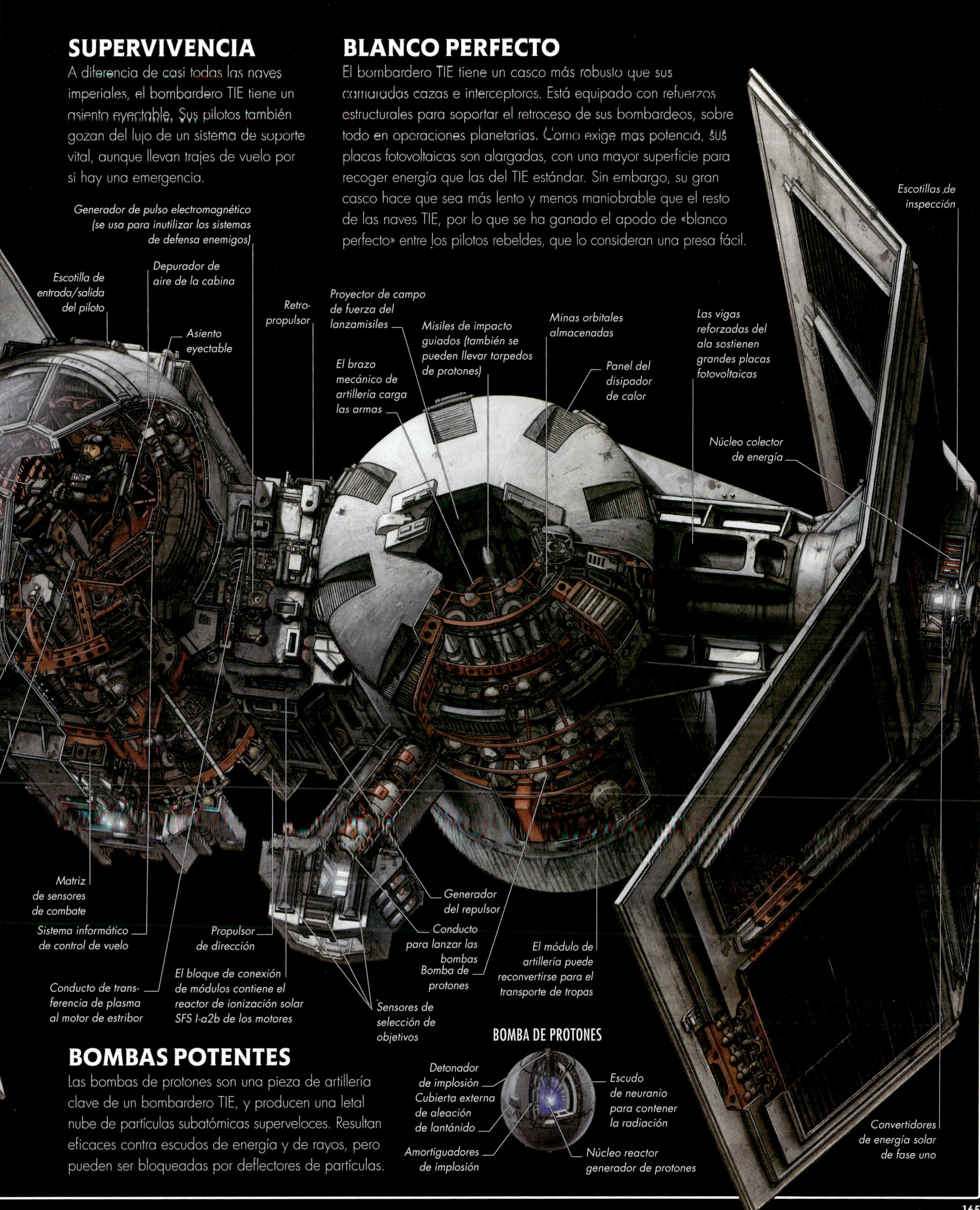

Generador de pulso electromagnético (se usa para inutilizar los sistemas de defensa enemigos)

Depurador de aire de la cabina

Escotilla de entrada/salida del piloto

Retropropulsor

Proyector de campo de fuerza del lanzamisiles

Asiento eyectable

Misiles de impacto guiados (también se pueden llevar torpedos de protones)

El brazo mecánico de artillería carga las armas

Minas orbitales almacenadas

Panel del disipador de calor

Las vigas reforzadas del ala sostienen grandes placas fotovoltaicas

Escotillas de inspección

Núcleo colector de energía

Matriz de sensores de combate

Sistema informático de control de vuelo

Conducto de transferencia de plasma al motor de estribor

Propulsor de dirección

El bloque de conexión de módulos contiene el reactor de ionización solar SFS I-a2b de los motores

Generador del repulsor

Conducto para lanzar las bombas. Bomba de protones

Sensores de selección de objetivos

El módulo de artillería puede reconvertirse para el transporte de tropas

Convertidores de energía solar de fase uno

BOMBA DE PROTONES

Detonador de implosión

Cubierta externa de aleación de lantánido

Amortiguadores de implosión

Escudo de neuranio para contener la radiación

Núcleo reactor generador de protones

BOMBAS POTENTES

Las bombas de protones son una pieza de artillería clave de un bombardero TIE, y producen una letal nube de partículas subatómicas superveloces. Resultan eficaces contra escudos de energía y de rayos, pero pueden ser bloqueadas por deflectores de partículas.

INTERCEPTOR TIE

Por suerte para los rebeldes, el prototipo de TIE Avanzado x1 resulta ser demasiado caro para fabricarlo a gran escala. Pero sus células fotovoltaicas de alto rendimiento y sus alas abatibles sobreviven en el interceptor TIE, uno de los más avanzados cazas producidos para la Armada Imperial. Es una nave con motores de iones actualizados y cuatro cañones bláster, más maniobrable, más rápida y mejor armada que muchas de sus predecesoras; solo es superada por el prototipo de defensor TIE, que nunca se produjo en serie. Para lograr su rendimiento ahorra en armas, escudos deflectores y sistemas de hiperimpulsión. Sus pilotos dependen de su talento y su superioridad numérica para sobrevivir.

DATOS

- **FABRICANTE** Sistemas de Flota Sienar
- **MODELO** Interceptor TIE
- **TIPO** Caza estelar
- **DIMENSIONES** Longitud: 7,7 m
- **TRIPULACIÓN** 1 piloto
- **ARMAS** 4 cañones láser SFS L-s9.3
- **AFILIACIÓN** Imperio Galáctico

DISEÑO INNOVADOR

Para optimizar la velocidad del interceptor TIE, los diseñadores imperiales aumentaron el tamaño de sus motores de iones gemelos estándar y les dieron la energía adicional necesaria aumentando también el tamaño de los paneles solares. Además, usaron las «alas abatibles» del prototipo de caza TIE de Vader pero modificaron la forma de los paneles laterales para crear unas alas en forma de daga que dieran un campo de visión más amplio desde la cabina.

El ala reducida hace la nave más ligera y ofrece al piloto una mejor visión lateral

El ala fotovoltaica inclinada reduce la exposición al fuego

Sensores de selección de objetivos avanzados

Cañones bláster en la punta de las alas

Matrices de sensores

Piloto

Pantalla de transpariacero

Soportes para cañones láser adicionales (opcionales)

Conductos acumuladores de energía

Células fotovoltaicas ultraeficaces de girondio y colio

El caza TIE tiene láseres gemelos bajo la cabina, pero el interceptor lleva cuatro cañones en la punta de sus paneles solares.

EL LEGADO DE JANGO FETT

Cuando el cazarrecompensas Jango Fett muere en la batalla de Geonosis, su hijo, Boba, huye en su nave, *Esclavo I*, y empieza a maquinar su venganza. Comienza a trabajar como cazarrecompensas e invierte sus ganancias en mantener y reformar la *Esclavo I*. A pesar de su juventud y escasa experiencia, se convierte en el líder de un grupo de cazarrecompensas, casi todos los cuales le doblan la edad. Al final de las Guerras Clon ya se ha forjado una reputación profesional.

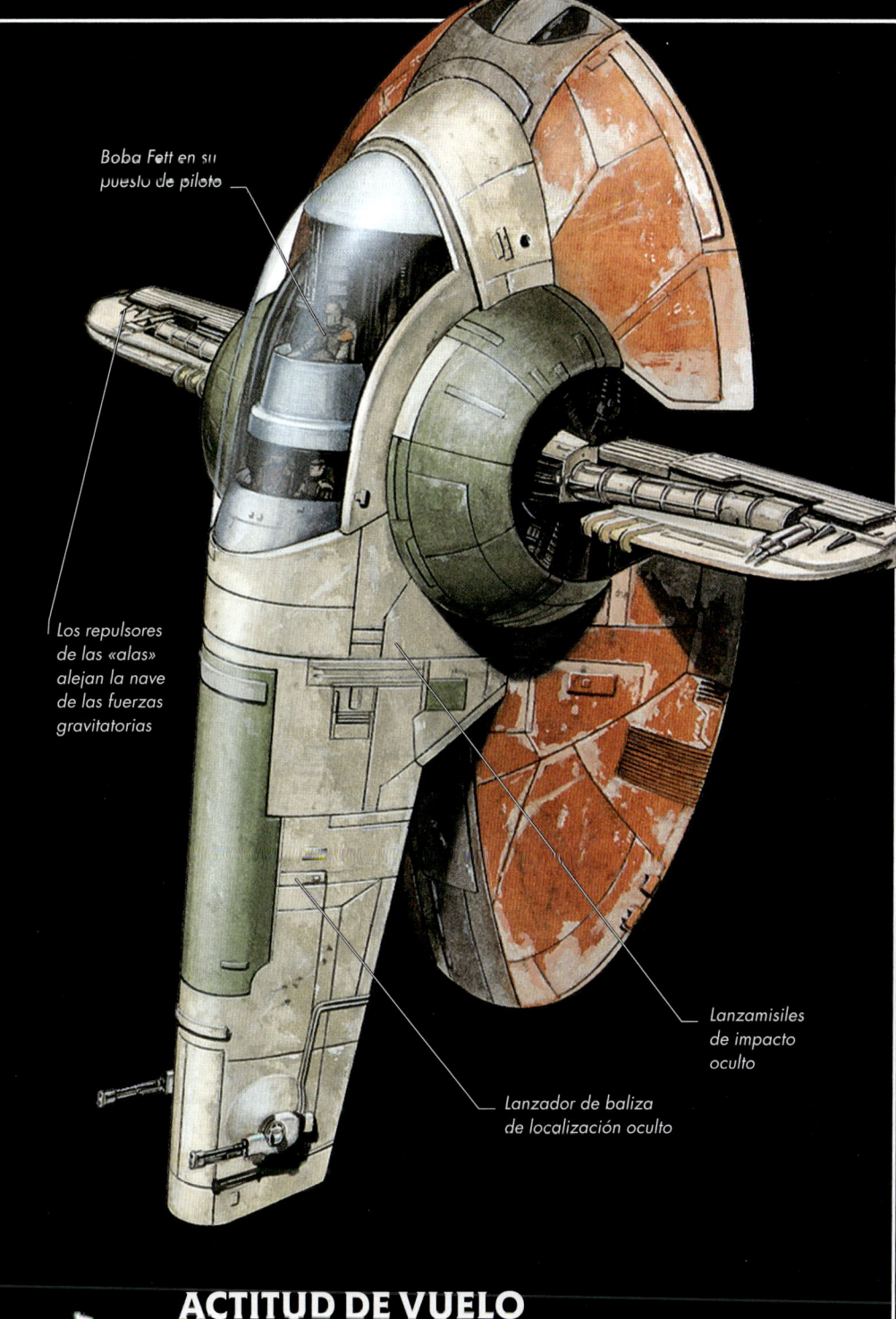

Boba Fett en su puesto de piloto

Los repulsores de las «alas» alejan la nave de las fuerzas gravitatorias

Lanzamisiles de impacto oculto

Lanzador de baliza de localización oculto

ACTITUD DE VUELO

La *Esclavo I* vuela en vertical para ofrecer una visibilidad máxima y un uso más eficaz de sus armas. Su curiosa configuración exige habilidades de pilotaje poco ortodoxas que Boba Fett aprendió de niño viendo a su padre, Jango. La nave se diseñó para favorecer el sigilo, la defensa y el ataque en detrimento de la velocidad, pero si se deriva la máxima energía posible a los motores principales puede igualar la velocidad espacial de un caza Ala-Y.

El sistema de enmascaramiento y bloqueo de sensores de la *Esclavo I* fue un proyecto experimental de alto secreto para la Armada Imperial. Permite a Fett perseguir de cerca a otras naves permaneciendo invisible a sus sensores.

ESCLAVO I DE BOBA FETT

La nave de Boba Fett ya había sufrido importantes cambios para adecuarla a las necesidades de un cazarrecompensas profesional cuando la heredó de su padre, Jango. Pero Boba también hizo sus modificaciones. La *Esclavo I* abunda en sensores de toda clase, generadores de escudos y sistemas de armamento adicionales. Un mecanismo militar secreto para bloquear sensores y enmascararse le permite desaparecer de casi todos los escáneres. Dados sus múltiples recursos, es uno de los activos más peligrosos de Boba cuando sigue el rastro a sus presas por la galaxia.

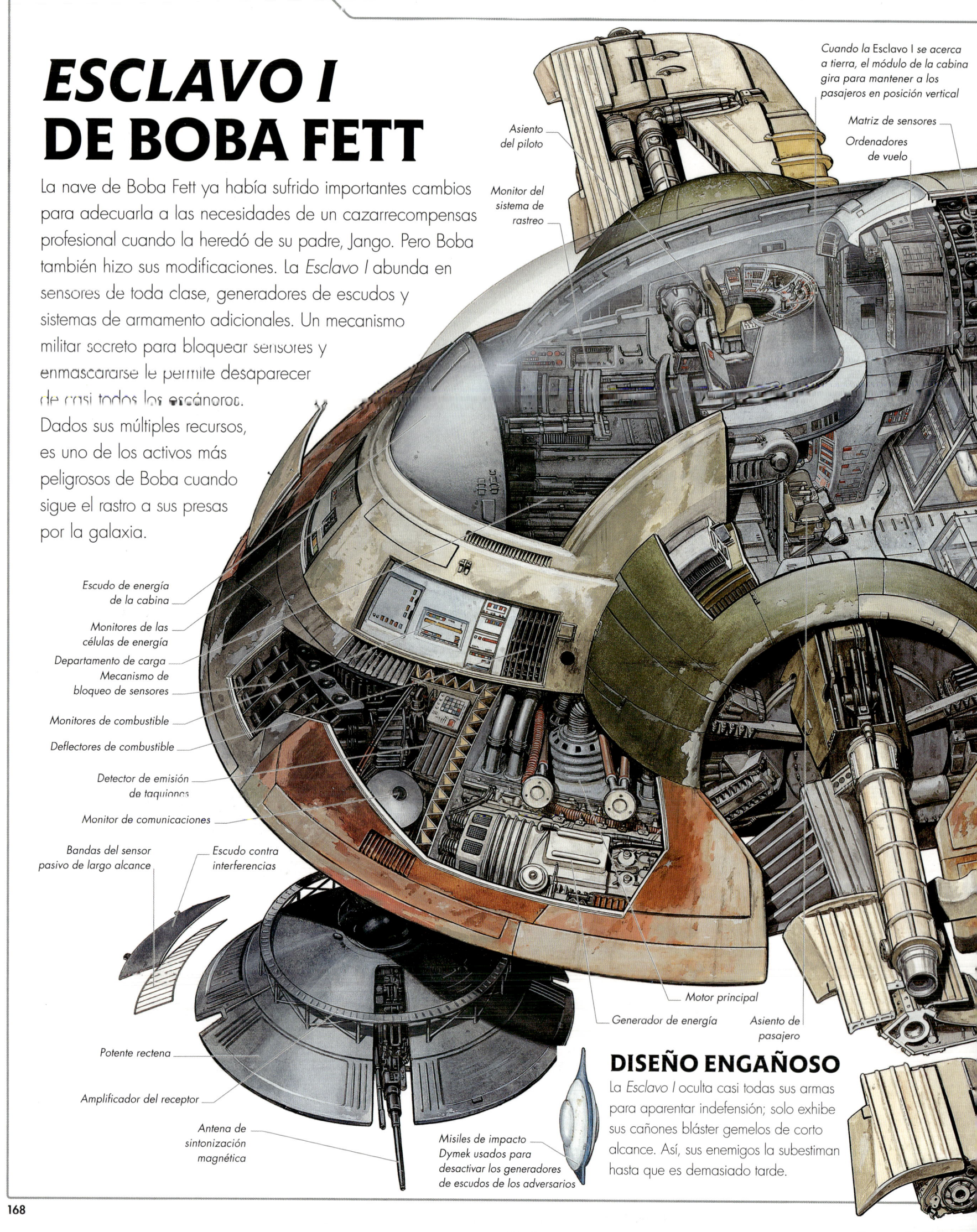

Asiento del piloto
Monitor del sistema de rastreo
Cuando la Esclavo I se acerca a tierra, el módulo de la cabina gira para mantener a los pasajeros en posición vertical
Matriz de sensores
Ordenadores de vuelo
Escudo de energía de la cabina
Monitores de las células de energía
Departamento de carga
Mecanismo de bloqueo de sensores
Monitores de combustible
Deflectores de combustible
Detector de emisión de taquiones
Monitor de comunicaciones
Bandas del sensor pasivo de largo alcance
Escudo contra interferencias
Potente rectena
Amplificador del receptor
Antena de sintonización magnética
Misiles de impacto Dymek usados para desactivar los generadores de escudos de los adversarios
Motor principal
Generador de energía
Asiento de pasajero

DISEÑO ENGAÑOSO

La *Esclavo I* oculta casi todas sus armas para aparentar indefensión; solo exhibe sus cañones bláster gemelos de corto alcance. Así, sus enemigos la subestiman hasta que es demasiado tarde.

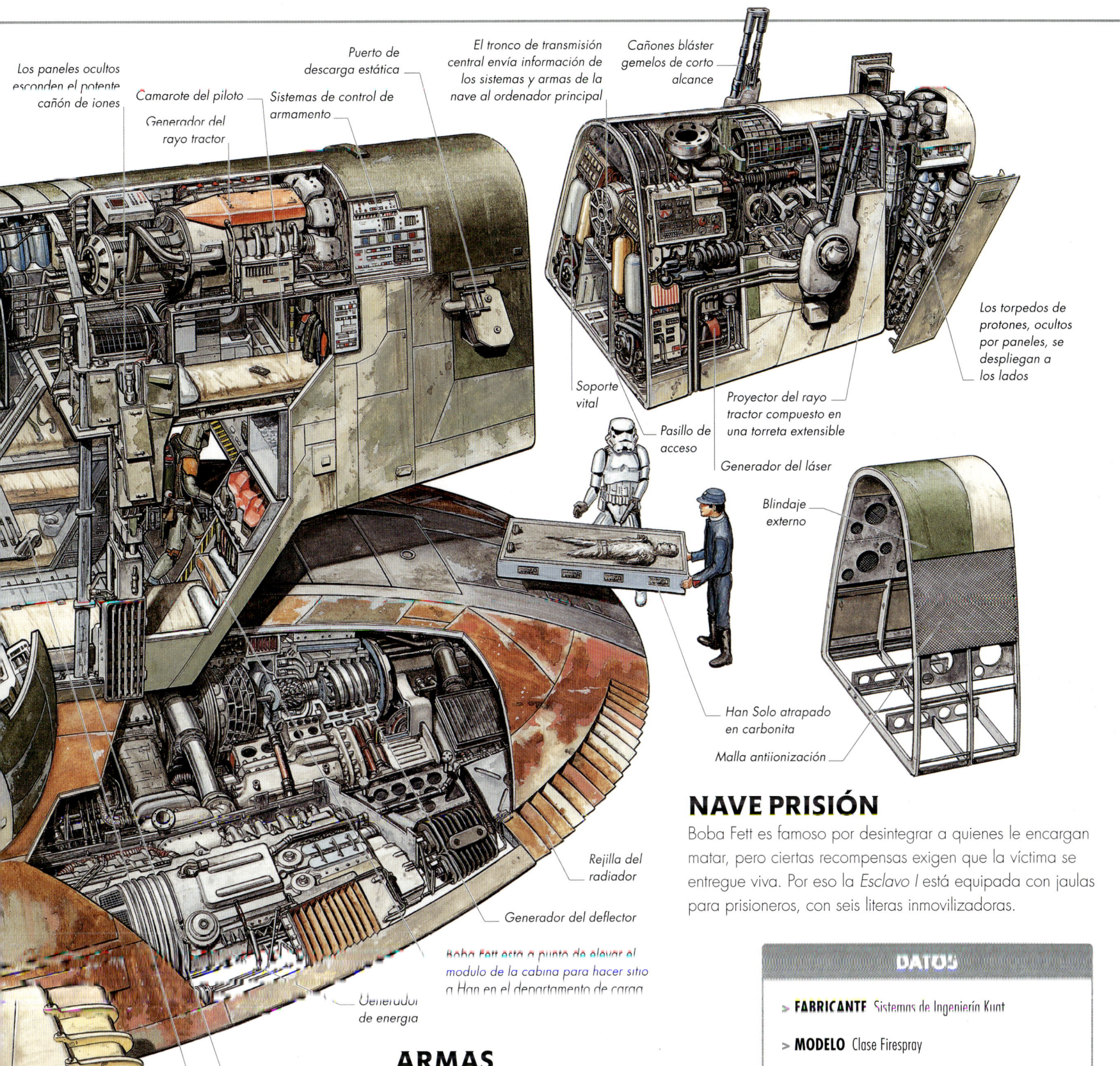

NAVE PRISIÓN

Boba Fett es famoso por desintegrar a quienes le encargan matar, pero ciertas recompensas exigen que la víctima se entregue viva. Por eso la *Esclavo I* está equipada con jaulas para prisioneros, con seis literas inmovilizadoras.

ARMAS

Boba se ha servido del abrumador armamento de la *Esclavo I* para destruir sin piedad naves bien armadas de enemigos y cazarrecompensas rivales. Incluso ha reducido cañoneras a ruinas antes de que pudieran reaccionar, ya que su sistema de armamento oculto le permite lanzar devastadores ataques sorpresa forzando al máximo sus cuatro generadores de energía. Sus rayos tractores atrapan naves pequeñas para destruirlas o capturarlas, y permiten a Boba Fett «acoplarse» a naves más potentes, así que es imposible huir del cazarrecompensas.

DATOS

> **FABRICANTE** Sistemas de Ingeniería Kuat

> **MODELO** Clase Firespray

> **TIPO** Nave patrulla

> **DIMENSIONES** Longitud: 21,5 m

> **TRIPULACIÓN** 1 piloto (más 6 pasajeros)

> **ARMAS** 2 cañones bláster giratorios gemelos Borstel GN-40, 2 lanzadores de misiles de impacto Dymek HM-8, 1 cañón de iones Brugiss C/In, 1 proyector de rayo tractor Phylon F1, 2 lanzadores de torpedos de protones Arakyd AA/SL (3 torpedos por lanzador)

> **AFILIACIÓN** Ninguna

UN ACTIVO VITAL

Debido a sus recursos limitados, la Alianza Rebelde debe flexibilizar la operatividad de sus naves para que, siempre que sea posible, puedan desempeñar múltiples funciones. Además de sus instalaciones sanitarias, la fragata médica *Redención* tiene sofisticados escáneres y una potente antena de espacio profundo y múltiples frecuencias, por lo que es más que adecuada como base de mando de combate.

HOSPITAL DE CAMPAÑA

A diferencia del Imperio, la Alianza Rebelde da máxima prioridad a la atención sanitaria en los lugares de conflicto. La *Redención* viaja con la flota rebelde y suele entrar en las áreas de combate. No obstante, su estatus de nave hospital no le confiere una protección especial frente a las fuerzas imperiales, para quienes todo rebelde es un objetivo legítimo, incluso los heridos. Cada droide médico de la *Redención* está programado para tratar un traumatismo. Con los pacientes que han sufrido amputaciones, los droides cirujanos 2-1B usan ordenadores de diagnóstico y material de reconstrucción genética para crear prótesis cibernéticas con sensibilidad táctil.

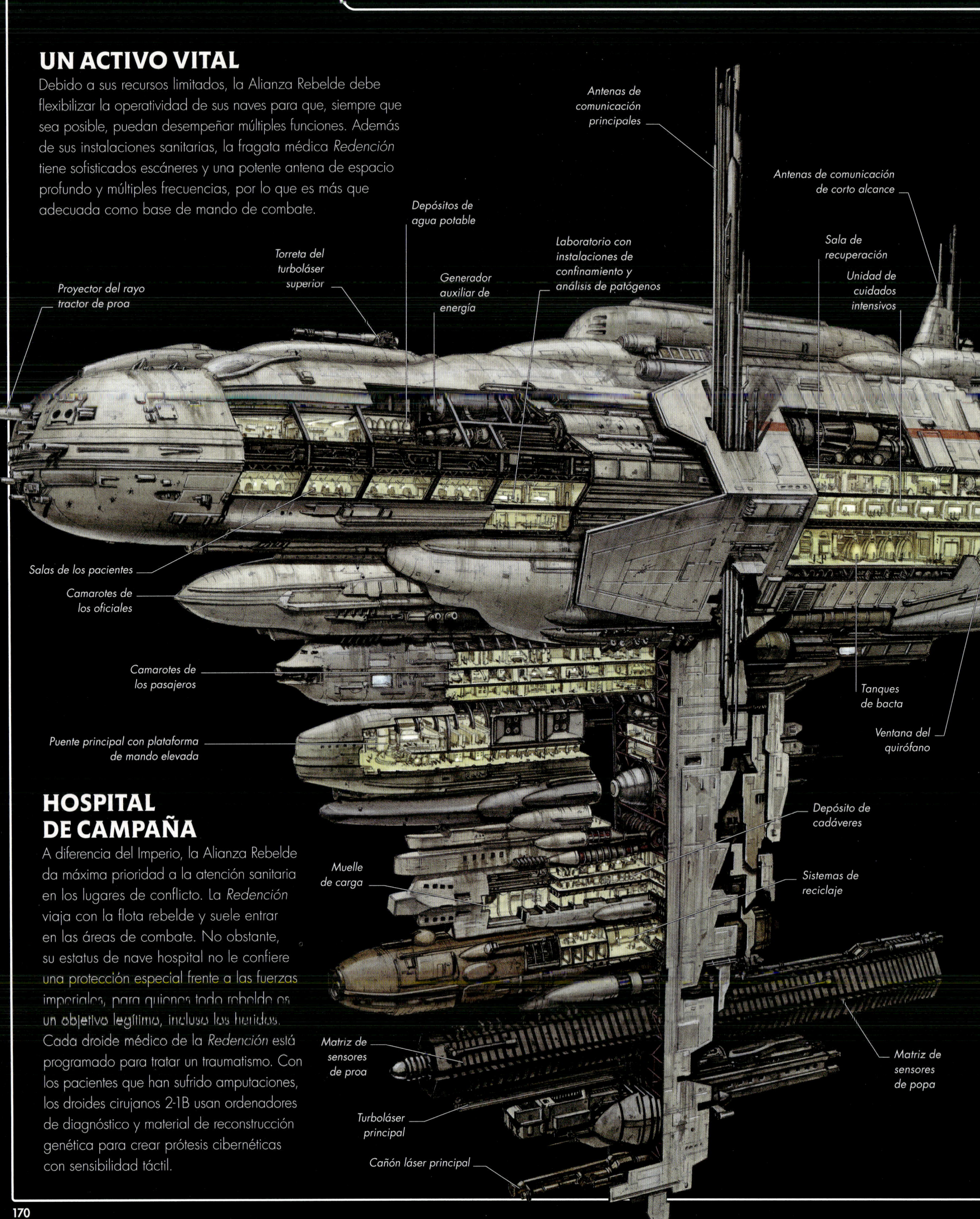

- Antenas de comunicación principales
- Antenas de comunicación de corto alcance
- Depósitos de agua potable
- Laboratorio con instalaciones de confinamiento y análisis de patógenos
- Sala de recuperación
- Unidad de cuidados intensivos
- Torreta del turboláser superior
- Generador auxiliar de energía
- Proyector del rayo tractor de proa
- Salas de los pacientes
- Camarotes de los oficiales
- Camarotes de los pasajeros
- Tanques de bacta
- Ventana del quirófano
- Puente principal con plataforma de mando elevada
- Depósito de cadáveres
- Muelle de carga
- Sistemas de reciclaje
- Matriz de sensores de proa
- Matriz de sensores de popa
- Turboláser principal
- Cañón láser principal

RENDICIÓN

La Alianza posee varias fragatas escolta Nebulón-B EF76 y las ha adaptado para diferentes usos, como las misiones de reconocimiento y las operaciones de búsqueda y rescate. La *Redención* es una nave hospital, y la mayoría de sus armas han sido reemplazadas por sistemas de apoyo para generadores de energía y proyectores de escudos. Su plataforma de lanzamiento, la estándar de un caza, se transformó en un hospital con cabida para más de 700 pacientes. Contiene unidades de cuidados intensivos, quirófanos, salas de recuperación, numerosos droides médicos y 16 tanques de bacta. La tasa de supervivencia de sus pacientes es casi del 98 por ciento.

DATOS

- **FABRICANTE** Astilleros de Propulsores Kuat
- **MODELO** Nebulón-B EF76 (modificado)
- **TIPO** Fragata
- **DIMENSIONES** Longitud: 300 m
- **TRIPULACIÓN** 77 oficiales, 773 soldados rasos, 80 sanitarios (y hasta 745 pacientes)
- **ARMAS** 6 turboláseres Taim & Bak XI 7, 8 cañones láser Borstel RH8, 2 proyectores de rayo tractor Phylon Q7
- **AFILIACIÓN** Alianza Rebelde

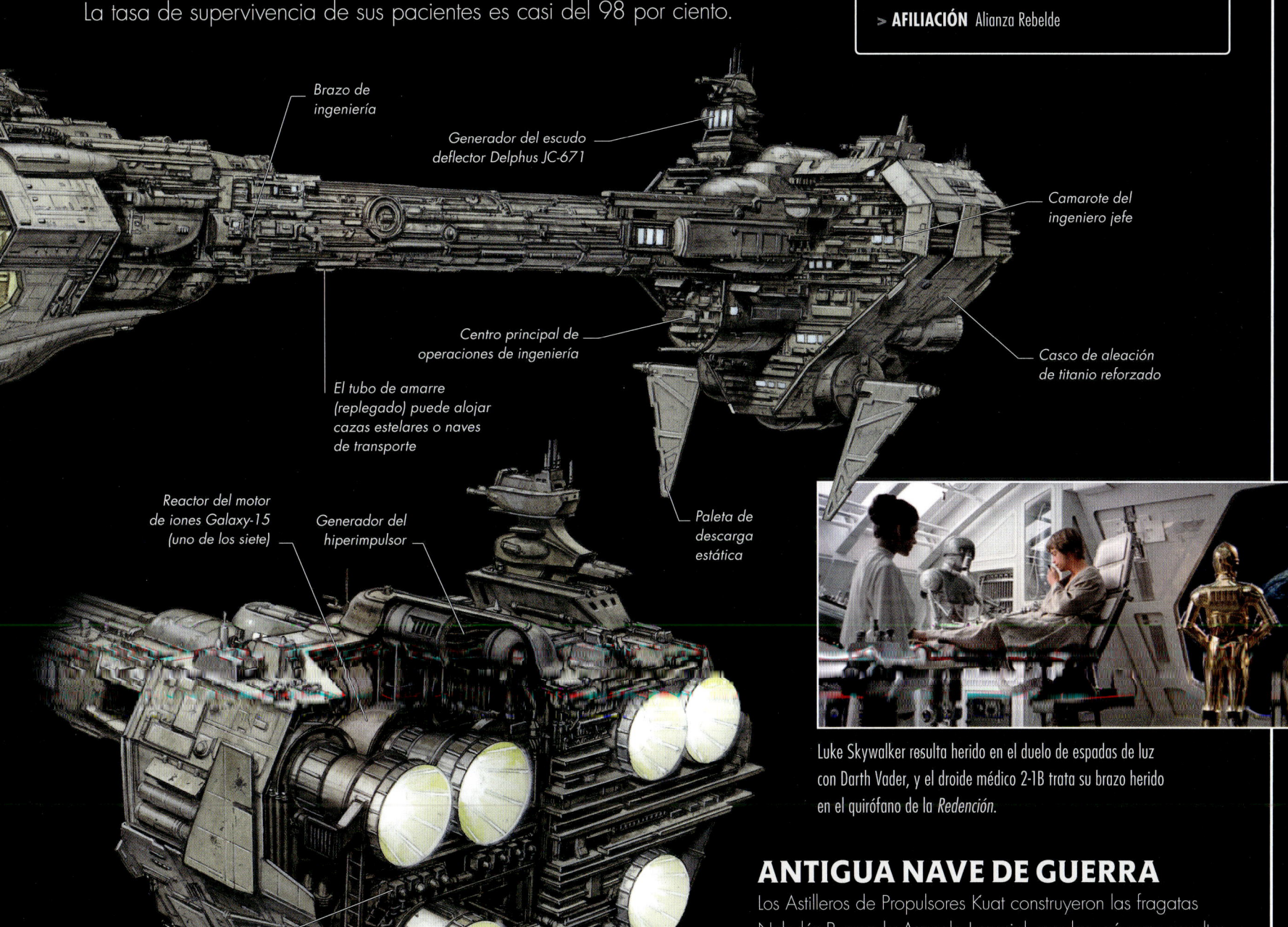

Luke Skywalker resulta herido en el duelo de espadas de luz con Darth Vader, y el droide médico 2-1B trata su brazo herido en el quirófano de la *Redención*.

ANTIGUA NAVE DE GUERRA

Los Astilleros de Propulsores Kuat construyeron las fragatas Nebulón-B para la Armada Imperial, que las usó para escoltar convoyes de suministros por las rutas hiperespaciales. Eran más lentas y menos manejables que las corbetas corellianas empleadas antes como escolta, pero eran más baratas que los destructores y estaban equipadas con potencia de fuego pesado. Varias Nebulón-B se pasaron al bando rebelde o cayeron en sus manos.

HOGAR UNO

El crucero estelar MC80A *Hogar Uno* se creó como nave de exploración del espacio profundo en Mon Cala, pero se modificó para luchar contra el Imperio. Las múltiples ventanas que antes cubrían su exterior se reemplazaron por placas de blindaje. Los hangares para lanzaderas se ampliaron para transportar escuadrones de cazas. Su armamento estándar de defensa para eliminar asteroides y obstáculos similares se reemplazó por baterías de turboláseres, cañones de iones y emisores de rayos tractores capaces de atrapar cazas enemigos. El *Hogar Uno* es la nave de mando del almirante Ackbar en el ataque a la segunda Estrella de la Muerte en la batalla de Endor y en el ataque a la flota imperial en la batalla de Jakku.

MANDOS DISTINTIVOS

Varias especies galácticas componen el personal rebelde del *Hogar Uno*, pero, debido al diseño de sus controles, la tripulación de mando consiste únicamente en mon calamari. Sus gráficos de combate e imágenes holográficas se diseñaron específicamente para ellos. Mientras el almirante Ackbar y su tripulación estén al timón, la Alianza sabe que su flota está en buenas manos.

> «Que la Fuerza nos acompañe.»
> — Almirante Ackbar

La lanzadera principal integrada en la nave transporta personal de unos planetas a otros

Puente principal y sala de reuniones

Módulos de carga

Abrazadera de amarre

Un cordón umbilical une la lanzadera a los sistemas principales de la nave

Reactor principal

Interfaz del reactor/hiperimpulsor

Generador del hiperimpulsor

Emisor del campo de hiperimpulsión

Distribuidor de inyección de iones

Cápsulas de escape

Propulsores de estribor

Motores de iones subluz principales de estribor

ACTUALIZACIÓN REBELDE

Como muchos cruceros de Mon Calamari, el *Hogar Uno* se diseñó en principio con muchos pasadizos llenos de agua que serpenteaban por su interior y permitían a la tripulación oriunda nadar entre sus distintas zonas. Para adecuar la nave a la tripulación no anfibia, se drenaron varios pasadizos y se acondicionaron con suelo, escaleras y ventilación.

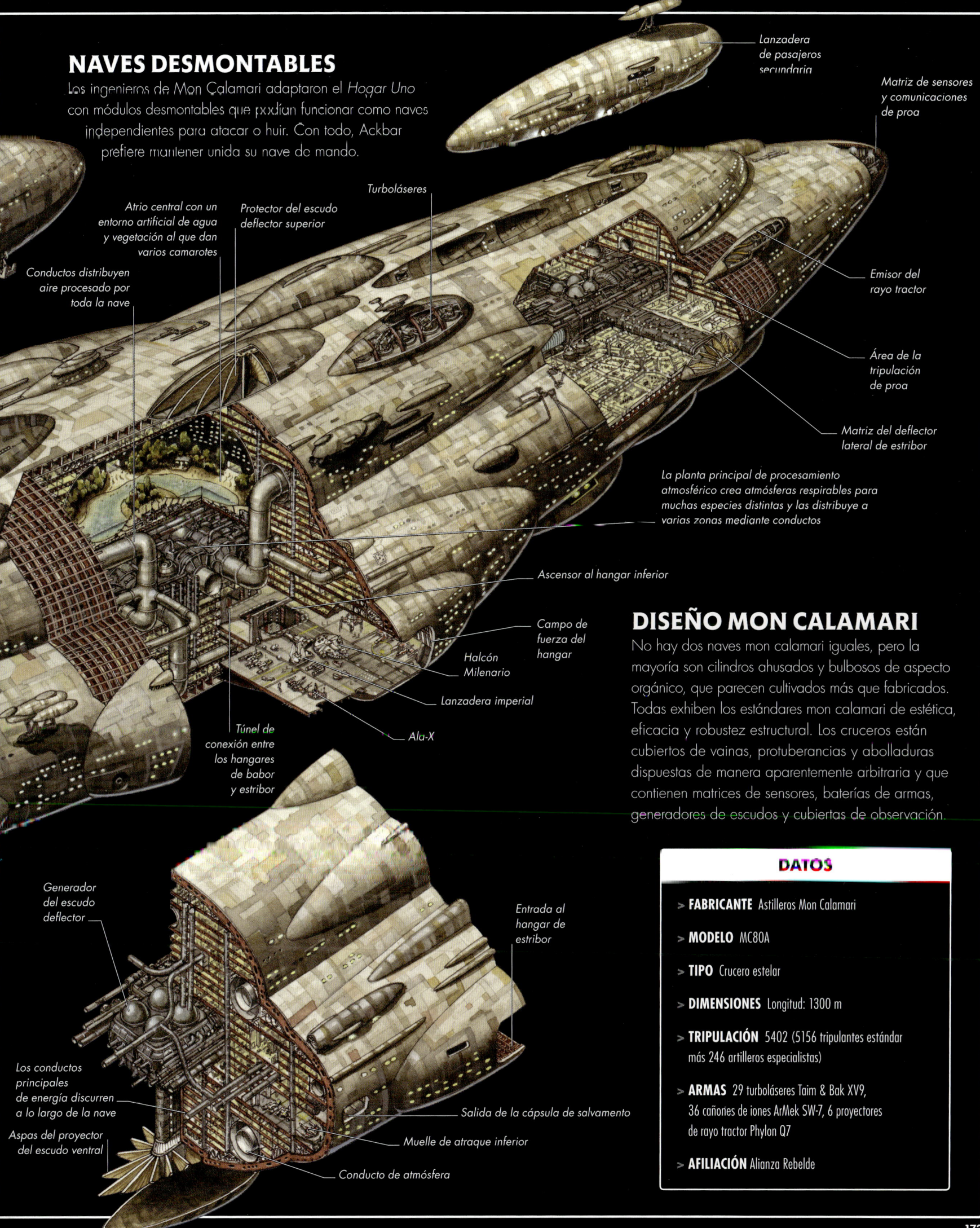

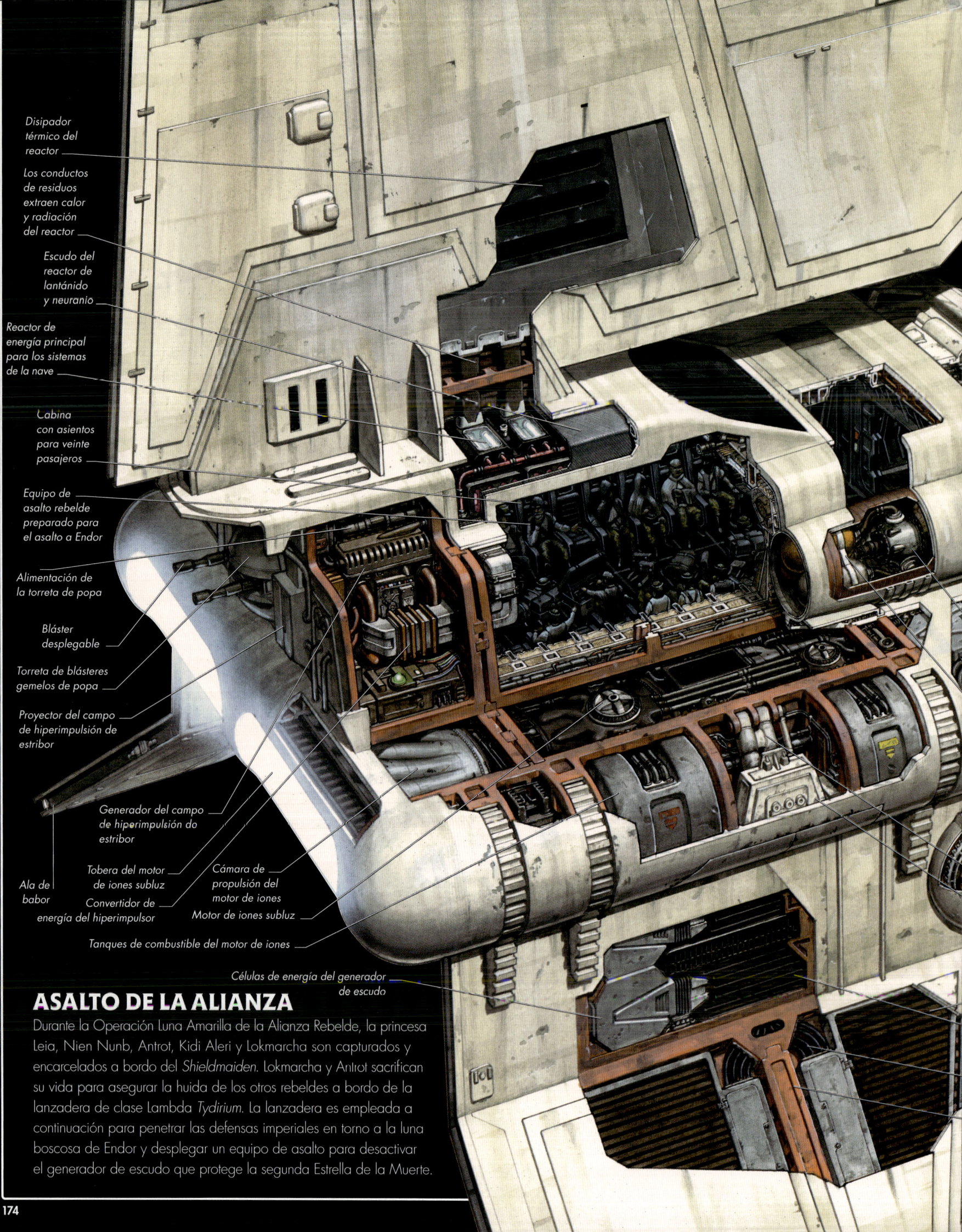

ASALTO DE LA ALIANZA

Durante la Operación Luna Amarilla de la Alianza Rebelde, la princesa Leia, Nien Nunb, Antrot, Kidi Aleri y Lokmarcha son capturados y encarcelados a bordo del *Shieldmaiden*. Lokmarcha y Antrot sacrifican su vida para asegurar la huida de los otros rebeldes a bordo de la lanzadera de clase Lambda *Tydirium*. La lanzadera es empleada a continuación para penetrar las defensas imperiales en torno a la luna boscosa de Endor y desplegar un equipo de asalto para desactivar el generador de escudo que protege la segunda Estrella de la Muerte.

LANZADERA DE CLASE LAMBDA

Famosa por su fiabilidad y su distintivo diseño de tres alas, la lanzadera T-4a de clase Lambda es una de las naves más utilizadas de la flota imperial. Su función principal es transportar personal y cargamento entre las naves capitales del Imperio, pero también se emplea para efectuar aterrizajes planetarios y traslados entre naves imperiales menores. Es un vehículo versátil capaz de configurarse como transportador de carga, de tropas, nave de correo o diplomática. Muchos funcionarios imperiales la usan como transporte personal, pues sus armas, casco reforzado y escudos garantizan viajes seguros incluso sin escolta militar; el propio emperador usa una nave de clase Lambda modificada. Al aterrizar, las alas inferiores, protegidas por potentes escudos, se pliegan hacia arriba para proteger a sus ocupantes.

Puertas acorazadas para sellar el mamparo en caso de que la cabina se use como nave para huir

C-3PO
Han Solo
Chewbacca
R2-D2
Leia Organa
Luke Skywalker
Puesto del artillero
Matriz de sensores de proa
Puesto del ingeniero de vuelo
Cañones láser de ataque en posición fija
Blásteres gemelos giratorios de largo alcance
Motor del retropropulsor de estribor
Cámara de energía del motor del retropropulsor
Alimentación del bláster
Mecanismo de rotación del bláster
Piezas extensibles del tren de aterrizaje
Equipo de aterrizaje de estribor
Disipador térmico del generador del escudo deflector
Proyector del escudo deflector del ala de estribor
Generador del escudo deflector del ala de estribor
Alimentación de los proyectores del escudo deflector
Viga de soporte estructural del ala principal

MÚLTIPLES FABRICANTES

La versión estándar de la lanzadera T-4a diseñada por los Sistemas de Flota Sienar constituye una de las series más populares de la compañía. Además de sus contratos imperiales, varios de los individuos más ricos de la galaxia y muchos gobiernos planetarios la encargan en grandes cantidades. Para atender los pedidos de una versión militar bien armada, el genio tecnológico Raith Sienar subcontrató la producción a los Talleres Espaciales Cygnus. No obstante, desde entonces este fabricante rival ha tratado de competir con Sienar con un modelo civil que es casi idéntico al diseño estándar de la T-4a.

NAVE SALVAVIDAS

Si la T-4a de clase Lambda queda inutilizada, la cabina puede separarse del resto del casco y usarse para un breve trayecto a velocidad subluz. No obstante, no es lo bastante grande para llevar a los 20 pasajeros que caben en la lanzadera; en las naves imperiales, la prioridad para un puesto en la nave salvavidas siempre se da al personal sénior.

DATOS

> **FABRICANTE** Sistemas de Flota Sienar

> **MODELO** T4a de clase Lambda

> **TIPO** Lanzadera

> **DIMENSIONES** Longitud: 20 m

> **TRIPULACIÓN** 2-6 (y hasta 20 pasajeros)

> **ARMAS** 2 cañones bláster dobles Taim & Bak KX5 (en la proa), 1 cañón bláster doble retráctil ArMek R-ZO (en la popa), 2 cañones láser dobles Taim & Bak GA-60s

> **AFILIACIÓN** Imperio Galáctico

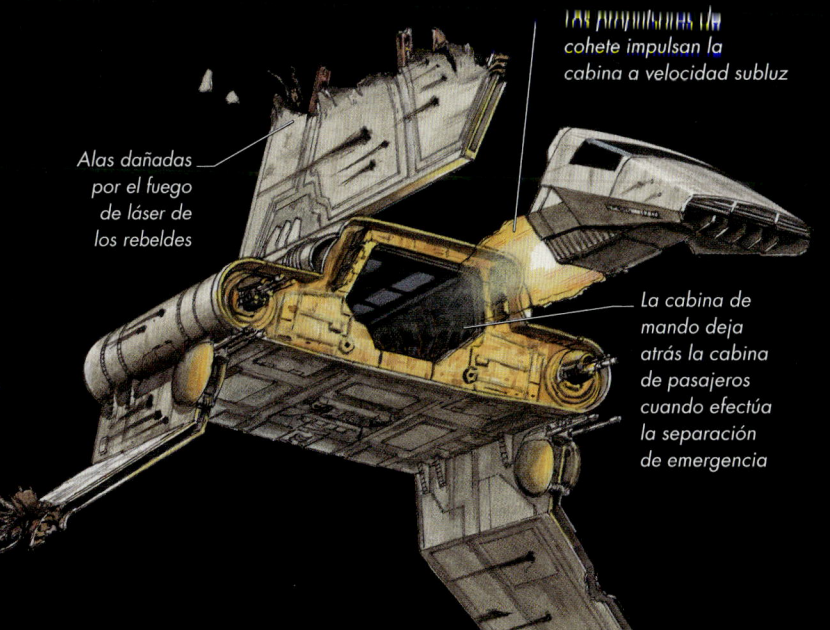

Los propulsores de cohete impulsan la cabina a velocidad subluz

Alas dañadas por el fuego de láser de los rebeldes

La cabina de mando deja atrás la cabina de pasajeros cuando efectúa la separación de emergencia

BARCAZA DE JABBA

La barcaza de Jabba el Hutt, *Khetanna*, es una extraña combinación de opulencia y crudo minimalismo, acorde con los gustos de su vil propietario. Es una colosal nave de ocio que flota sobre repulsores y lleva y trae al señor del crimen entre su palacio en los páramos de Tatooine y su finca en Mos Eisley. Jabba también la conduce más allá del Mar de Dunas para cerrar tratos turbios o asistir a lejanas carreras de apuestas que engrosan su imperio criminal. Entre las misiones más nefastas de la *Khetanna* se cuentan el traslado del Hutt a escenarios de ejecuciones o a violentos y letales combates de gladiadores celebrados para su divertimento en remotos valles desérticos. Allí donde se la ve, anuncia la sombra ominosa de la presencia de su amo.

DATOS

- **FABRICANTE** Industrias Ubrikkian
- **MODELO** LO-KD57 modificada
- **TIPO** Barcaza
- **DIMENSIONES** Longitud: 30 m
- **TRIPULACIÓN** 26 (más 500 pasajeros)
- **ARMAS** 1 cañón láser doble CEC Me/7, 20 cañones láser antipersona CEC Gi/9
- **AFILIACIÓN** Ninguna

ESQUIFES DEL DESIERTO

Dos esquifes del desierto acompañan a la *Khetanna*. Son naves antigravitatorias que transportan a pasajeros a y desde la barcaza. Llevan a guardias atentos a emboscadas del sinfín de enemigos de Jabba. Los esquifes son poco más que plataformas volantes —incómodas y expuestas al viento, la arena y el sol—, diseñadas para dar a los vigías una visión despejada de cuanto los rodea.

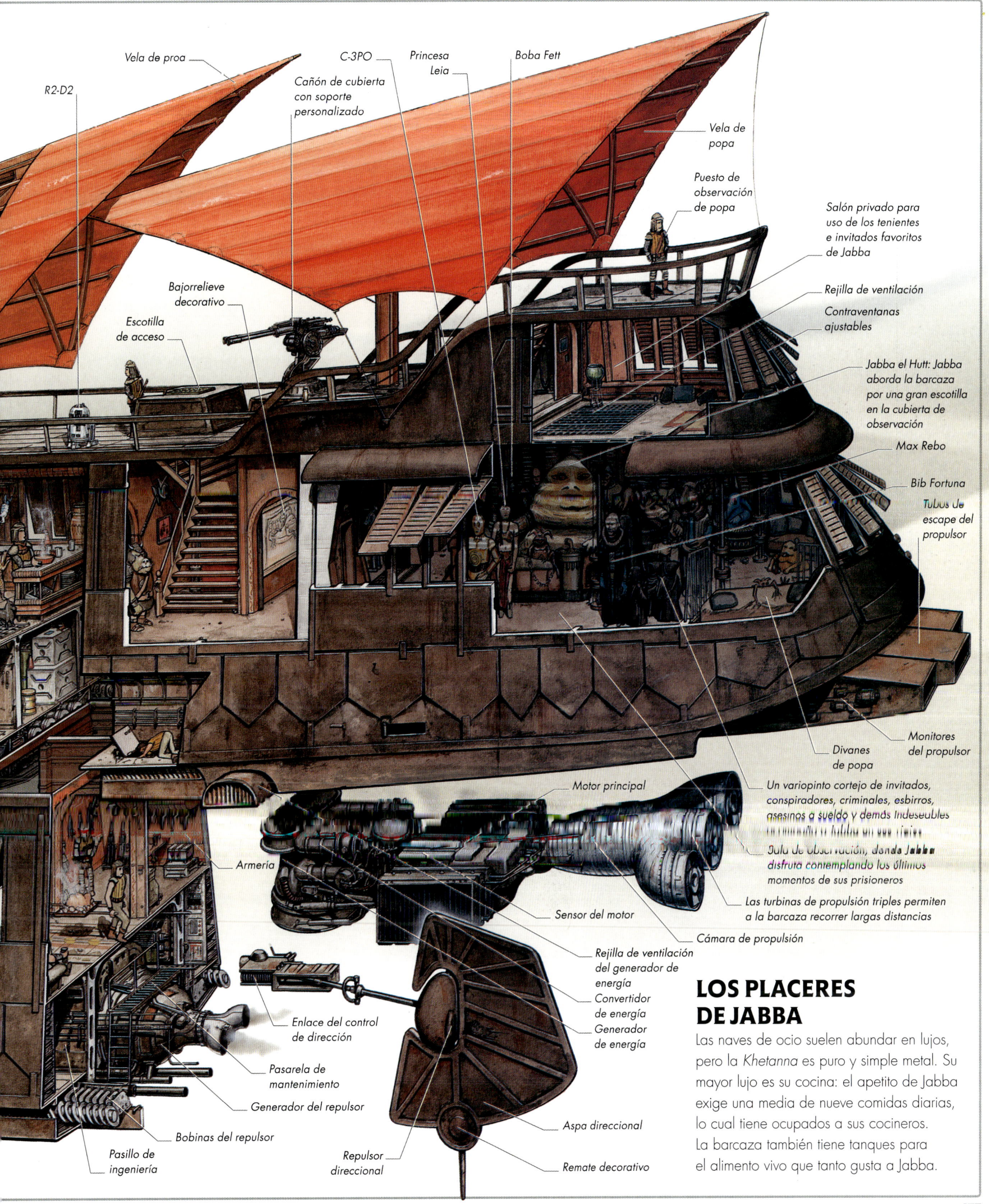

LOS PLACERES DE JABBA

Las naves de ocio suelen abundar en lujos, pero la *Khetanna* es puro y simple metal. Su mayor lujo es su cocina: el apetito de Jabba exige una media de nueve comidas diarias, lo cual tiene ocupados a sus cocineros. La barcaza también tiene tanques para el alimento vivo que tanto gusta a Jabba.

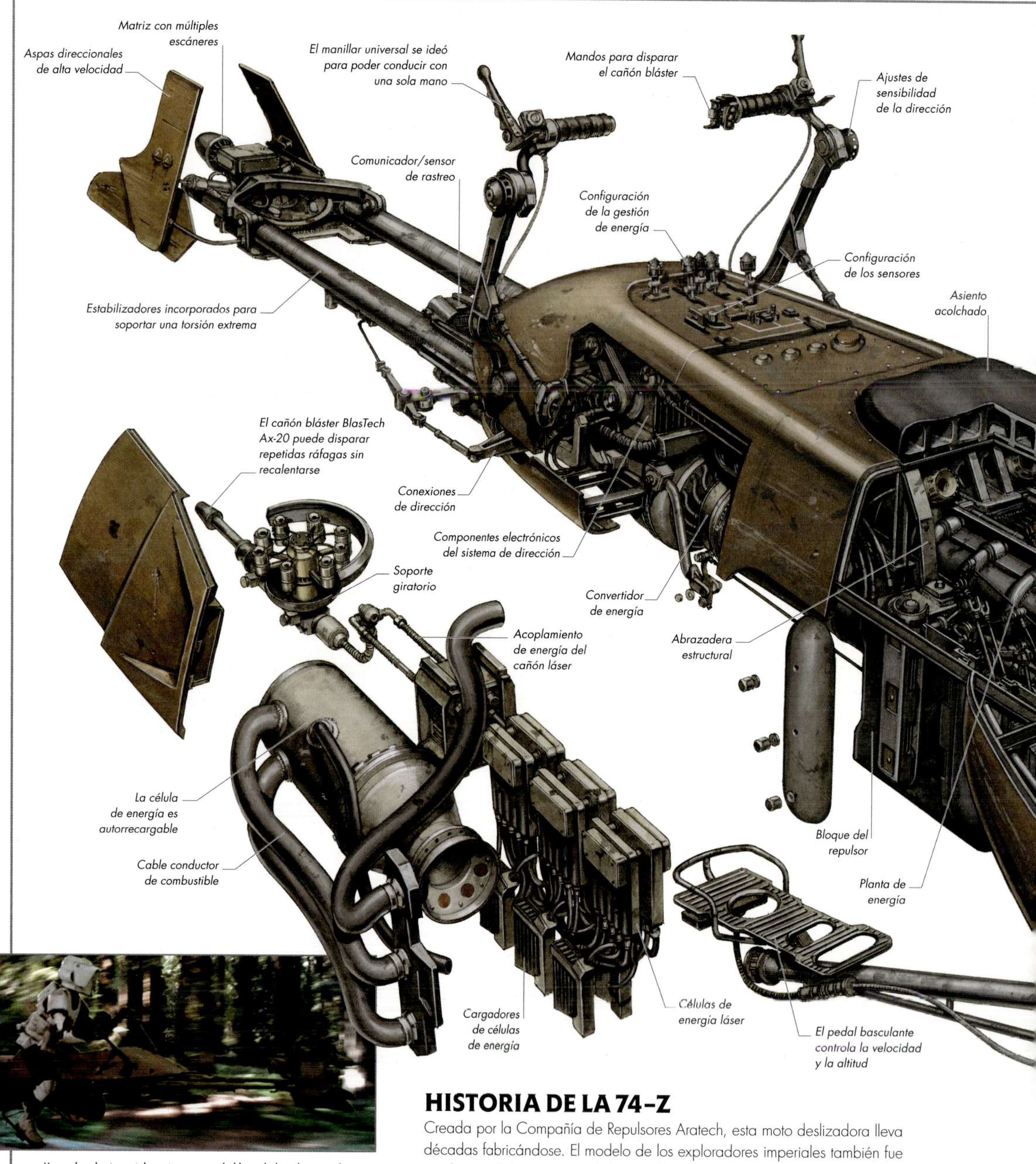

HISTORIA DE LA 74-Z

Creada por la Compañía de Repulsores Aratech, esta moto deslizadora lleva décadas fabricándose. El modelo de los exploradores imperiales también fue usado por el Gran Ejército de la República en las Guerras Clon. Hay versiones adaptadas a entornos de frío y de calor, y otras para las grandes altitudes de regiones montañosas.

Un explorador imperial persigue a un rebelde en la luna boscosa de Endor. Su casco tiene un sensor que escanea un área de 180 grados mientras vuela cerca del suelo.

MOTO DESLIZADORA

La moto deslizadora 74-Z de Aratech es un pequeño vehículo monoplaza con repulsor que suelen emplear los soldados exploradores imperiales. Se usa para reconocer el terreno, defender un perímetro, patrullar y en ataques de precisión puntuales contra fuerzas enemigas reducidas. Es muy rápida y mucho más manejable que los deslizadores terrestres o aéreos. Además, permite al ejército imperial establecer y mantener una presencia tangible en vastas zonas de los mundos ocupados. Su fuente de energía se autorrecarga y permite a un soldado explorar el terreno y patrullar lejos de la base sin preocuparse por el combustible. Va armada con pequeños cañones bláster y lleva un ligero blindaje.

DATOS

> **FABRICANTE** Compañía de Repulsores Aratech
> **MODELO** 74-Z
> **TIPO** Moto repulsora
> **DIMENSIONES** Longitud: 3 m
> **TRIPULACIÓN** 1 piloto
> **ARMAS** 1 cañón bláster BlasTech Ax-20
> **AFILACIÓN** República Galáctica, Imperio Galáctico

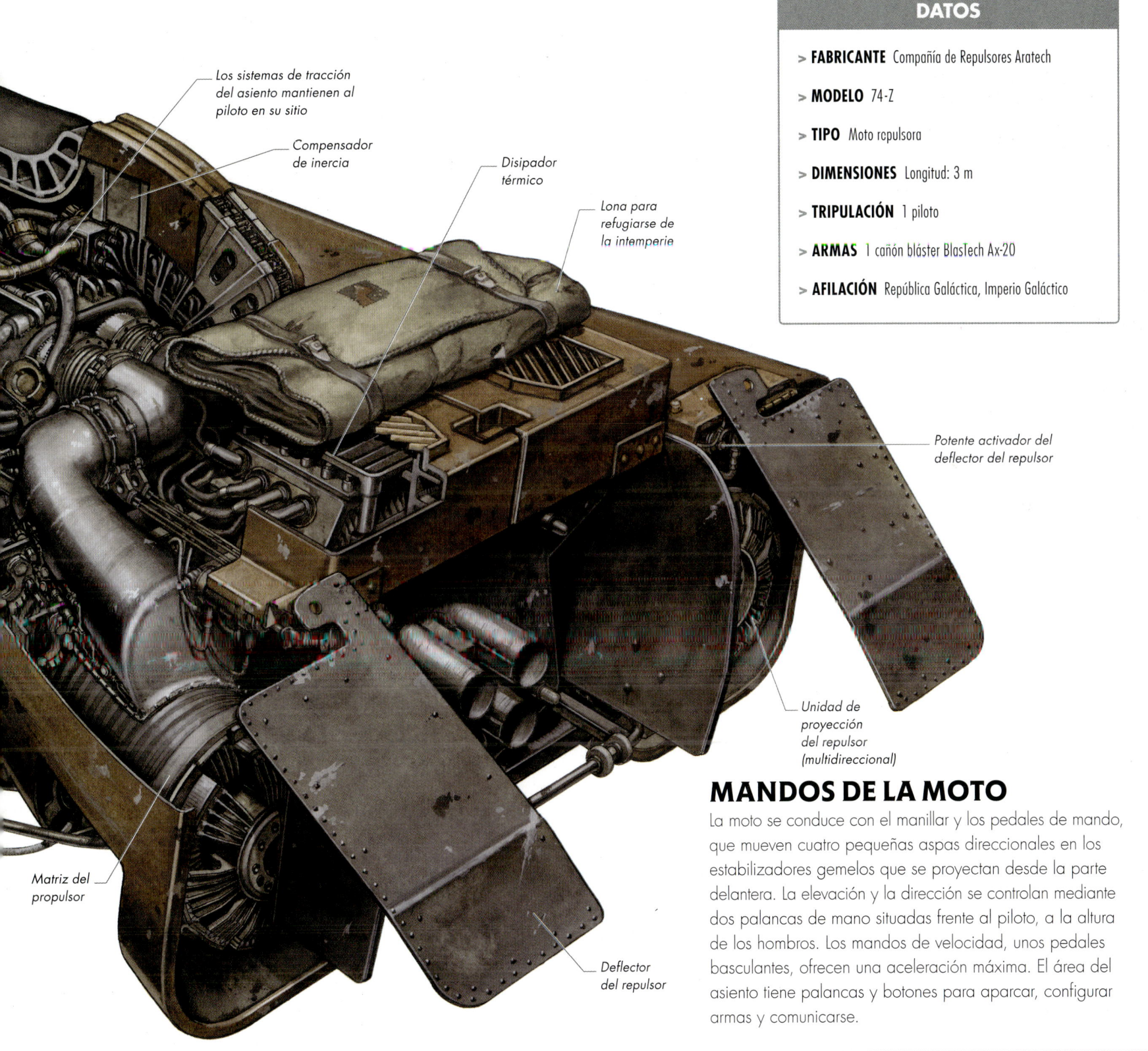

- Los sistemas de tracción del asiento mantienen al piloto en su sitio
- Compensador de inercia
- Disipador térmico
- Lona para refugiarse de la intemperie
- Potente activador del deflector del repulsor
- Unidad de proyección del repulsor (multidireccional)
- Matriz del propulsor
- Deflector del repulsor

MANDOS DE LA MOTO

La moto se conduce con el manillar y los pedales de mando, que mueven cuatro pequeñas aspas direccionales en los estabilizadores gemelos que se proyectan desde la parte delantera. La elevación y la dirección se controlan mediante dos palancas de mano situadas frente al piloto, a la altura de los hombros. Los mandos de velocidad, unos pedales basculantes, ofrecen una aceleración máxima. El área del asiento tiene palancas y botones para aparcar, configurar armas y comunicarse.

ALA-A RZ-1

El Ala-A RZ-1, en forma de cuña, es desarrollado por los ingenieros rebeldes tras adquirir varios prototipos del caza R-22 de la flota de defensa de Tammuz-an. Como el Ala-X de Corporación Incom, el R-22 de Sistemas de Ingeniería Kuat fue rechazado por el Imperio. Los rebeldes lo modificaron a fondo, añadiéndole un hiperimpulsor y sustituyéndole los motores subluz, el blindaje y las armas por elementos equivalentes que priorizaban la velocidad, la aceleración y la maniobrabilidad. Llamado Ala-A RZ-1, es una de las naves favoritas de la Alianza Rebelde y es el caza elegido para varias células rebeldes. Así, el Escuadrón Fénix se compone sobre todo de Ala-A cuando se enfrenta a Vader en Lothal. El Ala-A es idóneo para realizar ataques relámpago, ataques de precisión a naves insignia, patrullaje de largo alcance y misiones de reconocimiento. Sus estabilizadores gemelos y sus superficies de control le permiten operar de forma eficaz como caza atmosférico.

El carboplástico acanalado refuerza el armazón añadiendo poco peso

Generador oculto de imágenes holográficas multiespectrales para misiones de reconocimiento

Generador del escudo deflector

Proyector del escudo deflector

Reactores de control del propulsor (situados bajo la carcasa encima del tubo de escape del reactor)

El estabilizador ajustable sirve como superficie de mando en los vuelos atmosféricos

Tubo de escape del reactor de fusión

Registro de datos de emergencia (se puede eyectar si la nave corre peligro de captura o destrucción)

Control de empuje vectorial

DATOS

- **FABRICANTE** Sistemas de Ingeniería Kuat
- **MODELO** Ala-A RZ-1
- **TIPO** Caza estelar
- **DIMENSIONES** Longitud: 9,6 m
- **TRIPULACIÓN** 1 piloto
- **ARMAS** 2 cañones láser Borstel RG-9, 2 lanzadores de misiles de impacto Dymek HM-6 (6 misiles por lanzador)
- **AFILIACIÓN** Alianza Rebelde

NAVE ESPÍA

Gracias a su hiperimpulsión, velocidad y maniobrabilidad, el Ala-A es ideal para misiones de espionaje. Un piloto experto de Ala-A puede salir del hiperespacio cerca de una flota imperial o una instalación espacial y efectuar un ataque relámpago devastador (o incluso atravesar la flota, si el piloto es lo bastante osado). El piloto se sirve de imágenes multiespectrales y otros sensores para espiar y huir al hiperespacio antes de que despeguen los cazas TIE. Su capacidad de asalto y espionaje se mejoraron con un potente sistema bloqueador de sensores que puede inhabilitar los sistemas de detección y selección de objetivos de los cazas TIE y demás naves pequeñas. No obstante, ese equipo no es tan eficaz contra naves insignia, que tienen sensores más complejos. Su sistema bloqueador puede de hecho ponerlo en peligro cuando se dirige hacia tales naves, ya que estas pueden detectar sus transmisiones y descubrir su posición.

ÚLTIMO RECURSO

Un piloto de Ala-A depende de la excepcional velocidad de su nave para eludir ataques o persecuciones, pero ofrece un último recurso en caso de que no logre escapar. En los combates espaciales, un piloto sin esperanzas de huir ni sobrevivir puede embestir una nave enemiga y confiar en que su morro en punta rompa el casco de la nave y la destruya.

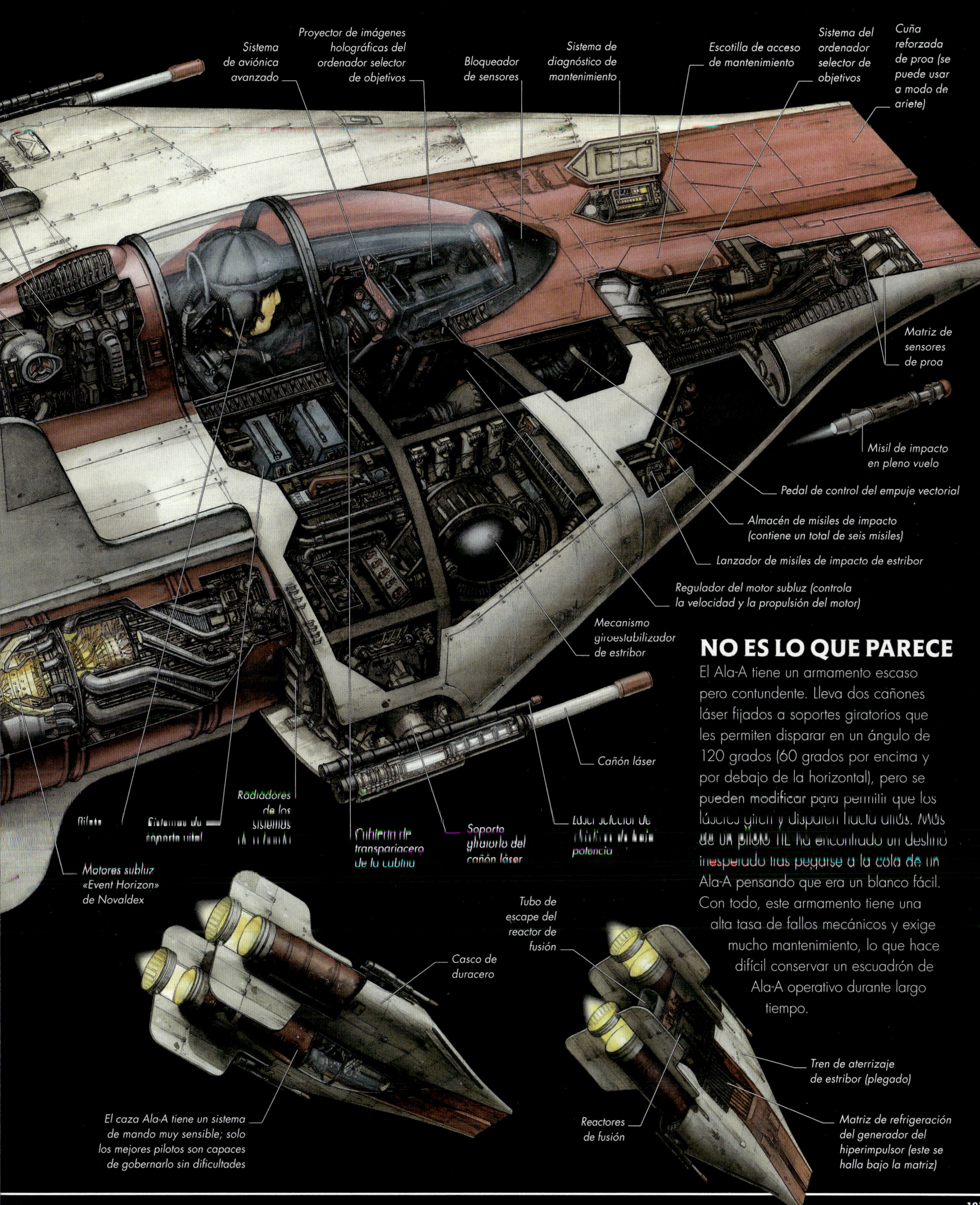

NO ES LO QUE PARECE

El Ala-A tiene un armamento escaso pero contundente. Lleva dos cañones láser fijados a soportes giratorios que les permiten disparar en un ángulo de 120 grados (60 grados por encima y por debajo de la horizontal), pero se pueden modificar para permitir que los láseres giren y disparen hacia atrás. Más de un piloto TIE ha encontrado un destino inesperado tras pegarse a la cola de un Ala-A pensando que era un blanco fácil. Con todo, este armamento tiene una alta tasa de fallos mecánicos y exige mucho mantenimiento, lo que hace difícil conservar un escuadrón de Ala-A operativo durante largo tiempo.

DATOS

- **FABRICANTE** Slayn & Korpil
- **MODELO** Ala-B A/SF-01
- **TIPO** Caza estelar pesado de asalto
- **DIMENSIONES** Longitud: 16,9 m
- **TRIPULACIÓN** 1 piloto
- **ARMAS (CONFIGURACIÓN ESTÁNDAR)**
  3 cañones de iones ArMek SW-7a, 1 cañón láser pesado Gyrhil F-9X, 1 autobláster gemelo Gyrhil 72, 2 lanzadores de torpedos de protones Krupx MG9
- **AFILIACIÓN** Alianza Rebelde

POTENCIA DE FUEGO PERSONALIZADA

La versatilidad del Ala-B aumenta su potencia de fuego. Sus ocho puntos de soporte de armas se pueden reconfigurar con varias combinaciones de armamento para misiones específicas o según las preferencias del piloto. La configuración estándar incluye tres cañones de iones, un autobláster gemelo y dos lanzadores de torpedos de protones; entre las configuraciones alternativas se cuentan variantes con tres cañones láser y hasta cuatro autobláteres gemelos. El emplazamiento de los cañones en la punta de las alas puede sustituirse por otros módulos de equipamiento para desempeñar labores fuera de combate.

Láser de baja potencia para seleccionar con precisión los objetivos del cañón de iones

Cañón de iones

Alerón-S desplegado

Toma de aire del sistema de refrigeración

Escáneres de largo alcance de la proa

Matriz principal de sensores

Ventana protectora de la matriz de sensores («transparente» a las ondas electromagnéticas)

Punto de soporte para un autobláster gemelo u otra arma adicional (configuración opcional)

Láser de baja potencia para seleccionar objetivos

Autobláster gemelo

Radar meteorológico

Matriz de sensores tácticos de corto alcance

Cubierta de transpariacero

Piloto (Ten Numb)

Compensador de inercia

Motor subluz de la cápsula de escape

Sistema giroestabilizador de la cabina

Selector de objetivos

Generador del escudo deflector

Almacén de ojivas de torpedos de protones

Lanzatorpedos de protones secundario (con la cubierta de babor cerrada)

La góndola de babor contiene proyectores de escudo deflector de proa y popa (ocultos)

Radiadores principales

Toberas del retropropulsor

Sistemas de soporte vital

La góndola de estribor contiene proyectores de escudos deflectores de proa y popa

Tobera del propulsor del motor (una de las cuatro)

El reactor de un motor alimenta cuatro cámaras de propulsión

Proyector del hiperimpulsor (el generador de hiperimpulsión se halla tras el proyector)

Rejilla de ventilación del plasma residual del reactor

Potente célula de energía que alimenta el generador de antigravedad

Generador de antigravedad

Proyectores del repulsor

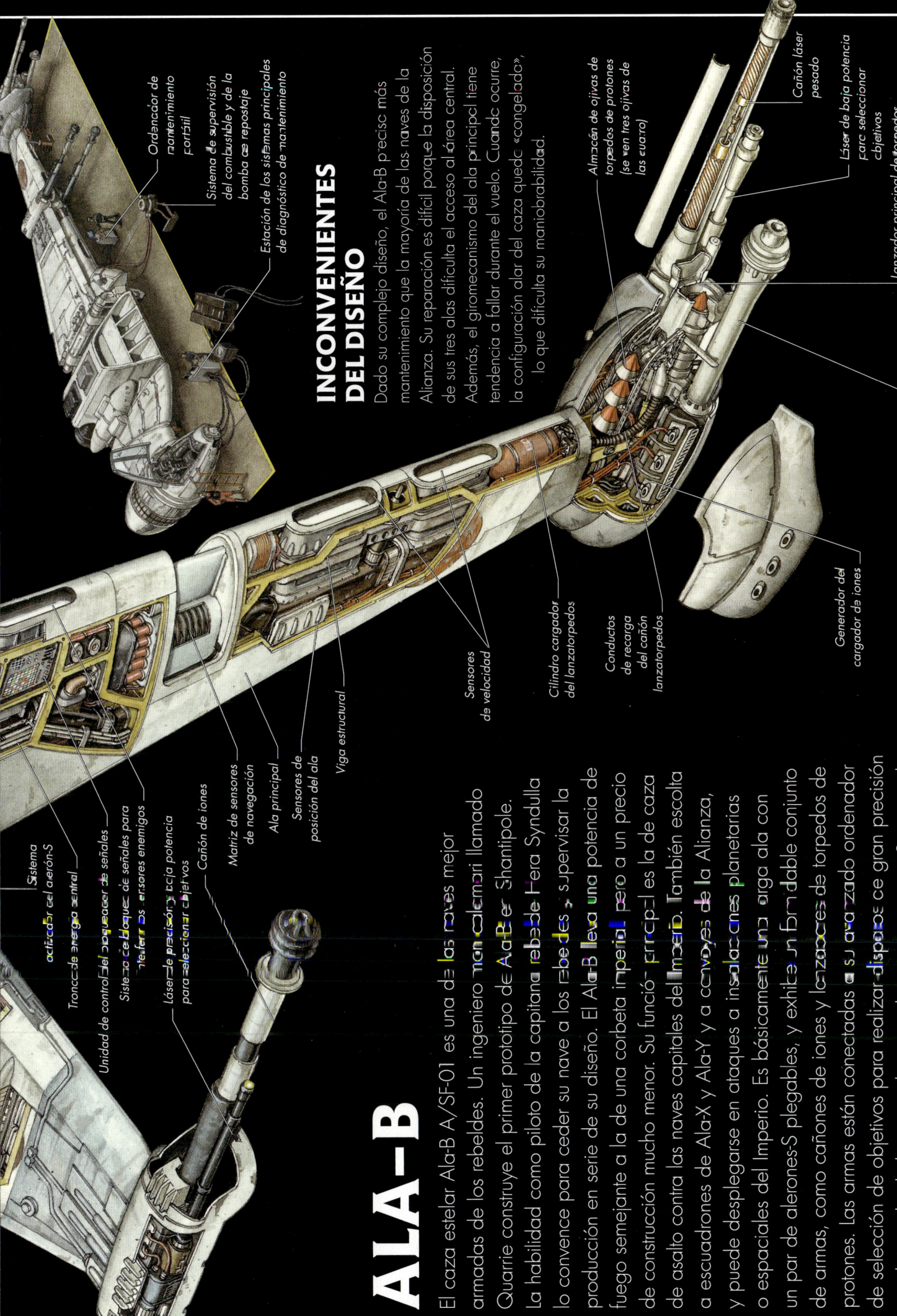

ALA-B

El caza estelar Ala-B A/SF-01 es una de las naves mejor armadas de los rebeldes. Un ingeniero mon calamari llamado Quarrie construye el primer prototipo de Ala-B en Shantipole. La habilidad como piloto de la capitana rebelde Hera Syndulla lo convence para ceder su nave a los rebeldes y supervisar la producción en serie de su diseño. El Ala-B lleva una potencia de fuego semejante a la de una corbeta imperial pero a un precio de construcción mucho menor. Su función principal es la de caza de asalto contra las naves capitales del Imperio. También escolta a escuadrones de Ala-Y y Ala-X y a convoyes de la Alianza, y puede desplegarse en ataques a instalaciones planetarias o espaciales del Imperio. Es básicamente una larga ala con un par de alerones-S plegables, y exhibe un formidable conjunto de armas, como cañones de iones y lanzadores de torpedos de protones. Las armas están conectadas a su avanzado ordenador de selección de objetivos para realizar disparos de gran precisión con la ayuda de láseres selectores de baja potencia. Su arsenal puede controlarse por ordenador para crear un fuego coordinado o de forma independiente por el piloto. La nave tiene un diseño inusual: la cabina del piloto se mantiene en posición fija mientras el resto de la nave gira en pleno vuelo.

INCONVENIENTES DEL DISEÑO

Dado su complejo diseño, el Ala-B precisa más mantenimiento que la mayoría de las naves de la Alianza. Su reparación es difícil porque la disposición de sus tres alas dificulta el acceso al área central. Además, el giromecanismo del ala principal tiene tendencia a fallar durante el vuelo. Cuando ocurre, la configuración alar del caza queda «congelado», lo que dificulta su maniobrabilidad.

EL ASCENSO DE LA PRIMERA ORDEN

Han pasado tres décadas desde la caída del Imperio Galáctico. En el intervalo, la Alianza Rebelde se ha transformado en un gobierno galáctico llamado la Nueva República, y los restos del Imperio Galáctico se han reagrupado en la secreta Primera Orden. Mientras que los avances tecnológicos han dado lugar a naves más rápidas, duraderas y mortíferas, los líderes de la Nueva República temen otra guerra, por lo que aprueban la Ley de Desarme Militar, que reduce sus fuerzas armadas en un 90 por ciento. Buscando provecho, muchos lubricantes crean nuevas empresas que proveen encubiertamente a la Primera Orden, que se está preparando para reconquistar la galaxia y reinstaurar un Imperio Galáctico.

Temiendo por la paz galáctica, Leia Organa crea un ejército privado, llamado la Resistencia, para vigilar a la Primera Orden. Esta fuerza está compuesta por voluntarios —algunos de ellos veteranos de la Alianza— y por una flota de naves provistas por mundos solidarios. Poco después, el hijo de Leia y Han, Ben, cae en el lado oscuro y destruye la naciente Orden Jedi de Luke Skywalker. Luego toma el título de Kylo Ren y se une a la Primera Orden. Con Luke en el exilio, tanto la Resistencia como la Primera Orden empiezan a buscar al obstinado maestro Jedi.

Mientras, la Primera Orden despliega una superarma secreta, la Base Starkiller, que aniquila al mando y la flota de la Nueva República. Con la ayuda de una chatarrera llamada Rey, un antiguo soldado de asalto de la Primera Orden llamado Finn y un piloto de combate llamado Poe Dameron, la Resistencia destruye la superarma, pero Solo muere a manos de su hijo. Tras la victoria, Rey encuentra a Luke y entrena para convertirse en Jedi, pero parte en un intento de hacer que Kylo vuelva al lado luminoso y salvar a sus amigos de la Resistencia de la destrucción por parte de la Primera Orden. Mientras que el intento de Rey de redimir a Kylo fracasa, ella y Luke salvan a la Resistencia en Crait. Luego, Luke deviene uno con la Fuerza.

Al año siguiente de la batalla de Crait, la Primera Orden toma buena parte de la galaxia. La Resistencia reconstruye sus fuerzas y pasa a la acción cuando el presuntamente muerto Palpatine anuncia que vive y que se propone imponer su gobierno en la galaxia una vez más, empleando una flota de destructores estelares equipados con superarmas. Aunque Kylo se alía con el emperador, Rey y Leia logran redimirle. Con la ayuda de una multitud de aliados, la Resistencia, Rey y Ben logran derrotar al emperador y sus fuerzas en la batalla de Exegol.

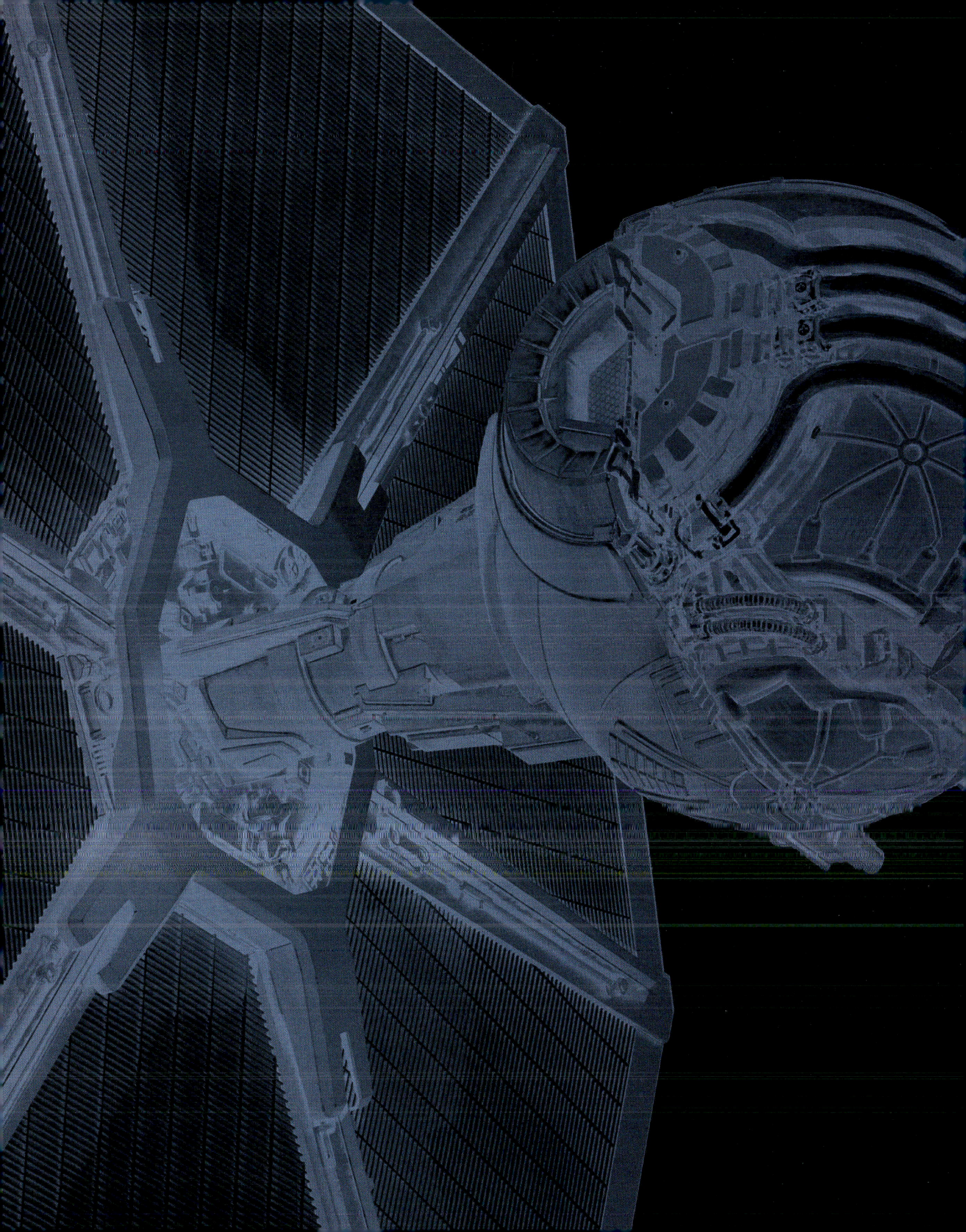

TRANSPORTE DE TROPAS

Las tropas de asalto de la Primera Orden no tienen más familia que sus camaradas. Se han instruido desde la infancia en el uso de varias armas y han practicado tácticas de combate hasta dominar con precisión mecánica cualquier maniobra militar. Los transportes de tropas de asalto de la Primera Orden pueden desplegar dos escuadrones enteros en el campo de batalla. Son vehículos austeros que llevan a las tropas desde los puestos de avanzada u orbitales hasta el punto de desembarco y, tras la refriega, regresan para recoger a los supervivientes. Por defensa tienen escudos, un doble blindaje y un cañón en su torreta dorsal.

VISTA DEL CAMPO DE BATALLA

Un piloto guía la nave hasta la zona de desembarco. La cabina elevada optimiza su visibilidad, pero lo deja más desprotegido. Sin embargo, estos pilotos son veteranos de cazas TIE y no se amedrentan ante tan vulnerable posición. Su única queja es que el transporte resulta mucho menos manejable que un caza. Si se interrumpe la conexión con el puesto de mando, puede pilotarse mediante control remoto desde una consola interna, aunque nunca es tan precisa como el sistema de navegación principal.

RÁPIDO DESEMBARCO

Las tropas de asalto de la Primera Orden desembarcan en cuanto se baja la rampa de abordaje. Los primeros soldados establecen un perímetro mientras el resto sale. En tan solo 30 segundos dos escuadrones desembarcan e inician las operaciones de combate, y el transporte abandona la zona de despliegue.

Proyector principal del deflector de proa

Mínima iluminación a fin de garantizar la visión nocturna de las tropas

Escotilla superior del compartimento de tropas

Contenedores de gas inerte para amortiguar los impactos de bláster

Panel de sensores y potenciador del deflector de proa

Fusil bláster F-11D

Reflector (deslumbra al enemigo)

El bláster de repetición FWMB-10 ofrece fuego de cobertura

Lanzallamas de asalto

Rampa de salida

Activador de la rampa

Las tropas desembarcan en formación de a dos

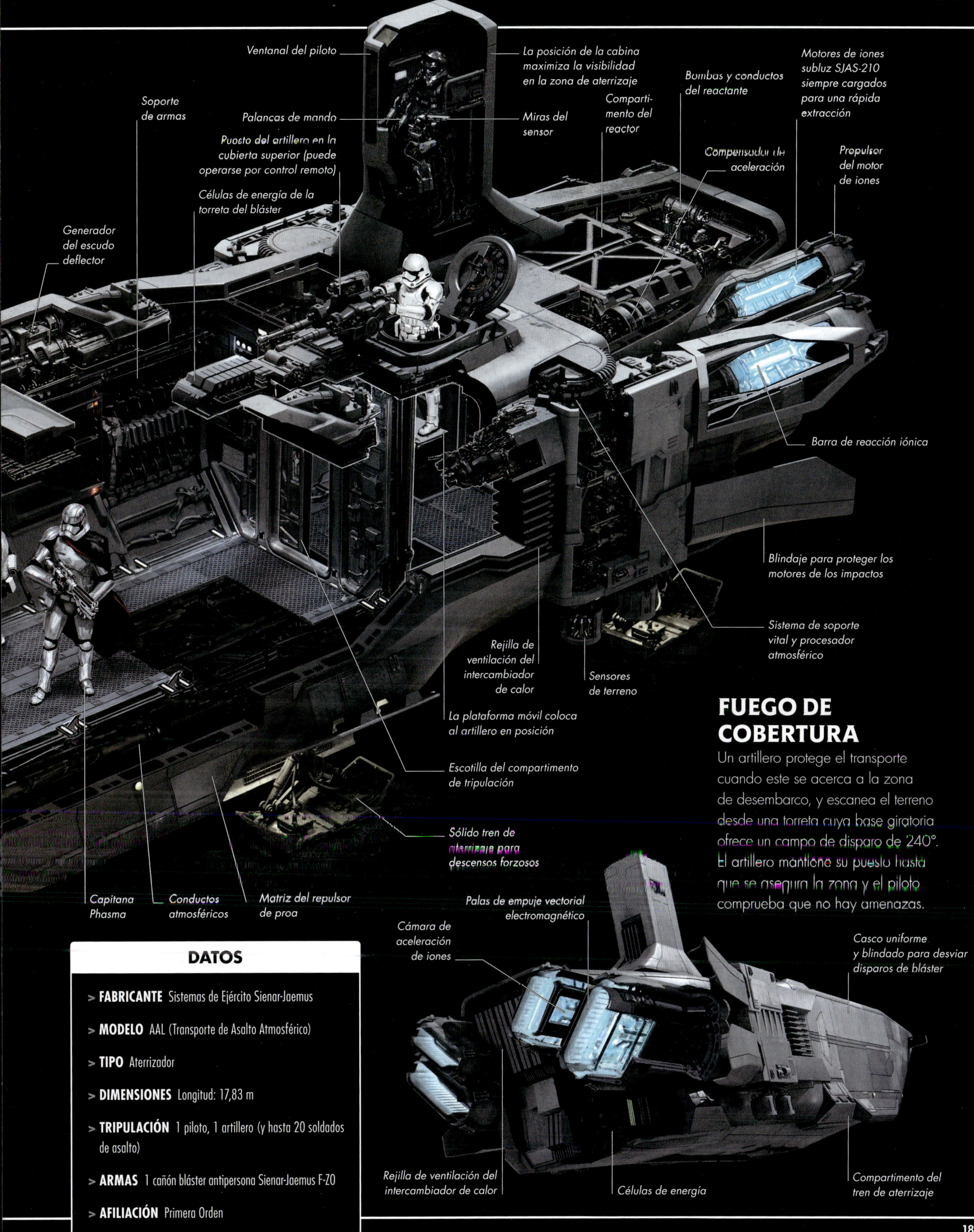

FUEGO DE COBERTURA

Un artillero protege el transporte cuando este se acerca a la zona de desembarco, y escanea el terreno desde una torreta cuya base giratoria ofrece un campo de disparo de 240°. El artillero mantiene su puesto hasta que se asegura la zona y el piloto comprueba que no hay amenazas.

DATOS

> **FABRICANTE** Sistemas de Ejército Sienar-Jaemus

> **MODELO** AAL (Transporte de Asalto Atmosférico)

> **TIPO** Aterrizador

> **DIMENSIONES** Longitud: 17,83 m

> **TRIPULACIÓN** 1 piloto, 1 artillero (y hasta 20 soldados de asalto)

> **ARMAS** 1 cañón bláster antipersona Sienar-Jaemus F-Z0

> **AFILIACIÓN** Primera Orden

NEGRO UNO

El ALA-X T-70 es una de las naves favoritas de los pilotos de la Resistencia, como Poe Dameron, que pilota un modelo personalizado cuyo nombre en código es *Negro Uno*. El T-70 es uno de los últimos ejemplares de la venerada familia de Ala-X; más veloz que las naves que formaron el grueso del cuerpo de cazas estelares de la Alianza Rebelde en la Guerra Civil Galáctica, tiene armas más potentes. Los Ala-X son más caros y complejos que los cazas TIE de la Primera Orden, pero también más versátiles. Su agilidad les permite librar combates aéreos, y su potencia, enfrentarse a las naves capitales enemigas.

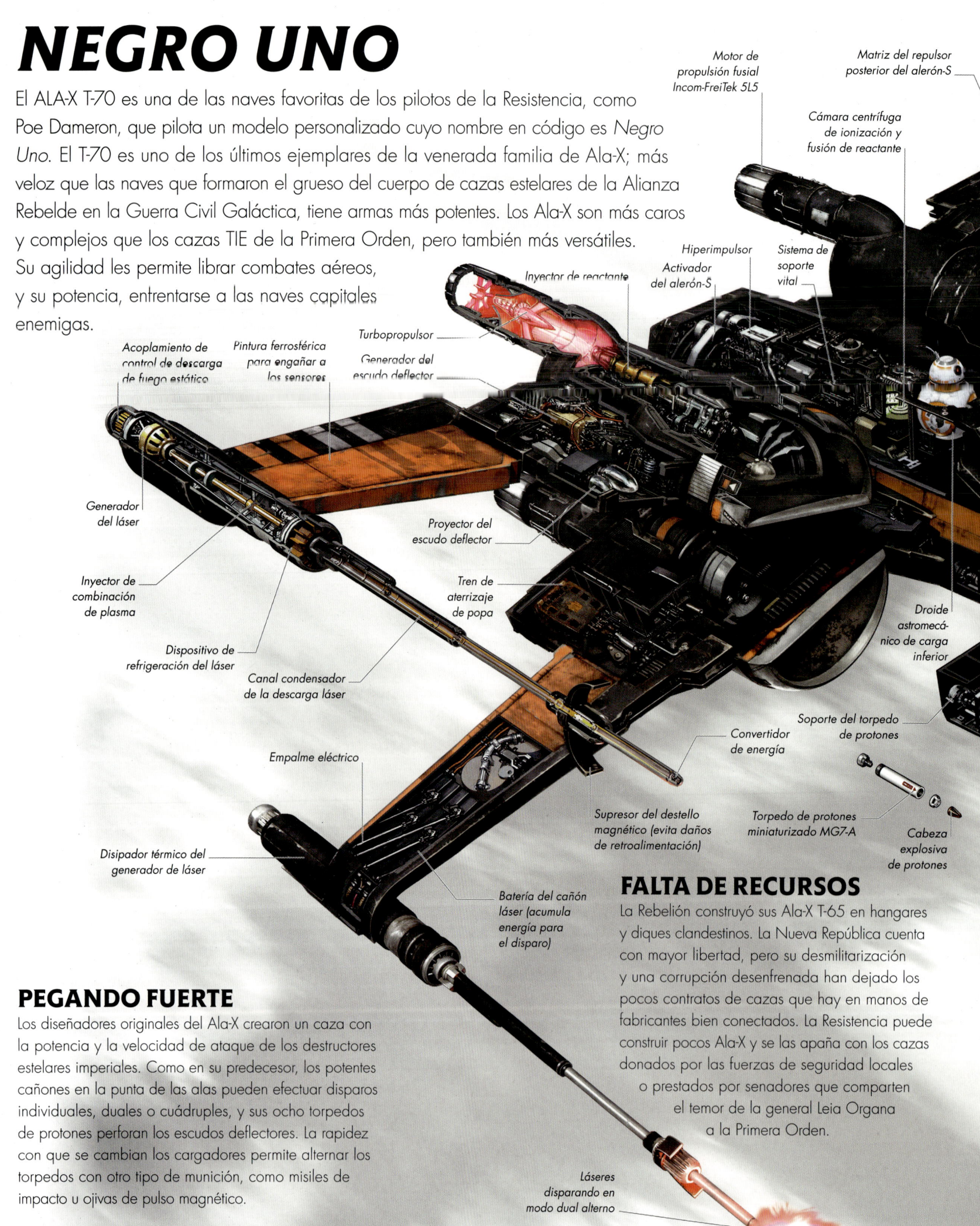

PEGANDO FUERTE

Los diseñadores originales del Ala-X crearon un caza con la potencia y la velocidad de ataque de los destructores estelares imperiales. Como en su predecesor, los potentes cañones en la punta de las alas pueden efectuar disparos individuales, duales o cuádruples, y sus ocho torpedos de protones perforan los escudos deflectores. La rapidez con que se cambian los cargadores permite alternar los torpedos con otro tipo de munición, como misiles de impacto u ojivas de pulso magnético.

FALTA DE RECURSOS

La Rebelión construyó sus Ala-X T-65 en hangares y diques clandestinos. La Nueva República cuenta con mayor libertad, pero su desmilitarización y una corrupción desenfrenada han dejado los pocos contratos de cazas que hay en manos de fabricantes bien conectados. La Resistencia puede construir pocos Ala-X y se las apaña con los cazas donados por las fuerzas de seguridad locales o prestados por senadores que comparten el temor de la general Leia Organa a la Primera Orden.

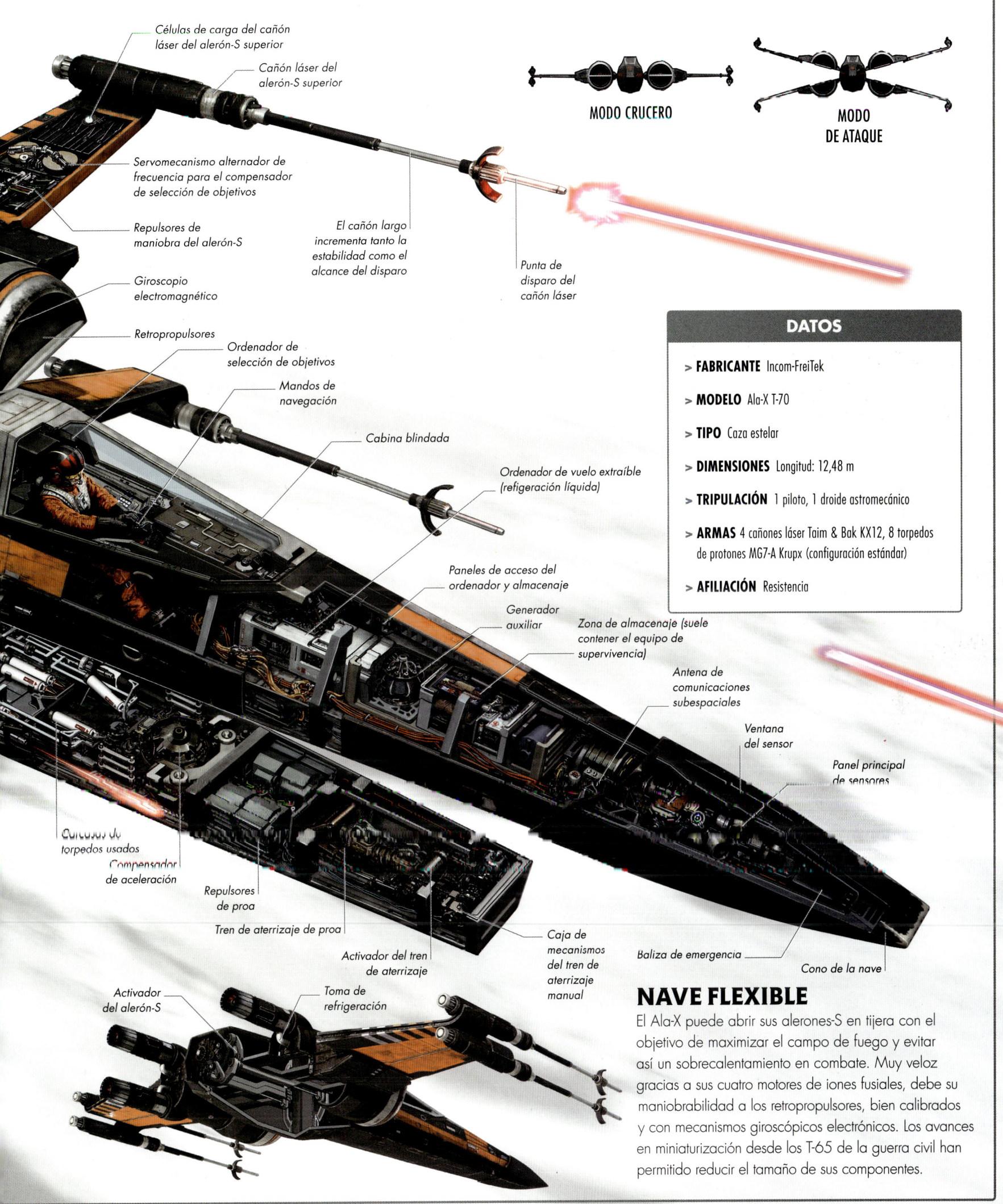

DATOS

- **FABRICANTE** Incom-FreiTek
- **MODELO** Ala-X T-70
- **TIPO** Caza estelar
- **DIMENSIONES** Longitud: 12,48 m
- **TRIPULACIÓN** 1 piloto, 1 droide astromecánico
- **ARMAS** 4 cañones láser Taim & Bak KX12, 8 torpedos de protones MG7-A Krupx (configuración estándar)
- **AFILIACIÓN** Resistencia

NAVE FLEXIBLE

El Ala-X puede abrir sus alerones-S en tijera con el objetivo de maximizar el campo de fuego y evitar así un sobrecalentamiento en combate. Muy veloz gracias a sus cuatro motores de iones fusiales, debe su maniobrabilidad a los retropropulsores, bien calibrados y con mecanismos giroscópicos electrónicos. Los avances en miniaturización desde los T-65 de la guerra civil han permitido reducir el tamaño de sus componentes.

LANZADERA DE CLASE UPSILON

Los dignatarios y oficiales de alto rango de la Primera Orden viajan en lanzaderas con alas de murciélago escoltadas por naves de ataque y cazas. Son como negras aves de rapiña con temibles cañones láser y destacan por su capacidad defensiva. Los paneles de sensores de las alas superiores controlan las comunicaciones y rastrean el perímetro en busca de enemigos antes de que estos se pongan a tiro. Las alas inferiores incorporan bloqueadores de señales muy potentes y escudos protectores. Su tecnología es fruto de la investigación secreta de los laboratorios y astilleros de la Primera Orden. Una de estas naves transporta a Kylo Ren, aprendiz del lado oscuro, desde el destructor estelar *Finalizador* hasta el remoto mundo desértico de Jakku en busca del secreto que le permitirá cumplir con su destino.

SECRETOS IMPERIALES

Tras la caída del Imperio, los súbditos del emperador huyeron a las Regiones Desconocidas con algunos de sus secretos mejor guardados. Durante años, las naves militares de reconocimiento han explorado territorios allende la frontera galáctica, estudiando abrasadores sistemas solares y rutas conocidas tan solo por unos pocos elegidos. Lejos del escrutinio de la Nueva República, los vestigios del Imperio crearon nuevas bases, astilleros y laboratorios de armas, y empezaron a planificar su regreso al poder.

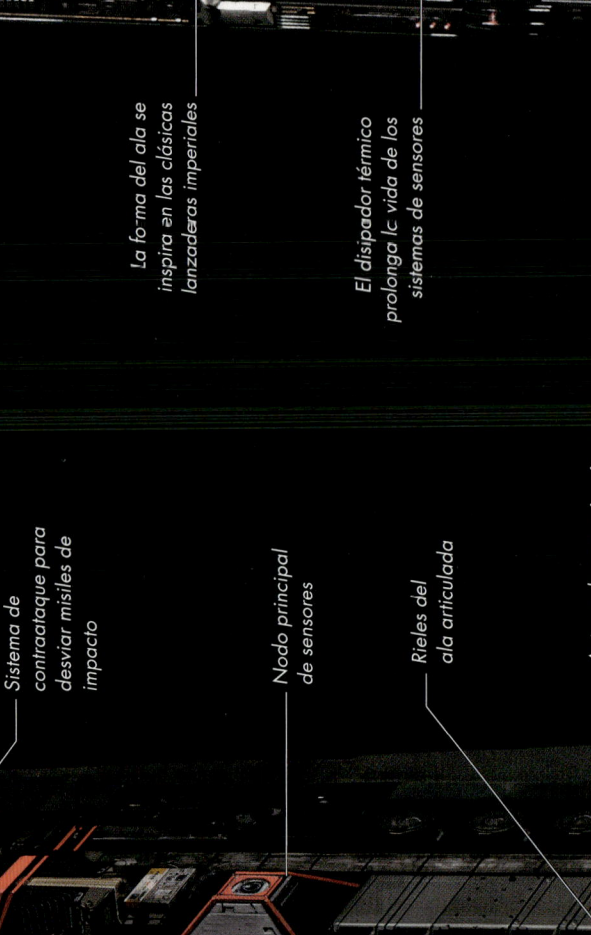

DATOS

> **FABRICANTE** Sistemas de Flota Sienar-Jaemus
> **MODELO** Clase Upsilon
> **TIPO** Lanzadera
> **DIMENSIONES** Longitud: 19,2 m; anchura: 13,53 m; altura: 37,2 m
> **TRIPULACIÓN** 1-5 (y hasta 10 pasajeros)
> **ARMAS** 2 cañones láser gemelos
> **FILIACIÓN** Primera Orden

Antena de descarga estática

Matriz de sensores con escáner de largo alcance

Sistema de contraataque para desviar misiles de impacto

Sensores pasivos

Nodo principal de sensores

Rieles del ala articulada

Antena de comunicaciones subespaciales y escáner de hiperonda

La forma del ala se inspira en las clásicas lanzaderas imperiales

El disipador térmico prolonga la vida de los sistemas de sensores

Nodo de modulación del bloqueador de señales

El mecanismo de cierre fija el ala desplegada en posición

Bloqueador de señales

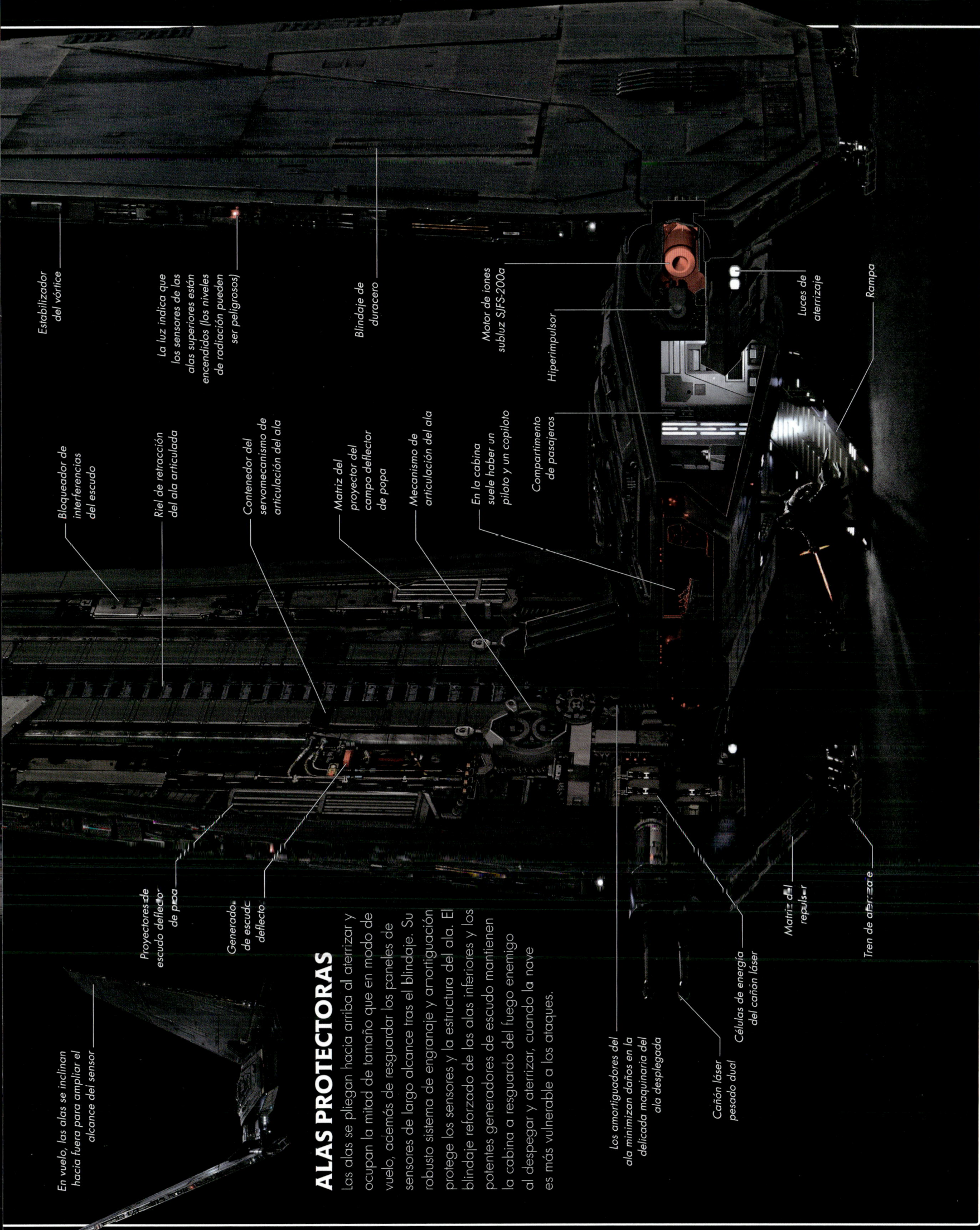

ALAS PROTECTORAS

Las alas se pliegan hacia arriba al aterrizar y ocupan la mitad de tamaño que en modo de vuelo, además de resguardar los paneles de sensores de largo alcance tras el blindaje. Su robusto sistema de engranaje y amortiguación protege los sensores y la estructura del ala. El blindaje reforzado de las alas inferiores y los potentes generadores de escudo mantienen la cabina a resguardo del fuego enemigo al despegar y aterrizar, cuando la nave es más vulnerable a los ataques.

En vuelo, las alas se inclinan hacia fuera para ampliar el alcance del sensor

Bloqueador de interferencias del escudo

Estabilizador del vórtice

Riel de retracción del ala articulada

La luz indica que los sensores de las alas superiores están encendidos (los niveles de radiación pueden ser peligrosos)

Contenedor del servomecanismo de articulación del ala

Blindaje de duracero

Matriz del proyector del campo deflector de popa

Mecanismo de articulación del ala

Motor de iones subluz SJFS-200a

En la cabina suele haber un piloto y un copiloto

Hiperimpulsor

Compartimento de pasajeros

Luces de aterrizaje

Rampa

Proyectores de escudo deflector de proa

Generador de escudo deflector

Los amortiguadores del ala minimizan daños en la delicada maquinaria del ala desplegada

Cañón láser pesado dual

Células de energía del cañón láser

Matriz del repulsor

Tren de aterrizaje

FINALIZADOR

El potente buque insignia del general Hux y Kylo Ren es el primero de los nuevos destructores estelares de la clase Resurgente, cuyo tamaño y potencia de disparo violan abiertamente los tratados entre la Nueva República y la Primera Orden sobre naves capitales. Complementan su armamento dos unidades de cazas, cien naves de asalto y una legión de soldados de asalto adiestrados desde su nacimiento para profesar lealtad a la Primera Orden. En la Nueva República, muchos miembros de la Resistencia creen que solo es un rumor para sembrar el miedo, pero Leia Organa sabe que la clase Resurgente es real y que sus agentes recopilan sin descanso toda información acerca de ella.

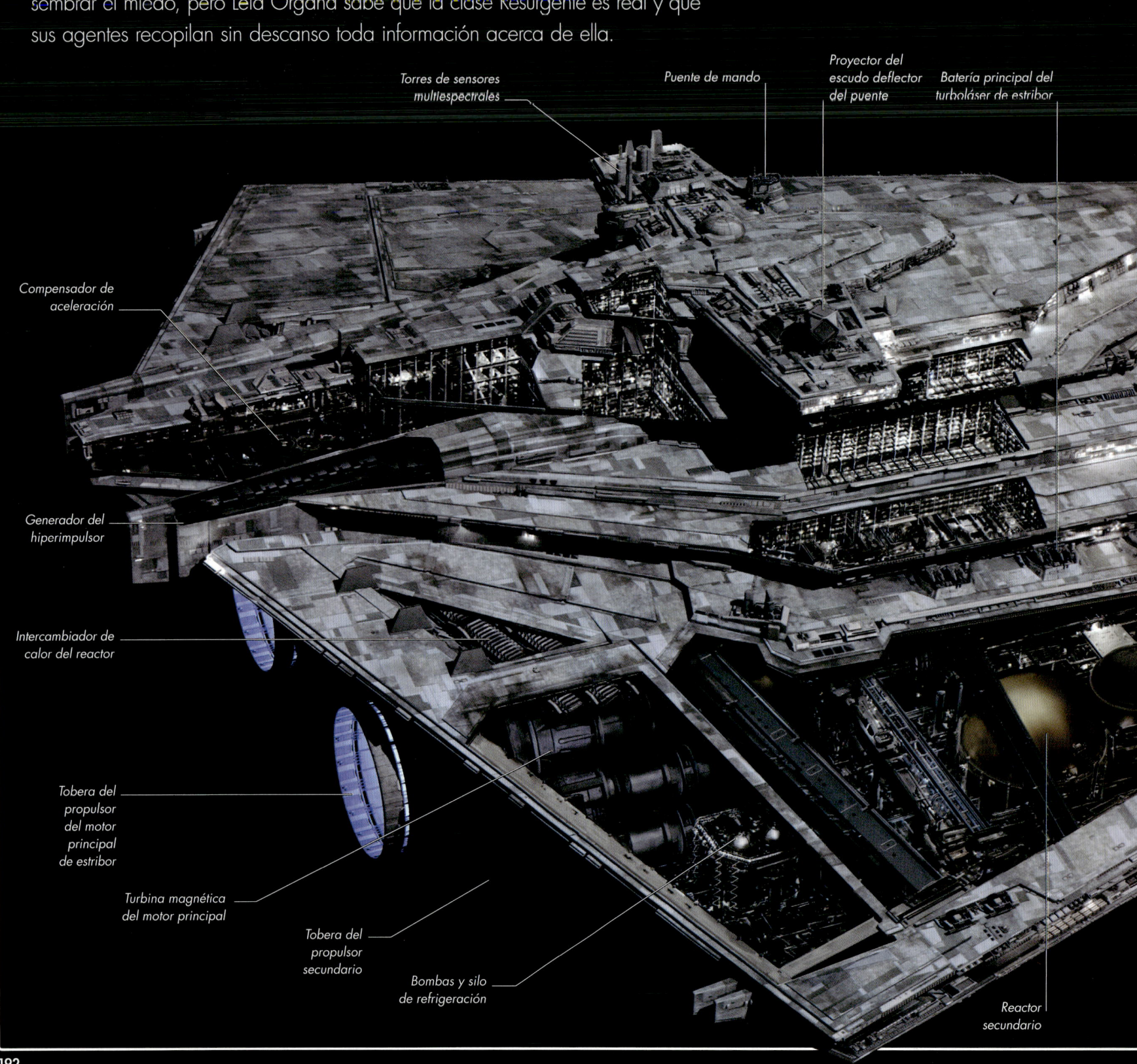

- Torres de sensores multiespectrales
- Puente de mando
- Proyector del escudo deflector del puente
- Batería principal del turboláser de estribor
- Compensador de aceleración
- Generador del hiperimpulsor
- Intercambiador de calor del reactor
- Tobera del propulsor del motor principal de estribor
- Turbina magnética del motor principal
- Tobera del propulsor secundario
- Bombas y silo de refrigeración
- Reactor secundario

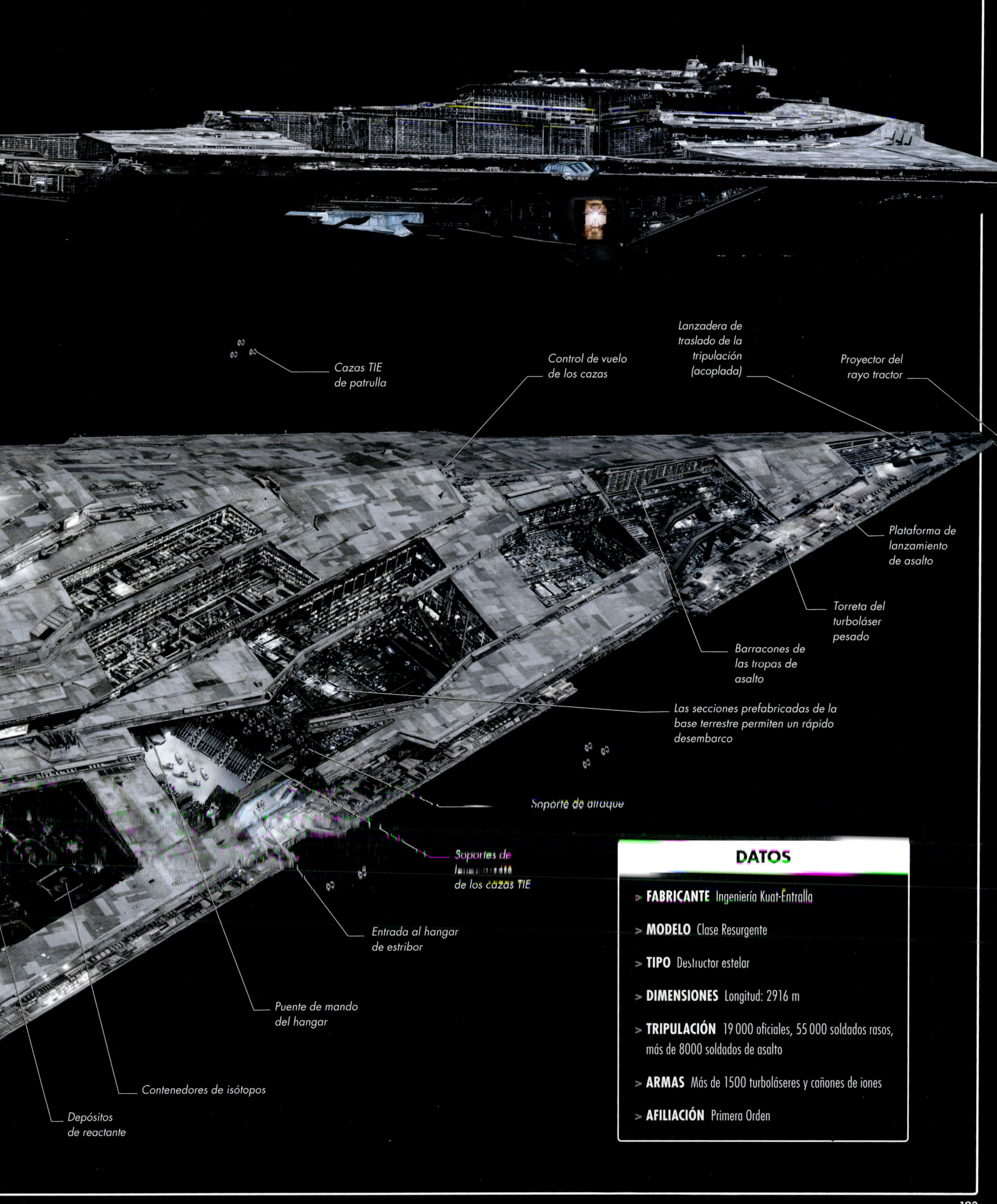

DATOS

> **FABRICANTE** Ingeniería Kuat-Entralla

> **MODELO** Clase Resurgente

> **TIPO** Destructor estelar

> **DIMENSIONES** Longitud: 2916 m

> **TRIPULACIÓN** 19 000 oficiales, 55 000 soldados rasos, más de 8000 soldados de asalto

> **ARMAS** Más de 1500 turboláseres y cañones de iones

> **AFILIACIÓN** Primera Orden

FINALIZADOR (CONT.)

EVOCANDO EL PASADO

Su tamaño recuerda a las naves de mando del Imperio y el diseño a las naves capitales de la República durante las Guerras Clon. Su cubierta dorsal, hangares laterales y prominente quilla evocan los del destructor estelar de clase Venator, hecho que refleja la preferencia renovada de los Estrategas de la Primera Orden por usar naves capitales como transportadores. El *Finalizador* lanza su contingente de cazas y naves de asalto mucho más rápido que sus predecesoras. Además, tras la pérdida del *Ejecutor* en la batalla de Endor, corrige los defectos del diseño imperial con un puente de mando más protegido y la eliminación de los excesivos sistemas de control y mando.

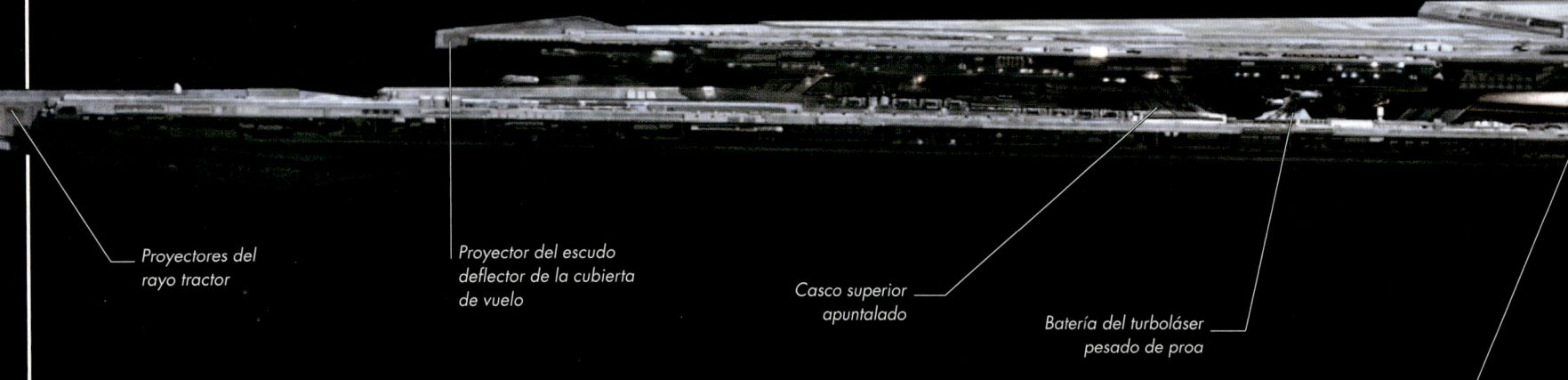

Proyectores del rayo tractor

Proyector del escudo deflector de la cubierta de vuelo

Casco superior apuntalado

Batería del turboláser pesado de proa

El hueco central contiene la cubierta de vuelo

SÍMBOLO DE PODER

Si bien la Primera Orden carece de recursos para construir naves capitales en grandes cantidades como las que en su día sirvieron al emperador, sus diseñadores han heredado el saber del poder imperial. El *Finalizador* es una plataforma armamentística devastadora y un transporte altamente eficaz, pero también es un símbolo del poder del nuevo régimen. Se creó para evocar la era de máximo esplendor del poder imperial e inspirar terror a sus enemigos.

Construidos en secreto en las Regiones Desconocidas, los destructores estelares de la Primera Orden constituyen una ominosa resurrección de las icónicas naves de guerra que antaño impusieron la tiranía del Imperio en la galaxia.

A bordo del *Finalizador*, el líder de la Primera Orden Kylo Ren contempla cómo la Base Starkiller dispara su superarma. Todos los planetas del sistema Hosnian son completamente destruidos.

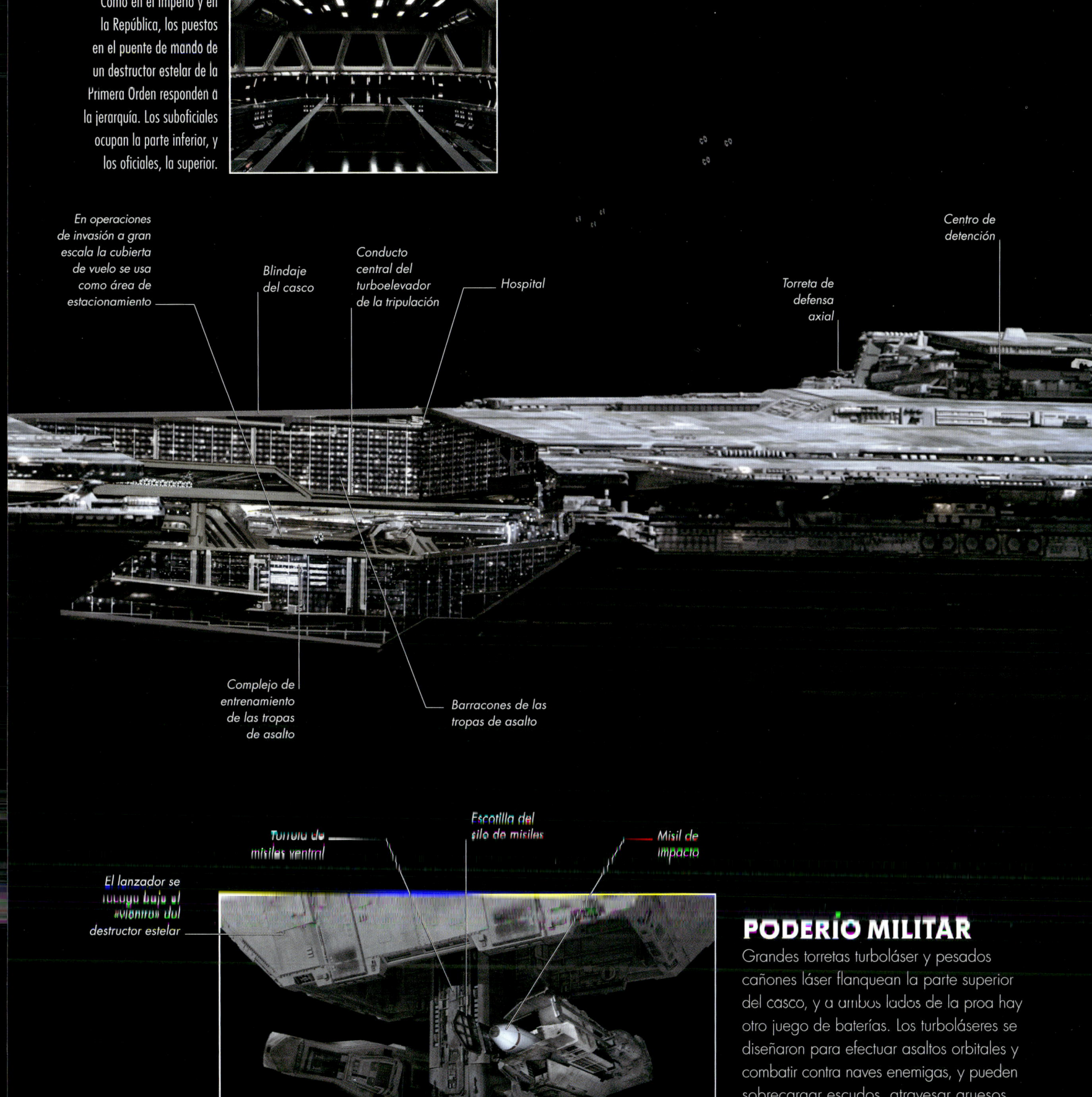

Como en el Imperio y en la República, los puestos en el puente de mando de un destructor estelar de la Primera Orden responden a la jerarquía. Los suboficiales ocupan la parte inferior, y los oficiales, la superior.

En operaciones de invasión a gran escala la cubierta de vuelo se usa como área de estacionamiento

Blindaje del casco

Conducto central del turboelevador de la tripulación

Hospital

Torreta de defensa axial

Centro de detención

Complejo de entrenamiento de las tropas de asalto

Barracones de las tropas de asalto

Torreta de misiles ventral

Escotilla del silo de misiles

Misil de impacto

El lanzador se repliega bajo el vientre del destructor estelar

Sensores de selección de objetivos

PODERÍO MILITAR

Grandes torretas turboláser y pesados cañones láser flanquean la parte superior del casco, y a ambos lados de la proa hay otro juego de baterías. Los turboláseres se diseñaron para efectuar asaltos orbitales y combatir contra naves enemigas, y pueden sobrecargar escudos, atravesar gruesos blindajes, e incluso reducir a cenizas la superficie de un planeta. Las torretas de defensa puntual y los lanzamisiles son capaces de rastrear hasta al más ágil de los enemigos y sus TIE pueden destrozar cazas en combate singular.

FINALIZADOR (CONT.)

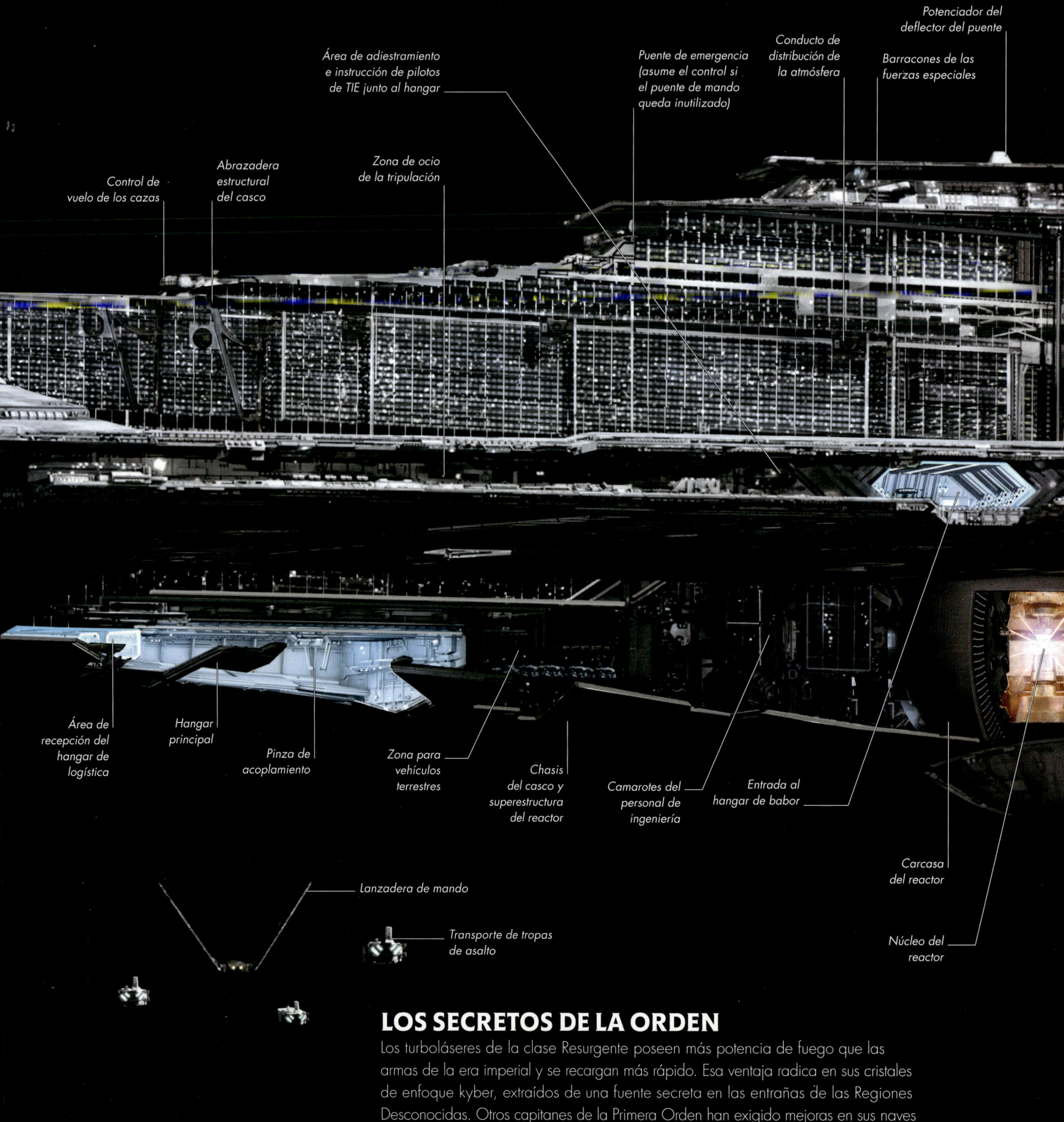

LOS SECRETOS DE LA ORDEN

Los turboláseres de la clase Resurgente poseen más potencia de fuego que las armas de la era imperial y se recargan más rápido. Esa ventaja radica en sus cristales de enfoque kyber, extraídos de una fuente secreta en las entrañas de las Regiones Desconocidas. Otros capitanes de la Primera Orden han exigido mejoras en sus naves de guerra, pero dichos cristales escasean. Se rumorea que acaban en laboratorios de armas clandestinos, solo al alcance de los más altos rangos de la Primera Orden.

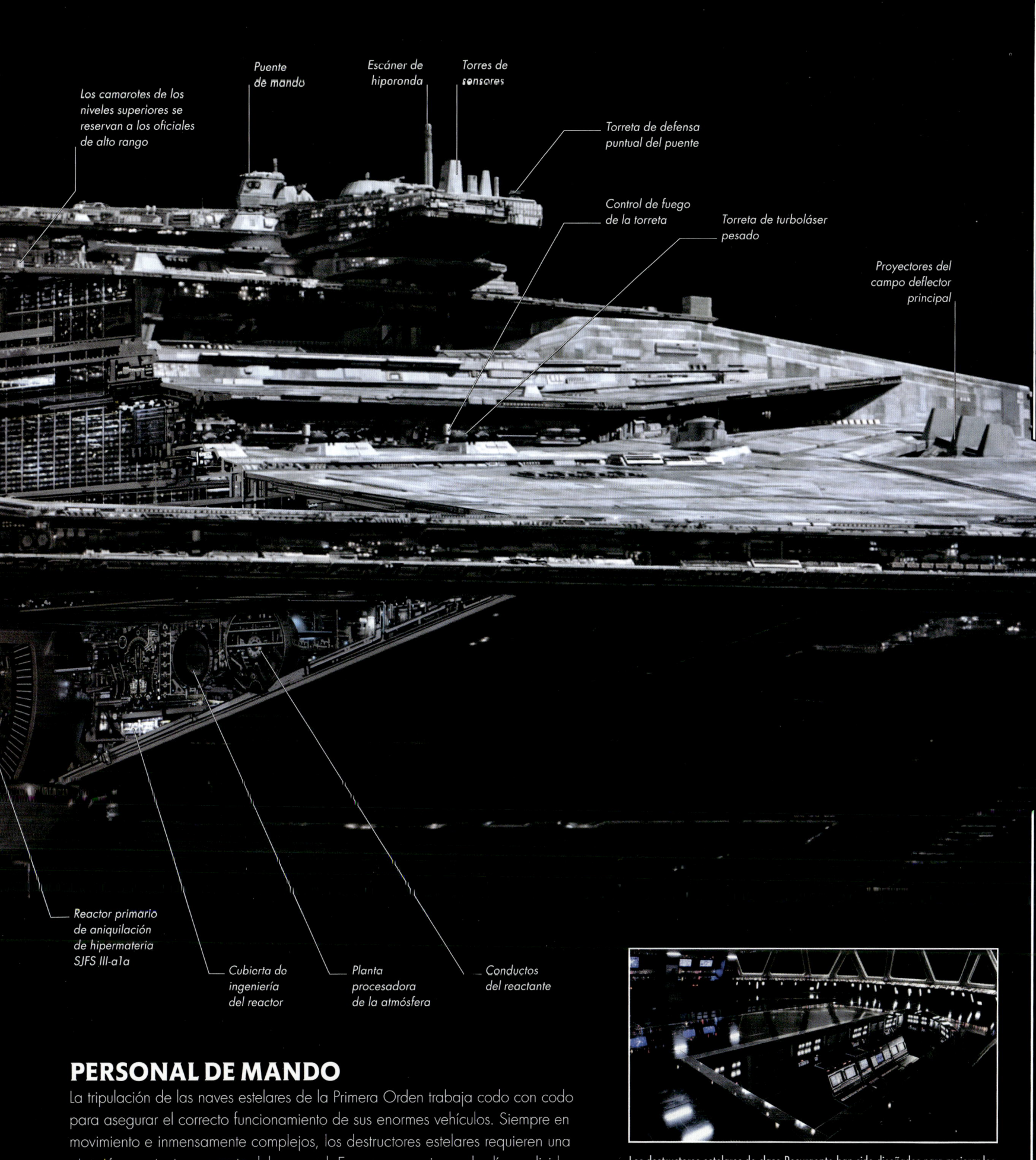

PERSONAL DE MANDO

La tripulación de las naves estelares de la Primera Orden trabaja codo con codo para asegurar el correcto funcionamiento de sus enormes vehículos. Siempre en movimiento e inmensamente complejos, los destructores estelares requieren una atención constante por parte del personal. En consecuencia, cada día se divide en seis turnos de cuatro horas, repartidos entre tres secciones de la tripulación. Cada sección fomenta un fuerte sentido de unidad y de equipo.

Los destructores estelares de clase Resurgente han sido diseñados para mejorar los proyectos imperiales previos. La última serie de naves tiene un puente de mando mejor protegido que la expuesta torre del destructor estelar de clase Imperial.

DESLIZADOR DE REY

Tan desproporcionado como potente, Rey creó este vehículo trucado a partir de piezas compradas a los comerciantes de Teedo y de chatarra del cementerio de naves de Colonia Niima. Armada con sopletes, llaves hidráulicas y cinta aislante, construyó un ingenio que combina aspectos de deslizador y barredora, con un sofisticado armazón militar y maquinaria civil. Es rápido y puede llevar cargas pesadas, ideal para hacerse con piezas de desguace. Su peso dificulta su manejo, pero Rey es tan buena piloto como mecánica.

SISTEMA ANTIRROBO

En Jakku abundan los chatarreros de dedos largos y Rey sabe que sin su deslizador estaría atrapada, pues no podría viajar entre su hogar improvisado –el cementerio de naves– y Niima. Su vehículo no arranca sin un escaneo de su huella digital y el chasis puede electrificarse para propinar una potente descarga a quien lo toque en su ausencia.

VEHÍCULO HÍBRIDO

En el centro hay dos motores gemelos turbojet de un carguero destruido. Rey los montó uno encima de otro y los unió a los amplificadores de potencia de una cañonera imperial. Luego los personalizó con posquemadores de barredoras de carreras, un juego de repulsores procedentes de cazas Ala-X estrellados y una cámara de combustión modificada.

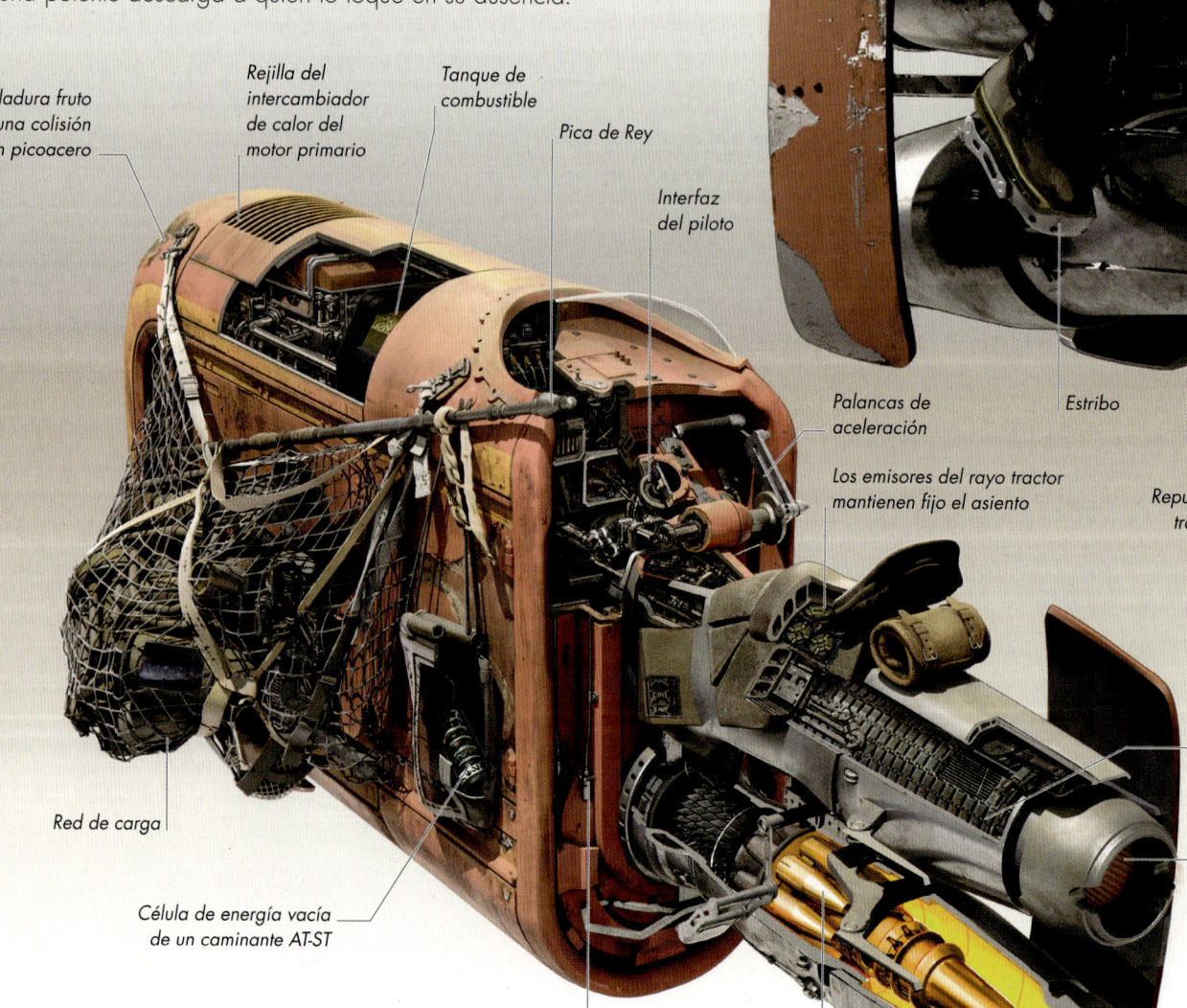

Carcasa de la CPU

Aspa direccional trasera

Abolladura fruto de una colisión con un picoacero

Rejilla del intercambiador de calor del motor primario

Tanque de combustible

Pica de Rey

Interfaz del piloto

Palancas de aceleración

Estribo

Los emisores del rayo tractor mantienen fijo el asiento

Repulsores traseros

Cámara de combustión

Red de carga

El escudo térmico de alta densidad protege al piloto

Célula de energía vacía de un caminante AT-ST

Los deflectores cambian el ángulo del motor y repelen a los desgarraptores

Escape de gases (aumenta la velocidad de repulsión)

El cable electrifica el chasis y mantiene a raya a los ladrones

Posquemador de una barredora de carreras averiada

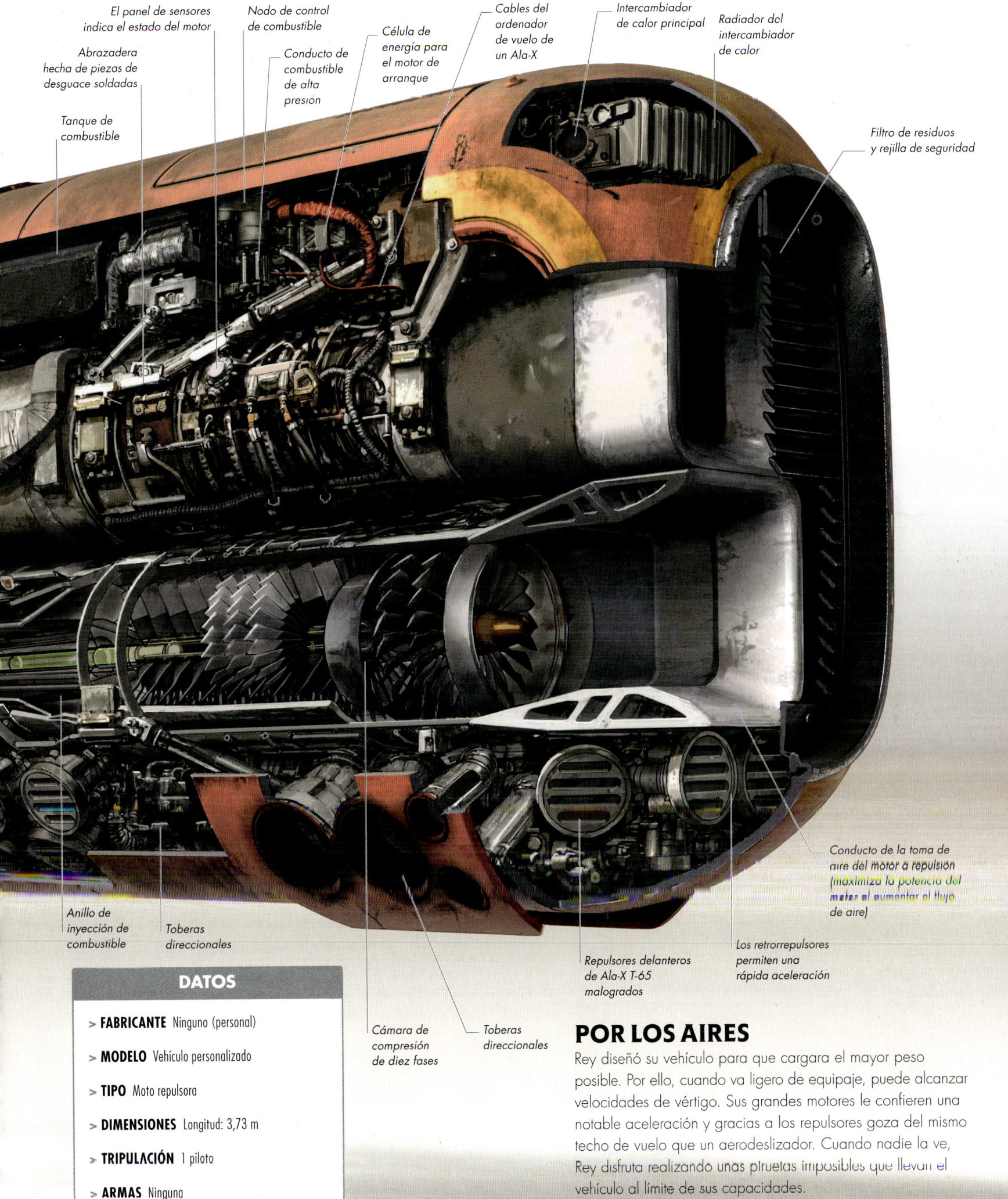

Abrazadera hecha de piezas de desguace soldadas

Tanque de combustible

El panel de sensores indica el estado del motor

Nodo de control de combustible

Conducto de combustible de alta presión

Célula de energía para el motor de arranque

Cables del ordenador de vuelo de un Ala-X

Intercambiador de calor principal

Radiador del intercambiador de calor

Filtro de residuos y rejilla de seguridad

Conducto de la toma de aire del motor a repulsión (maximiza la potencia del motor al aumentar el flujo de aire)

Los retrorrepulsores permiten una rápida aceleración

Repulsores delanteros de Ala-X T-65 malogrados

Toberas direccionales

Cámara de compresión de diez fases

Toberas direccionales

Anillo de inyección de combustible

DATOS

- **FABRICANTE** Ninguno (personal)
- **MODELO** Vehículo personalizado
- **TIPO** Moto repulsora
- **DIMENSIONES** Longitud: 3,73 m
- **TRIPULACIÓN** 1 piloto
- **ARMAS** Ninguna
- **AFILIACIÓN** Ninguna

POR LOS AIRES

Rey diseñó su vehículo para que cargara el mayor peso posible. Por ello, cuando va ligero de equipaje, puede alcanzar velocidades de vértigo. Sus grandes motores le confieren una notable aceleración y gracias a los repulsores goza del mismo techo de vuelo que un aerodeslizador. Cuando nadie la ve, Rey disfruta realizando unas piruetas imposibles que llevan el vehículo al límite de sus capacidades.

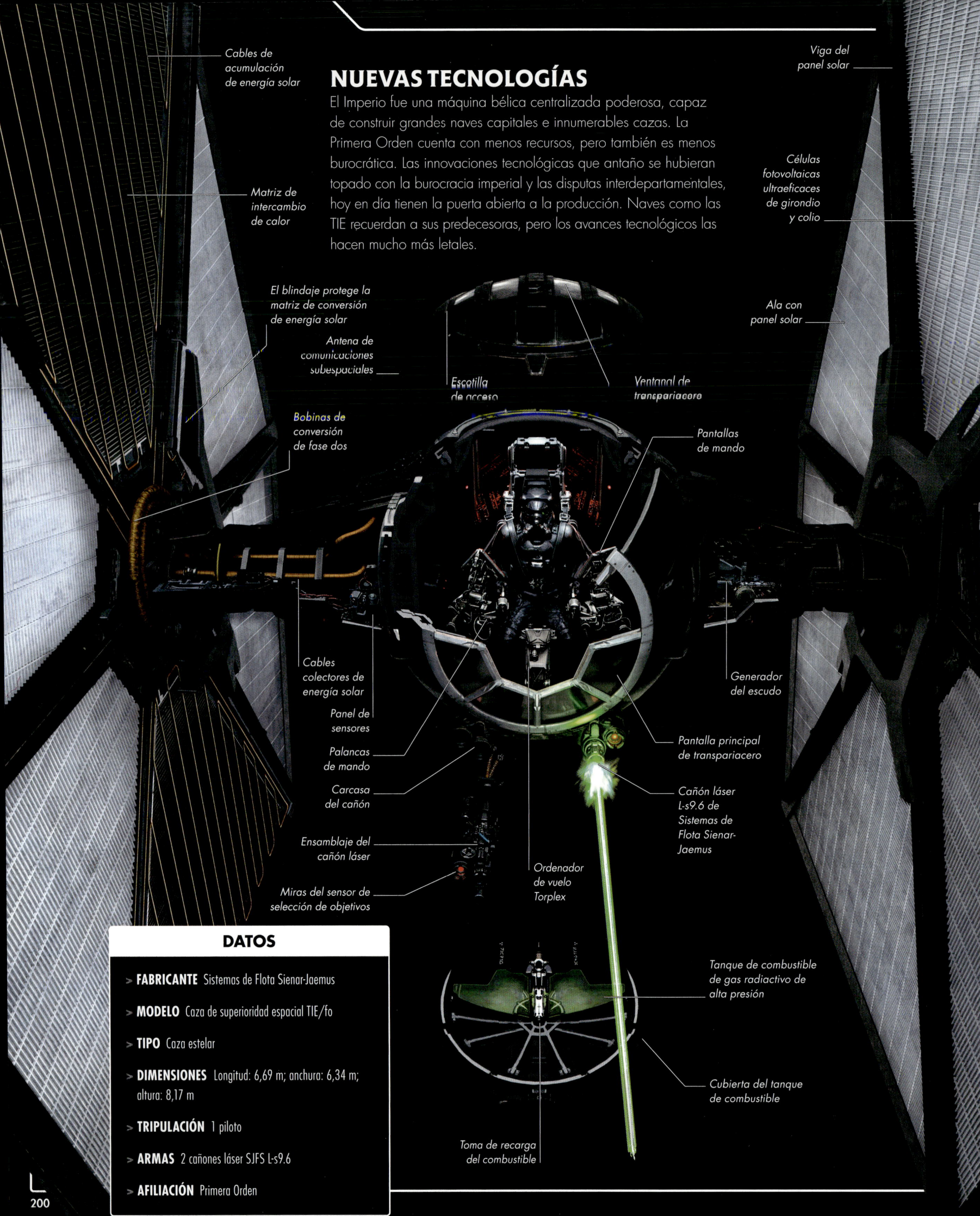

NUEVAS TECNOLOGÍAS

El Imperio fue una máquina bélica centralizada poderosa, capaz de construir grandes naves capitales e innumerables cazas. La Primera Orden cuenta con menos recursos, pero también es menos burocrática. Las innovaciones tecnológicas que antaño se hubieran topado con la burocracia imperial y las disputas interdepartamentales, hoy en día tienen la puerta abierta a la producción. Naves como las TIE recuerdan a sus predecesoras, pero los avances tecnológicos las hacen mucho más letales.

- Cables de acumulación de energía solar
- Matriz de intercambio de calor
- El blindaje protege la matriz de conversión de energía solar
- Antena de comunicaciones subespaciales
- Escotilla de acceso
- Bobinas de conversión de fase dos
- Cables colectores de energía solar
- Panel de sensores
- Palancas de mando
- Carcasa del cañón
- Ensamblaje del cañón láser
- Miras del sensor de selección de objetivos
- Viga del panel solar
- Células fotovoltaicas ultraeficaces de girondio y colio
- Ala con panel solar
- Pantallas de mando
- Ventanal de transpariacero
- Generador del escudo
- Pantalla principal de transpariacero
- Cañón láser L-s9.6 de Sistemas de Flota Sienar-Jaemus
- Ordenador de vuelo Torplex
- Tanque de combustible de gas radiactivo de alta presión
- Cubierta del tanque de combustible
- Toma de recarga del combustible

DATOS

- **FABRICANTE** Sistemas de Flota Sienar-Jaemus
- **MODELO** Caza de superioridad espacial TIE/fo
- **TIPO** Caza estelar
- **DIMENSIONES** Longitud: 6,69 m; anchura: 6,34 m; altura: 8,17 m
- **TRIPULACIÓN** 1 piloto
- **ARMAS** 2 cañones láser SJFS L-s9.6
- **AFILIACIÓN** Primera Orden

CAZA TIE DE LA PRIMERA ORDEN

Décadas después de su creación el TIE sigue siendo un símbolo de prestigio y poder. Los TIE son naves de ataque que emplean sus motores gemelos de iones para perseguir y rodear a sus enemigos. Como sus predecesores imperiales, los TIE estándar de la Primera Orden carecen de hiperimpulsores, por lo que se reservan para misiones de corto alcance. Pero, a diferencia del Imperio, la Primera Orden no trata a sus pilotos como material desechable, sino que los valora como activos militares cruciales. Sus cadetes reciben un largo adiestramiento en escuelas de vuelo secretas lejos del espacio explorado por la Nueva República, y sus cazas tienen escudos deflectores que mejoran su defensa.

PODER ESTELAR

Las alas son paneles solares que recogen la energía y la canalizan mediante eficaces turbinas hacia un reactor, donde genera emisiones de combustible radiactivo de alta presión. Estos modelos recuerdan a los primeros TIE/ln, pero tienen placas fotovoltaicas y convertidores mejorados gracias a la investigación imperial para el programa TIE Advanced.

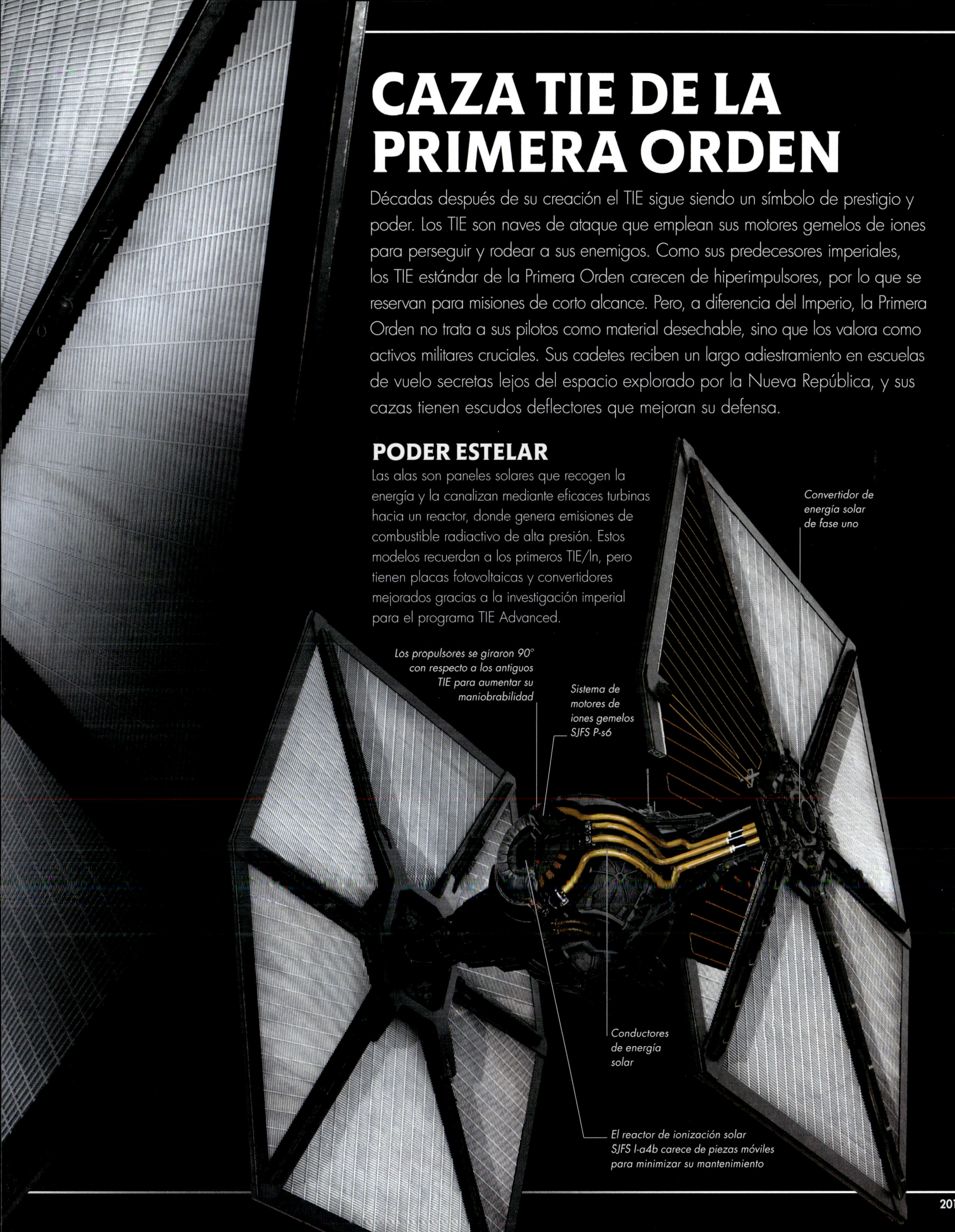

Convertidor de energía solar de fase uno

Los propulsores se giraron 90° con respecto a los antiguos TIE para aumentar su maniobrabilidad

Sistema de motores de iones gemelos SJFS P-s6

Conductores de energía solar

El reactor de ionización solar SJFS I-a4b carece de piezas móviles para minimizar su mantenimiento

CAZA TIE/SF

Las temidas fuerzas especiales de la Primera Orden tienen considerables recursos, incluido un modelo especializado de caza TIE con armamento adicional. Fue diseñado para operaciones de largo alcance, lejos de una base o una nave de mando. El TIE de las Fuerzas Especiales es un biplaza con hiperimpulsor y escudo deflector, así como bancos de células de deuterio de alto rendimiento que se recargan con paneles solares y aportan más energía a los motores, las armas y los escudos. El armamento pesado y su defensa mejorada lo convierten en una nave de ataque versátil y adecuada para múltiples misiones, desde salidas de reconocimiento hasta operaciones de combate.

PLATAFORMA DE ARMAMENTO

Las células de deuterio de los TIE nutren un armamento mucho más potente que el de un TIE/fo. Aunque las principales armas de un TIE/sf son sus cañones láser de proa, el lanzador de misiles nucleares y su pesada torreta le dan un arco de disparo de 360° y le permiten usar artillería especializada. El piloto puede disparar todas las armas, pero es mejor que el artillero de popa controle la torreta.

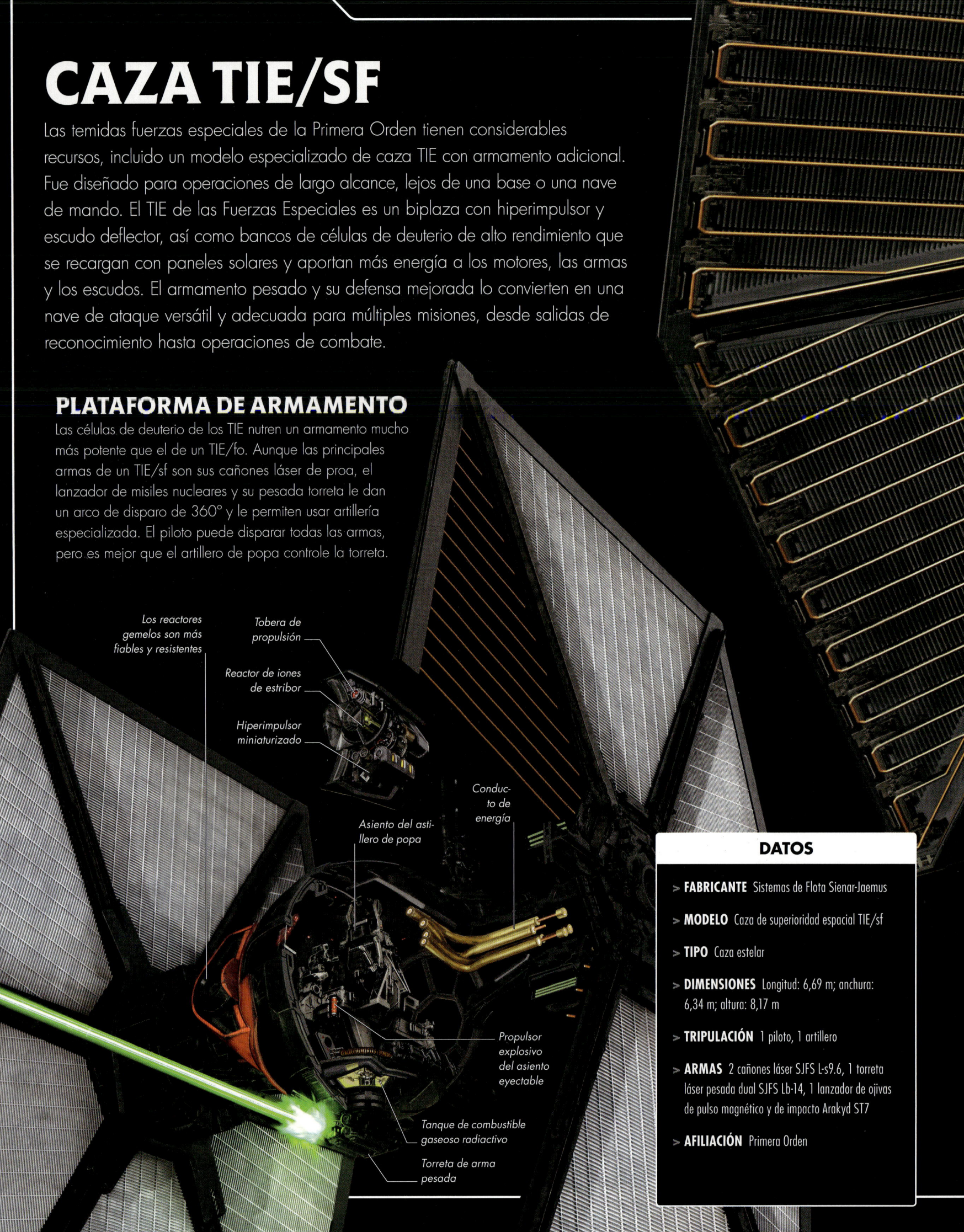

- Los reactores gemelos son más fiables y resistentes
- Tobera de propulsión
- Reactor de iones de estribor
- Hiperimpulsor miniaturizado
- Asiento del astillero de popa
- Conducto de energía
- Propulsor explosivo del asiento eyectable
- Tanque de combustible gaseoso radiactivo
- Torreta de arma pesada

DATOS

- **FABRICANTE** Sistemas de Flota Sienar-Jaemus
- **MODELO** Caza de superioridad espacial TIE/sf
- **TIPO** Caza estelar
- **DIMENSIONES** Longitud: 6,69 m; anchura: 6,34 m; altura: 8,17 m
- **TRIPULACIÓN** 1 piloto, 1 artillero
- **ARMAS** 2 cañones láser SJFS L-s9.6, 1 torreta láser pesada dual SJFS Lb-14, 1 lanzador de ojivas de pulso magnético y de impacto Arakyd ST7
- **AFILIACIÓN** Primera Orden

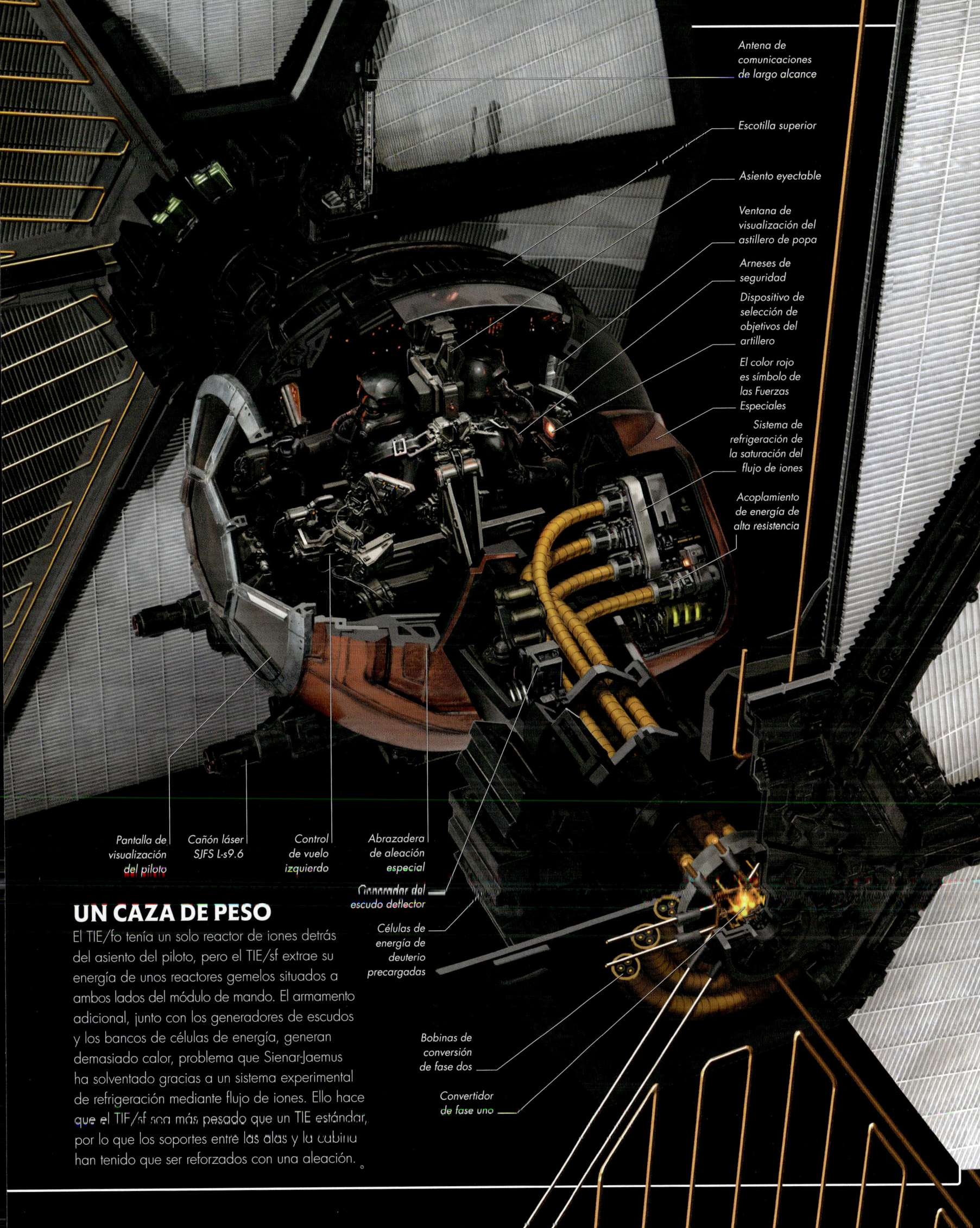

Antena de comunicaciones de largo alcance

Escotilla superior

Asiento eyectable

Ventana de visualización del astillero de popa

Arneses de seguridad

Dispositivo de selección de objetivos del artillero

El color rojo es símbolo de las Fuerzas Especiales

Sistema de refrigeración de la saturación del flujo de iones

Acoplamiento de energía de alta resistencia

Pantalla de visualización del piloto

Cañón láser SJFS L-s9.6

Control de vuelo izquierdo

Abrazadera de aleación especial

Generador del escudo deflector

Células de energía de deuterio precargadas

Bobinas de conversión de fase dos

Convertidor de fase uno

UN CAZA DE PESO

El TIE/fo tenía un solo reactor de iones detrás del asiento del piloto, pero el TIE/sf extrae su energía de unos reactores gemelos situados a ambos lados del módulo de mando. El armamento adicional, junto con los generadores de escudos y los bancos de células de energía, generan demasiado calor, problema que Sienar-Jaemus ha solventado gracias a un sistema experimental de refrigeración mediante flujo de iones. Ello hace que el TIE/sf sea más pesado que un TIE estándar, por lo que los soportes entre las alas y la cabina han tenido que ser reforzados con una aleación.

SALTADOR QUAD

Los espaciopuertos orbitales son lugares concurridos donde cada segundo que se invierte en mover un contenedor se traduce en pérdidas en el balance final del astillero. Los saltadores quad colocan abrazaderas magnéticas bajo los contenedores y los llevan donde corresponda con su cuarteto de propulsores. La cabina es un enorme ventanal que ofrece la máxima visibilidad en medio del caos portuario. Los demás asientos se destinan a los pilotos de reserva, ingenieros o funcionarios del puerto.

VIDA DE UN REMOLCADOR

Los capitanes de cargueros se jactan de sus dotes de vuelo, pero solo los pilotos de remolcadores son capaces de llevar el cargamento al cliente durante los últimos kilómetros. Tan compleja labor depende de su destreza con los emisores de rayos tractores, los mandos y los aceleradores.

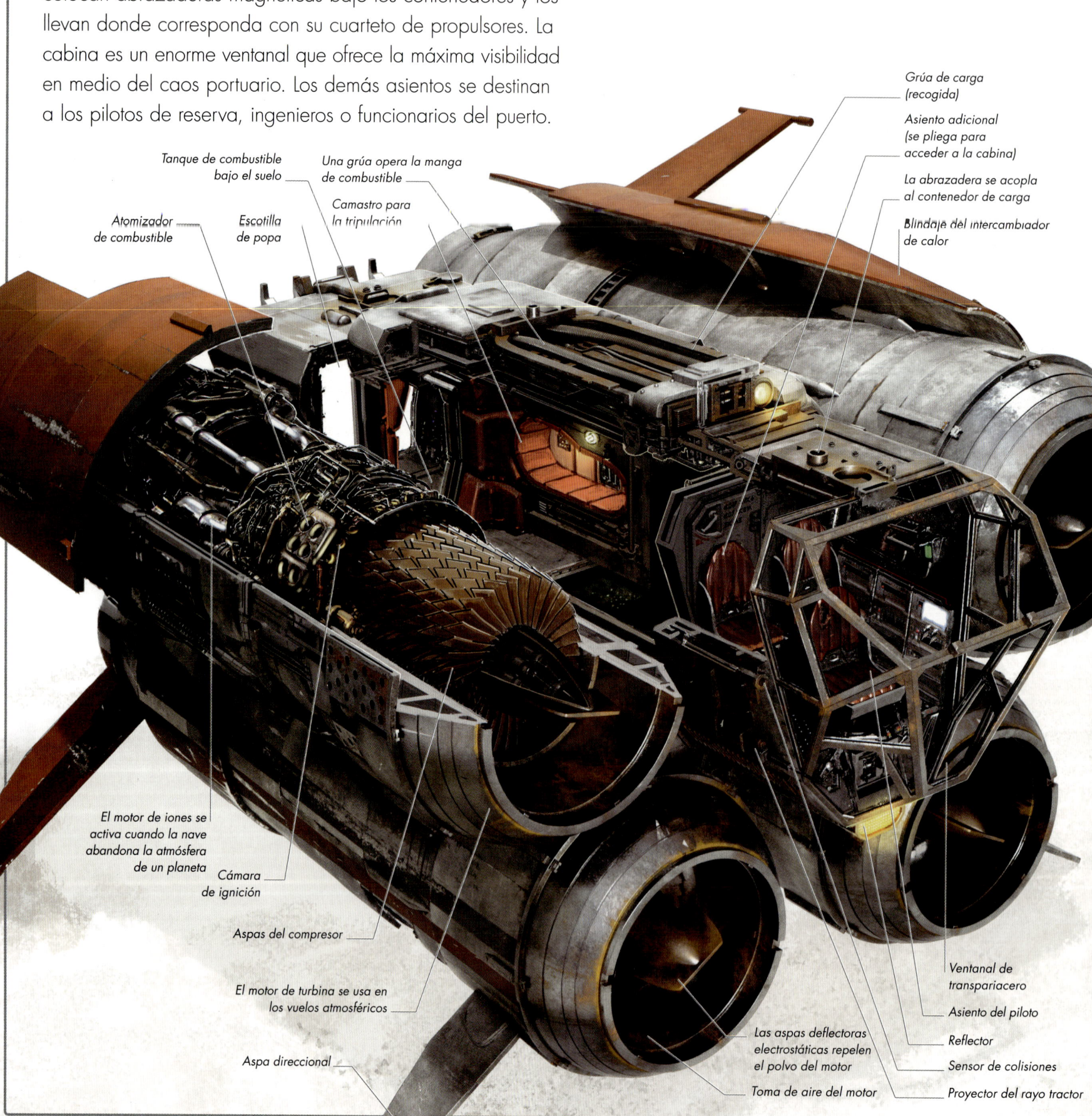

- Atomizador de combustible
- Tanque de combustible bajo el suelo
- Escotilla de popa
- Una grúa opera la manga de combustible
- Camastro para la tripulación
- Grúa de carga (recogida)
- Asiento adicional (se pliega para acceder a la cabina)
- La abrazadera se acopla al contenedor de carga
- Blindaje del intercambiador de calor
- El motor de iones se activa cuando la nave abandona la atmósfera de un planeta
- Cámara de ignición
- Aspas del compresor
- El motor de turbina se usa en los vuelos atmosféricos
- Aspa direccional
- Las aspas deflectoras electrostáticas repelen el polvo del motor
- Toma de aire del motor
- Ventanal de transpariacero
- Asiento del piloto
- Reflector
- Sensor de colisiones
- Proyector del rayo tractor

Alerón estabilizador del repulsor superior

El anillo del propulsor externo conecta con el motor de iones

La tobera del propulsor central conecta con el motor de la turbina atmosférica

MODIFICACIONES ESPECIALES

Aunque los saltadores quad se venden como remolcadores, los contrabandistas y agentes de prospección los codician por su maniobrabilidad, potencia y habilidad para desplazarse en modo atmosférico y vuelo espacial. Exigen una serie de modificaciones para instalar un hiperimpulsor y aumentar su capacidad de combustible y cargamento, pero es fácil conectar sus puntos de anclaje dorsal a soportes de armas, tanques de combustible y paneles de sensores.

Las aspas del propulsor se activan cuando la nave entra en modo de vuelo espacial

Bomba de refrigeración

Célula de energía

Carcasa del motor

Escotilla de popa

Pinza de cierre de la escotilla

Placa de descarga estática

Escalera retráctil

Punto de anclaje dorsal

Cables de refrigeración

Aspa estabilizadora del repulsor inferior

Tren de aterrizaje hidráulico

Contenedor del cable del remolcador

Tren de aterrizaje

Agente Zuvio de la milicia de Colonia Niima

Unkar Plutt

¿GRANDES PLANES?

Jakku está a años luz de la estación de transferencia más cercana. Las instalaciones orbitales del Imperio, reservadas para uso militar, quedaron totalmente devastadas hace décadas. Así que, ¿qué hace un saltador quad sin modificar a orillas de las Regiones Desconocidas? Unkar Plutt, dueño de un desguace, lo compró a unos chatarreros y traficantes de armas y fantasea con lo rico que se hará cuando ponga en marcha sus planes para la nave. Entre tanto, lo tiene en el muelle 3 de Colonia Niima, junto al carguero que guarda bajo una lona.

DATOS

> **FABRICANTE** Subpro
> **MODELO** Saltador de cuatro propulsores
> **TIPO** Remolcador espacial
> **DIMENSIONES** Longitud: 7,98 m
> **TRIPULACIÓN** 1 piloto (más 2 pasajeros)
> **ARMAS** Ninguna
> **AFILIACIÓN** Ninguna

HALCÓN MILENARIO

Aunque fue una de las naves más veloces de la galaxia, hoy está estacionada bajo una lona en el puerto espacial de Jakku. Unkar Plutt, dueño de un desguace, se niega a revelar dónde adquirió el maltrecho carguero y no ha permitido que los chatarreros de Niima lo desmonten para llevarse sus piezas, pues insiste en que aún puede volar y en los grandes planes que tiene para él. Bajo su destartalado exterior, esta nave está llena de sorpresas: sus motores subluz han sido modificados para alcanzar velocidades de vértigo, el hiperimpulsor es el doble de grande que el de un YT-1300, y sus armas y escudos son propios de una nave mucho mayor.

PIEZAS NUEVAS

La rectena militar se perdió en Endor. Ahora es un modelo civil con sensores de la Corporación Corelliana de Ingeniería con menos capacidad para detectar naves enemigas.

- Trajes espaciales en el compartimento superior
- Espacio de almacenaje
- Hiperimpulsor Isu-Sim SSP05 de Clase 0.5
- Motores subluz Girodyne
- Válvula de presión del propulsor
- Intermezclador de combustible
- Conductos entre niveles
- Conducto de escape de calor
- Conducto de escape del motor subluz
- Dispositivo de reciclaje del agua
- Núcleo de energía Quadex
- Puerto del circuito electrónico
- Cañón láser cuádruple superior
- Estabilizador de presión de la unidad de combustible
- Cápsulas de escape
- Placa de empuje vectorial
- Ventilación taquiónica del hiperimpulsor
- Tren de aterrizaje
- Área de ingeniería

AVERÍA

Unkar Plutt no mantiene el hiperimpulsor del *Halcón*, y Rey y Finn pagan su descuido. Un flujo de energía del motivador se vierte en el núcleo de energía Quadex y causa una sobrecarga que transmite al distribuidor de combustible una señal incorrecta. A su vez, el combustible metálico líquido ahoga el tanque de propulsión del distribuidor y retrocede a los sistemas auxiliares, recalentando sus componentes y rompiendo una junta, para finalmente convertirse en gas tóxico.

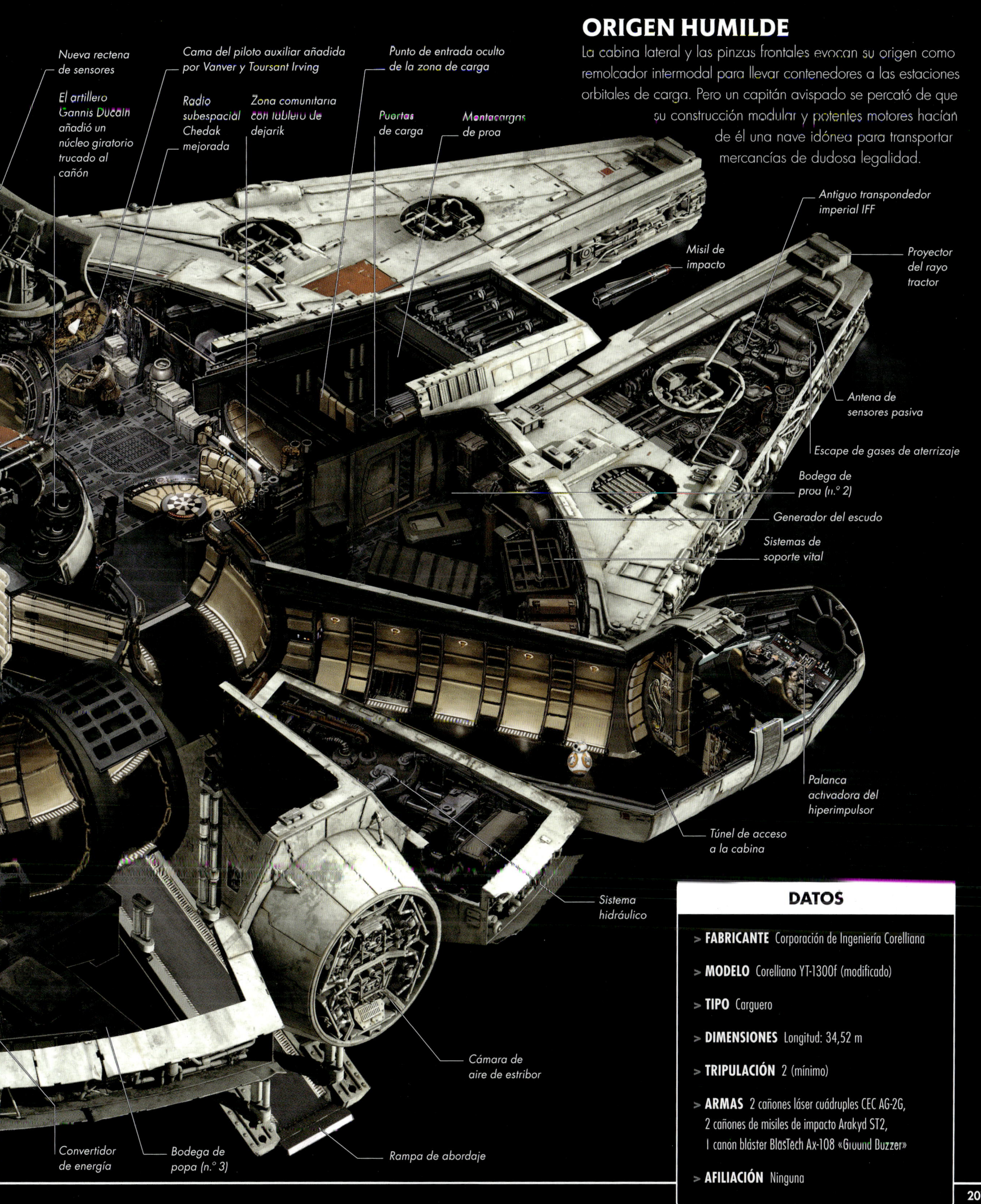

ORIGEN HUMILDE

La cabina lateral y las pinzas frontales evocan su origen como remolcador intermodal para llevar contenedores a las estaciones orbitales de carga. Pero un capitán avispado se percató de que su construcción modular y potentes motores hacían de él una nave idónea para transportar mercancías de dudosa legalidad.

- Nueva rectena de sensores
- El artillero Gannis Ducain añadió un núcleo giratorio trucado al cañón
- Cama del piloto auxiliar añadida por Vanver y Toursant Irving
- Radio subespacial Chedak mejorada
- Zona comunitaria con tablero de dejarik
- Punto de entrada oculto de la zona de carga
- Puertas de carga
- Montacargas de proa
- Misil de impacto
- Antiguo transpondedor imperial IFF
- Proyector del rayo tractor
- Antena de sensores pasiva
- Escape de gases de aterrizaje
- Bodega de proa (n.º 2)
- Generador del escudo
- Sistemas de soporte vital
- Palanca activadora del hiperimpulsor
- Túnel de acceso a la cabina
- Sistema hidráulico
- Cámara de aire de estribor
- Convertidor de energía
- Bodega de popa (n.º 3)
- Rampa de abordaje

DATOS

- **FABRICANTE** Corporación de Ingeniería Corelliana
- **MODELO** Corelliano YT-1300f (modificado)
- **TIPO** Carguero
- **DIMENSIONES** Longitud: 34,52 m
- **TRIPULACIÓN** 2 (mínimo)
- **ARMAS** 2 cañones láser cuádruples CEC AG-2G, 2 cañones de misiles de impacto Arakyd ST2, 1 cañón bláster BlasTech Ax-108 «Ground Buzzer»
- **AFILIACIÓN** Ninguna

ERAVANA

La galaxia recuerda a Han Solo y a Chewbacca como los temerarios pilotos del *Halcón Milenario*, legendarios contrabandistas y héroes rebeldes. Pero de eso hace mucho. El *Halcón* se ha esfumado y todo intento de sus antiguos dueños por recuperarlo ha fracasado. Ahora pilotan el *Eravana*, un voluminoso carguero que se desplaza con torpeza. Juntos han ganado unos buenos créditos con su nueva nave, transportando desde artículos de consumo a remotas colonias hasta fauna exótica para coleccionistas ricos… Y también han ganado enemigos, consecuencia inevitable del dudoso negocio de Han.

IMPRESCINDIBLES

Esenciales para el comercio, cargueros como el de clase Baleen transportan grandes cantidades de mercancías. Se construyen en astilleros orbitales y casi nunca entran en la atmósfera de un planeta; atracan en estaciones espaciales y espaciopuertos para cargar y descargar. Suelen pertenecer a corporaciones, ya que pocos capitanes tienen los créditos necesarios para comprar y mantener estos gigantes.

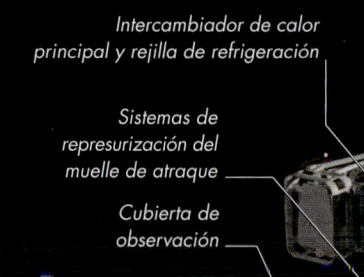
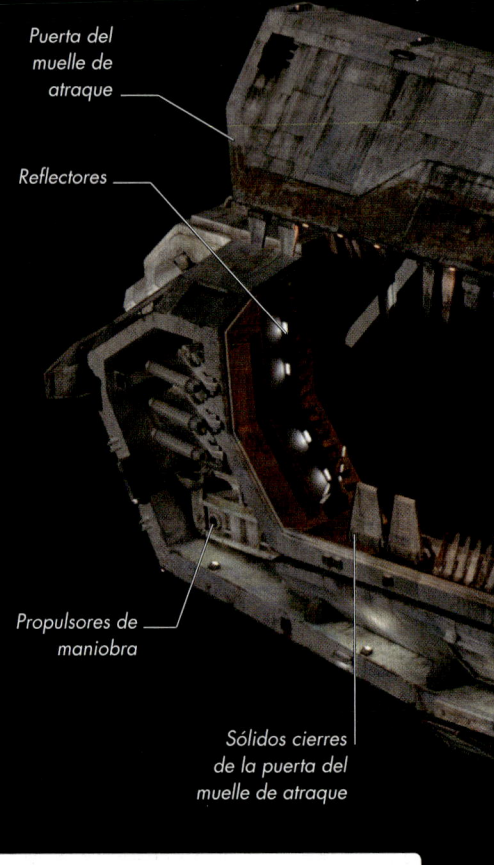

Intercambiador de calor principal y rejilla de refrigeración

Sistemas de represurización del muelle de atraque

Cubierta de observación

Mecanismo de cierre de la puerta

Proyector del campo de fuerzas

Puerta del muelle de atraque

Reflectores

Propulsores de maniobra

Sólidos cierres de la puerta del muelle de atraque

El Halcón Milenario recién recuperado

Matriz de sensores de proa

Emisores del rayo tractor

Camarote de Han

Antena de comunicaciones de largo alcance

DATOS

> **FABRICANTE** Corporación Corelliana de Ingeniería

> **MODELO** Clase Baleen

> **TIPO** Carguero

> **DIMENSIONES** Longitud: 425,99 m

> **TRIPULACIÓN** 2 (mínimo); 6 (recomendado)

> **ARMAS** Ninguna

> **AFILIACIÓN** Ninguna

LABERINTO AÉREO

Si el *Halcón* era un hogar, el *Eravana* es un medio para un fin. Han y Chewie supervisan la carga y mantienen el rumbo de su tedioso avance. La bodega de proa hace las veces de muelle de aterrizaje y almacén de aquellas mercancías que exigen un manejo especial. Todo lo demás se guarda en los contenedores del área de transporte, situada entre la proa y los motores, un formidable laberinto de productos destinados a puertos lejanos.

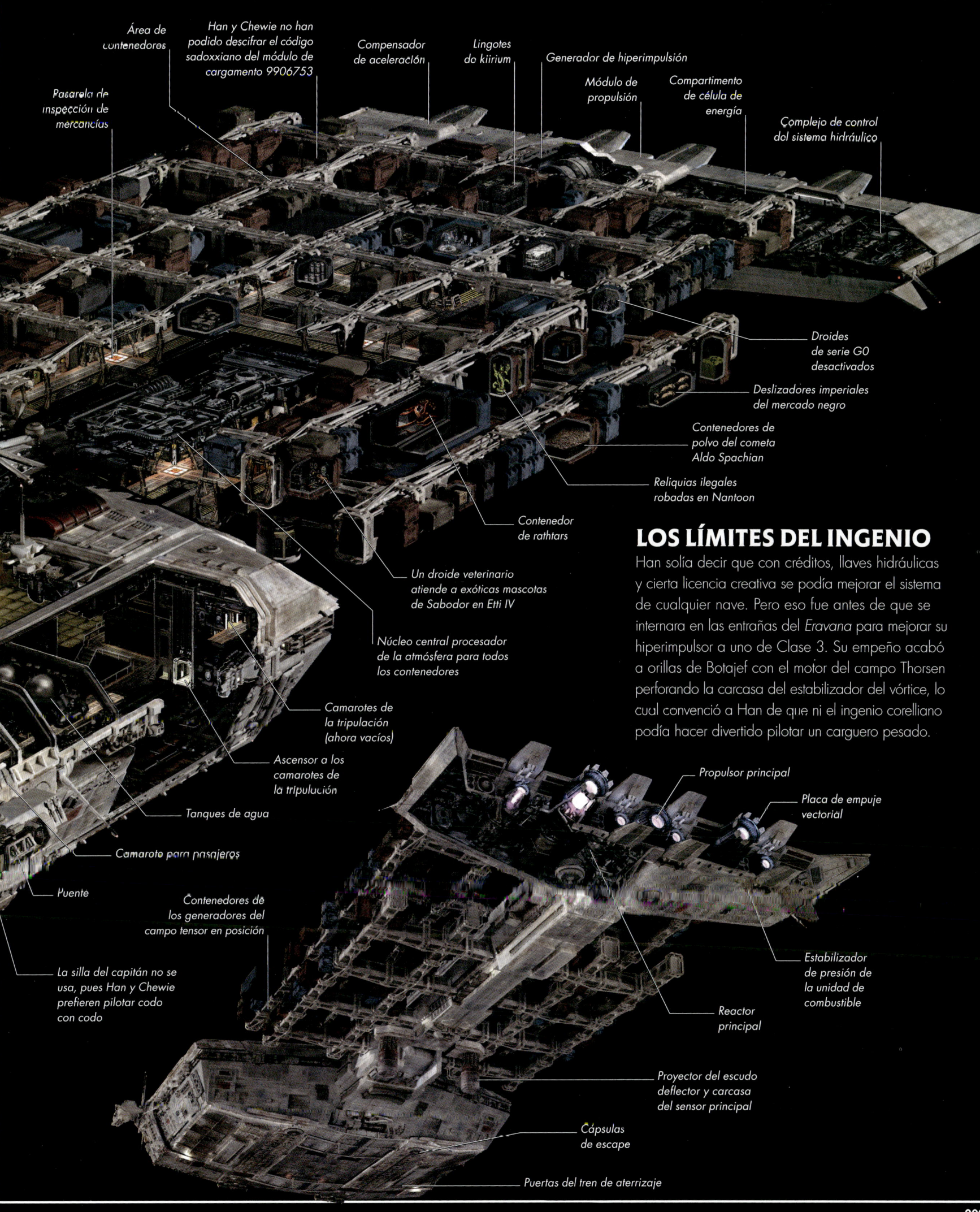

LOS LÍMITES DEL INGENIO

Han solía decir que con créditos, llaves hidráulicas y cierta licencia creativa se podía mejorar el sistema de cualquier nave. Pero eso fue antes de que se internara en las entrañas del *Eravana* para mejorar su hiperimpulsor a uno de Clase 3. Su empeño acabó a orillas de Botajef con el motor del campo Thorsen perforando la carcasa del estabilizador del vórtice, lo cual convenció a Han de que ni el ingenio corelliano podía hacer divertido pilotar un carguero pesado.

TRANSPORTE DE LA RESISTENCIA

Creados a partir de una mezcolanza de piezas compradas, prestadas y robadas, el curioso aspecto de los transportes de la Resistencia refleja su origen y construcción heterodoxos. Incorporan varios componentes de un Ala-B Mk II en cápsulas de escape de lanzaderas de la República unidas a módulos civiles para pasajeros y ampliadas con copias de los hiperimpulsores de la Primera Orden. Pese a sus frecuentes averías, los técnicos tratan de mantenerlos en perfectas condiciones, pues deben estar listos en todo momento.

COMPARTIMENTO CIVIL

Los pasajeros viajan en dos módulos conectados e integrados en una carcasa fabricada con placas excedentes de otros cascos. Los cargueros y cruceros baratos disponen de muchos y variados compartimentos para viajeros de bajo presupuesto. Por su lado, tanto los comandantes como las tropas de la Resistencia comparten un espacio común con contenedores para equipo y droides mecánicos, y encaran con buen humor el traqueteo de la nave.

- Antenas de descarga estática
- Proyector del escudo deflector
- El droide astromecánico supervisa los sistemas y calcula los saltos al hiperespacio
- Tren de aterrizaje desplegado
- Compensador de aceleración
- Giroscopio estabilizador
- Energizador del escudo deflector
- Generador del escudo deflector
- Sistema de selección de objetivos
- Láser de seguimiento de precisión
- Cañón láser pesado
- Fusil bláster EL-16HFE
- C-3PO
- General Leia Organa
- Guardia de honor de la Resistencia

BUENAS DEFENSAS

Los transportes de la Resistencia no resultan muy maniobrables y para defenderse dependen de escoltas de cazas. Pero, si esa táctica falla, son capaces de plantar cara. Su armamento incluye artillería excedente de Alas-B y combina un láser de seguimiento con un cañón láser pesado. Algunos, además, cuentan con un cañón de iones y un lanzatorpedos de protones, y bajo la cabina hay un soporte donde pueden montarse dos blásteres. Por último, los proyectores de escudos deflectores extraídos de las góndolas del Ala-B protegen la cabina y la torreta de armas, y sus campos solapados defienden los compartimentos de pasajeros.

DATOS

- **FABRICANTE** Slayn & Korpil
- **MODELO** Personalizado de la Resistencia
- **TIPO** Transporte
- **DIMENSIONES** Anchura: 16,18 m
- **TRIPULACIÓN** 1 piloto (y hasta 20 pasajeros)
- **ARMAS** (configuración estándar) 1 cañón láser pesado Gyrhil R-9X
- **AFILIACIÓN** Resistencia

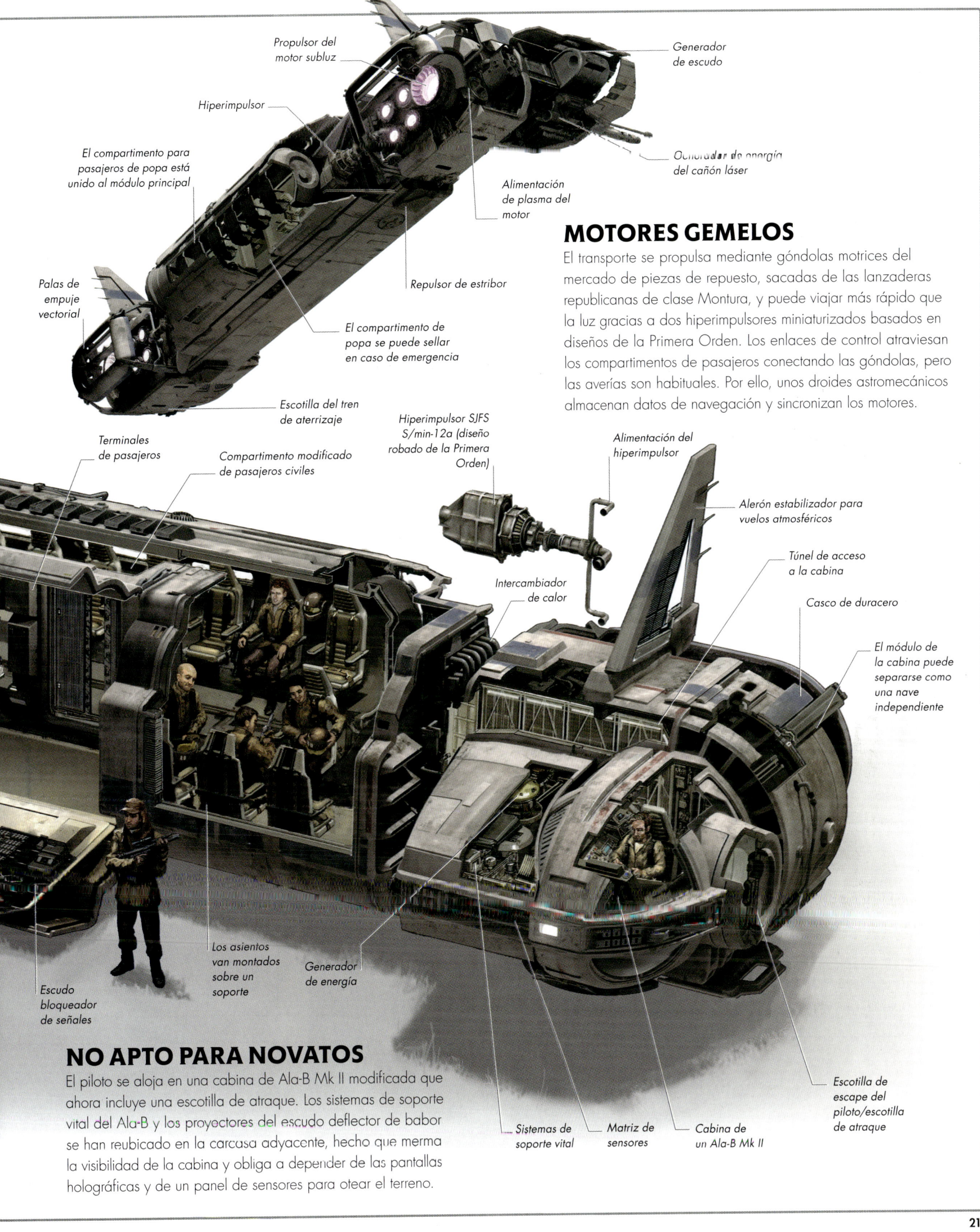

MOTORES GEMELOS

El transporte se propulsa mediante góndolas motrices del mercado de piezas de repuesto, sacadas de las lanzaderas republicanas de clase Montura, y puede viajar más rápido que la luz gracias a dos hiperimpulsores miniaturizados basados en diseños de la Primera Orden. Los enlaces de control atraviesan los compartimentos de pasajeros conectando las góndolas, pero las averías son habituales. Por ello, unos droides astromecánicos almacenan datos de navegación y sincronizan los motores.

NO APTO PARA NOVATOS

El piloto se aloja en una cabina de Ala-B Mk II modificada que ahora incluye una escotilla de atraque. Los sistemas de soporte vital del Ala-B y los proyectores del escudo deflector de babor se han reubicado en la carcasa adyacente, hecho que merma la visibilidad de la cabina y obliga a depender de las pantallas holográficas y de un panel de sensores para otear el terreno.

DESLIZADOR DE NIEVE

Ligero y versátil, la Primera Orden lo usa en la base Starkiller para distintas misiones, desde el suministro a estaciones externas hasta la supervisión del perímetro. Es un modelo sencillo y resistente con un par de asientos, una plataforma de carga, repulsores y dos turbinas. Deslizadores similares son corrientes en muchos mundos, pero el modelo militar de la Primera Orden tiene un generador mucho más potente, convertidores de energía mejorados, y un soporte y cañón de bláster adecuados para disparar ráfagas continuadas.

UN TIPO DURO

Las temperaturas son duras para los repulsores. Aunque la rejilla del radiador disipa el calor de los generadores de energía, pierde demasiado en los climas fríos y no da la talla en los cálidos, provocando que se bloqueen o se quemen. Sin embargo, tan robusto vehículo sufrió pocos cambios para adaptarse a la base Starkiller: la rejilla se aisló para amortiguar el intercambio de calor y se añadieron deflectores electrostáticos para mantener las tomas de las turbinas limpias de hielo.

Bláster de repetición FWMB-10

Dispositivo del mango para el soporte vehicular

El disparo del bláster puede atravesar el blindaje de duracero

Gas energizado en la cámara de expansión

Bobinas del colimador (aumentan el alcance del disparo)

Soporte articulado

Emisor del láser

Equipo de supervivencia y reserva de munición

Sensores de velocidad

Conducto de la toma de aire del intercambiador de calor del repulsor

Rejilla del radiador

Retrorrepulsores y repulsores secundarios

Suministros y munición

Compartimento de carga

Blindaje de material compuesto

Controles de mando

Combustible de reserva

Emisores del rayo tractor del asiento

Sensores de terreno

EL PERFIL DE LAS MISIONES

El artillero va en la proa, desde donde escudriña el horizonte en busca de objetivos. El soporte para el bláster de repetición brinda un amplio campo de disparo lateral, y baja o se eleva para defenderse de amenazas terrestres y aéreas. En misiones rutinarias, el bláster se retira y la proa se destina al transporte del equipo. Incluso cuando están sentados, los ocupantes del deslizador quedan a la intemperie, pero cuentan con unidades térmicas tras ellos y unos confortables asientos con calefacción.

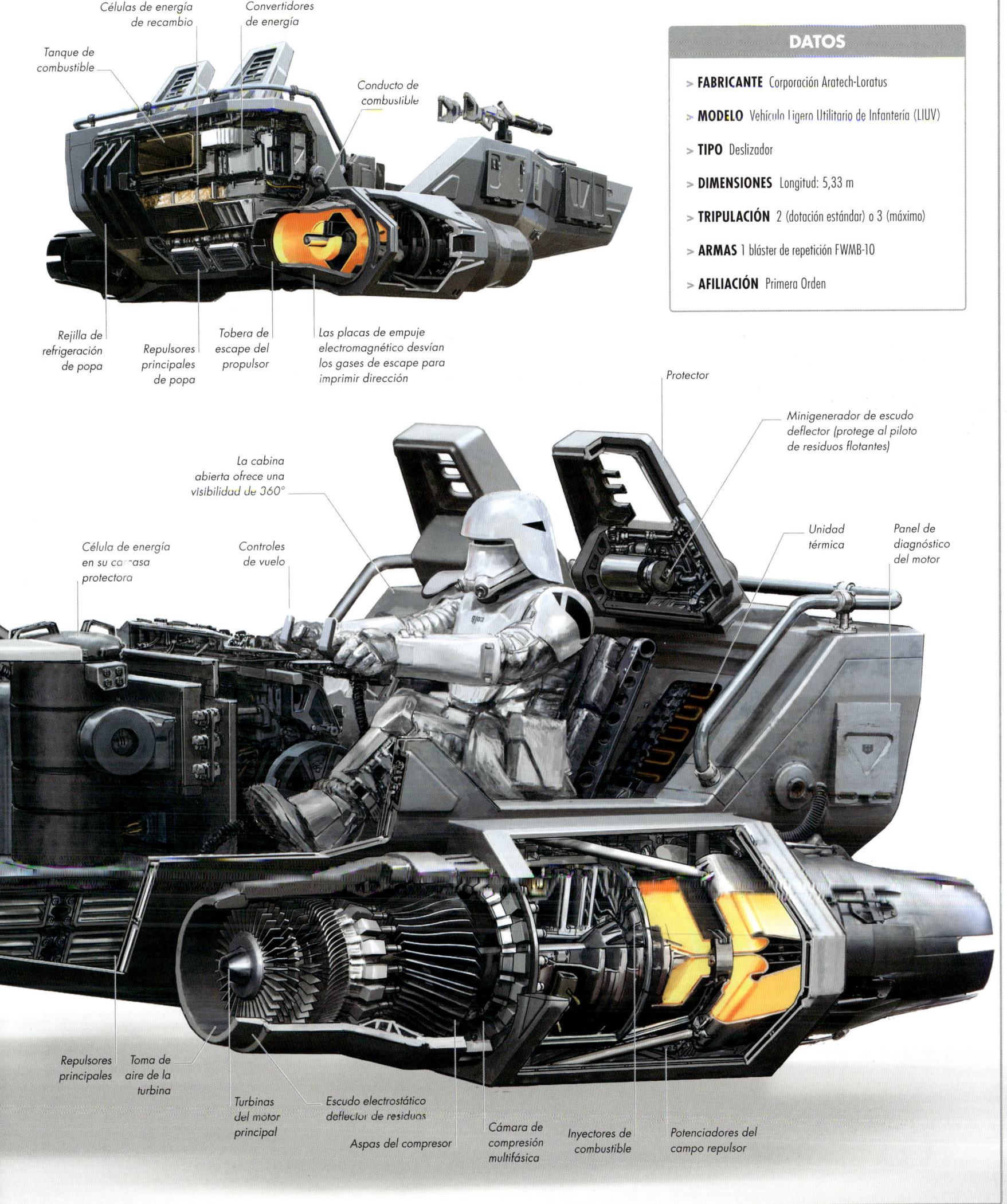

RADDUS

Orgullo de la Resistencia, el *Raddus* es el centro de mando móvil de la general Leia Organa y un símbolo de la lucha por la libertad galáctica. Su nombre honra a uno de los primeros héroes rebeldes, y en su construcción se incorporaron elementos de varios astilleros, al tiempo que participaron distintas especies. Es el transporte del cuerpo de cazas de la Resistencia –reconstruido a marchas forzadas– y la nave insignia de la maltrecha fuerza especial que huye de D'Qar con la Primera Orden pisándole los talones, sedienta de vengar la destrucción de Starkiller. El destino de la Resistencia y el sueño de una galaxia libre y pacífica dependen de esta deteriorada nave que surca el espacio con un enigmático comandante al timón y una inquieta tripulación desesperada por encontrar un lugar donde refugiarse.

ESCUDOS MEJORADOS

Los avanzados escudos deflectores del *Raddus* responden a un diseño experimental que los hace capaces de soportar ataques colosales antes de sucumbir. La Primera Orden lo vapuleó y le infligió un daño estructural inevitable, pero muy pocas naves habrían resistido tanto.

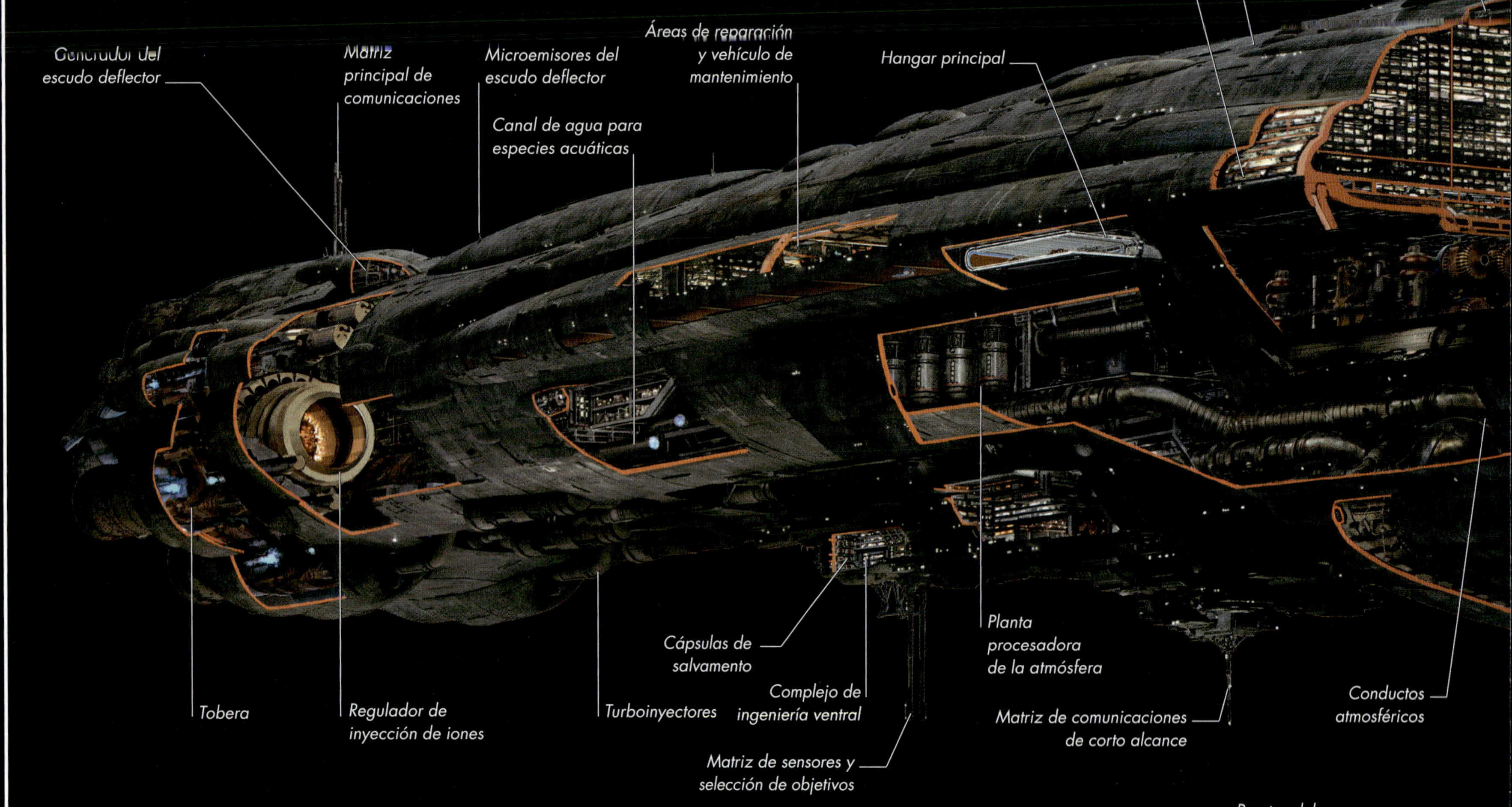

HOMENAJE AL SACRIFICIO

El *Raddus* fue bautizado en honor al almirante mon calamari que desafió a los líderes políticos de la incipiente Rebelión y dirigió a una variopinta flota hasta Scarif, sacrificando su crucero estelar y su vida para que la Alianza obtuviera los planos de la Estrella de la Muerte. Los mon calamari respaldaron a la Alianza a riesgo de morir a manos del Imperio y construyeron las naves capitales que formaron la espina dorsal de la flota que venció en Endor. Algunos de los mon calamari se mantuvieron leales a la Resistencia pese a los reparos de la Nueva República y, cuando el *Amanecer de la Tranquilidad* cayó en manos rebeldes, almirante Ackbar solicitó que se la rebautizara en honor a su camarada mon calamari, que luchó contra un destino a todas luces fatídico.

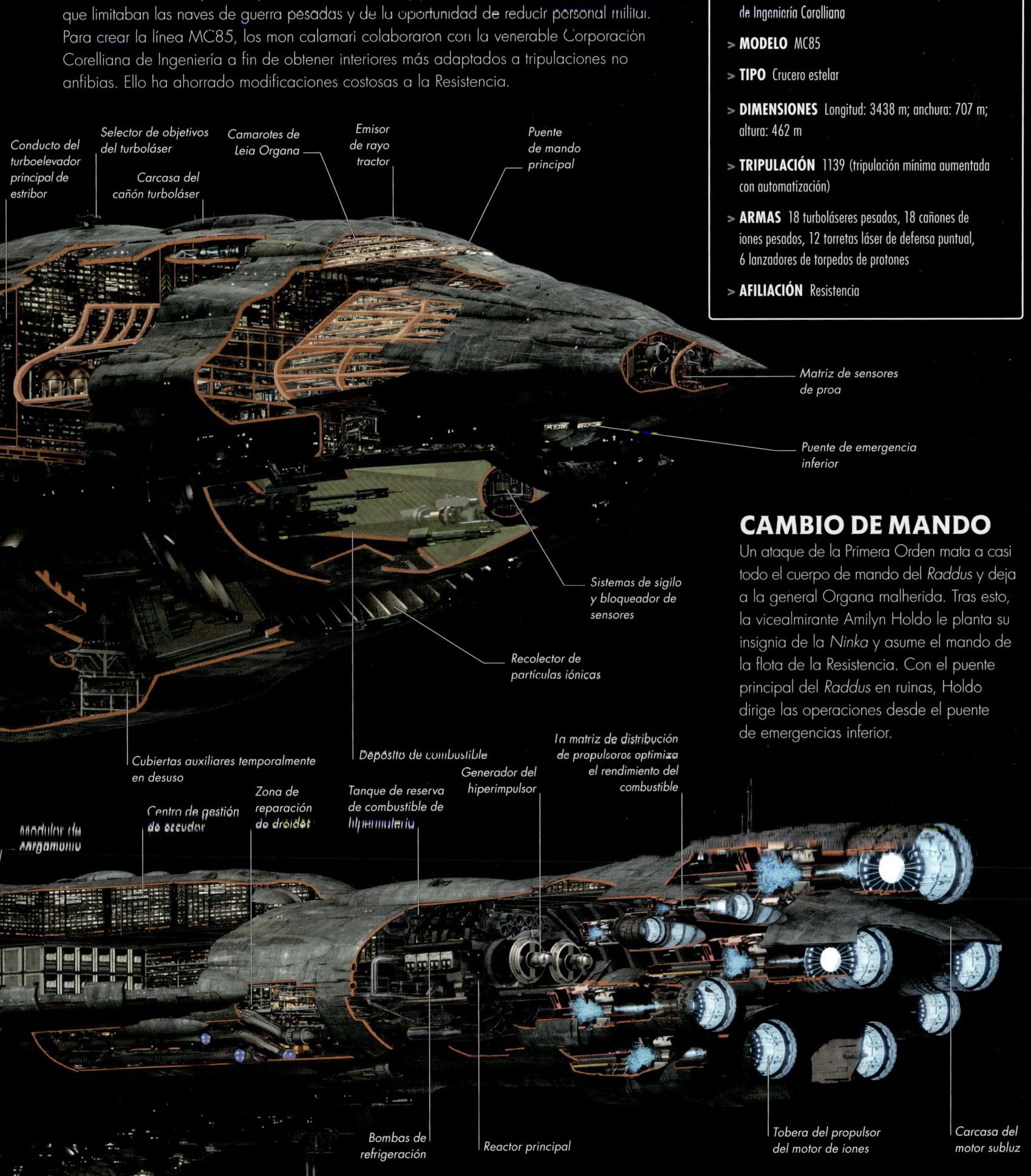

NUEVOS PROPIETARIOS

Al principio, el *Raddus* se bautizó como *Amanecer de la Tranquilidad* y formó parte de la flota de la Primera República, pero se desmanteló muy pronto –a instancias de los tratados que limitaban las naves de guerra pesadas y de la oportunidad de reducir personal militar. Para crear la línea MC85, los mon calamari colaboraron con la venerable Corporación Corelliana de Ingeniería a fin de obtener interiores más adaptados a tripulaciones no anfibias. Ello ha ahorrado modificaciones costosas a la Resistencia.

DATOS

> **FABRICANTE** Astilleros de Mon Calamari / Corporación de Ingeniería Corelliana

> **MODELO** MC85

> **TIPO** Crucero estelar

> **DIMENSIONES** Longitud: 3438 m; anchura: 707 m; altura: 462 m

> **TRIPULACIÓN** 1139 (tripulación mínima aumentada con automatización)

> **ARMAS** 18 turboláseres pesados, 18 cañones de iones pesados, 12 torretas láser de defensa puntual, 6 lanzadores de torpedos de protones

> **AFILIACIÓN** Resistencia

CAMBIO DE MANDO

Un ataque de la Primera Orden mata a casi todo el cuerpo de mando del *Raddus* y deja a la general Organa malherida. Tras esto, la vicealmirante Amilyn Holdo le planta su insignia de la *Ninka* y asume el mando de la flota de la Resistencia. Con el puente principal del *Raddus* en ruinas, Holdo dirige las operaciones desde el puente de emergencias inferior.

FLOTA DE LA RESISTENCIA

La flota de la Resistencia no hace honor a su nombre: cuatro naves capitales, una ínfima tripulación de apoyo y unos pocos escuadrones de cazas y bombarderos. Pero la facción de Leia Organa siempre se ha apoyado en activos que no constan en un orden de batalla: una eficaz red de espionaje, aliados locales y el respaldo clandestino de la Nueva República le permitieron luchar de igual a igual contra la Primera Orden. Cuando Organa y su amiga la vicealmirante Holdo resistieron como intrépidas comandantes rebeldes, la Alianza triunfó al simbolizar paz y libertad, causas más poderosas que cualquier flota estelar. Pero con la Nueva República aplastada, tal filosofía se enfrenta a una prueba brutal. Antes de que la galaxia pueda responder a su ataque en Hosnian Prime, la Primera Orden planea dar caza y destruir a Organa y los líderes de la Resistencia.

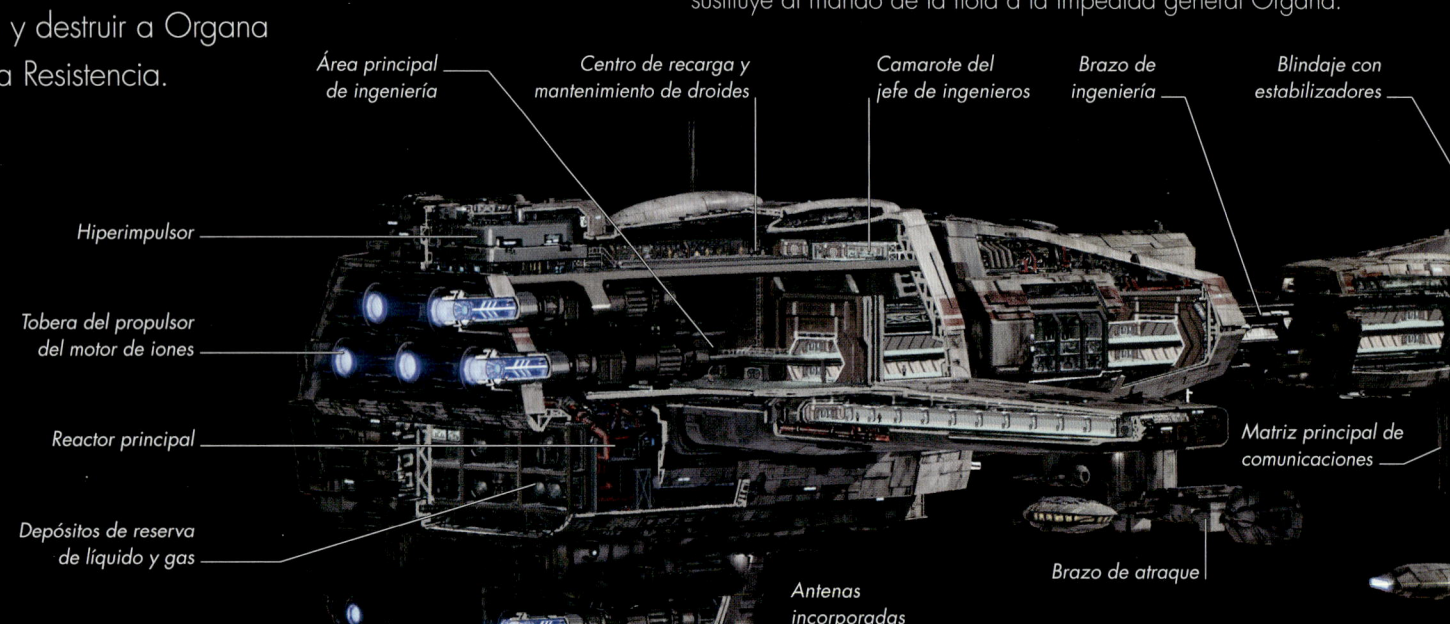

NINKA

El Alineamiento Libre Virgilliano, uno de los primeros aliados de la Rebelión, libró una amarga guerra civil contra el gobierno de su sistema estelar, respaldado por el Imperio. Cuando Virgillia se liberó de sus grilletes, se convirtió en uno de los defensores más fuertes de la Nueva República. La *Ninka*, al mando de la vicealmirante Holdo, es una «reventabúnqueres» diseñada con el fin de transportar artillería y armas pesadas para aniquilar objetivos terrestres enquistados. Holdo adora esta navecilla desvencijada, pero traslada su insignia al *Raddus* cuando sustituye al mando de la flota a la impedida general Organa.

ANODYNE

Las fragatas Nebulón-B, sólidas y versátiles, nacieron como naves escolta del ejército imperial, pero muchas acabaron en manos rebeldes. Tras el armisticio entre la Nueva República y los vestigios del Imperio, los Astilleros Kuat construyeron la Nebulón-C, más grande, con objeto de asignarle operaciones similares en la Nueva República. Algunas Nebulón-C desmanteladas han sido transferidas en secreto a la Resistencia, como la *Anodyne*, la nave hospital de su flota. Se ha modificado dejando intactas sus características militares: puede transportar un escuadrón entero de cazas y rebosa de cañones láser.

DATOS

> **FABRICANTE** Astilleros de Propulsores Kuat

> **MODELO** Nebulón-C modificada

> **TIPO** Fragata

> **DIMENSIONES** Longitud: 549 m; anchura: 195 m; altura: 322 m

> **TRIPULACIÓN** 170 (tripulación mínima aumentada con automatización)

> **ARMAS** 10 turboláseres pesados, 6 torretas de defensa puntual, 2 lanzadores de torpedos de protones

> **AFILIACIÓN** Resistencia

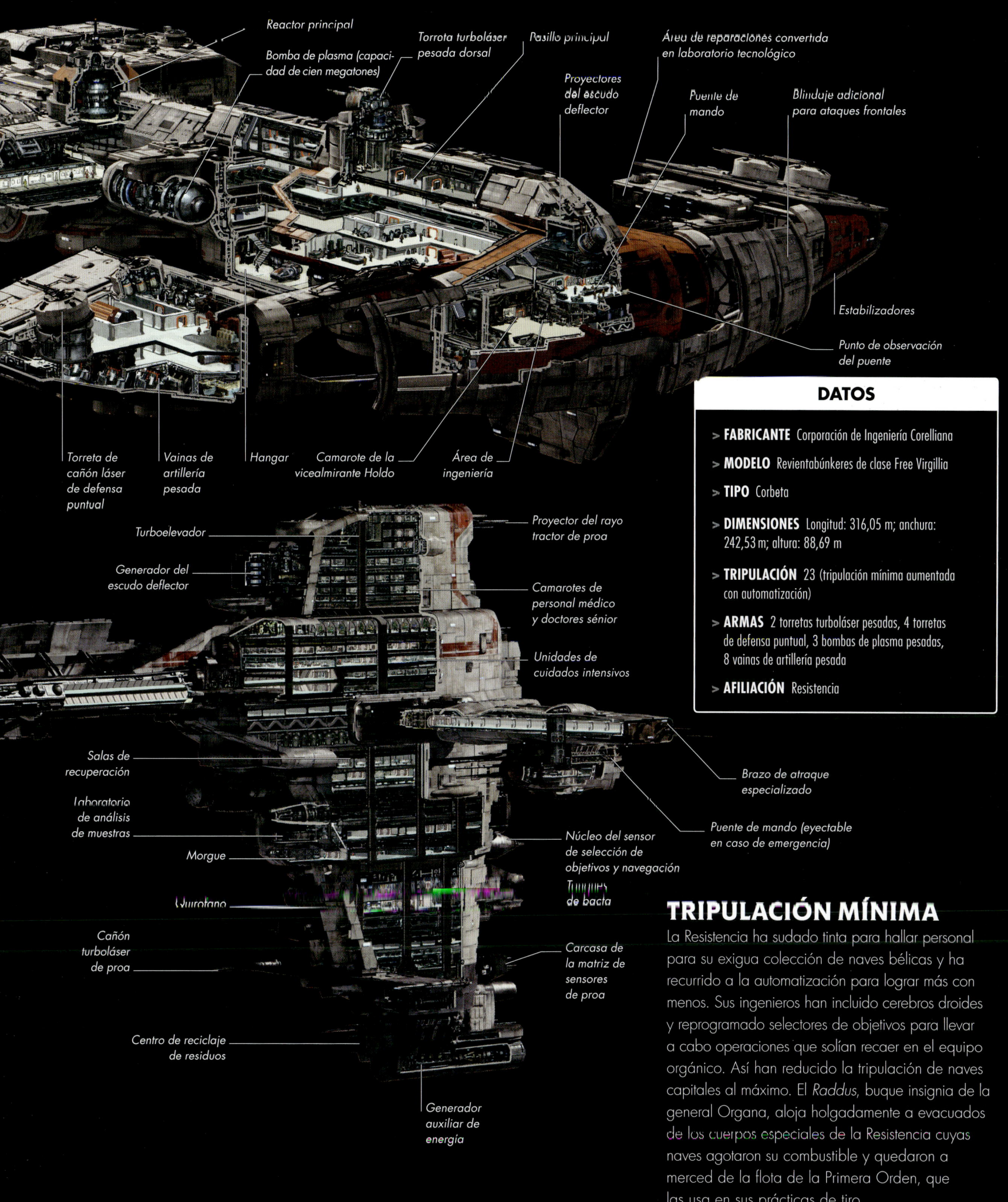

DATOS

> **FABRICANTE** Corporación de Ingeniería Corelliana
> **MODELO** Revientabúnkeres de clase Free Virgillia
> **TIPO** Corbeta
> **DIMENSIONES** Longitud: 316,05 m; anchura: 242,53 m; altura: 88,69 m
> **TRIPULACIÓN** 23 (tripulación mínima aumentada con automatización)
> **ARMAS** 2 torretas turboláser pesadas, 4 torretas de defensa puntual, 3 bombas de plasma pesadas, 8 vainas de artillería pesada
> **AFILIACIÓN** Resistencia

TRIPULACIÓN MÍNIMA

La Resistencia ha sudado tinta para hallar personal para su exigua colección de naves bélicas y ha recurrido a la automatización para lograr más con menos. Sus ingenieros han incluido cerebros droides y reprogramado selectores de objetivos para llevar a cabo operaciones que solían recaer en el equipo orgánico. Así han reducido la tripulación de naves capitales al máximo. El *Raddus*, buque insignia de la general Organa, aloja holgadamente a evacuados de los cuerpos especiales de la Resistencia cuyas naves agotaron su combustible y quedaron a merced de la flota de la Primera Orden, que las usa en sus prácticas de tiro.

BOMBARDERO

Ante la guerra inminente con los residuos del Imperio, la Nueva República encargó a Slayn & Korpil el MG-100 Fortaleza Estelar, un bombardero especializado con mayor capacidad de carga que los cazas. Pero el esfuerzo de desmilitarización del Senado mandó al desguace muchas de estas naves, y algunas acabaron en manos de la Resistencia. Los escuadrones Cobalto y Carmesí de D'Qar partieron hacia Atterra en una misión de asistencia y dejaron sin bombarderos el asalto a la base Starkiller, pero sus supervivientes llegan a tiempo de desempeñar un papel crucial en la defensa de D'Qar frente a la Primera Orden. Gracias al valiente sacrificio de su tripulación, los líderes de la Resistencia, como la general Organa y el almirante Ackbar, evacúan sus cuarteles generales sitiados.

NAVES MULTIUSOS

La Resistencia, falta de recursos, usa sus Fortalezas Estelares en misiones no militares. En la campaña de Atterra, los bombarderos transportaron sondas para espiar a la Primera Orden y suministros a Atterra Bravo. Sus deflectores, capaces de ocultar las emisiones de energía, evitaron su detección. Los MG-100 decomisados también han desempeñado muchas operaciones civiles. Las empresas mineras los utilizan para romper hielo y rocas con explosivos; para los gobiernos locales son vehículos de rescate, tanques de combustible y naves antiincendios, y los exploradores los emplean en misiones de reconocimiento y cartografía celeste.

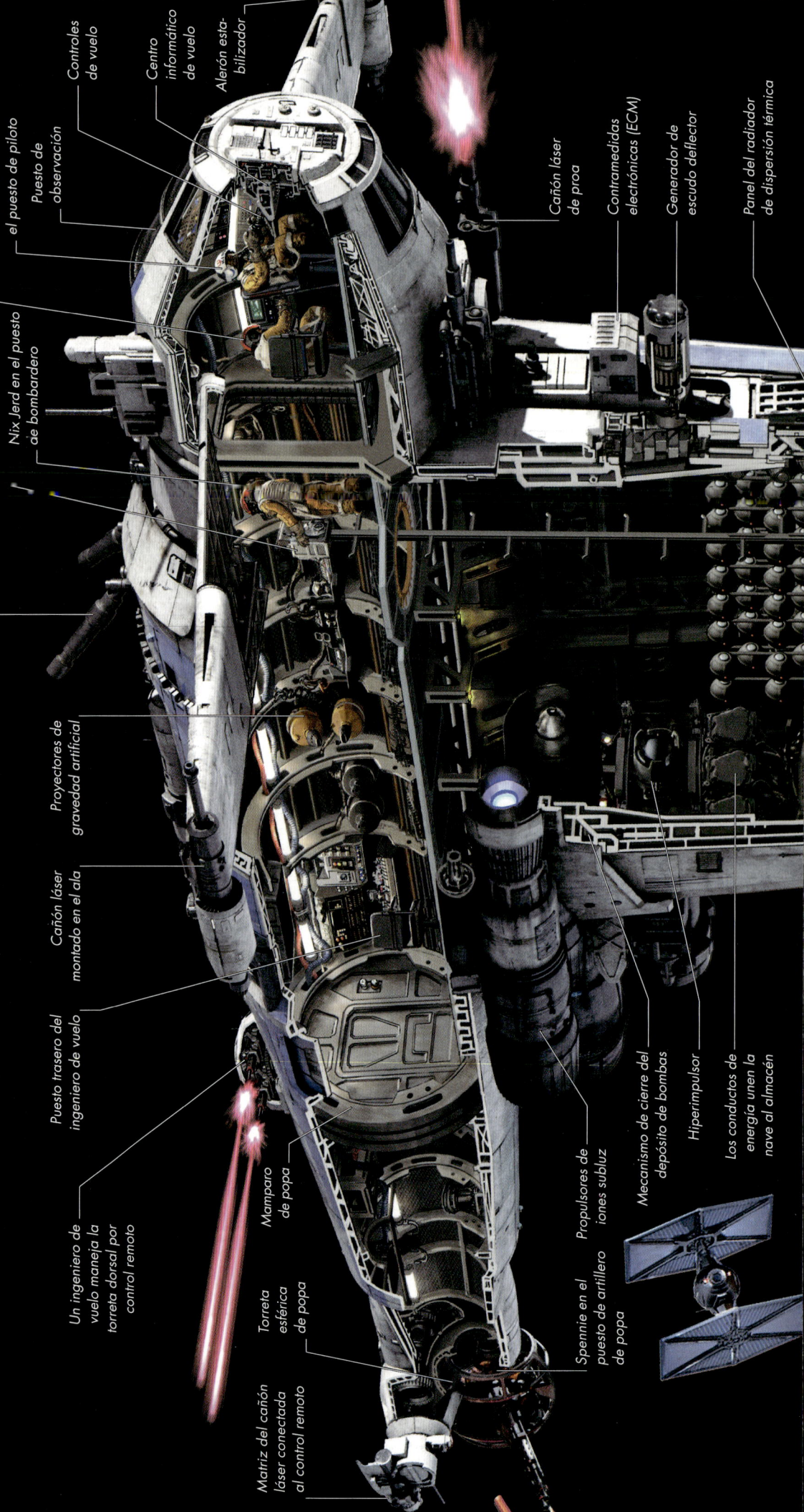

- Cañón láser de proa
- Contramedidas electrónicas (ECM)
- Generador de escudo deflector
- Panel del radiador de dispersión térmica
- Alerón estabilizador
- Centro informático de vuelo
- Controles de vuelo
- Puesto de observación
- Finch Dallow en el puesto de piloto
- Ingeniero de vuelo
- Nix Jerd en el puesto de bombardero
- Plataforma de disparo del bombardero
- Antena de comunicaciones de corto alcance
- Proyectores de gravedad artificial
- Cañón láser montado en el ala
- Puesto trasero del ingeniero de vuelo
- Mampara de popa
- Propulsores de iones subluz
- Mecanismo de cierre del depósito de bombas
- Hiperimpulsor
- Los conductos de energía unen la nave al almacén
- Torreta esférica de popa
- Spennie en el puesto de artillero de popa
- Un ingeniero de vuelo maneja la torreta dorsal por control remoto
- Matriz del cañón láser conectada al control remoto

Soporte de bombas de protones (1.048 bombas en total)

Placas magnéticas secuenciadas (disparan las bombas del almacén)

Escalera de servicio del peine

Artillera Paige Tico

Matriz de rastreo activo y sensor de selección de objetivos

Puertas del depósito de bombas

El cierre magnético conserva la atmósfera cuando se abren las puertas

Relé

Rejillas del intercambiador térmico

Cañones láser de repetición duales EM-1919 de Municiones Merr-Sonn

Torreta esférica inferior

CARGA EXTRAÍBLE

El depósito de bombas y la torreta esférica inferior se alojan en un almacén independiente a modo de «peine» que se encaja en el fuselaje, y la plataforma desde donde dispara el bombardero emerge de una escotilla en la cubierta de vuelo. La separación de ambos componentes optimiza el espacio de almacenaje y facilita el mantenimiento tras el vuelo. Los armeros de la Resistencia cargan las bombas con el peine en horizontal y luego lo giran para fijarlo bajo un caballete por donde la tripulación accede a la cubierta de vuelo. Si se carece de caballete, el peine puede dejarse acoplado al fuselaje y atracarlo en instalaciones orbitales o muelles espaciales.

TRABAJO EN EQUIPO

Los bombarderos son lentos y torpes, y por ende vulnerables frente a los cazas enemigos. Así que para su protección no solo dependen de cazas escolta, sino de ayudarse entre sí. Los instructores de vuelo de la Resistencia enseñan a sus pilotos que es esencial volar en formación cerrada y atacar a los cazas hostiles con campos de fuego solapados. Sus torretas de popa e inferiores son una potente defensa contra quien se aproxime desde abajo o por detrás, pero resultan menos eficaces cuando el ataque llega desde arriba o de frente.

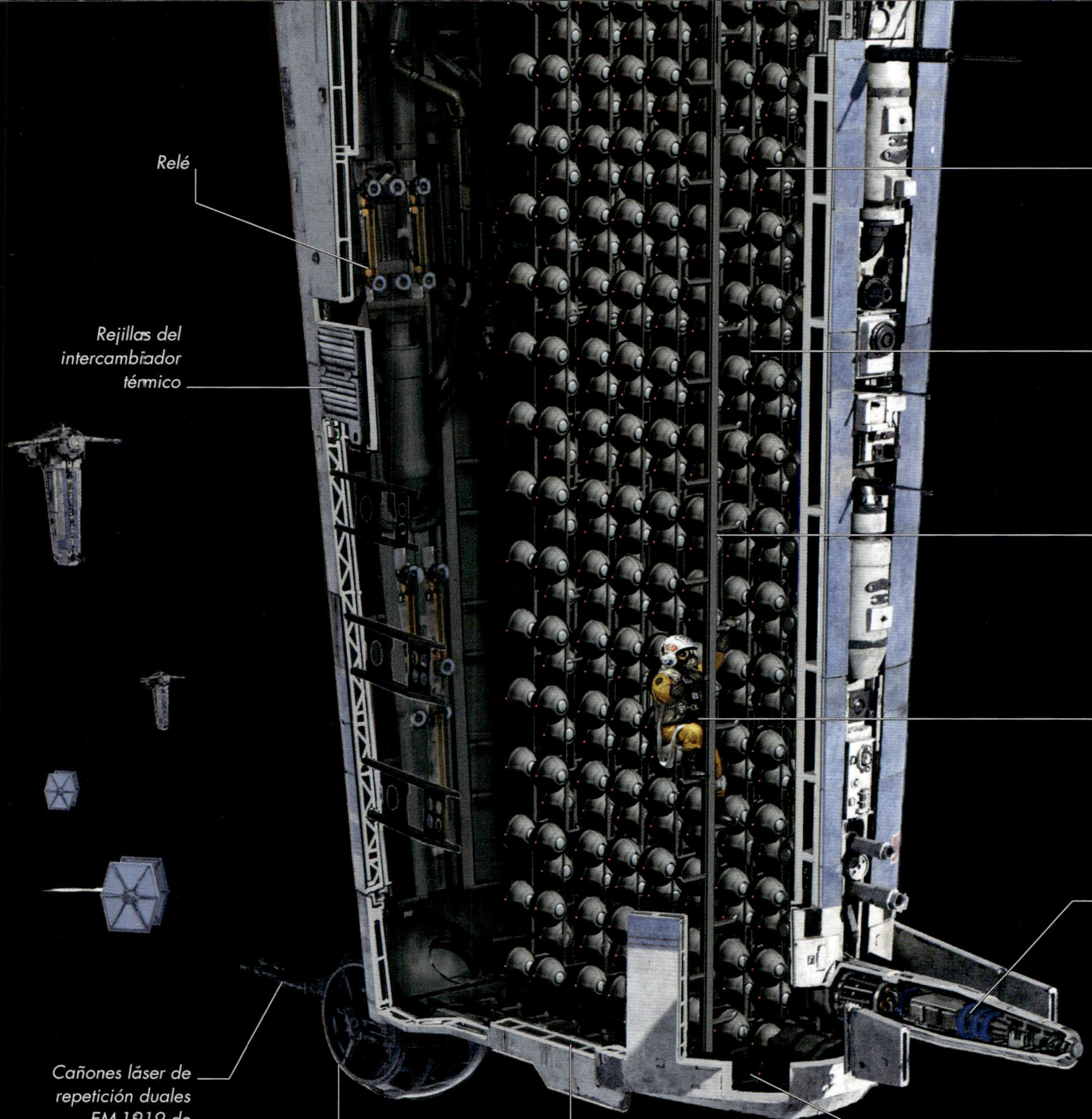

DATOS

> **FABRICANTE** Slayne & Korpil

> **MODELO** MG-100 Fortaleza Estelar SF-17

> **TIPO** Bombardero

> **DIMENSIONES** Longitud: 29,67 m; anchura: 15,3 m; altura: 21,65 m

> **TRIPULACIÓN** 1 piloto, 1 ingeniero de vuelo, 1 bombardero, 2 artilleros

> **ARMAS** 3 torretas de cañones láser, 6 cañones láser medianos, bombas de protones

> **AFILIACIÓN** Resistencia

ALA-A RZ-2

El Ala-A de la Resistencia es el sucesor del caza de la Alianza, amado por su velocidad y detestado por sus frecuentes averías. Aúna generaciones de mejoras de los técnicos rebeldes en una nave más estilizada y larga que ofrece estabilidad además de velocidad. La Nueva República ha reducido al mínimo su producción, pero la Resistencia usa estos cazas para todo, desde patrullas de reconocimiento hasta misiones de escolta de bombarderos. Sus pilotos, al igual que en la generación anterior de rebeldes, se jactan de su talento y coraje para controlar estos cazas ultrarrápidos y temperamentales.

SIGILO Y VELOCIDAD

Como su predecesor rebelde, el Ala-A de la Resistencia es ideal para misiones que exigen velocidad: ataques relámpago, asaltos de precisión a naves capitales e incursiones para recabar información. Un piloto competente es capaz de emerger del hiperespacio, conectar su potente matriz de sensores y captadores de imagen, localizar su objetivo a toda velocidad y esfumarse de nuevo en el hiperespacio mientras los adversarios aún no han subido a sus cazas. El RZ-2 mejora las prestaciones de sus antecesores: sus sensores son más potentes y recogen datos más rápido, y los bloqueadores se han mejorado para impedir su detección.

ANTECESORES DEL CAZA

Los diseñadores de Kuat crearon el prototipo original R-22, pero fue rechazado por el Imperio. La compañía vendió la tanda inicial, y algunos de los cazas acabaron en manos de células rebeldes, que los modificaron y rebautizaron como Ala-A RZ-1. Estos RZ-1 fueron cruciales en la victoria de la Alianza en Endor, y Kuat resucitó su prototipo olvidado para crear el RZ-2, que aúna años de modificaciones y un chasis más largo y aerodinámico que lo hace aún más veloz.

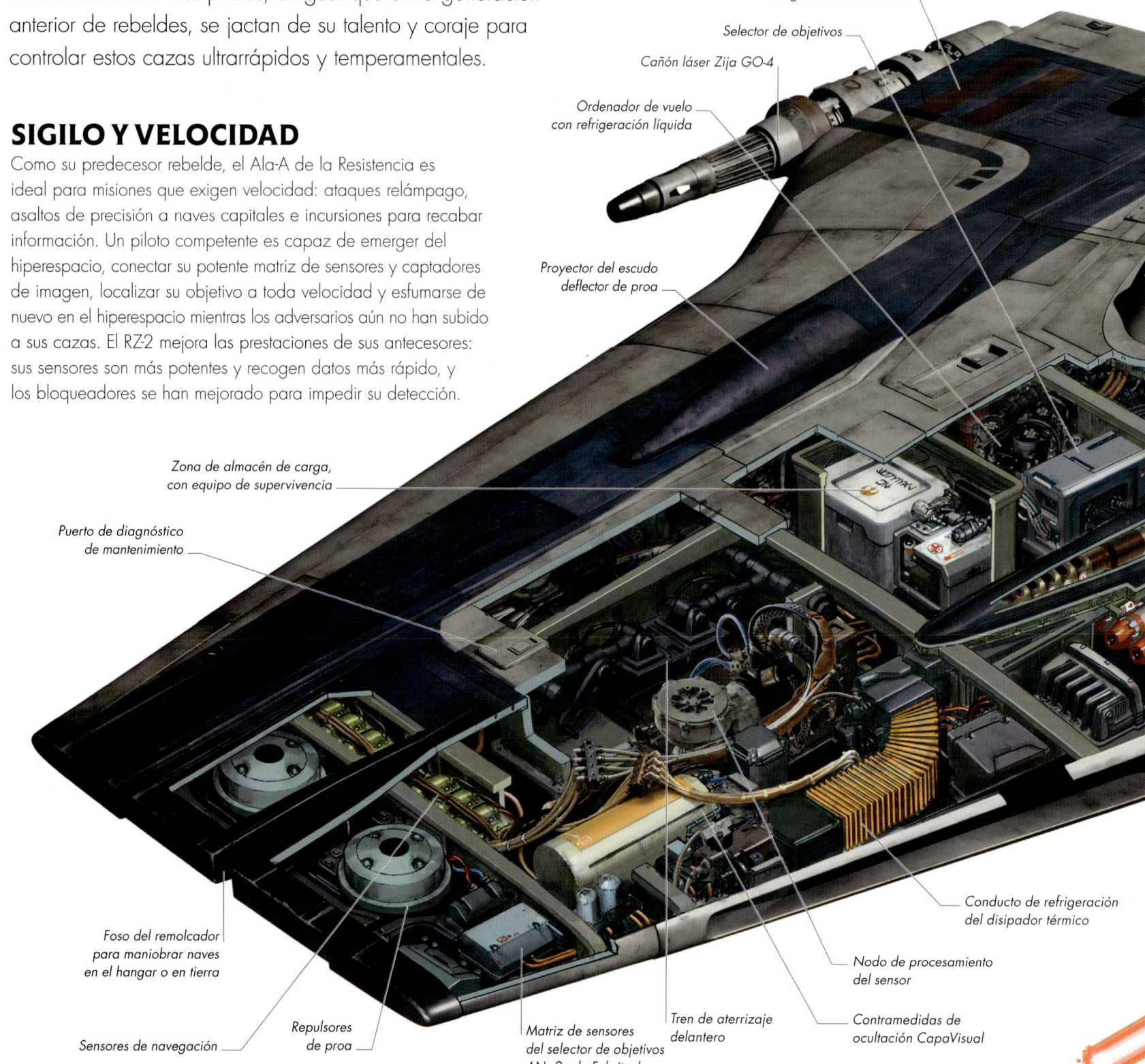

- Insignia del escuadrón
- Selector de objetivos
- Cañón láser Zija GO-4
- Ordenador de vuelo con refrigeración líquida
- Proyector del escudo deflector de proa
- Zona de almacén de carga, con equipo de supervivencia
- Puerto de diagnóstico de mantenimiento
- Foso del remolcador para maniobrar naves en el hangar o en tierra
- Sensores de navegación
- Repulsores de proa
- Matriz de sensores del selector de objetivos ANs-9e de Fabritech
- Tren de aterrizaje delantero
- Nodo de procesamiento del sensor
- Contramedidas de ocultación CapaVisual
- Conducto de refrigeración del disipador térmico

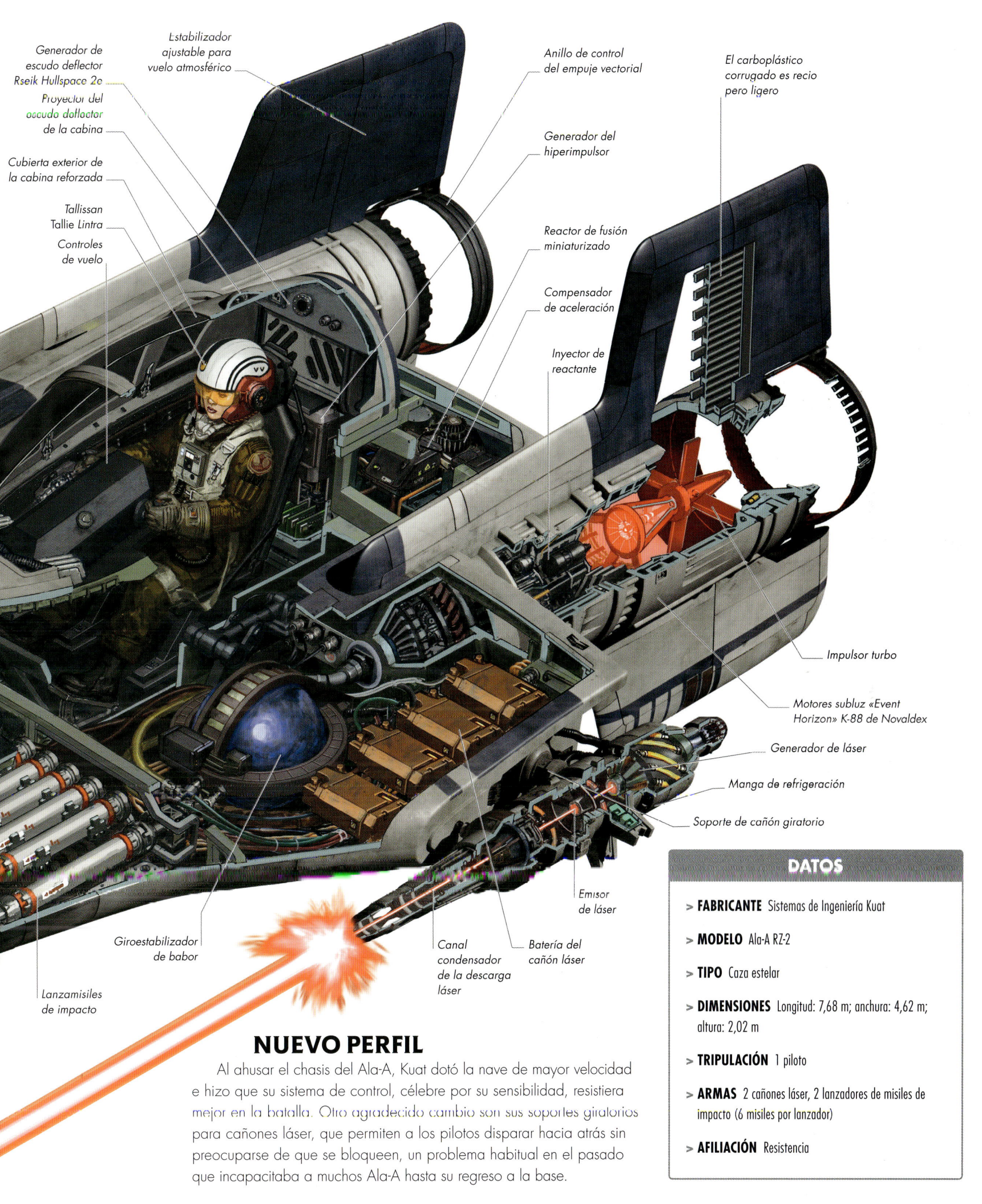

NUEVO PERFIL

Al ahusar el chasis del Ala-A, Kuat dotó la nave de mayor velocidad e hizo que su sistema de control, célebre por su sensibilidad, resistiera mejor en la batalla. Otro agradecido cambio son sus soportes giratorios para cañones láser, que permiten a los pilotos disparar hacia atrás sin preocuparse de que se bloqueen, un problema habitual en el pasado que incapacitaba a muchos Ala-A hasta su regreso a la base.

DATOS

> **FABRICANTE** Sistemas de Ingeniería Kuat

> **MODELO** Ala-A RZ-2

> **TIPO** Caza estelar

> **DIMENSIONES** Longitud: 7,68 m; anchura: 4,62 m; altura: 2,02 m

> **TRIPULACIÓN** 1 piloto

> **ARMAS** 2 cañones láser, 2 lanzadores de misiles de impacto (6 misiles por lanzador)

> **AFILIACIÓN** Resistencia

SUPREMACÍA

El megadestructor *Supremacía* es una nave colosal de guerra de un tamaño sin precedentes que sirve al líder supremo Snoke como sala del trono y centro de mando móvil. Tiene más de 60 kilómetros de envergadura, el poder destructor de una flota y la capacidad industrial de un planeta, y es el banco de pruebas de los últimos progresos militares de la Primera Orden. Desde su santuario en las entrañas de la nave, Snoke medita sobre el destino de la galaxia y las reverberaciones de la Fuerza recién despertada, y trama la disolución de la Nueva República, el exterminio de la Resistencia y la caída de los Jedi. La *Supremacía* se construyó con un coste astronómico en un lugar secreto de las Regiones Desconocidas. . A un paso de la culminación del destino de la Primera Orden, Snoke por fin está listo para presentársela a la galaxia que pretende conquistar.

CAPITAL MÓVIL

Pese a la presión de comandantes y aliados, el líder supremo Snoke se ha negado a designar un mundo como capital de su régimen, ni en los sectores recuperados por la Primera Orden ni en las Regiones Desconocidas. Y es que el futuro de la Primera Orden no es dominar un rincón solitario del Borde Exterior ni gobernar mundos tras la frontera galáctica, sino restaurar el destino arrebatado al Imperio. Hasta lograrlo, la capital viajará con su amo y señor.

El avanzado rastreador hiperespacial del *Supremacía* comprende una gran cantidad de bancos de datos y ordenadores alojados en un generador de campo hiperespacial. El rastreador puede calcular a velocidades inauditas.

SECRETOS DE UN CAZADOR

La Primera Orden rastrea objetivos por el hiperespacio mediante una combinación de avances tecnológicos y recopilación de datos por la fuerza bruta. La capacidad de análisis de datos de su centro de control de rastreo supera al centro de inteligencia de un planeta al conectar grandes matrices informáticas con bancos de datos repletos de siglos de informes de combate y astronavegación. Después, un campo hiperespacial estático envuelve las máquinas y acelera su potencia de procesamiento hasta alcanzar niveles jamás vistos. La última trayectoria conocida de un objetivo genera trillones de destinos posibles, pero el sistema los calcula a una velocidad de vértigo.

NAVE DE LEYENDA

Los superlativos son peligrosos en una galaxia que ha visto a tantas civilizaciones nacer y morir durante milenios, pero puede que la *Supremacía* sea la mayor nave de guerra jamás construida. Deja enanos a los superdestructores estelares que usa el Imperio como naves de mando, a los cruceros de batalla que fabricaron los ricos sectores del Núcleo durante la agonía de la República y a la más extravagante reconstrucción del buque insignia de Xim, el *Déspota*. Tan solo rivaliza con las Estrellas de la Muerte y el proyecto de ingeniería a escala planetaria que fue la base Starkiller.

Los múltiples hangares del *Supremacía* sirven como áreas de reunión para el personal de la Primera Orden. Aquí se preparan para subir a bordo de las naves de descenso a la hora de asaltar un planeta o presencian las ejecuciones de traidores y conspiradores.

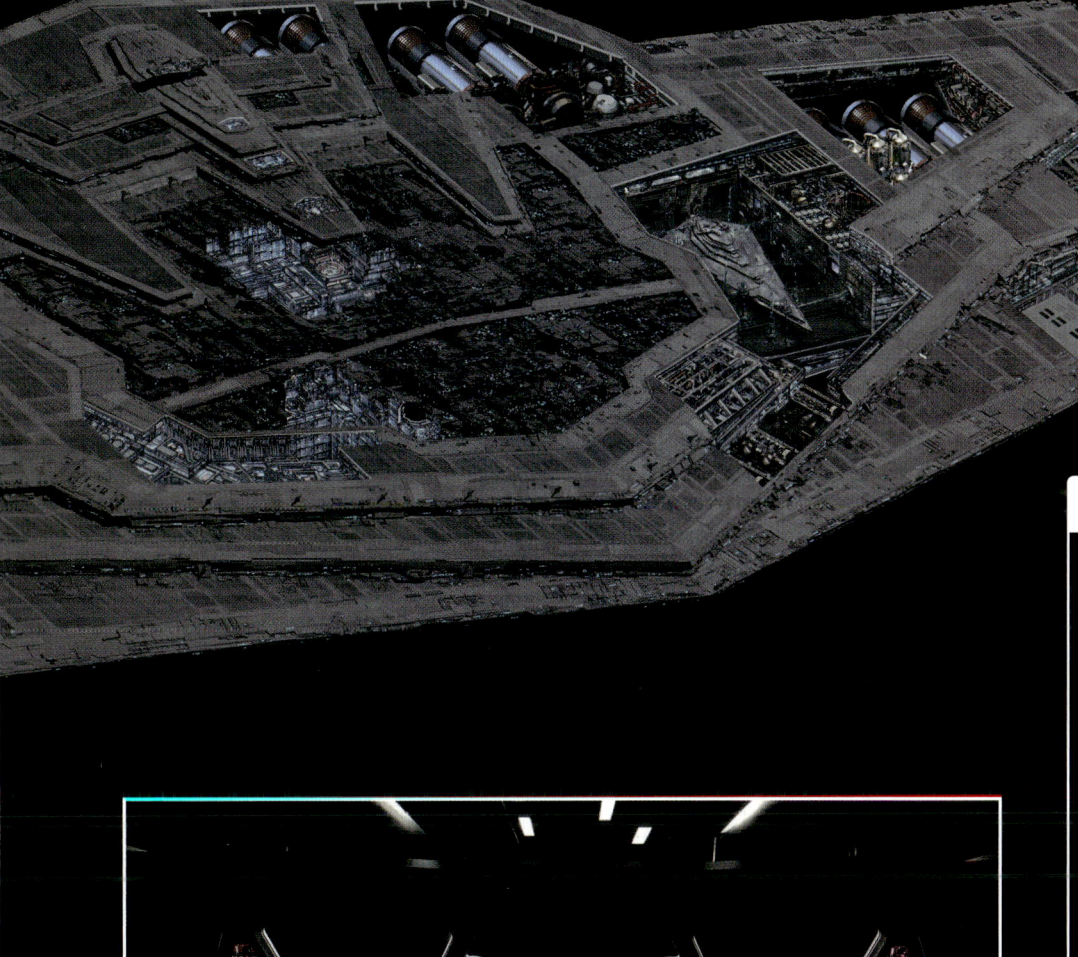

DATOS

> **FABRICANTE** Ingeniería Kuat-Entralla

> **MODELO** Clase Mega

> **TIPO** Acorazado

> **DIMENSIONES** Longitud: 13 234 m; anchura: 60 543 m; altura: 3975 m

> **TRIPULACIÓN** 2 225 000, incluidos oficiales, soldados de asalto, artilleros, ingenieros de vehículos, obreros de fábrica, técnicos especialistas y personal de comunicaciones

> **ARMAS** Miles de turboláseres pesados, baterías de misiles antinaves, cañones de iones pesados y proyectores de rayo tractor

> **AFILIACIÓN** Primera Orden

Este destructor estelar de clase Mega se controla desde el puente de mando superior, que es la parte más alta de la nave. Cualquier elemento de la nave puede controlarse desde este centro de mando.

SUPREMACÍA (CONT.)

Siniestramente diseñada según el gusto del régimen imperial, la sala del trono del líder supremo resulta imponente. Desde aquí, la misteriosa figura desempeña su papel de líder de la Primera Orden, al tiempo que recibe órdenes en secreto del resucitado emperador Palpatine.

UNA ESCALA SIN PRECEDENTES

La visión de la *Supremacía* en las miras de la Resistencia es una revelación mucho peor de lo que Organa hubiera imaginado. Su personal ha catalogado sin tregua los avistamientos de naves capitales de la Primera Orden e investigado los rumores sobre «los aposentos de Snoke». Pero ni el más pesimista pensó jamás que el buque insignia del líder supremo podría llegar a rivalizar con la arrasada base Starkiller.

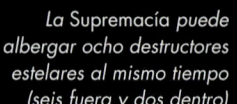

La *Supremacía* puede albergar ocho destructores estelares al mismo tiempo (seis fuera y dos dentro)

La Guardia Pretoriana de Snoke, en la sala del trono de la *Supremacía*, es su última línea de defensa. Estos siniestros y silenciosos guerreros liquidan sin piedad a cualquiera que amenace a su maestro.

Área de recarga de combustible y suministros de los destructores estelares atracados

Silo de refrigerante

Bombas de refrigerante

Área de atraque externa para destructor estelar

Plantas de tratamiento de aguas residuales y de agua limpia

Núcleo de comunicaciones alojado en la punta del ala

El extremo de las alas se reserva a laboratorios de alto secreto y pruebas con armas peligrosas

Vía de transporte de la tripulación de estribor con sistema de tranvía integrado

CENTRO INDUSTRIAL

La *Supremacía* es la máquina bélica más devastadora de la Primera Orden y su sede *de facto*. Pero también es uno de los principales laboratorios de investigación y una de las fábricas de mayor importancia del régimen, y su capacidad industrial rivaliza con la de sus mundos más productivos. Sus cubiertas blindadas ocultan departamentos dedicados a concebir, probar y aprobar nuevas armas y tecnología, reservas bien surtidas de materia prima, fundiciones, líneas de producción punteras y centros de formación donde se adoctrina a los jóvenes cadetes. La *Supremacía* no puede verse aislada de las cadenas de suministros porque las lleva a bordo.

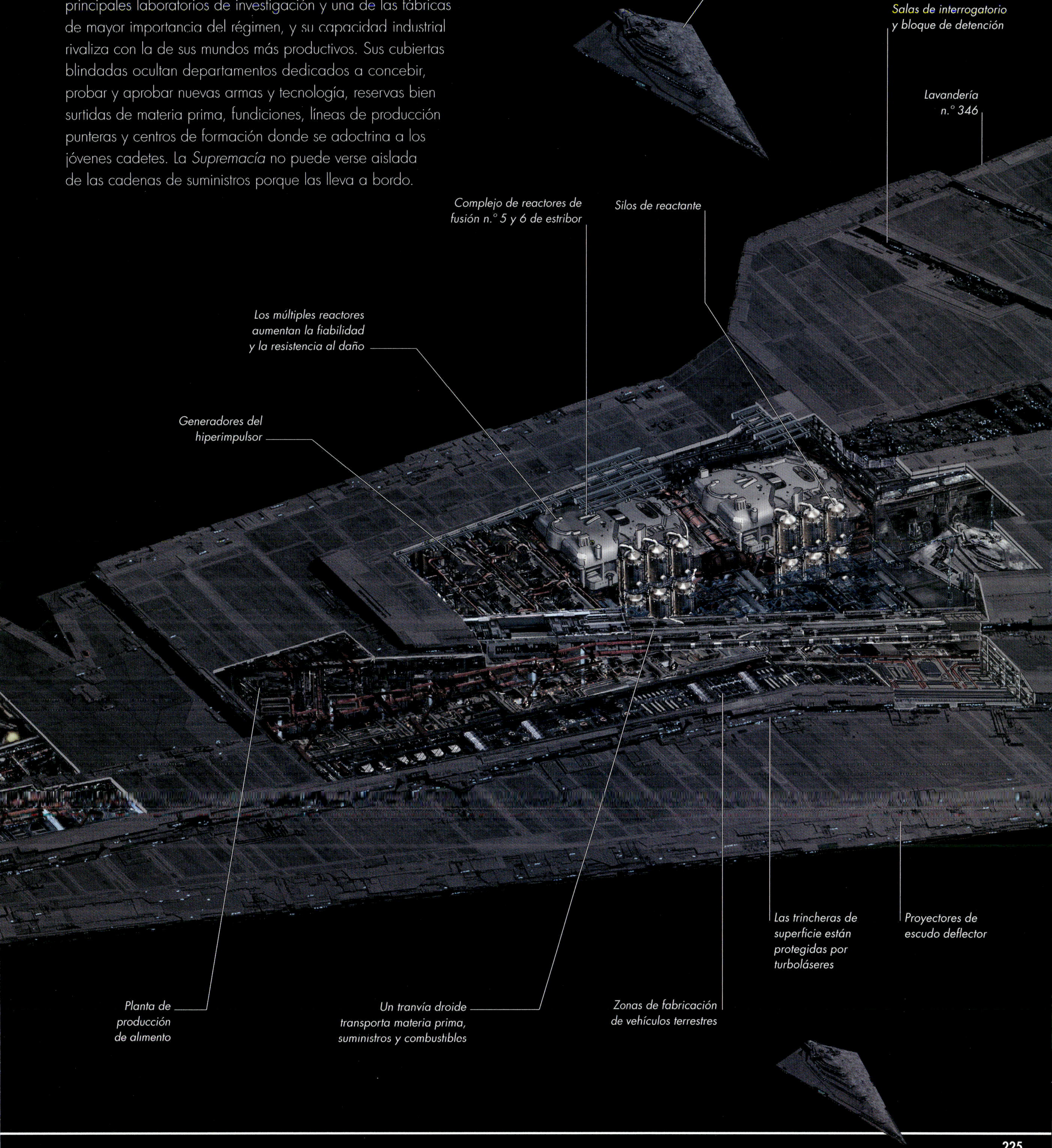

Destructor estelar Harbinger

Salas de interrogatorio y bloque de detención

Lavandería n.º 346

Complejo de reactores de fusión n.º 5 y 6 de estribor

Silos de reactante

Los múltiples reactores aumentan la fiabilidad y la resistencia al daño

Generadores del hiperimpulsor

Planta de producción de alimento

Un tranvía droide transporta materia prima, suministros y combustibles

Zonas de fabricación de vehículos terrestres

Las trincheras de superficie están protegidas por turboláseres

Proyectores de escudo deflector

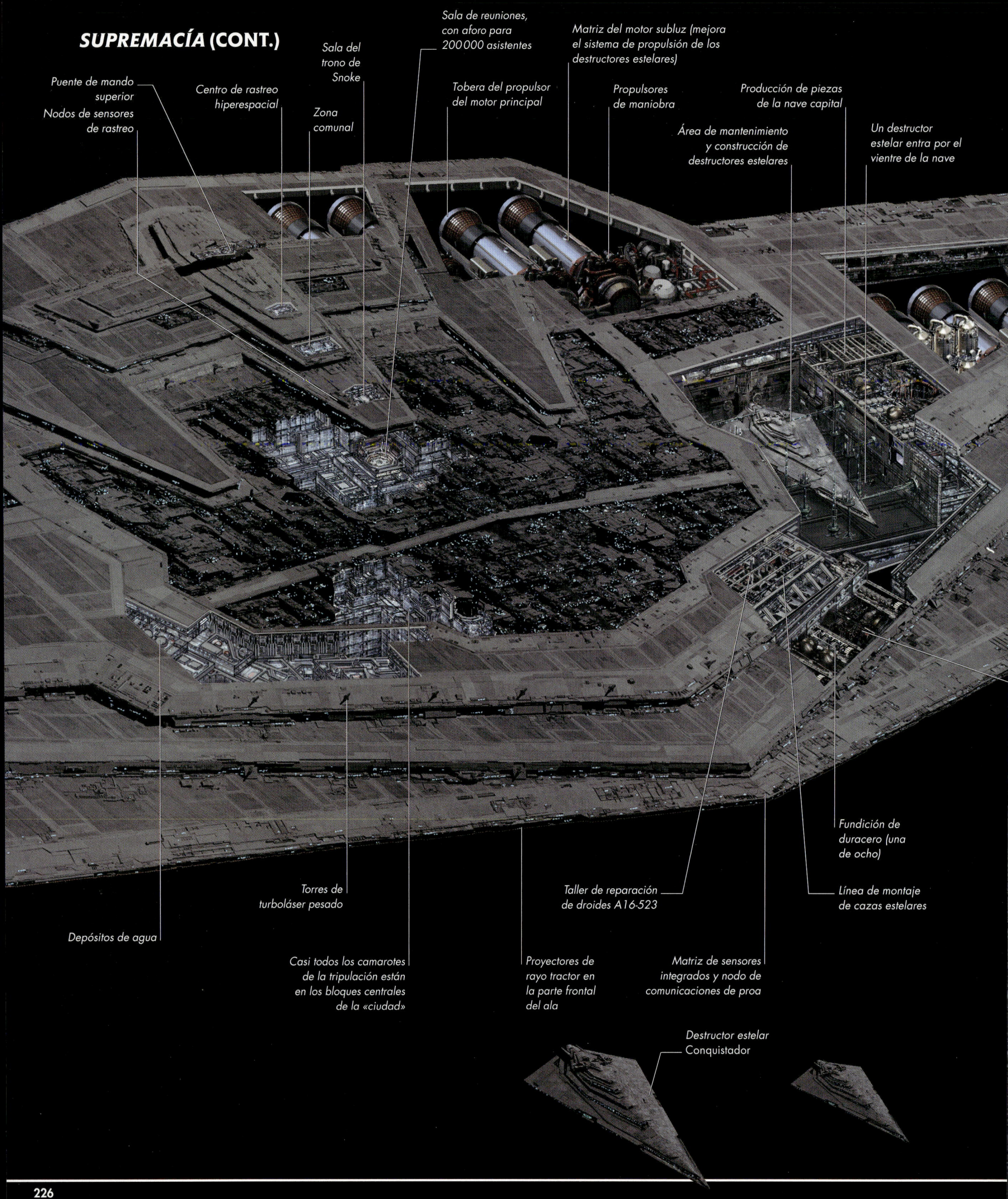

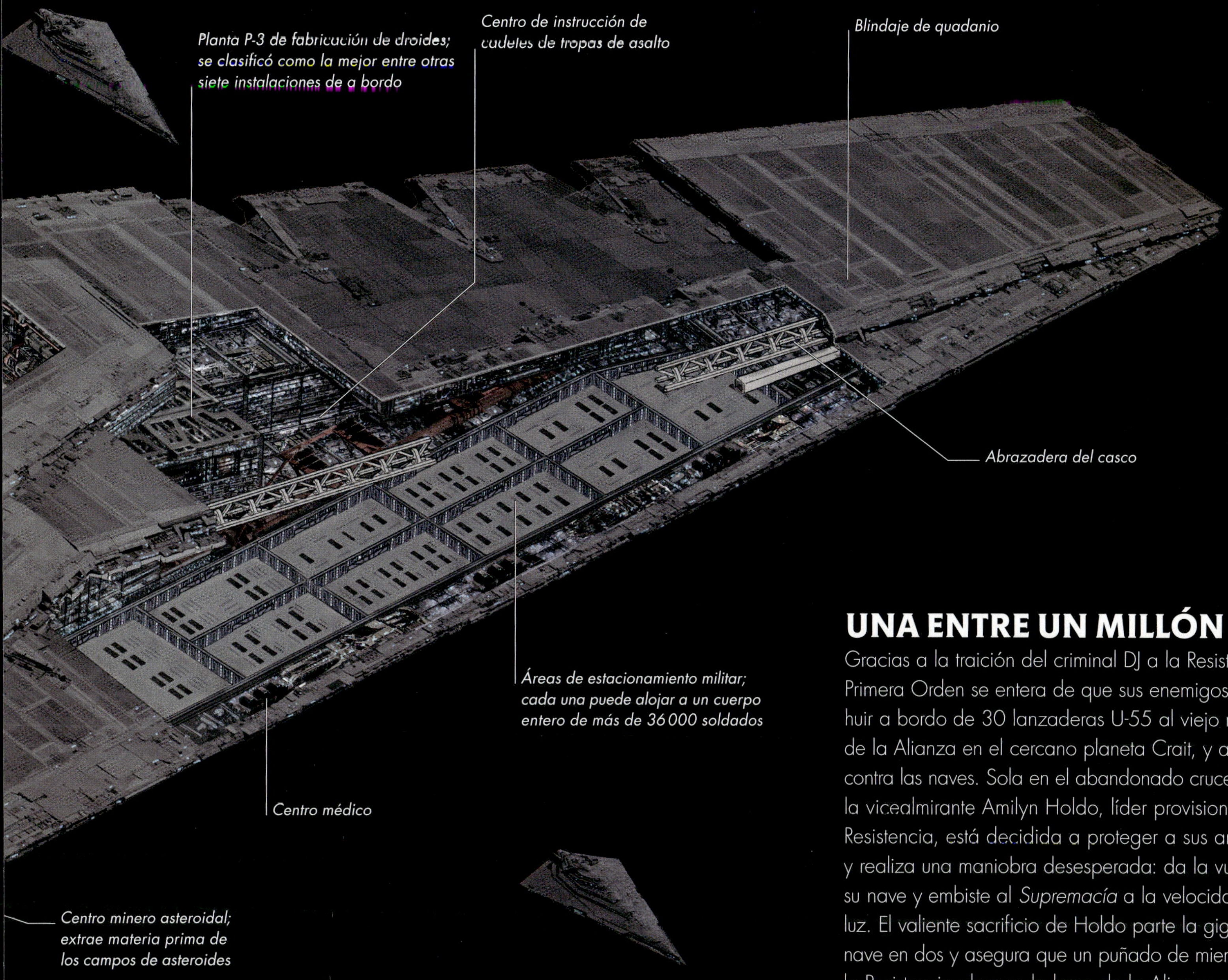

Planta P-3 de fabricación de droides; se clasificó como la mejor entre otras siete instalaciones de a bordo

Centro de instrucción de cadetes de tropas de asalto

Blindaje de quadanio

Abrazadera del casco

Áreas de estacionamiento militar; cada una puede alojar a un cuerpo entero de más de 36000 soldados

Centro médico

Centro minero asteroidal; extrae materia prima de los campos de asteroides

UNA ENTRE UN MILLÓN

Gracias a la traición del criminal DJ a la Resistencia, la Primera Orden se entera de que sus enemigos intentan huir a bordo de 30 lanzaderas U-55 al viejo reducto de la Alianza en el cercano planeta Crait, y abre fuego contra las naves. Sola en el abandonado crucero *Raddus*, la vicealmirante Amilyn Holdo, líder provisional de la Resistencia, está decidida a proteger a sus amigos, y realiza una maniobra desesperada: da la vuelta con su nave y embiste al *Supremacía* a la velocidad de la luz. El valiente sacrificio de Holdo parte la gigantesca nave en dos y asegura que un puñado de miembros de la Resistencia alcance la base de la Alianza en Crait. Llamada posteriormente «maniobra Holdo», esta táctica requiere la alineación de numerosos factores para que sea efectiva.

Al igual que el líder supremo Snoke, Kylo Ren usa la *Supremacía* como base de operaciones y refugio. Tras su derrota ante Rey en la base Starkiller, Kylo vuelve a sus habitaciones en la nave para recuperarse y planear su próximo paso en el camino hacia el poder.

La destrucción provocada por la vicealmirante Holdo es completamente inesperada por la Primera Orden. Múltiples destructores estelares de clase Resurgente son también aniquilados.

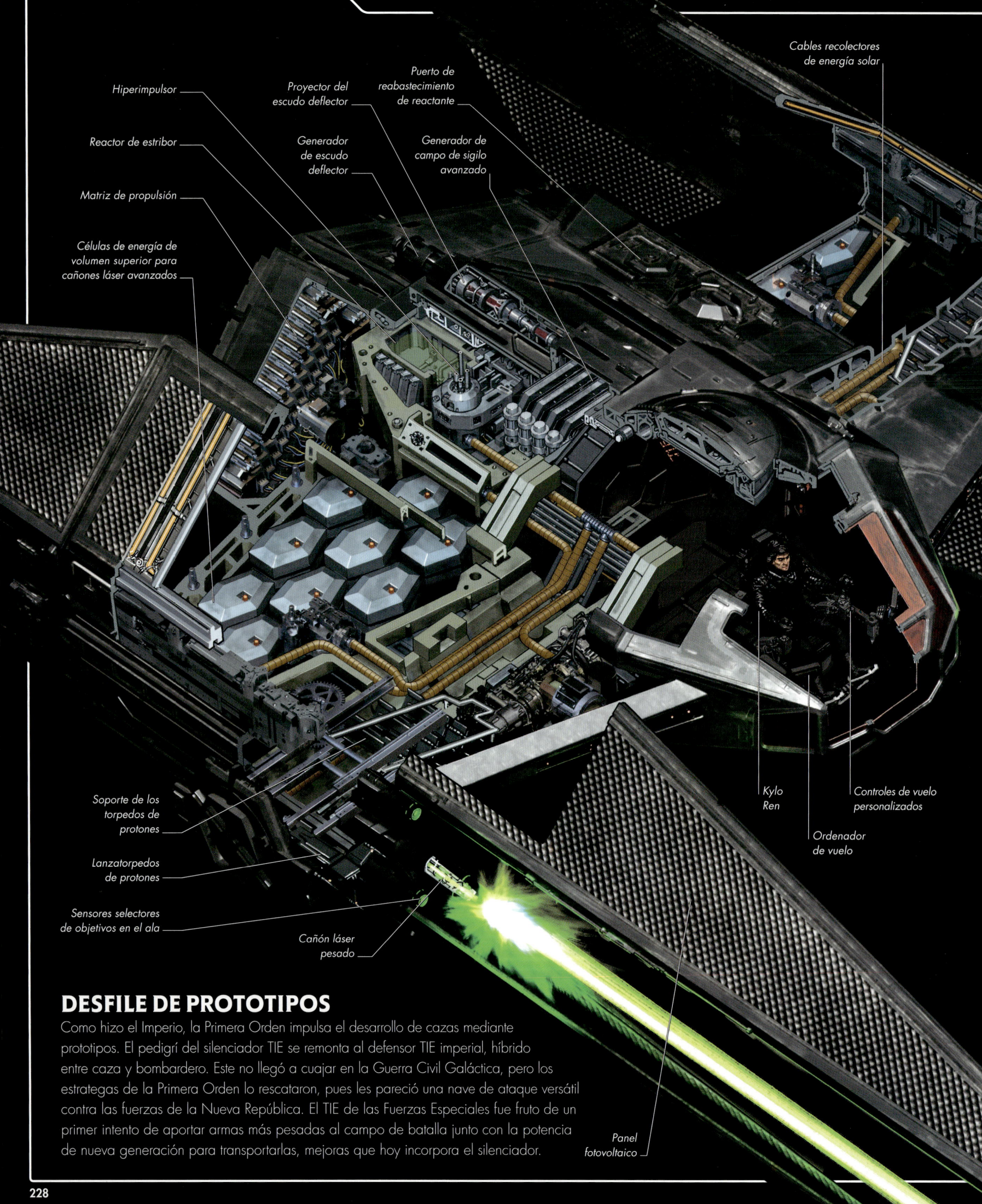

DESFILE DE PROTOTIPOS

Como hizo el Imperio, la Primera Orden impulsa el desarrollo de cazas mediante prototipos. El pedigrí del silenciador TIE se remonta al defensor TIE imperial, híbrido entre caza y bombardero. Este no llegó a cuajar en la Guerra Civil Galáctica, pero los estrategas de la Primera Orden lo rescataron, pues les pareció una nave de ataque versátil contra las fuerzas de la Nueva República. El TIE de las Fuerzas Especiales fue fruto de un primer intento de aportar armas más pesadas al campo de batalla junto con la potencia de nueva generación para transportarlas, mejoras que hoy incorpora el silenciador.

SILENCIADOR TIE

Cuando la primera orden acorrala a la flota de la Resistencia, Kylo Ren lidera el ataque en un prototipo de caza, el silenciador TIE. Es un fiero adversario con un casco tan negro como el espacio y tan rápido como los cazas rivales, pero con armas pesadas capaces de reventar los escudos y el blindaje de las naves capitales. Incorpora las últimas innovaciones militares de la Primera Orden e incluye un equipo de sigilo experimental para anular dispositivos de rastreo. Los detallados informes de vuelo de Kylo permiten a los técnicos de Sienar-Jaemus mejorar sus sistemas de a bordo para el día en que fabriquen silenciadores en serie para las unidades de primera línea.

DATOS

- **FABRICANTE** Sistemas de Flota Sienar-Jaemus
- **MODELO** Caza de superioridad espacial TIE/vn
- **TIPO** Caza estelar
- **DIMENSIONES** Longitud: 17,43 m; anchura: 7,62 m; altura: 3,76 m
- **TRIPULACIÓN** 1 piloto
- **ARMAS** 2 cañones láser SJFS L-s9.6, 2 cañones láser pesados SJFS L-7.5, lanzadores de ojivas de pulso magnético y de impacto Arakyd ST7
- **AFILIACIÓN** Primera Orden

Descarga láser: plasma rico en energía contenido en una burbuja magnética

La superficie ondulada maximiza la absorción de energía

Cables acumuladores de energía solar

de calor

Matrices de propulsión de iones gemelos

DOBLE TRADICIÓN

Al pilotar el silenciador TIE contra los enemigos de la Primera Orden, Kylo Ren continúa dos tradiciones. Primero, la de poner a prueba los prototipos de cazas al mando de ases del volante. En esa línea, sigue los pasos de imperiales notables como Vult Skerris y Darth Vader. Y segundo, la de pilotar; como hijo de Han Solo y nieto de Anakin, el antiguo Ben Solo nació para ello.

MEJORAS LETALES

Los diseñadores de la Primera Orden trabajaron en instalaciones ocultas de Sienar-Jaemus para reconfigurar el arsenal del TIE de las Fuerzas Especiales y mejorar su espacio de almacenamiento y conversión de energía. Las vigas de las células de energía del TIE/sf se han cambiado por una matriz de nueva generación protegida bajo el casco, con conductos más cortos para las líneas troncales y bobinas de conversión. Además, en vez de la torreta inferior, el silenciador reubica misiles y cañones pesados en las aberturas de las alas, lo que brinda al piloto mayor precisión y ángulo de tiro.

DESLIZADOR POLICIAL DE CANTO BIGHT

Los laberínticos paseos y callejuelas de Canto Bight son terreno agreste para los pesados deslizadores policiales clásicos. Por eso su policía depende de unos ligeros repulsores llamados pogojets. Son vehículos de fácil manejo que se dirigen inclinándose a uno u otro lado del asiento, y se frenan y aceleran con pedales y palancas de mano. Sus cañones láser suelen usarse como aturdidores, pero a plena potencia pueden matar a un humanoide o inutilizar un vehículo civil. No efectúan vuelos atmosféricos propiamente dichos, pero alcanzan la altura de los tejados y sobrevuelan cortos tramos de agua.

DATOS

> **FABRICANTE** Motores Trochiliad

> **MODELO** Pogojet GB-134 «Cantonica zephyr»

> **TIPO** Moto repulsora

> **DIMENSIONES** Longitud: 2,98 m; anchura: 2,55 m; altura: 2,5 m

> **TRIPULACIÓN** 1 agente de policía

> **ARMAS** 2 cañones bláster antipersona

> **AFILIACIÓN** Departamento de Policía de Canto Bight

RESPUESTA INMEDIATA

El zumbido de los rotores del pogojet garantiza a los visitantes de Canto Bight que la policía vigila de cerca a los maleantes atraídos por el glamur de la vida de la alta sociedad galáctica. Los agentes utilizan monitores de datos para identificar a los alborotadores e intercambiar información mientras patrullan por las bonitas plazas del casco antiguo o recorren sus laberínticas callejas. Cuando surge un problema, un agente activa las sirenas del deslizador y acude al escenario del crimen, listo para coordinarse con las patrullas de a pie o pedir refuerzos a unidades mejor armadas.

MANTENER LA PAZ

El Departamento de Policía de Canto Bight (DPCB) está bien equipado y sus agentes reciben buenos sueldos. Ello forma parte de la estrategia de Cantonica para mantener a los ricos entretenidos en las mesas de juego y las carreras, a fin de que los créditos fluyan libremente de sus bolsillos a las arcas de los magnates del ocio del planeta. Se instruye a la policía para que evite acciones letales a toda costa, pues Canto Bight debe ser un soleado patio de recreo libre de las sombras que proyectan la desigualdad y el malestar galácticos. El DPCB usa sus deslizadores para refrenar problemas, intervenir rápidamente, detener a los malhechores y mandarlos a responder por sus crímenes ante la justicia.

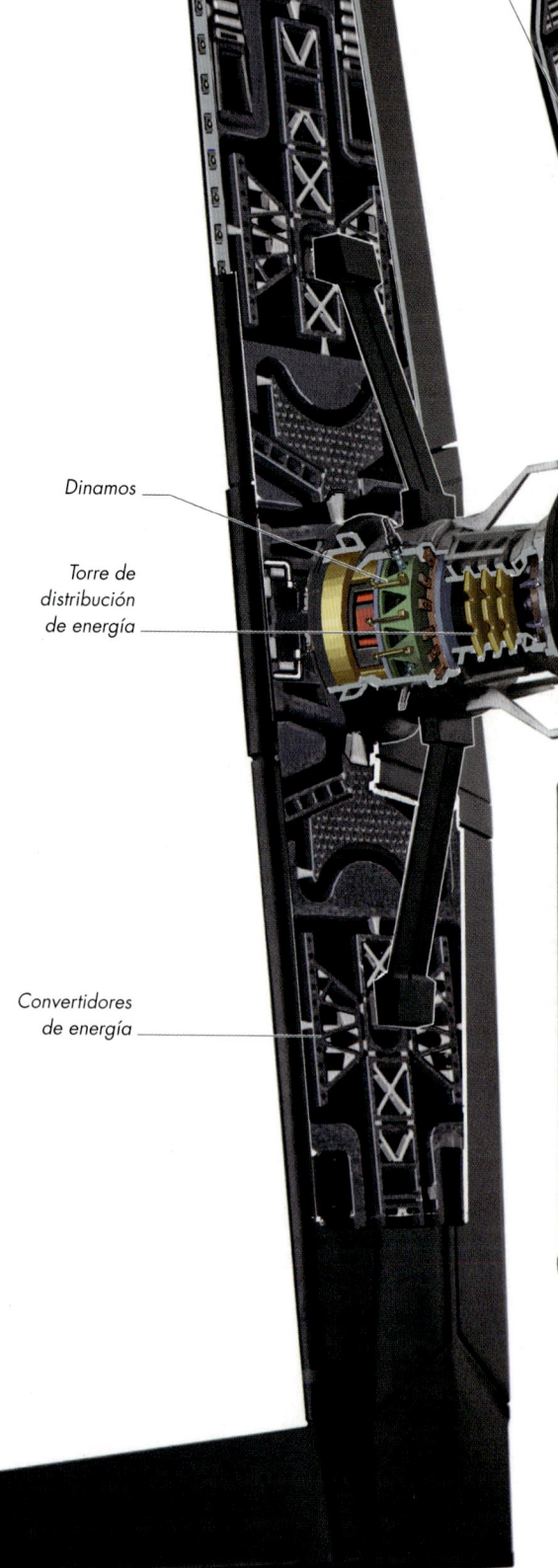

Matriz de proyección del repulsor
Nodo de amplificación del campo repulsor
Luces de vehículo policial
Repulsores de maniobra
Dinamos
Torre de distribución de energía
Convertidores de energía
Armazón del generador del campo repulsor

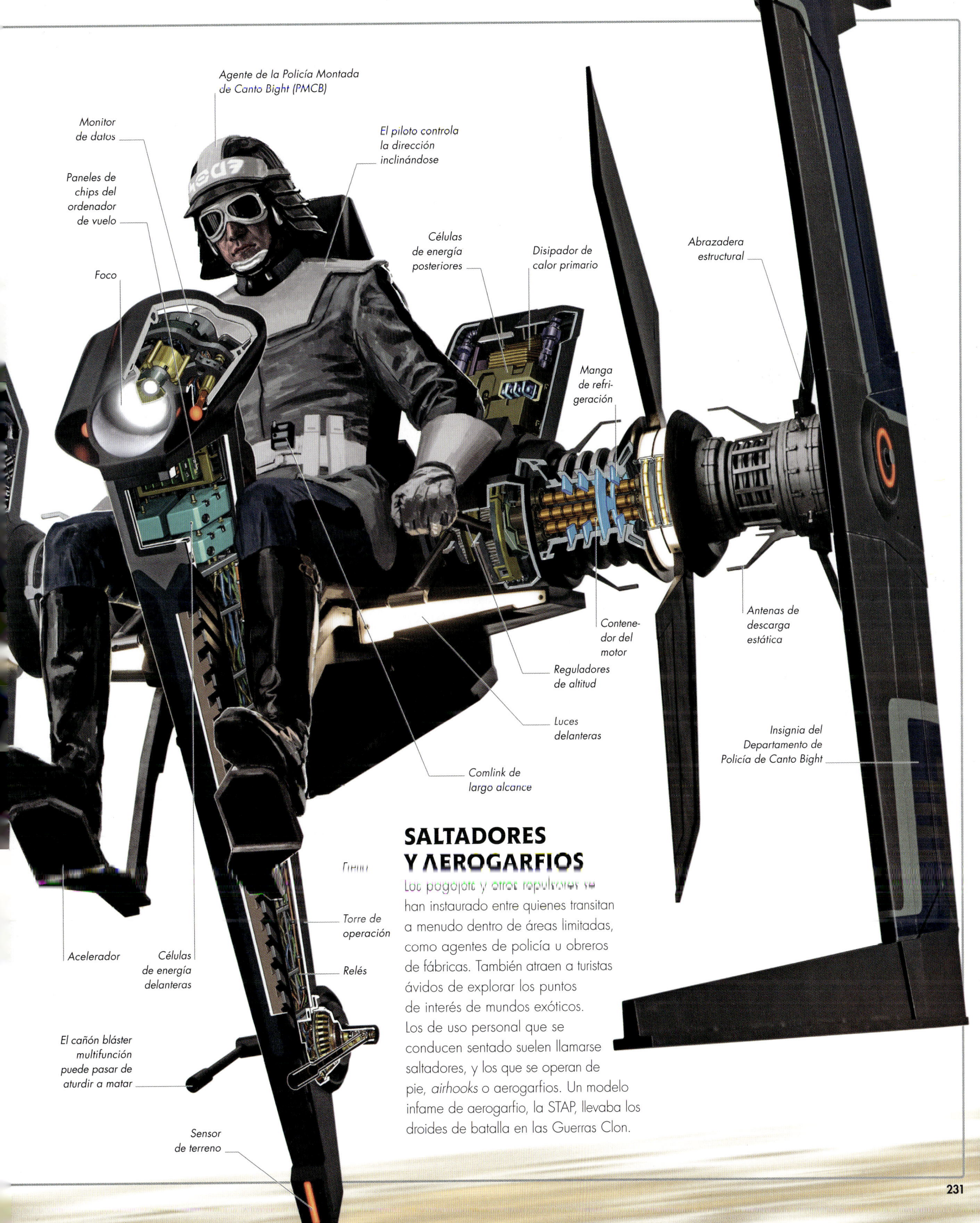

SALTADORES Y AEROGARFIOS

Los pogojets y otros repulsores se han instaurado entre quienes transitan a menudo dentro de áreas limitadas, como agentes de policía u obreros de fábricas. También atraen a turistas ávidos de explorar los puntos de interés de mundos exóticos. Los de uso personal que se conducen sentado suelen llamarse saltadores, y los que se operan de pie, *airhooks* o aerogarfios. Un modelo infame de aerogarfio, la STAP, llevaba los droides de batalla en las Guerras Clon.

LIBERTINO

DJ decide viajar con estilo desde Cantonica hasta la flota de la Primera Orden, así que explora el puerto espacial de Canto Bight en busca de una nave digna del rico botín que está a punto de disfrutar. Para un criminal ducho como él, es pan comido. Elude a los guardas de seguridad y, con una interfaz de datos y una llave de derivación, desactiva las defensas antirrobo del *Libertino*, elegante y aerodinámico yate estelar de un alto ejecutivo convertido en traficante de armas. La nave carece de armamento y buenos sistemas de defensa, pues se creó en una era más segura, acompañada de la certeza aristocrática de que cuna y riqueza guardan de la catástrofe y la mala suerte. Pero DJ no es tan ingenuo, y quizá el dueño del *Libertino* piense como él cuando vea su preciado yate a la venta en el mercado negro despojado de su valioso equipo y mejores galas.

CAMBIO DE PLANES

El dueño del *Libertino* es Korfé Bennux-Ai, un alto directivo de la corporación Sienar-Jaemus nacido en el seno de un rica familia de Celanon. Ha amasado una fortuna vendiendo cazas que no pasaron las estrictas revisiones de calidad de la Primera Orden a sistemas estelares inquietos ávidos de fortalecer sus defensas. Tras un trato frustrado con los esclavistas zygerrianos, ordena a sus pilotos que se desvíen a Cantonica para pasar una noche de ocio en la ciudad.

SÍMBOLO DE ESTATUS

DJ sonríe al ver la escalera que une el salón del *Libertino* con su cubierta de vuelo. Ese detalle aparentemente fuera de lugar es el sello distintivo de un yate de primera, construido con amortiguadores de aceleración y campos antichoque para brindar un viaje tan suave como el de un aerodeslizador de lujo o un carromato terrestre. Por desgracia, tendrá que abandonarlo a la primera de cambio. Pero da igual: en una galaxia tan laxa, aquel que es sabio no se aferra a sus posesiones, sino que se limita a vivir el momento.

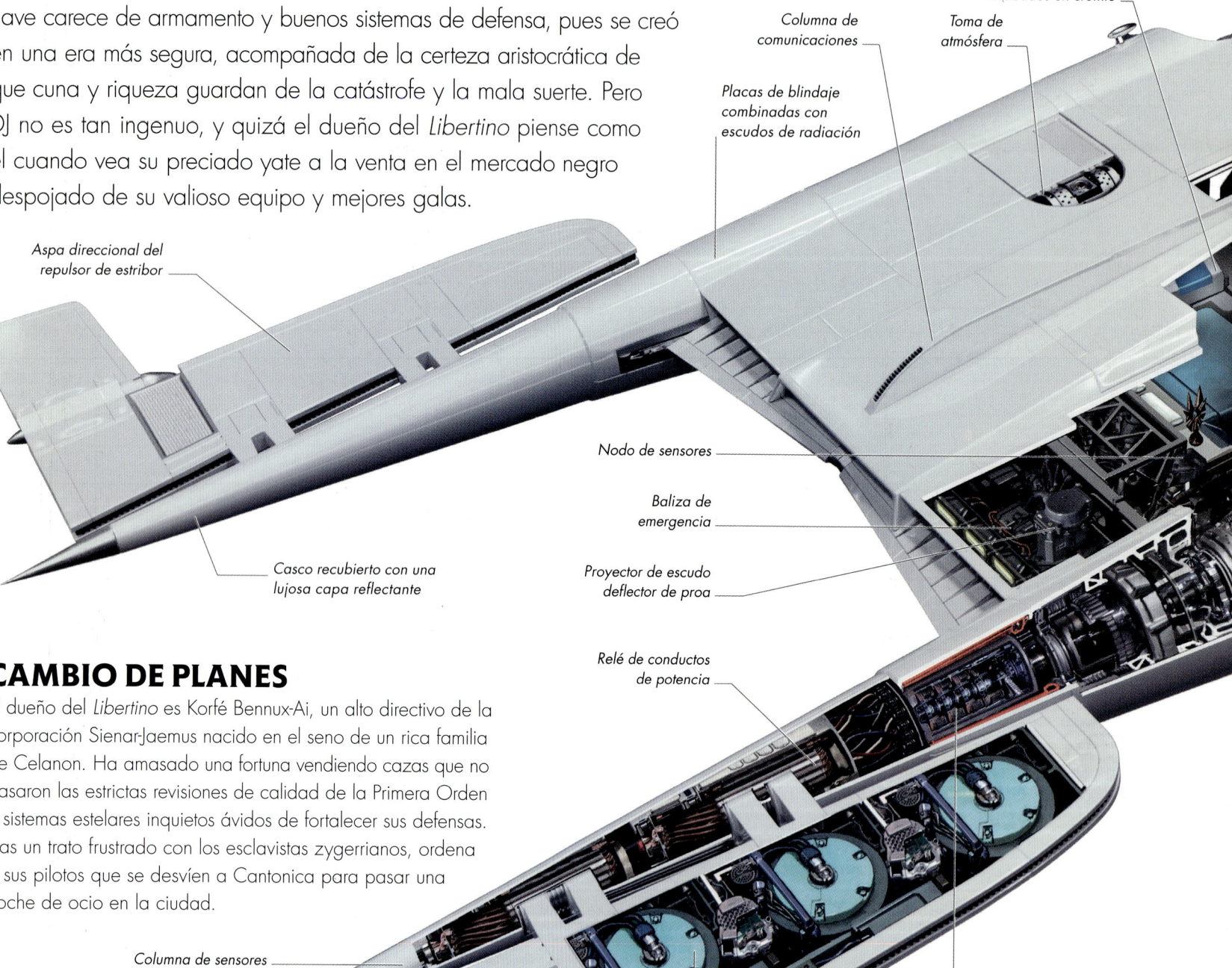

- Aspa direccional del repulsor de estribor
- Casco recubierto con una lujosa capa reflectante
- Columna de sensores
- Columna de comunicaciones
- Toma de atmósfera
- Acabados en cromio
- Placas de blindaje combinadas con escudos de radiación
- Nodo de sensores
- Baliza de emergencia
- Proyector de escudo deflector de proa
- Relé de conductos de potencia
- Convertidor de energía de los sistemas de proa
- Los repulsores combinados de proa permiten rápidas maniobras mínimas

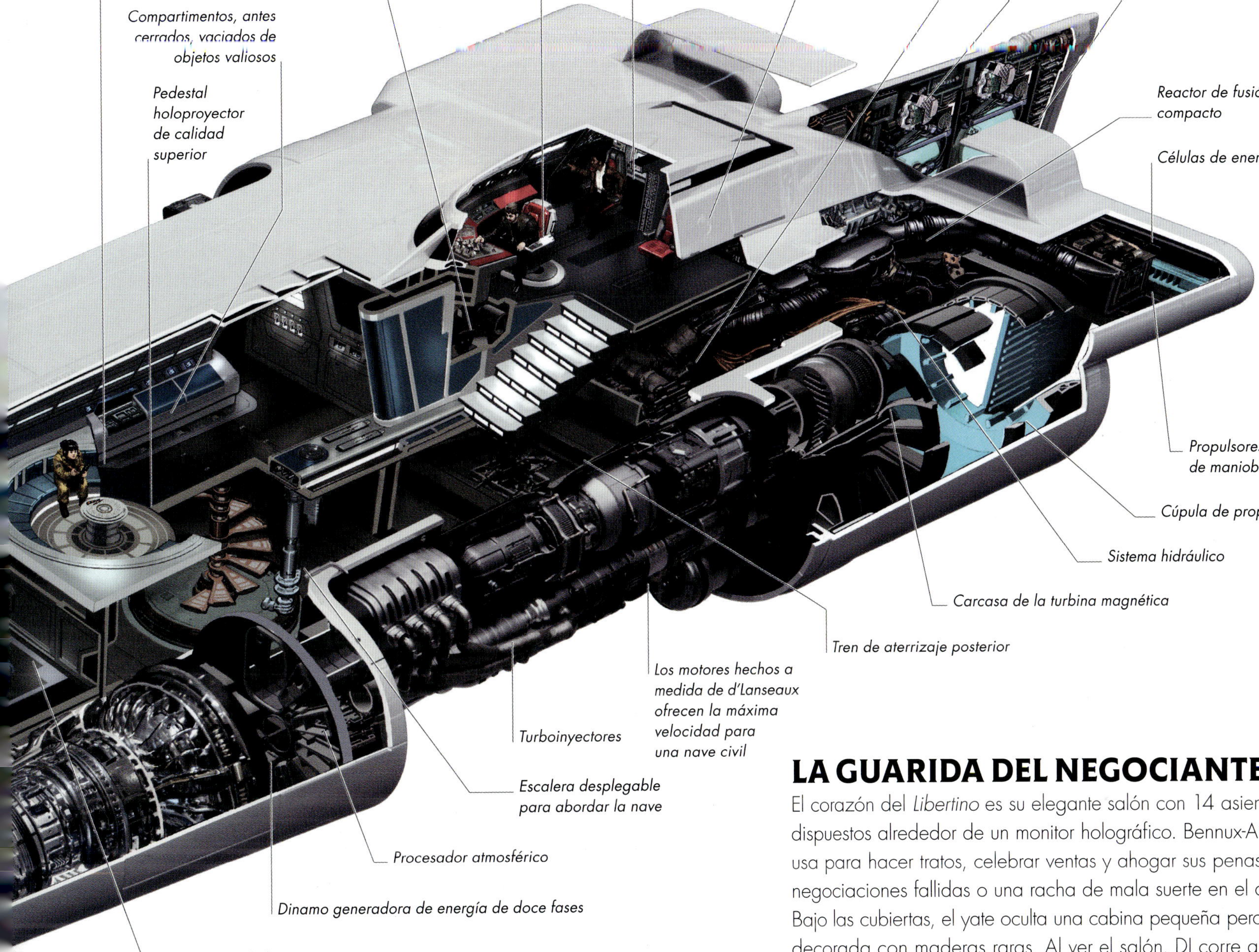

Rose repara un bláster en la sala de ocio

Centro informático de vuelo

DJ en la silla del capitán

Finn ajusta los compensadores de aceleración en la zona de navegación

Estación de comunicaciones

Hiperimpulsor

Compensador de aceleración

Matriz del repulsor de popa

Compartimentos, antes cerrados, vaciados de objetos valiosos

Pedestal holoproyector de calidad superior

Reactor de fusión compacto

Células de energía

Propulsores de maniobra

Cúpula de propulsión

Sistema hidráulico

Carcasa de la turbina magnética

Tren de aterrizaje posterior

Los motores hechos a medida de d'Lanseaux ofrecen la máxima velocidad para una nave civil

Turboinyectores

Escalera desplegable para abordar la nave

Procesador atmosférico

Dinamo generadora de energía de doce fases

Camarote de lujo

LA GUARIDA DEL NEGOCIANTE

El corazón del *Libertino* es su elegante salón con 14 asientos dispuestos alrededor de un monitor holográfico. Bennux-Ai lo usa para hacer tratos, celebrar ventas y ahogar sus penas tras negociaciones fallidas o una racha de mala suerte en el casino. Bajo las cubiertas, el yate oculta una cabina pequeña pero lujosa decorada con maderas raras. Al ver el salón, DJ corre a abrir los armarios y la caja de seguridad de Bennux-Ai y se hace con dinero, joyas, especia y objetos valiosos, y luego copia su catálogo de cazas de contrabando.

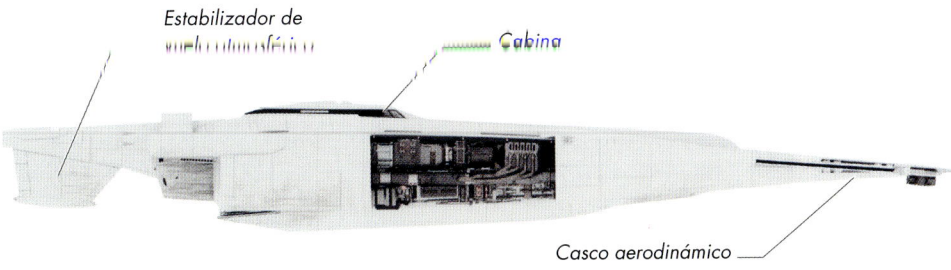

Estabilizador de vuelo atmosférico

Cabina

Casco aerodinámico

UNA NAVE ARTESANAL

En una galaxia donde la mano de obra droide domina la industria, desde la agricultura hasta las fábricas, nada denota el gusto y la riqueza como un objeto de lujo hecho por manos orgánicas. El Gremio d'Lanseaux construyó el *Libertino* un siglo antes en los Astilleros Orbitales Chardaan, y su diseño —como el de todos los yates de d'Lanseaux—, es único. Su ficha de registro en el Departamento de Naves y Servicios indica que su primer propietario fue el diplomático de Kuat Valis de Kuhlvult, que lo bautizó como el *Audaz*.

DATOS

> **FABRICANTE** Gremio d'Lanseaux

> **MODELO** Especial personalizado

> **TIPO** Yate

> **DIMENSIONES** Longitud: 52,92 m; anchura: 26,13 m; altura: 7,03 m

> **TRIPULACIÓN** 1 piloto, 1 copiloto (y hasta 14 pasajeros)

> **ARMAS** Ninguna

> **AFILIACIÓN** Ninguna

AT-HH

Los caminantes remolcadores sirven a un solo fin: tirar de cargas muy pesadas en el campo de batalla. Sus hileras de patas –diseño que recuerda a insectos y crustáceos– les brindan una gran potencia y les permiten seguir en marcha aunque pierdan varios miembros. Su nombre oficial es Transportadores Pesados Todoterreno (AT-HH), y para su defensa dependen de una combinación de vehículos escolta y armas pesadas propias. Sus cubiertas planas tienen un grueso blindaje, y cuatro torretas giratorias en las esquinas repelen ataques por cualquier costado. Los AT-HH se usan para arrastrar de todo, de naves de guerra desmanteladas a módulos prefabricados. Pero en Crait su carga es una aterradora arma de la Primera Orden: un cañón de asedio cuyo poder destructivo se nutre de cristales kyber similares a los del núcleo de los superláseres de las Estrellas de la Muerte.

DEFENSAS ENTRELAZADAS

Un modo evidente de frenar al cañón de asedio es inutilizar y destruir los AT-HH. Pero eso se dice pronto. Y es que, además de su grueso blindaje y sus numerosas patas, este caminante se defiende con las torretas montadas en cada esquina de su caparazón. Además, la estrategia de la Primera Orden dicta que se acompañen de escoltas, que van desde cazas TIE hasta AT-AT, AT-M6 y tropas en deslizadores.

LA FUERZA DEL NÚMERO

Los caminantes clásicos pisotean obstáculos que destrozarían vehículos de ruedas y orugas, pero si pierden una pierna son chatarra. Los AT-HH integran una estrategia propia de los insectos: cuantas más patas, más estabilidad. Así que tienen tres filas de patas; la frontal, con once, y las dos posteriores, con diez. Todas giran sobre sus puntos de anclaje y pueden recolocarse dentro de las filas. En las pruebas de campo de Dromondar Beta, los AT-HH lograron completar sus misiones con más del 40 por ciento de las patas averiadas.

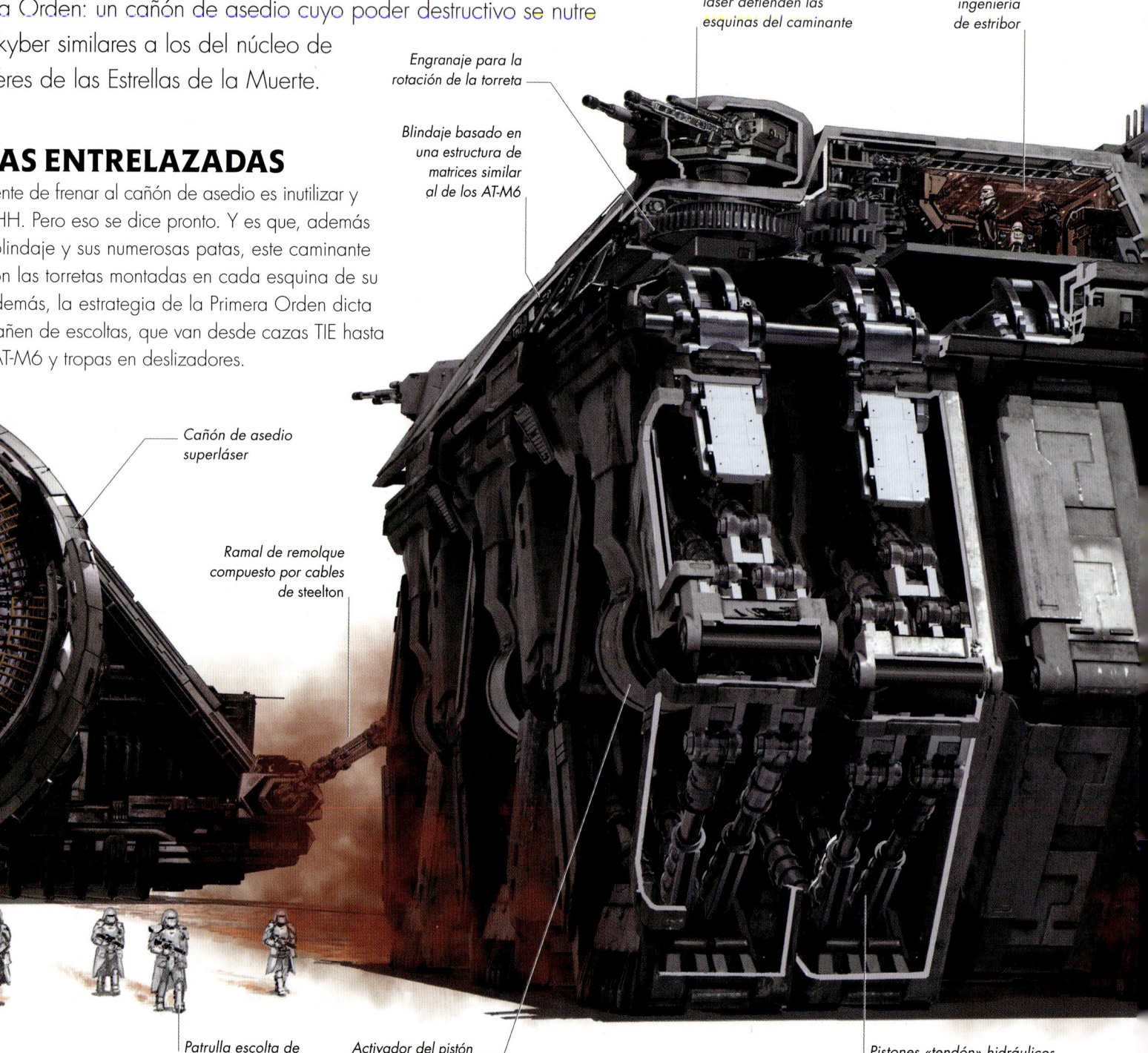

Las torretas de cañones láser defienden las esquinas del caminante

Área de artillería e ingeniería de estribor

Engranaje para la rotación de la torreta

Blindaje basado en una estructura de matrices similar al de los AT-M6

Cañón de asedio superláser

Ramal de remolque compuesto por cables de steelton

Patrulla escolta de soldados de las nieves

Activador del pistón

Pistones «tendón» hidráulicos

DATOS

- **FABRICANTE** Astilleros de Propulsores Kuat-Entralla
- **MODELO** Transporte Pesado Todoterreno (AT-HH)
- **TIPO** Caminante
- **DIMENSIONES** Longitud: 29,57 m; anchura: 27,43 m; altura: 14,29 m
- **TRIPULACIÓN** 2 pilotos, 1 comandante de vehículo, 2 ingenieros, 4 artilleros
- **ARMAS** 4 cañones láser duales de disparo vinculado medianos
- **AFILIACIÓN** Primera Orden

SOGAS RECIAS

La Primera Orden recurre a un método familiar entre los ejércitos antiguos de incontables mundos para colocar el superláser gigante en posición: cables de remolque. Estos pueden parecer poca cosa pero, tal como descubre la Resistencia, están muy lejos de serlo: cada ramal es en realidad un haz de 27 572 cables de *steelton*, capaz de soportar muchos impactos directos de cañones láser. La Resistencia carece del tiempo y la potencia de fuego para separar a los AT-HH del cañón letal que se abre paso por las salinas de Crait.

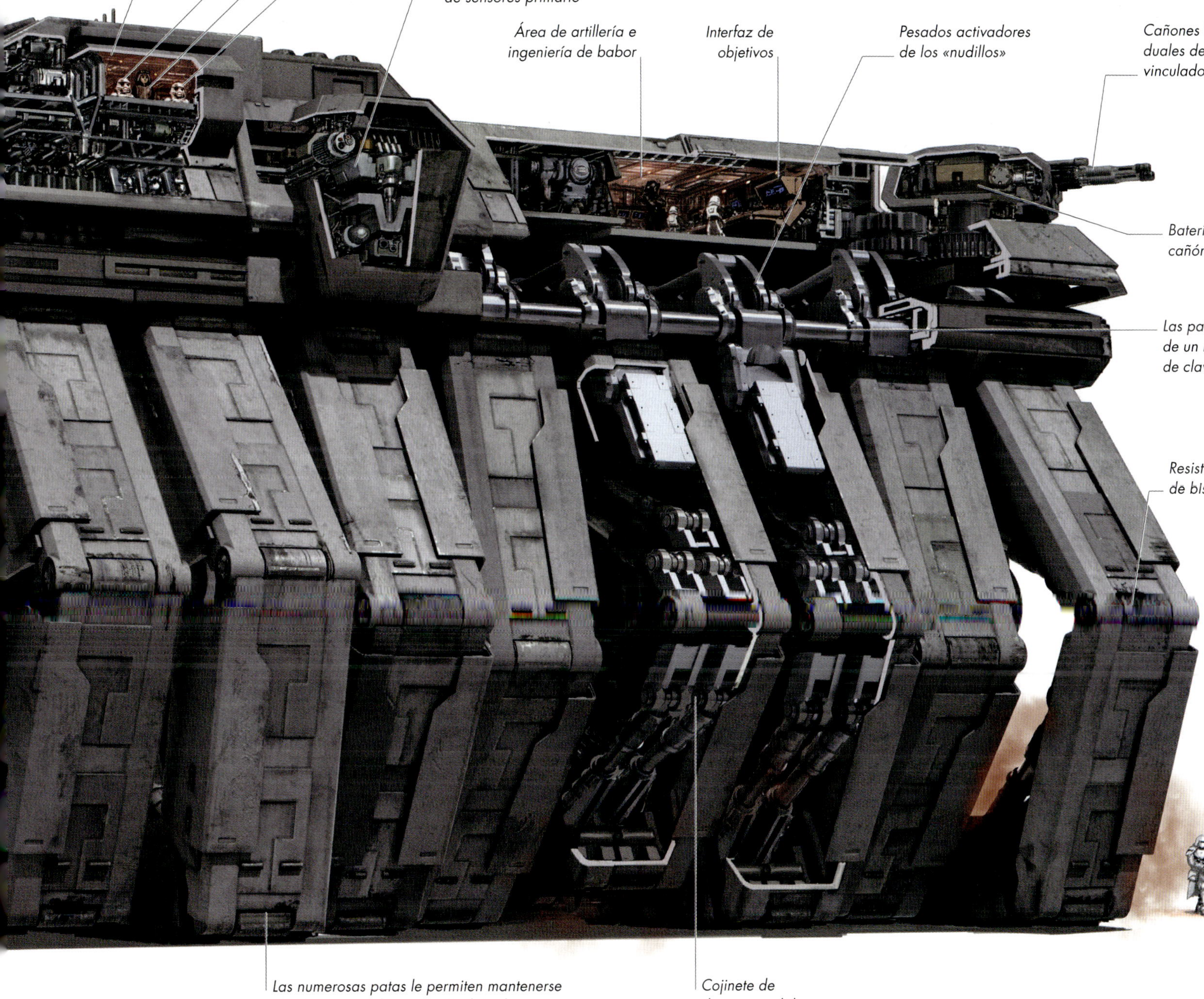

AT-M6

El todoterreno MegaCalibre Seis es una máquina colosal que arrasa la superficie de Crait con su gran potencia de fuego. Lo protege un blindaje puntero forjado en las instalaciones secretas de las Regiones Desconocidas y es, a la vez, una máquina de asedio de eficacia brutal y un perverso ejemplo de guerra psicológica, símbolo amenazador de la Primera Orden, desplegado para sembrar el caos en la galaxia que rechazó a sus antecesores imperiales. El objetivo de tal muestra de poder asesino es infundir en los enemigos el terror más abyecto para que sean incapaces de actuar salvo para someterse por completo.

DATOS

> **FABRICANTE** Astilleros de Propulsores Kuat-Entralla
> **MODELO** Todoterreno MegaCalibre Seis (AT-M6)
> **TIPO** Caminante
> **DIMENSIONES** Longitud: 40,87 m; anchura: 17,95 m; altura: 36,18 m
> **TRIPULACIÓN** 1 piloto, 1 artillero, 1 comandante de vehículo, 2 ingenieros de armas (y hasta 12 pasajeros)
> **ARMAS** 1 cañón turboláser MegaCalibre Seis, 2 cañones láser duales de disparo vinculado pesados, 2 cañones láser antinaves medianos
> **AFILIACIÓN** Primera Orden

EL GRAN CAÑÓN

El AT-M6 es básicamente una plataforma para el cañón turboláser MegaCalibre Seis, que domina su gran fuselaje. Su objetivo es hacer de la guerra un asunto breve y sencillo, que logra con una potencia suficiente para perforar escudos creados y desviar así bombardeos orbitales. A fin de adaptar en tierra el poder destructor de una nave bélica, tiene una planta de energía propia y varias células de combustible auxiliares que reducen el tiempo de recarga del cañón.

Selector de objetivos y control de fuego

Comandante de vehículo

Puestos del piloto y el artillero

Cañones láser pesados

Cañón turboláser MegaCalibre Seis

Cañón láser antinaves

Sensores de objetivos

Pistones de locomoción

Amortiguador del retroceso

Planta de energía propia para el turboláser

Interfaz de diagnóstico de armas

Operadores de armas

Rejilla de ventilación

Escalera de acceso a la cubierta del cañón

Células de combustible del turboláser

El espacio auxiliar puede adaptarse según el perfil de la misión

Asientos para un número reducido de infantería embarcada

Reactor de fusión principal

Bobina del reactor

Puerto del reactante

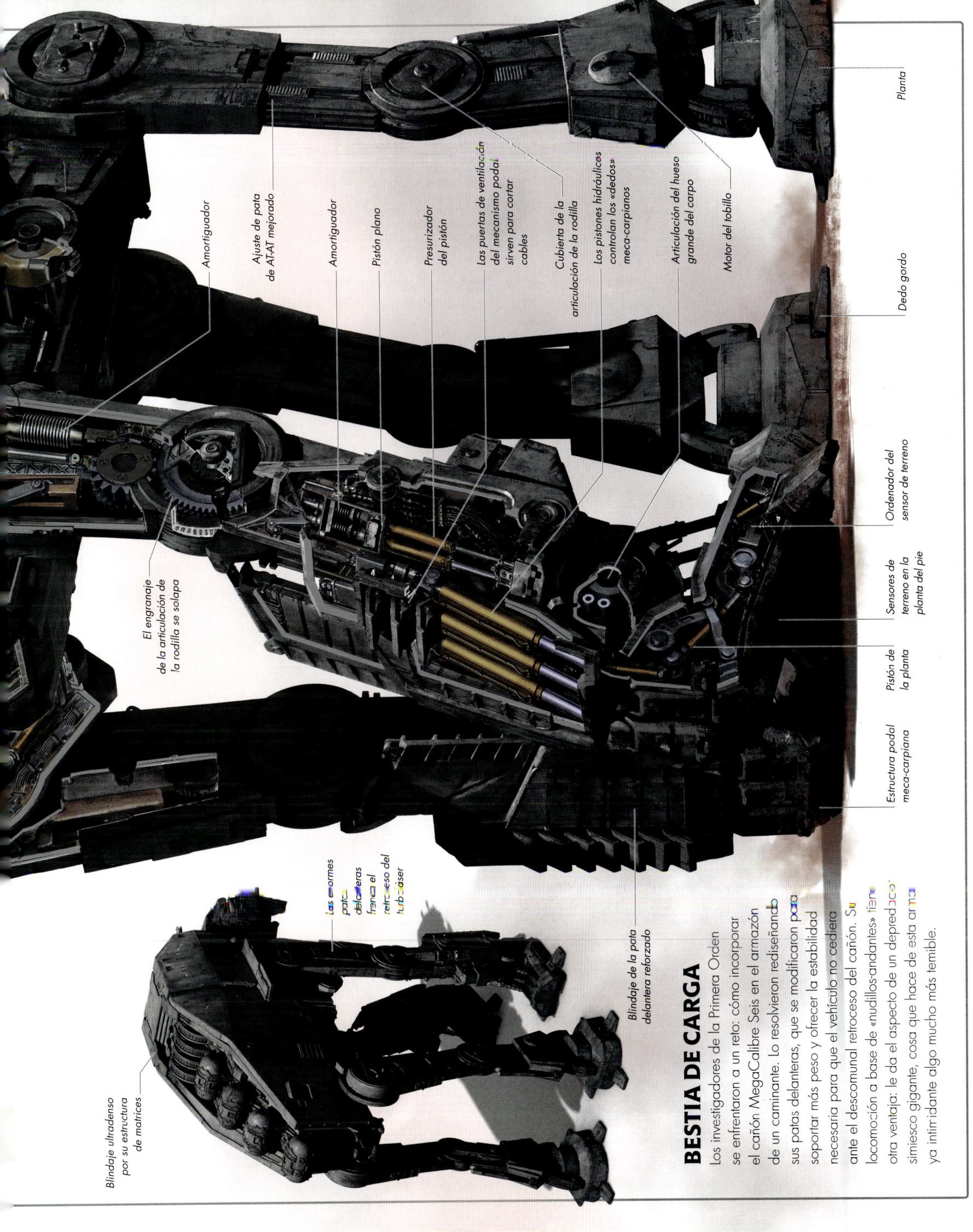

BESTIA DE CARGA

Los investigadores de la Primera Orden se enfrentaron a un reto: cómo incorporar el cañón MegaCalibre Seis en el armazón de un caminante. Lo resolvieron rediseñando sus patas delanteras, que se modificaron para soportar más peso y ofrecer la estabilidad necesaria para que el vehículo no cediera ante el descomunal retroceso del cañón. Su locomoción a base de «nudillos-andantes» tiene otra ventaja: le da el aspecto de un depredador simiesco gigante, cosa que hace de esta arma ya intimidante algo mucho más temible.

- Amortiguador
- Ajuste de pata de AT-AT mejorado
- Amortiguador
- Pistón plano
- Presurizador del pistón
- Las puertas de ventilación del mecanismo podal sirven para cortar cables
- Cubierta de la articulación de la rodilla
- Los pistones hidráulicos controlan los «dedos» meca-carpianos
- Articulación del hueso grande del carpo
- Motor del tobillo
- Planta
- Dedo gordo
- Ordenador del sensor de terreno
- Sensores de terreno en la planta del pie
- Pistón de la planta
- Estructura podal meca-carpiana
- Blindaje de la pata delantera reforzado
- Las enormes patas delanteras frenan el retroceso del turbolaser
- El engranaje de la articulación de la rodilla se solapa
- Blindaje ultradenso por su estructura de matrices

VEHÍCULO DE CARGA U-55

La Resistencia usa lanzaderas para muchas tareas, desde el traslado de equipo entre bases hasta el de personal de mando a reuniones clandestinas con burócratas simpatizantes de la Nueva República. Conocidas como vehículos de carga U-55, carecen de armamento, son de difícil manejo y no pueden superar la velocidad de la luz. Sus pilotos saben que son presas fáciles y dependen de escoltas de cazas para recorrer las rutas espaciales. La Resistencia tiene transportes más grandes, como los cargueros GR-75, pero ha descubierto que los U-55 son fáciles de mantener y útiles para una amplia gama de misiones. Han demostrado su competencia como centros de mando móviles y naves médicas y de mensajería, con una versatilidad y una fiabilidad que compensan su falta de capacidad de combate.

FIABILIDAD PROBADA

El U-55 es el último modelo de una venerable línea de vehículos que usan comúnmente desde fuerzas de seguridad planetarias hasta corporaciones y ministerios del gobierno. Son vehículos fiables, y los cadetes aprenden a pilotarlos en las academias militares y la marina mercante. Sus mínimas defensas garantizan su seguridad en vuelo y los protegen de impactos de meteoritos, radiación de destellos solares y otros peligros naturales.

DATOS

> **FABRICANTE** Sistemas de Flota Sienar
> **MODELO** Vehículo de carga orbital U-55
> **TIPO** Lanzadera
> **DIMENSIONES** Longitud: 22,63 m; anchura: 12,34 m; altura: 5,15 m
> **TRIPULACIÓN** 2 pilotos, 1 ingeniero (y hasta 60 pasajeros)
> **ARMAS** Ninguna
> **AFILIACIÓN** Resistencia

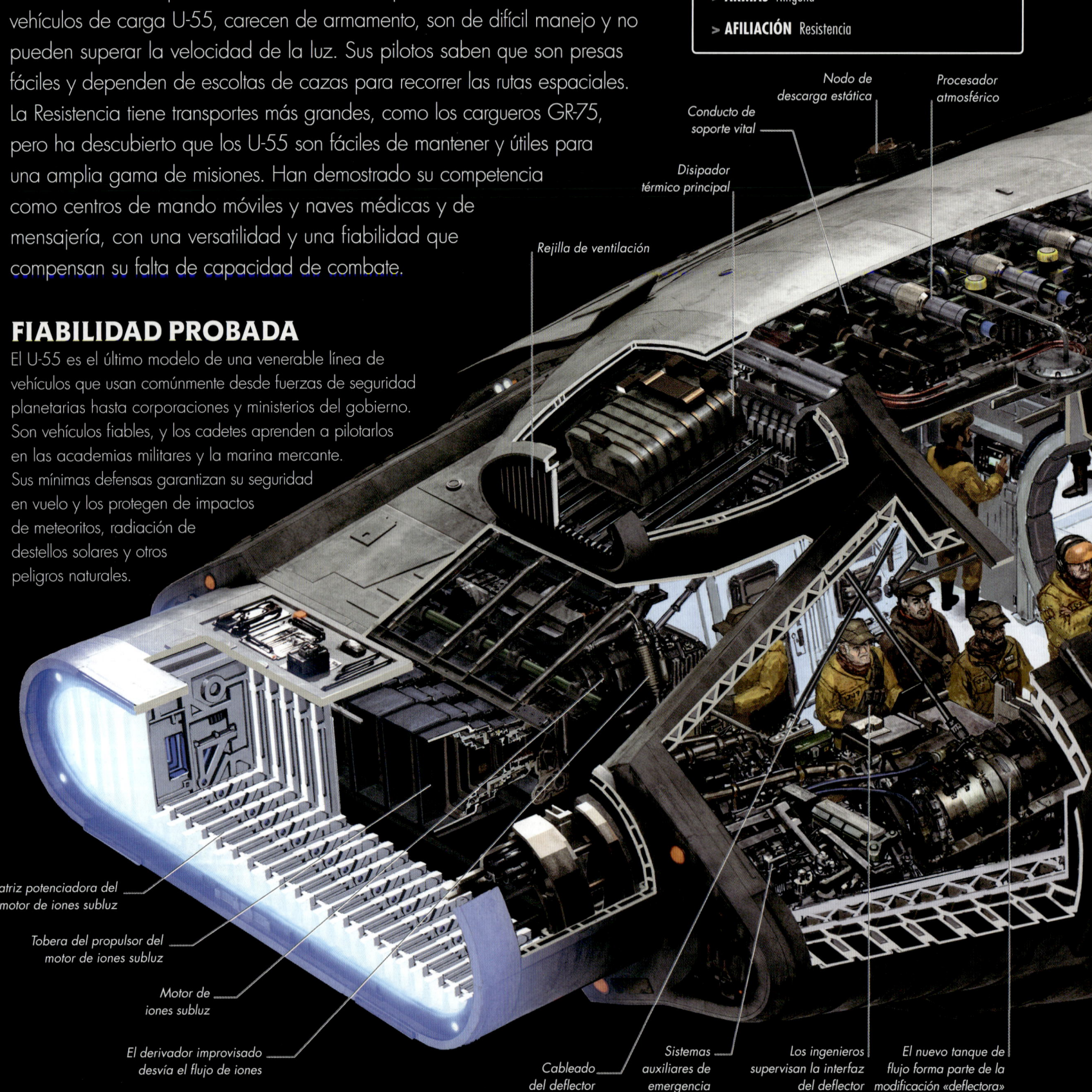

- Nodo de descarga estática
- Procesador atmosférico
- Conducto de soporte vital
- Disipador térmico principal
- Rejilla de ventilación
- Matriz potenciadora del motor de iones subluz
- Tobera del propulsor del motor de iones subluz
- Motor de iones subluz
- El derivador improvisado desvía el flujo de iones
- Cableado del deflector
- Sistemas auxiliares de emergencia
- Los ingenieros supervisan la interfaz del deflector
- El nuevo tanque de flujo forma parte de la modificación «deflectora»

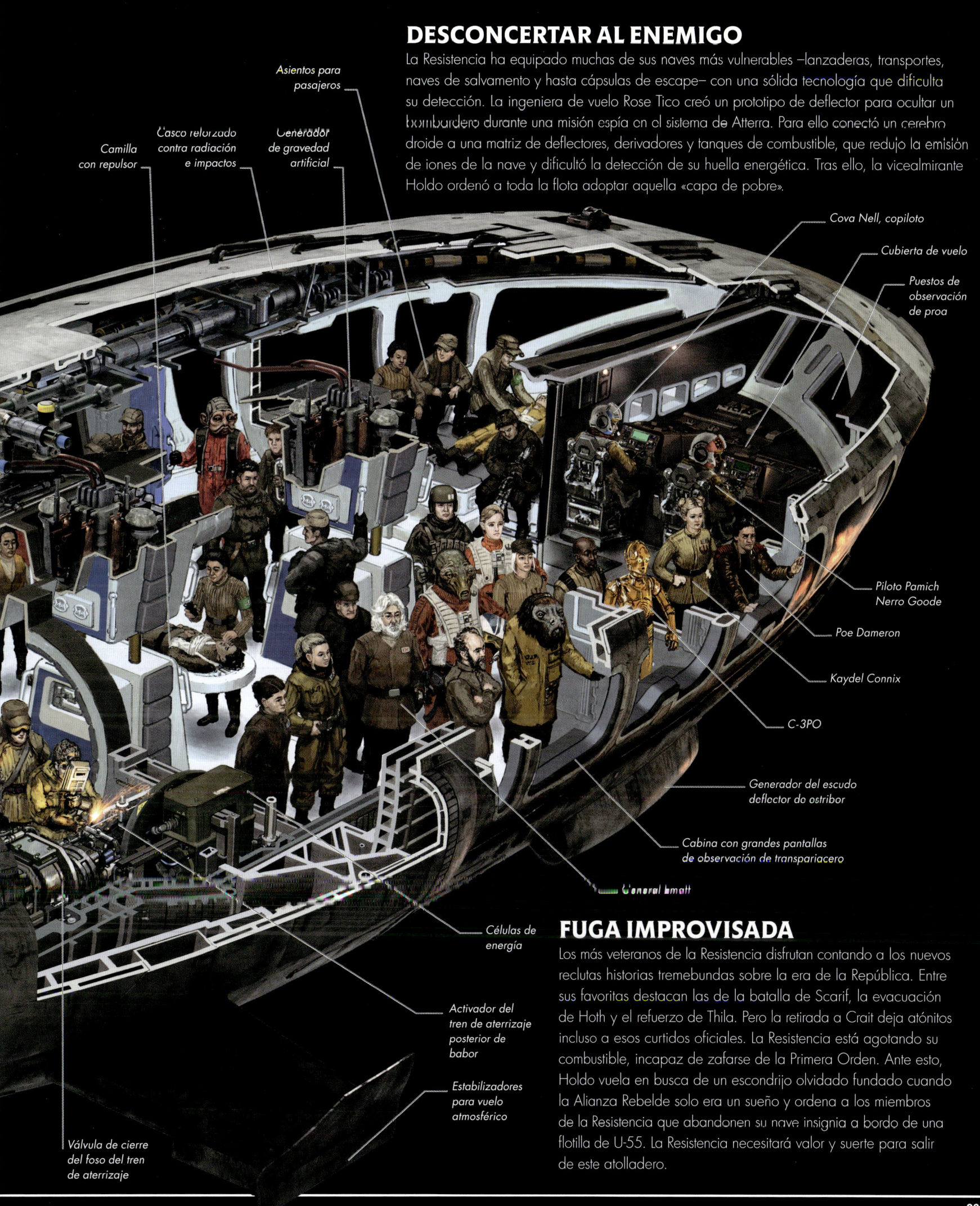

DESCONCERTAR AL ENEMIGO

La Resistencia ha equipado muchas de sus naves más vulnerables –lanzaderas, transportes, naves de salvamento y hasta cápsulas de escape– con una sólida tecnología que dificulta su detección. La ingeniera de vuelo Rose Tico creó un prototipo de deflector para ocultar un bombardero durante una misión espía en el sistema de Atterra. Para ello conectó un cerebro droide a una matriz de deflectores, derivadores y tanques de combustible, que redujo la emisión de iones de la nave y dificultó la detección de su huella energética. Tras ello, la vicealmirante Holdo ordenó a toda la flota adoptar aquella «capa de pobre».

FUGA IMPROVISADA

Los más veteranos de la Resistencia disfrutan contando a los nuevos reclutas historias tremebundas sobre la era de la República. Entre sus favoritas destacan las de la batalla de Scarif, la evacuación de Hoth y el refuerzo de Thila. Pero la retirada a Crait deja atónitos incluso a esos curtidos oficiales. La Resistencia está agotando su combustible, incapaz de zafarse de la Primera Orden. Ante esto, Holdo vuela en busca de un escondrijo olvidado fundado cuando la Alianza Rebelde solo era un sueño y ordena a los miembros de la Resistencia que abandonen su nave insignia a bordo de una flotilla de U-55. La Resistencia necesitará valor y suerte para salir de este atolladero.

DESLIZADOR ESQUÍ

La Resistencia sabe ingeniárselas para salir airosa con restos de naves de la República, equipo del mercado negro y material bien mantenido de la era rebelde. Pero cuando una fuerza de la Primera Orden la acorrala en Crait, el ingenio da paso a la desesperación. Allí, reparaciones apresuradas de viejos deslizadores anteriores a la Alianza desembocan en el debut del escuadrón «Reb» de Poe Dameron. Dichos deslizadores de aspecto frágil fueron antes repulsores civiles que los rebeldes blindaron para usarlos como vehículos de patrulla. Son ligeros y no se construyeron para lidiar con nada mayor que una moto deslizadora o los vehículos de tierra de uso común entre contrabandistas y piratas, pero ahora son la última línea de defensa de la Resistencia.

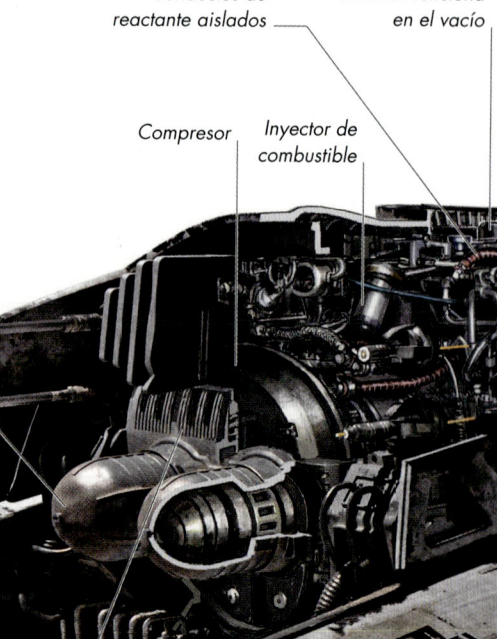

Conductos de reactante aislados
El motor híbrido también funciona en el vacío
Compresor
Inyector de combustible
Antena de descarga estática
Motor de la turbina
El módulo del cañón sustituye al equipo de holocámaras del deslizador civil
Baterías del cañón láser
Acoplamiento del cañón láser
Cañones láser medios gemelos
Emisor láser
Corrosión del casco
Estabilizador
Toma atmosférica de la turbina
Rejilla del intercambiador de calor
Sensor de terreno
Amortiguador del alerón vertical

VEHÍCULOS DE RECREO

En los albores del Imperio se puso en boga el eslalon sobre asteroides, deporte que consiste en recorrer a toda velocidad la superficie de pequeños asteroides y usarlos como trampolines para efectuar giros vertiginosos y vistosas acrobacias. El fabricante verpine de Máquinas Roche produjo la serie de deslizadores terrestres V-4, que incorporaba monoesquís en la base para anclarlos y brazos con holocámaras para grabar las maniobras. Por desgracia, una plaga de ácaros de piedra devoró a los competidores y sus naves en la final del Gran Eslalon del Cinturón de Orleon, tragedia que vio horrorizada en directo toda la galaxia. Los pedidos cayeron en picado, y Máquinas Roche canceló la producción y vendió su inventario a precio de saldo.

COMPRADORES INESPERADOS

Una vez pasada la fiebre del eslalon sobre asteroides, casi todos los deslizadores de Máquinas Roche acabaron como chatarra. Pero unos cuantos gozaron de una segunda vida gracias a los manitas de los asentamientos de asteroides, que los reconvirtieron en vehículos de exploración y transporte, adaptando sus estabilizadores para incorporar de todo, desde instrumentos científicos hasta contenedores de equipo. Por su parte, una célula rebelde financiada con créditos alderaanianos adaptó varios para su uso como vehículos de patrulla en Crait. Sus ingenieros integraron cañones láser a sus brazos y los dotaron de todo el blindaje que estas naves ligeras podían soportar.

DATOS

- **FABRICANTE** Máquinas Roche
- **MODELO** Deslizador esquí V-4X-D modificado
- **TIPO** Deslizador
- **DIMENSIONES** Longitud: 7,33 m; anchura: 11,5 m; altura: 4,27 m
- **TRIPULACIÓN** 1 piloto
- **ARMAS** 2 cañones láser medianos
- **AFILIACIÓN** Alianza Rebelde, Resistencia

TARJETA DE VISITA CARMESÍ

Los deslizadores esquí se diseñaron para usarse en los asteroides, con bastante gravedad para que funcionen sus repulsores, pero no la suficiente para un vuelo real. En las superficies planetarias, con mayor gravedad, son muy difíciles de pilotar, pues los repulsores tienden a compensar en exceso y cada bache amenaza con mandar el ligero deslizador al espacio. Su alerón vertical inferior lo estabiliza y garantiza que su motor le suministre empuje pero no lo eleve, y abre una brecha en la blanca capa brillante de corteza salina de Crait. La estela del motor recoge el cristalino polvo carmesí que levanta el monoesquí y confiere a cada deslizador una desafiante cola roja.

PARECIDO FAMILIAR

Cuando Poe, el líder del escuadrón, prueba su primer deslizador esquí, se queja de que es «un Ala-B que no puede volar», y tiene mucha razón. La cabina de este vehículo, el motor central y los estabilizadores son típicos del diseño de naves verpine, que incluye la creación de la lanzadera T-6, el caza V-19 Torrent y el modelo de producción del caza Ala-B. La gama de Ala-B nació con un prototipo del ingeniero mon calamari Quarrie, que pretendía mejorar los diseños de los constructores verpine.

- Timón y anillo de empuje vectorial del campo repulsor
- Construcción de duratabla
- Carcasa antiturbulencia
- Cables de control reparados a marchas forzadas
- Células de combustible
- Conductos de mezcla del reactante
- Rejilla de ventilación
- Palanca del acelerador
- Generador auxiliar de energía
- Ventilador
- Compensador de aceleración
- Conducto de refrigeración
- Alerón vertical del monoesquí
- Polvo de rhodocrosita
- Sensores de selección de objetivos
- Columna direccional
- Ordenador de navegación
- Antena del sensor de navegación
- Blindaje ablativo
- Mandos del piloto
- Proyector del escudo cinético

ALA-Y BTA-NR2

Su venerable diseño se remonta a las Guerras Clon y durante mucho tiempo fue el «caballo de tiro» de los cazas de la Alianza Rebelde. En los años que siguieron a la caída del Imperio, cuando se estabilizó el panorama político y la Alianza pasó de movimiento clandestino a gobierno legítimo, la Corporación Koensayr se entregó por completo a su papel en la revolución galáctica y resucitó la abandonada línea de producción del Ala-Y para vender flotas de defensa planetaria, anunciando la nave con orgullo como «el caza que colmó el vaso del Imperio».

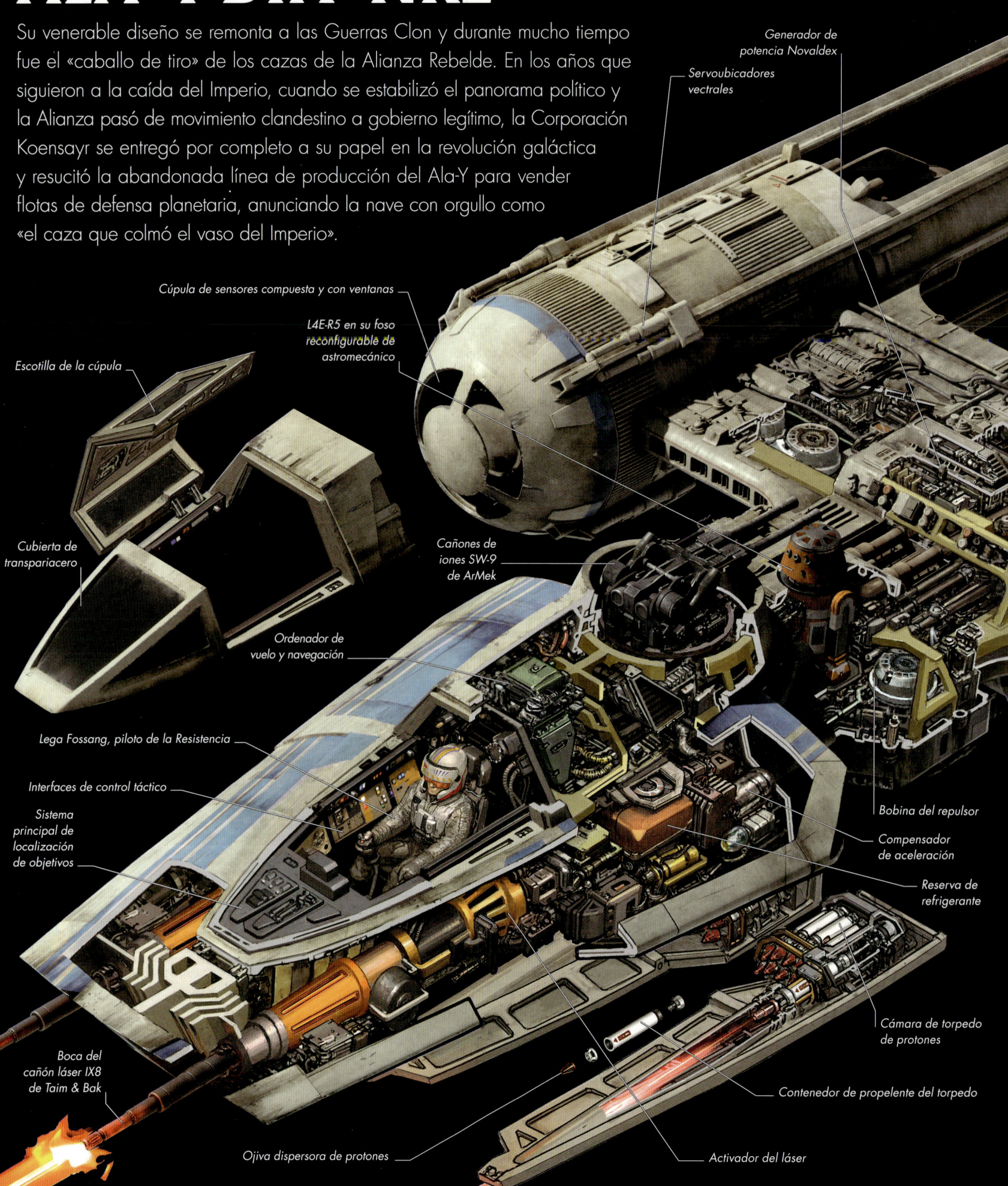

- Generador de potencia Novaldex
- Servoubicadores vectrales
- Cúpula de sensores compuesta y con ventanas
- L4E-R5 en su foso reconfigurable de astromecánico
- Escotilla de la cúpula
- Cubierta de transpariacero
- Cañones de iones SW-9 de ArMek
- Ordenador de vuelo y navegación
- Lega Fossang, piloto de la Resistencia
- Interfaces de control táctico
- Sistema principal de localización de objetivos
- Bobina del repulsor
- Compensador de aceleración
- Reserva de refrigerante
- Cámara de torpedo de protones
- Contenedor de propelente del torpedo
- Boca del cañón láser IX8 de Taim & Bak
- Ojiva dispersora de protones
- Activador del láser

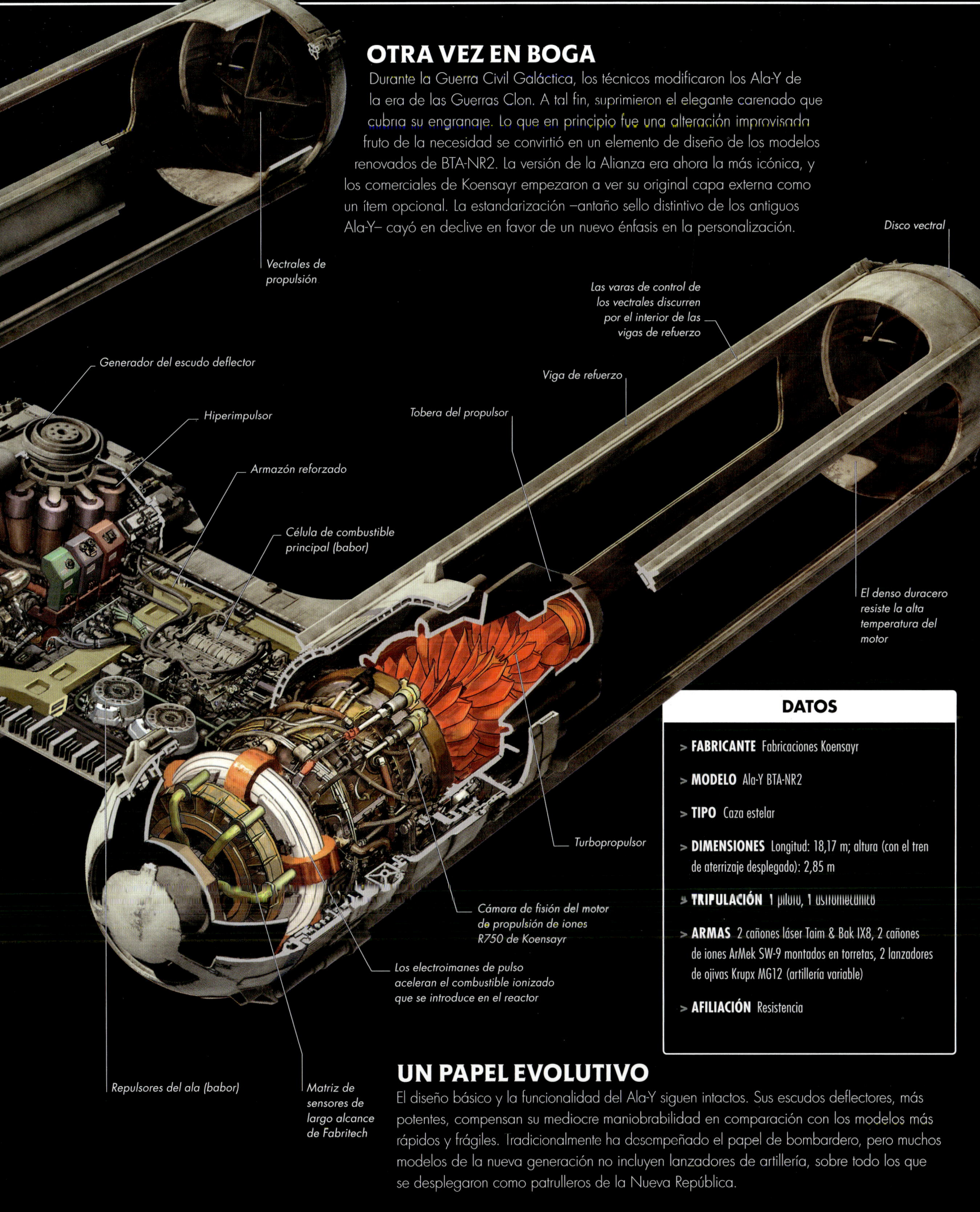

OTRA VEZ EN BOGA

Durante la Guerra Civil Galáctica, los técnicos modificaron los Ala-Y de la era de las Guerras Clon. A tal fin, suprimieron el elegante carenado que cubría su engranaje. Lo que en principio fue una alteración improvisada fruto de la necesidad se convirtió en un elemento de diseño de los modelos renovados de BTA-NR2. La versión de la Alianza era ahora la más icónica, y los comerciales de Koensayr empezaron a ver su original capa externa como un ítem opcional. La estandarización —antaño sello distintivo de los antiguos Ala-Y— cayó en declive en favor de un nuevo énfasis en la personalización.

Vectrales de propulsión

Disco vectral

Generador del escudo deflector

Las varas de control de los vectrales discurren por el interior de las vigas de refuerzo

Hiperimpulsor

Viga de refuerzo

Tobera del propulsor

Armazón reforzado

Célula de combustible principal (babor)

El denso duracero resiste la alta temperatura del motor

Turbopropulsor

Cámara de fisión del motor de propulsión de iones R750 de Koensayr

Los electroimanes de pulso aceleran el combustible ionizado que se introduce en el reactor

Repulsores del ala (babor)

Matriz de sensores de largo alcance de Fabritech

DATOS

> **FABRICANTE** Fabricaciones Koensayr

> **MODELO** Ala-Y BTA-NR2

> **TIPO** Caza estelar

> **DIMENSIONES** Longitud: 18,17 m; altura (con el tren de aterrizaje desplegado): 2,85 m

> **TRIPULACIÓN** 1 piloto, 1 astromecánico

> **ARMAS** 2 cañones láser Taim & Bak IX8, 2 cañones de iones ArMek SW-9 montados en torretas, 2 lanzadores de ojivas Krupx MG12 (artillería variable)

> **AFILIACIÓN** Resistencia

UN PAPEL EVOLUTIVO

El diseño básico y la funcionalidad del Ala-Y siguen intactos. Sus escudos deflectores, más potentes, compensan su mediocre maniobrabilidad en comparación con los modelos más rápidos y frágiles. Tradicionalmente ha desempeñado el papel de bombardero, pero muchos modelos de la nueva generación no incluyen lanzadores de artillería, sobre todo los que se desplegaron como patrulleros de la Nueva República.

RODADOR

Aunque la oruga propulsada es un medio muy anticuado de locomoción, su fiabilidad ante las duras condiciones climáticas y terrenos inestables hace que se siga usando, sobre todo en mundos pobres. La oruga está hecha de una aleación de manganeso y plastoide que le da resistencia y ligereza. Segmentos de oruga llenan un depósito de recambios a bordo del rodador para sustituir roturas que, de otro modo, detendrían el vehículo. Su resistencia le permite superar casi todos los obstáculos y agujeros del terreno, así como cruzar zonas irregulares que supondrían un desafío para vehículos de menor tamaño.

Cambio de marchas telescópico
Recorte en el mamparo para reducir peso
Periscopio del conductor
Marco de repelente electrostático para polvo
Engranajes
Piñón exterior de la oruga
Rueda motriz trasera
Tapa de acceso al eje
Tuerca de acceso al eje
Reserva de lubricante
Kalo'ne conduce el rodador
Tensor de la oruga
Ruedas de rodamiento inferiores
Motor Corporación Czerka BHY-2600
Batería de células de energía
Escalerilla plegable

MANTENIMIENTO

Lo impredecible del terreno de Pasaana puede causar complicaciones en el sistema de propulsión. Una ruptura en cualquier segmento causa pérdida de movilidad, por lo que los conductores de rodadores han de saber reparar y sustituir todos los componentes del sistema motriz. La contaminación por polvo en las enormes ruedas bogie es una molestia constante: se precisa una lubricación regular en ejes y transmisión. La cabina expuesta y las rejillas de ventilación evitan que el motor se recaliente en exceso por el sol del desierto.

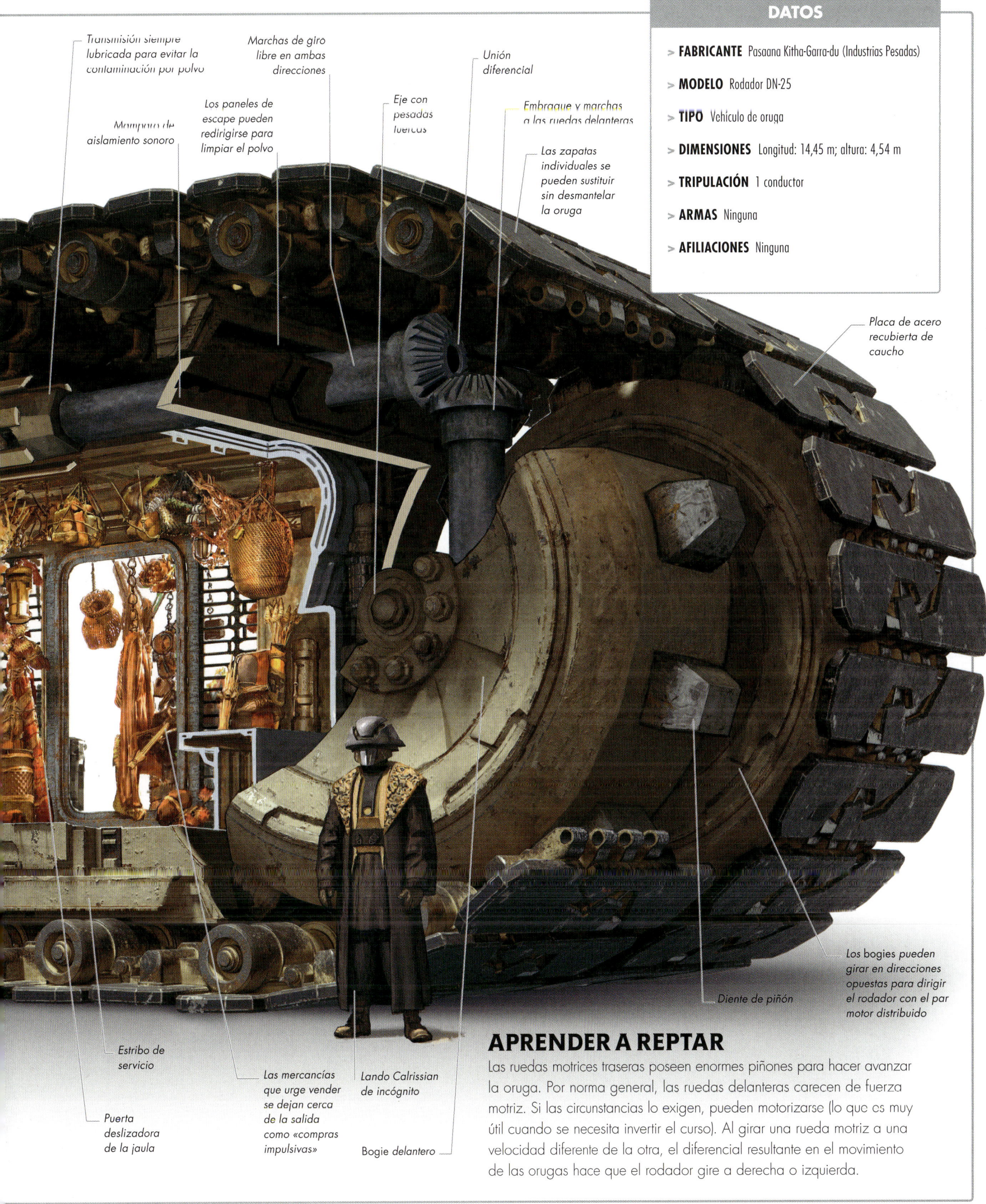

DESLIZADOR ORUGA

A medida que la Primera Orden abría caminos en mundos inhóspitos de las Regiones Desconocidas, diseñaba un vehículo resistente y fiable, perfecto para expediciones de exploración. Los avances en tecnología antirrepulsora dieron a este vehículo una aplicación táctica. La propia Primera Orden había perfeccionado sistemas de intercepción de repulsores de largo alcance, de modo que percibió el valor militar de vehículos inmunes a esa tecnología. El deslizador oruga es un diseño híbrido: una oruga propulsa el vehículo, y repulsores de corto alcance no interceptables sirven de sistemas secundarios que ayudan con la estabilidad y las maniobras.

El manillar controla la dirección y los sistemas de armamento

Ordenador de sistemas de control de a bordo

Mecanismo de los impulsores Motivadores Kradkett sd-kfz 2

Cojín con tela sintética de retención de forma

El aislante térmico protege el sillín del calor de la tobera

Cámara de combustión del impulsor Aratech

Cámara compresora de siete fases

Tubo de escape de calor y gases residuales

Parrilla de refrigeración y escape

Unidad repulsora Aratech 125-Zr

Estribo

Depósito de combustible blindado

Subsistemas reguladores del activador láser

Activador láser

EN ACCIÓN

La oruga delantera (llamada «destripadora» por los pilotos) está hecha de un compuesto de plastiacero segmentado que cubre la rapidísima rueda y su ensamblaje. Se aferra al suelo, impulsando hacia delante al deslizador. Su peso queda reducido a solo una fracción gracias a la suspensión por repulsores que mantiene en el aire la parte trasera. Una tobera trasera, sincronizada con la oruga, aumenta la velocidad total del aparato, y cuando se la combina con los proyectores omnidireccionales de campo deflector, añade una gran maniobrabilidad. El resultado final es una eficaz mezcla de diseño de alta tecnología y mecánica primitiva.

SISTEMAS TÁCTICOS

El deslizador oruga incorpora lo último en tecnología militar de escudos de la Primera Orden. Los escudos deflectores son raros en vehículos terrestres, porque las partículas atmosféricas tienden a sobreexcitar los sistemas causando ineficaces picos de potencia y pérdidas. El sistema de refresco fraccional permite que los escudos permanezcan activos en estado latente y se hagan «sólidos» cuando sistemas avanzados de sensores en el casco del piloto detectan una amenaza. Para mayor potencia ofensiva, el deslizador cuenta con un par de cañones láser pesados Sonn-Blas en soportes. Poseen fuentes de potencia propias, independientes de la potencia principal. Piloto y pasajero pueden complementar esto con fuego de armas de mano.

DATOS

> **FABRICANTE** Aratech-Loratus

> **MODELO** 125-Z

> **TIPO** Moto deslizadora oruga

> **DIMENSIONES** Longitud: 4,17 m; altura: 1,11 m

> **TRIPULACIÓN** 1 piloto, espacio para 1 pasajero

> **ARMAS** 2 cañones láser pesados

> **AFILIACIÓN** Primera Orden

- Extractor de residuos
- Generador de escudos deflectores Chempat
- Célula de energía del arranque del sistema impulsor
- Protector de la entrada de aire del radiador
- Entrada de aire del motor
- Filtro de aire (ventilación)
- Eje reforzado vinculado al sistema de piñón de la cadena impulsora
- Rueda impulsora del mecanismo de oruga
- Segmento de oruga de plastiacero
- Cañón láser
- Célula de carga del cañón

VELERO DE REY

El velero Arunskin 75D que Rey «libera» pertenece al granjero Jo-Dapshi Gorubunn. Lo había utilizado para transportar el excedente de bienes deshidratados de la cosecha del año anterior al festival, que habían estado ocupando espacio en sus silos. Sin que el viejo granjero lo sepa, su nieto ha estado trasteando con el velero, desconectando limitadores de velocidad. A Gorubunn le sorprende que una extraña joven pueda robar su vehículo de trabajo y que la Primera Orden lo persiga, pero le sorprende aún más que su viejo 75D pueda volar por el desierto de esa manera.

Chewbacca se prepara para disparar

El improvisado cable tensor evita que la aspa direccional aletee

Mercancía para vender en el festival

Haz de cables de control

Caña del timón con carenado protector

Cables de potencia al descubierto

Vara del servomotor

Escape de la planta motriz

Placas magnéticas para sujetar carga metálica

BB-8 se resguarda

Placas repulsoras traseras

Catalizador y distribuidor de combustible

Aspa direccional

Acelerómetro del aspa

Turbina del impulsor

CONSTRUCCIÓN RESISTENTE Y SENCILLA

La falta de sofisticación de los sistemas del velero hace que pocas cosas puedan ir mal a bordo del aparato. Esto ocurre con la mayoría de los vehículos agrícolas de Pasaana, donde el ubicuo polvo del desierto puede obstruir la maquinaria más delicada. Los sistemas de control suelen ser mecánicos más que electrónicos, y la potencia muscular se transfiere por medio de tirones de cables y de poleas para mover aspas o abrir el flujo de gas del motor. Rey lleva el viejo velero a sus límites en su intento de huir de la Primera Orden.

DATOS

- **FABRICANTE** GoCorp
- **MODELO** Arunskin 75D modificado
- **TIPO** Esquife
- **DIMENSIONES** Longitud: 6,57 m; altura: 2,87 m
- **TRIPULACIÓN** 1 piloto
- **ARMAS** Ninguna
- **AFILIACIÓN** Ninguna

Estandarte heráldico de la familia Gorubunn

Vástago de dirección con acelerador de mano

Rey trata de esquivar los obstáculos a gran velocidad

Pistola bláster NN-14 de Rey, fabricada por LPA

Lámparas en una caja (pueden fijarse a los bordes)

Generador del repulsor

FINAL DEL CAMINO

Al no ser una máquina militar, las defensas del velero se limitan al armamento de Chewbacca y Rey, y al ingenio de BB-8. El lanzamiento de un cohete de humo del festival proporciona cierta cobertura contra el deslizador oruga y el soldado propulsado que los persiguen. La caza termina cuando un disparo explosivo vuelca el velero y envía a sus ocupantes a las temidas Ciénagas Movedizas. Este sumidero de arenas oscuras se traga el velero sin dejar rastro y acaba con el viejo y fiable vehículo de Gorubunn.

Carga estibada bajo cubierta protectora

Hoja divisora de la entrada de aire del sistema refrigerador

Válvula de la turbina con filtro

Regidor de los sistemas de control (desconectado)

Avisador de riesgo de colisión

Varas de medición de velocidad

LEGADO DE BESTOON

El *Legado de Bestoon* es un transporte WTK-85A modificado, originalmente fabricado en los últimos días de la República Galáctica por la Corporación Subpro. Se diseñó para exploradores o pilotos que preferían operar con la mínima tripulación posible. Al solitario Ochi de Bestoon, socio de los Sith, lo atrajo la independencia prometida por un diseño así. La nave puede operar con un solo piloto, aunque por razones de seguridad se exige un puesto de copiloto con controles redundantes modulares para sustituir al piloto en algunas tareas. Por razones que se desconocen, la nave lleva una carga de decenas y decenas de fusiles y pistolas bláster.

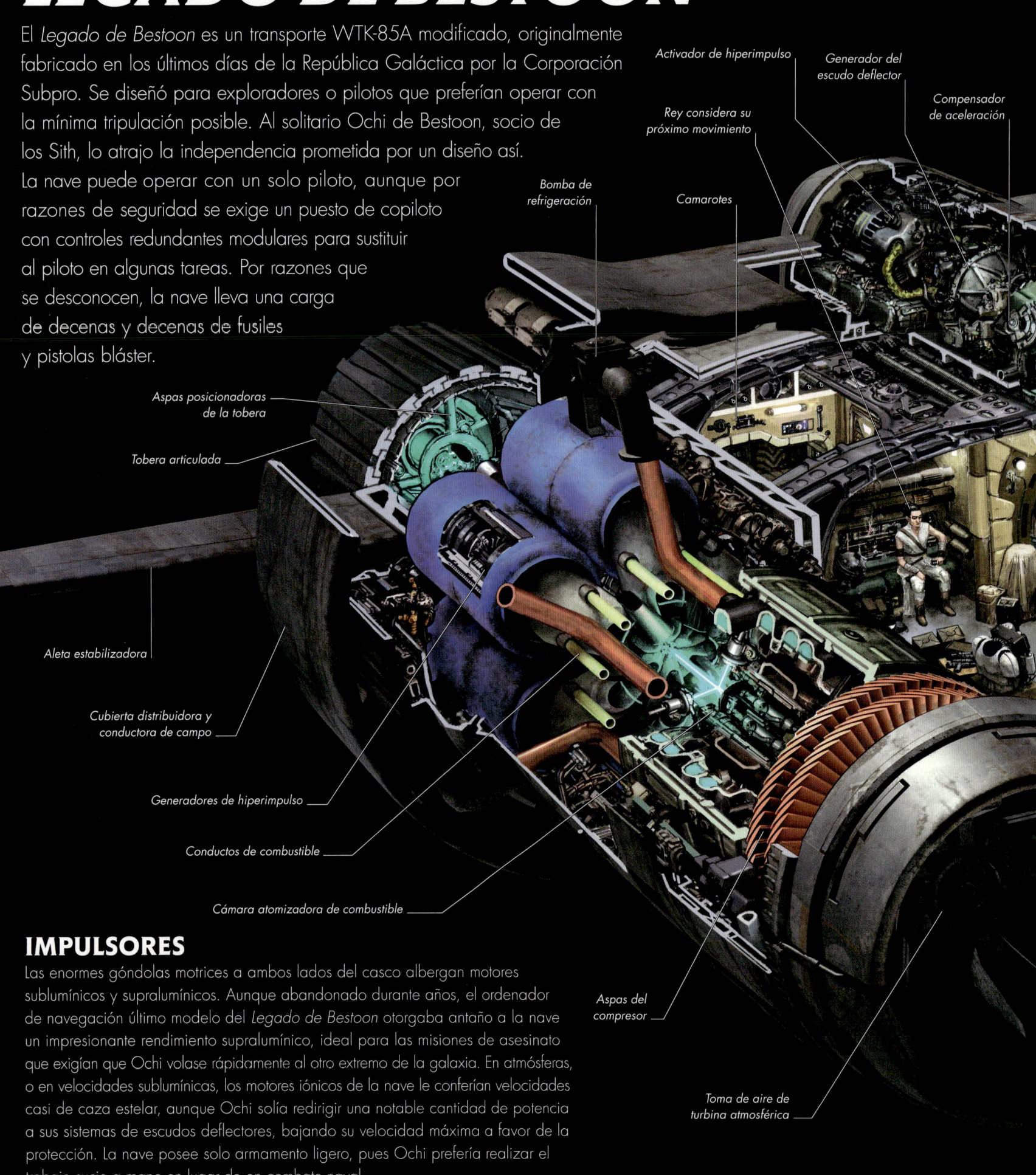

Activador de hiperimpulso
Generador del escudo deflector
Compensador de aceleración
Rey considera su próximo movimiento
Bomba de refrigeración
Camarotes
Aspas posicionadoras de la tobera
Tobera articulada
Aleta estabilizadora
Cubierta distribuidora y conductora de campo
Generadores de hiperimpulso
Conductos de combustible
Cámara atomizadora de combustible
Aspas del compresor
Toma de aire de turbina atmosférica

IMPULSORES

Las enormes góndolas motrices a ambos lados del casco albergan motores sublumínicos y supralumínicos. Aunque abandonado durante años, el ordenador de navegación último modelo del *Legado de Bestoon* otorgaba antaño a la nave un impresionante rendimiento supralumínico, ideal para las misiones de asesinato que exigían que Ochi volase rápidamente al otro extremo de la galaxia. En atmósferas, o en velocidades sublumínicas, los motores iónicos de la nave le conferían velocidades casi de caza estelar, aunque Ochi solía redirigir una notable cantidad de potencia a sus sistemas de escudos deflectores, bajando su velocidad máxima a favor de la protección. La nave posee solo armamento ligero, pues Ochi prefería realizar el trabajo sucio a mano en lugar de en combate naval.

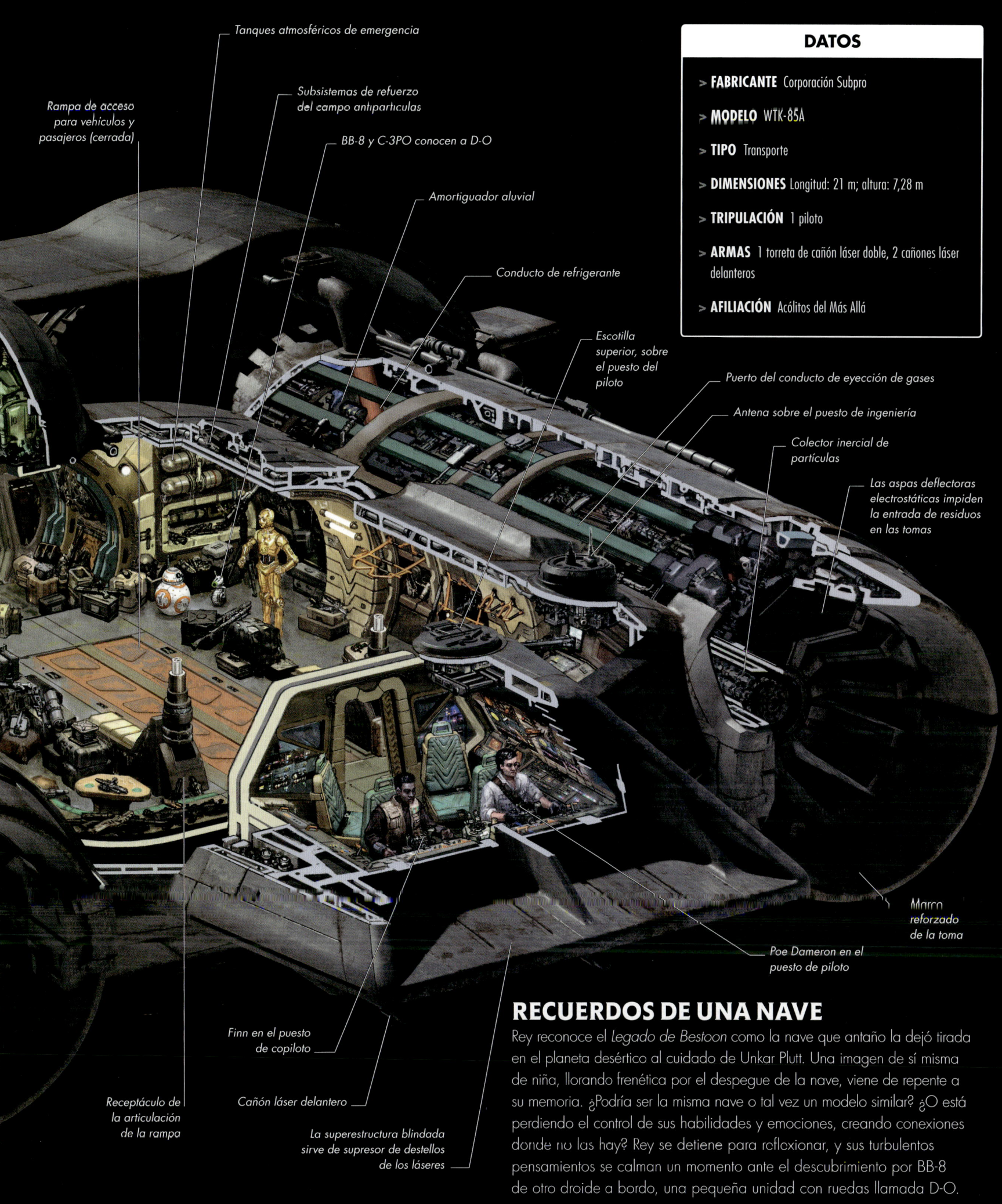

RECUERDOS DE UNA NAVE

Rey reconoce el *Legado de Bestoon* como la nave que antaño la dejó tirada en el planeta desértico al cuidado de Unkar Plutt. Una imagen de sí misma de niña, llorando frenética por el despegue de la nave, viene de repente a su memoria. ¿Podría ser la misma nave o tal vez un modelo similar? ¿O está perdiendo el control de sus habilidades y emociones, creando conexiones donde no las hay? Rey se detiene para reflexionar, y sus turbulentos pensamientos se calman un momento ante el descubrimiento por BB-8 de otro droide a bordo, una pequeña unidad con ruedas llamada D-O.

DATOS

> **FABRICANTE** Corporación Subpro

> **MODELO** WTK-85A

> **TIPO** Transporte

> **DIMENSIONES** Longitud: 21 m; altura: 7,28 m

> **TRIPULACIÓN** 1 piloto

> **ARMAS** 1 torreta de cañón láser doble, 2 cañones láser delanteros

> **AFILIACIÓN** Acólitos del Más Allá

BUITRE NOCTURNO

Los Caballeros de Ren son una malvada banda de mercenarios que tienen cierta conexión con el lado oscuro de la Fuerza. El grupo viaja a bordo de una nave personalizada conocida como *Buitre Negro*, que originalmente era una nave calabozo de Osseriton, una colonia penal de las Regiones Desconocidas. Bajo el liderazgo del Ren original, los Caballeros aceptaron el encargo de asaltar la prisión y liberar a los prisioneros. Ya por su cuenta, asaltaron también los hangares de las fuerzas de seguridad y se llevaron un transporte penal de clase Oubliette, que han modificado hasta tener una nave adecuada para su propio transporte.

NAVE PRISIÓN LIBERADA

En las naves de clase Oubliette se maximizaba la capacidad para prisioneros tratando a sus pasajeros como carga, poniendo a los convictos peligrosos en estasis inducida dentro de unas cápsulas. Al mando de Ren, los Caballeros eliminaron estos alojamientos y transformaron un espacio antes destinado a treinta criminales peligrosos en una sala de interrogatorios. Las celdas de la parte delantera, destinadas a prisioneros de bajo riesgo, se convirtieron en las sencillas pero funcionales habitaciones de los Caballeros. Ren optó por no disponer de habitación a bordo del *Buitre Negro*, prefiriendo tener su propio transporte como un signo de distinción y rango. Esta tradición continúa con su sucesor, Kylo Ren.

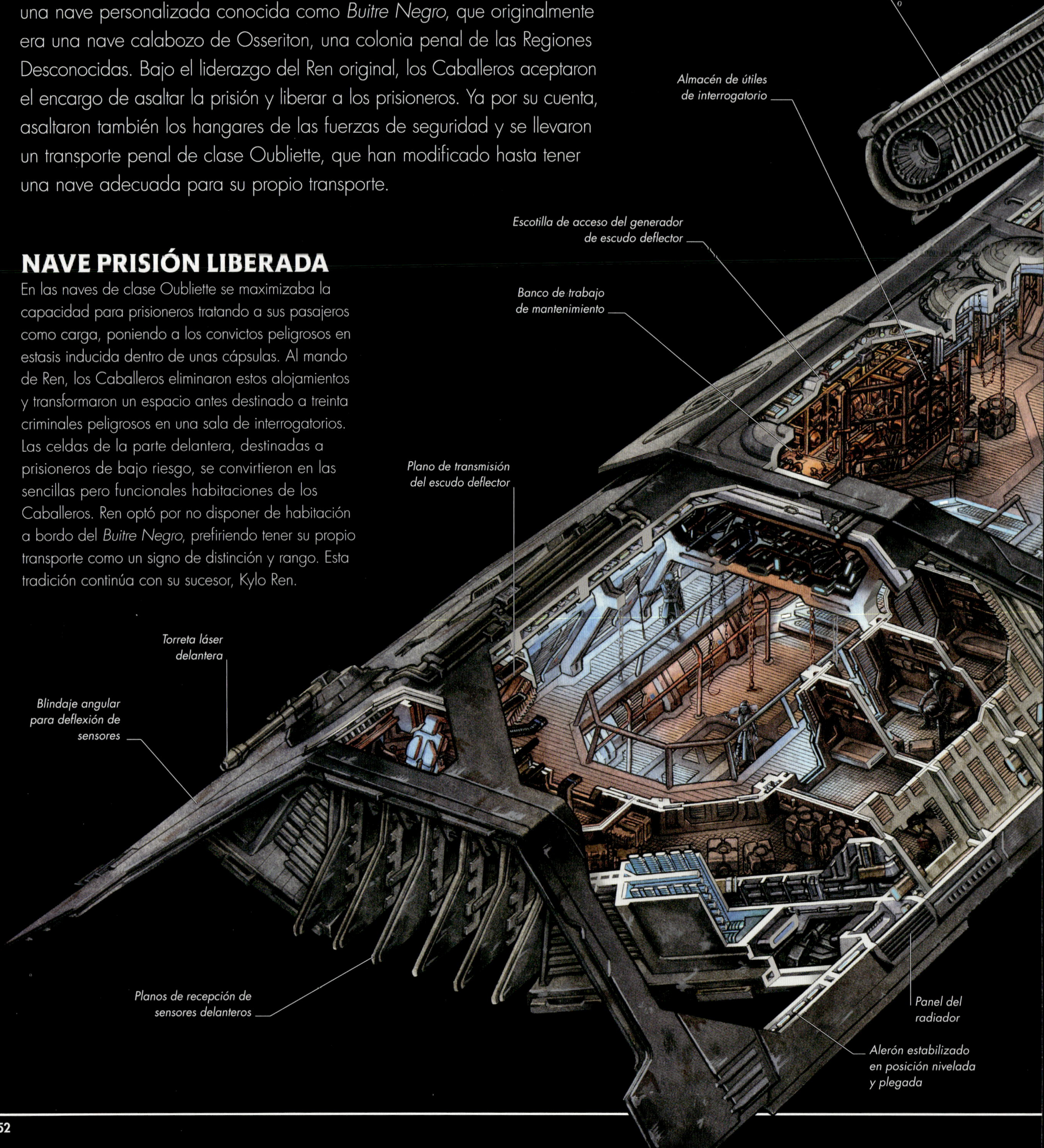

Aspas serradas del deflector de navegación

Almacén de útiles de interrogatorio

Escotilla de acceso del generador de escudo deflector

Banco de trabajo de mantenimiento

Plano de transmisión del escudo deflector

Torreta láser delantera

Blindaje angular para deflexión de sensores

Planos de recepción de sensores delanteros

Panel del radiador

Alerón estabilizado en posición nivelada y plegada

RECURSO DESCONCERTANTE

De ordinario, los ardientes motores subluz del *Buitre Negro* brillarían como un faro para los escáneres, pero los Caballeros los han disimulado. Las partículas aislantes del disipador de calor se subliman en vapor, que sale de los motores como un tóxico humo negro. Este humo disipa la huella de calor y puede servir como una cobertura de largo alcance.

Rectena parabólica de sensores y comunicaciones

Góndola híbrida de motor sublumínico / hiperimpulsor

Ensamblaje blindado de la torreta

Cañón láser dual pesado

Torreta del cañón láser central

Conductos blindados de reactante a los motores

Partículas aislantes vaporizadas por el calor del motor sublumínico

Escape del campo guiado de deflexión

Conductos centrales de distribución de energía

Cámara de mezcla de precombustión del reactante

DATOS

- **FABRICANTE** Ensamblajes Osseriton
- **MODELO** Clase Oubliette modificado
- **TIPO** Transporte
- **DIMENSIONES** Longitud: 35,94 m; altura: 5,88 m
- **TRIPULACIÓN** 1 piloto (mínimo), 4 artilleros
- **ARMAS** 1 torreta de cañón láser de proa, 1 torreta de cañón láser central, 1 torreta de cañón láser pesado de popa, 2 cañones láser fijos orientados a popa
- **AFILIACIÓN** Caballeros de Ren

PERSEGUIDORA INCANSABLE

Las naves de clase Oubliette tienen pocas comodidades, debido a su singular finalidad original: transportar a criminales de los sistemas circundantes a un campo de trabajos forzados donde extraen recursos de un áspero terreno. Las modificaciones realizadas en la nave prisión la hacen más veloz y sigilosa, y las armas antipersona —diseñadas originalmente para reprimir las sublevaciones de prisioneros— han sido aumentadas con mayores capacidades ofensivas nave-nave. No queda ningún indicio que la señale como parte del centro penitenciario de Osseriton, cubierta con un negro blindaje a juego con el ominoso vestido de los propios Caballeros.

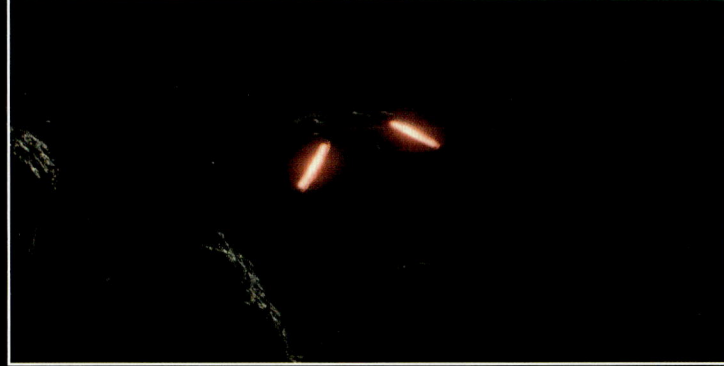

Dentro de un cúmulo de asteroides en el sistema de Pasaana, el *Buitre Negro* escapa a la mayoría de los sensores, preparado para seguir al *Legado de Bestoon*.

DESTRUCTOR ESTELAR SITH

Darth Sidious siempre ha deseado una conquista indiscutida. Las maquinaciones combinadas de la flota de la Primera Orden y el culto del Sith Eterno le proporcionan dos elementos clave para conseguir su objetivo: los medios para desencadenar el apocalipsis en un instante por toda la galaxia, y un camino hacia la inmortalidad si tal poder alguna vez se usa en su contra. Los destructores estelares de la Primera Orden, que enseguida estarán operativos, serán un instrumento de terror mucho más ágil que las Estrellas de la Muerte o incluso la Base Starkiller. Una vez fuera del caótico espacio en torno a Exegol, estos destructores estelares Sith podrán destruir con sus superláseres axiales cualquier mundo de la galaxia conectado por una ruta hiperespacial.

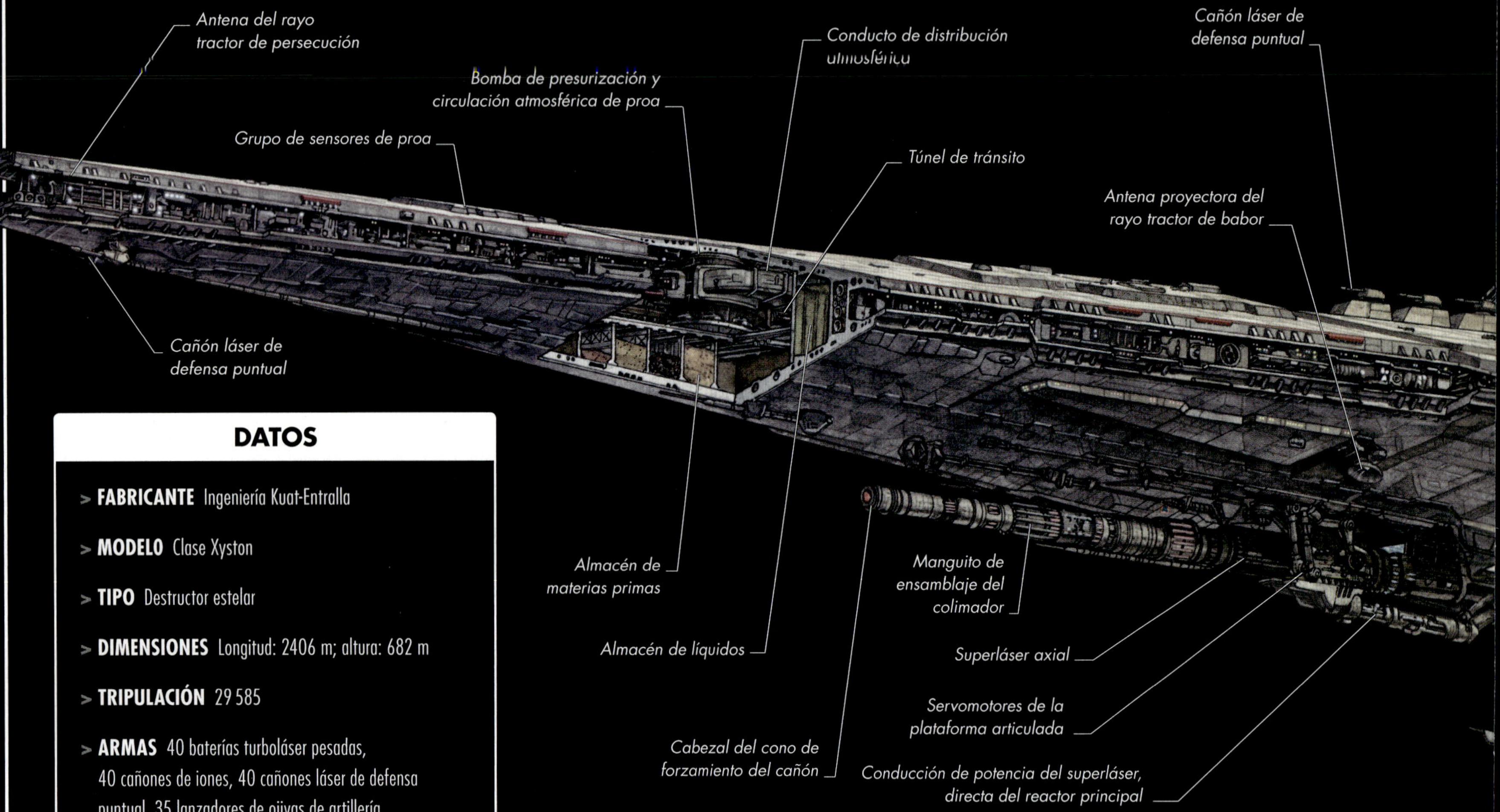

- Antena del rayo tractor de persecución
- Bomba de presurización y circulación atmosférica de proa
- Grupo de sensores de proa
- Conducto de distribución atmosférica
- Túnel de tránsito
- Cañón láser de defensa puntual
- Antena proyectora del rayo tractor de babor
- Cañón láser de defensa puntual
- Almacén de materias primas
- Almacén de líquidos
- Cabezal del cono de forzamiento del cañón
- Manguito de ensamblaje del colimador
- Superláser axial
- Servomotores de la plataforma articulada
- Conducción de potencia del superláser, directa del reactor principal

DATOS

- **FABRICANTE** Ingeniería Kuat-Entralla
- **MODELO** Clase Xyston
- **TIPO** Destructor estelar
- **DIMENSIONES** Longitud: 2406 m; altura: 682 m
- **TRIPULACIÓN** 29 585
- **ARMAS** 40 baterías turboláser pesadas, 40 cañones de iones, 40 cañones láser de defensa puntual, 35 lanzadores de ojivas de artillería variable, 10 proyectores de rayo tractor pesados, superláser axial
- **AFILIACIÓN** Sith Eterno

LEGADO IMPERIAL

La reforma de los sistemas de construcción de los Astilleros de Propulsores Kuat produjo una nave que parece una versión ampliada del destructor estelar de clase Imperial I. Estos destructores estelares Sith presentan una automatización más eficiente que reduce los requisitos de tripulación. El espacio de hangar y las amplias áreas de almacenaje han sido sacrificadas para alojar el superláser axial y la red de distribución de energía vinculada a él. El casco oscuro y las marcas rojas son distintivos de la Primera Orden.

Durante su salida de Exegol, la flota de la Primera Orden es más vulnerable: los sistemas de control de vuelo de las naves quedan supeditados a una inteligencia coordinadora que guía su ascenso.

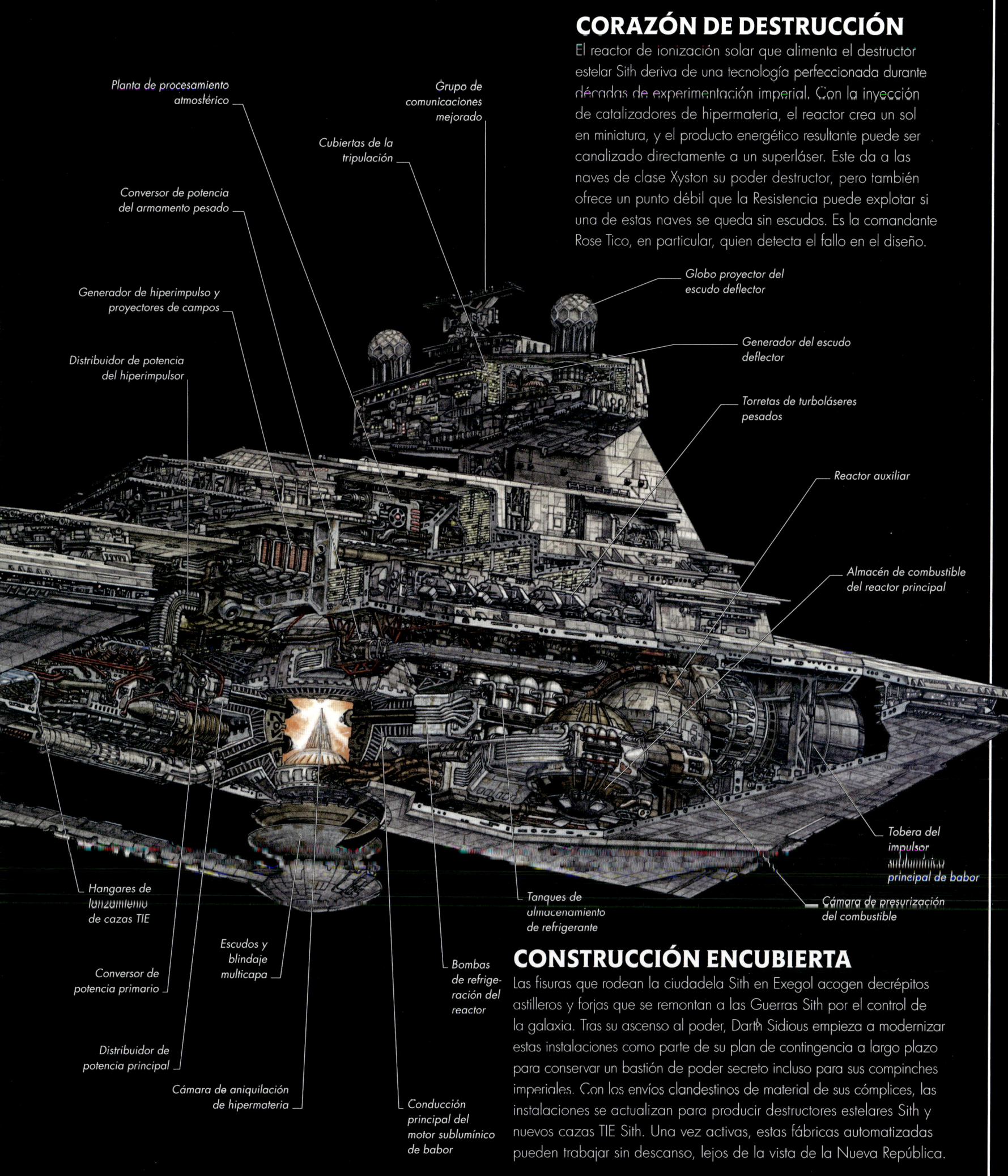

CORAZÓN DE DESTRUCCIÓN

El reactor de ionización solar que alimenta el destructor estelar Sith deriva de una tecnología perfeccionada durante décadas de experimentación imperial. Con la inyección de catalizadores de hipermateria, el reactor crea un sol en miniatura, y el producto energético resultante puede ser canalizado directamente a un superláser. Este da a las naves de clase Xyston su poder destructor, pero también ofrece un punto débil que la Resistencia puede explotar si una de estas naves se queda sin escudos. Es la comandante Rose Tico, en particular, quien detecta el fallo en el diseño.

CONSTRUCCIÓN ENCUBIERTA

Las fisuras que rodean la ciudadela Sith en Exegol acogen decrépitos astilleros y forjas que se remontan a las Guerras Sith por el control de la galaxia. Tras su ascenso al poder, Darth Sidious empieza a modernizar estas instalaciones como parte de su plan de contingencia a largo plazo para conservar un bastión de poder secreto incluso para sus compinches imperiales. Con los envíos clandestinos de material de sus cómplices, las instalaciones se actualizan para producir destructores estelares Sith y nuevos cazas TIE Sith. Una vez activas, estas fábricas automatizadas pueden trabajar sin descanso, lejos de la vista de la Nueva República.

GLOSARIO

ASTROMECÁNICO (DROIDE)
Droide auxiliar multifuncional diseñado principalmente para su uso en naves espaciales. Muchos cazas estelares incorporan uno integral que ayuda en la astronavegación.

BOMBA DE PROTONES
Arma de protones que puede lanzarse sobre naves o instalaciones en superficies planetarias. Crea una nube de protones de gran velocidad capaz de perforar escudos defensivos. El arsenal imperial cuenta con varios tipos de ellas.

CAÑÓN BLÁSTER
Arma de artillería pesada y alcance limitado que se incorpora a las naves para su defensa. Emplea gas bláster de alta potencia para producir un rayo visible de intensa energía que puede causar graves daños a estructuras y tejido orgánico. Su poder destructivo es notable, pero no es tan potente como el cañón láser.

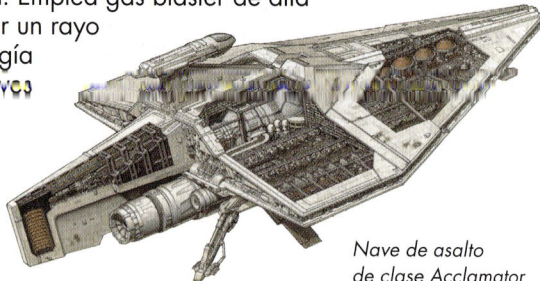

Nave de asalto de clase Acclamator

CAÑÓN DE IONES
Arma que dispara proyectiles de energía ionizada, diseñada para sobrecargar los sistemas de un objetivo o fundir sus componentes mecánicos. Se usa para inutilizar una nave adversaria sin causarle daños permanentes.

CAÑÓN LÁSER
Es el arma dominante de la galaxia, presente en naves y vehículos civiles y militares. Ofrece una forma más potente de bláster y dispara proyectiles de energía concentrada. Existen desde modelos de gama baja –tan solo algo más potentes que los fusiles bláster– hasta versiones militares, capaces de destruir cazas estelares de una sola descarga.

CÁPSULA DE SALVAMENTO
También llamada cápsula de escape, la usan pasajeros y tripulación para huir de una nave en caso de emergencia. Una vez lanzada, recoge información sobre los planetas cercanos con sus sistemas de sensores. Luego usa su simple sistema de propulsión para entrar en la atmósfera del mundo habitable más próximo y efectuar un aterrizaje seguro. Estos módulos tienen un suministro de combustible limitado pero llevan existencias para sobrevivir dos semanas.

CAZA ESTELAR
Pequeña nave rápida, maniobrable y bien armada que se emplea en enfrentamientos directos entre ejércitos. Casi todas las batallas espaciales se libran entre escuadrones de cazas.

COMPENSADOR DE INERCIA
Mecanismo que genera un tipo de gravedad artificial que contribuye a neutralizar los efectos de la aceleración a grandes velocidades en naves de tamaño medio y grande, como el *Halcón Milenario*.

Caza droide de la Federación de Comercio

DESLIZADOR
Término genérico que denomina a un vehículo terrestre que emplea tecnología de repulsión para flotar y volar sobre la superficie de un planeta. Hay versiones para distintos entornos, como los de tierra, los de aire (o aerodeslizadores) y los de nieve.

DROIDE
Término genérico para cualquier forma de sistema robótico móvil que presenta al menos alguna de estas habilidades: locomoción, manipulación, lógica, conciencia de sí mismo, comunicación y recepción sensorial. Los droides suelen diseñarse a semejanza de sus creadores o bien de acuerdo con su funcionalidad. Se programan con distintos grados de inteligencia artificial y se alimentan mediante células recargables internas. Son las bestias de carga de la galaxia: se emplean en un sinfín de tareas, en el campo y la fabricación, como soldados, asesinos, mecánicos, asistentes diplomáticos y médicos. Muchas culturas los tratan como esclavos o seres de segunda categoría.

ESCUDOS
También llamados escudos deflectores, son campos de energía defensivos que absorben disparos de láser y desvían proyectiles físicos. Protegen a casi todas las naves y a algunos vehículos. Su fuerza, radio de acción y resistencia dependen del suministro de energía. Hay dos tipos principales: los de rayos, que absorben la radiación y la energía en estado puro; y los de partículas, que repelen objetos sólidos.

Interceptor Jedi con anillo de atraque hiperespacial

HIPERIMPULSOR
Es la propulsión «más rápida que la luz» que permite a una nave entrar en la dimensión alternativa llamada hiperespacio, donde no rigen las leyes convencionales del tiempo y el espacio. Mediante el viaje hiperespacial, los vehículos recorren vastas distancias en un instante. Los hiperimpulsores se clasifican por «clases»: cuanto más baja es esta, más rápido es el hiperimpulsor. Casi todas las naves civiles tienen hiperimpulsores relativamente lentos dentro de la clase 3 o superior. Las naves gubernamentales, diplomáticas y militares los tienen de clase 2 o 1, y algunas naves experimentales o «tuneadas», como el *Halcón Milenario*, tienen clases aún más rápidas.

Deslizador de nieve de la Alianza Rebelde

LÁSER CUÁDRUPLE
Arma láser compuesta por cuatro cañones láser que disparan por parejas alternativamente. Son muy potentes en comparación con muchas armas fijas en naves, pero más asequibles que los turboláseres. Suelen usarse en naves de tamaño pequeño o medio.

MATRIZ DE SENSORES
Juego de instrumentos destinados a recoger información incorporado

Caza imperial TIE

a un vehículo o una nave espacial. Se compone de una serie de escáneres y otros instrumentos de detección que ofrecen datos sobre el entorno que rodea al vehículo.

MECANISMO DE OCULTACIÓN
Se usa para hacer que una nave sea invisible a los sistemas de detección electrónica. Altera la señal electrónica distintiva que emiten los sensores y sistemas de una nave.

MISIL DE IMPACTO
Proyectil que viaja a velocidad subluz y causa ondas de choque destructivas al alcanzar su objetivo. Puede perforar el blindaje de una nave capital.

Torpedo de protones

MOTOR DE IONES
Modelo de motor subluz muy corriente que se emplea para poner naves en órbita desde superficies planetarias y a través del espacio local. Se propulsa mediante la proyección de un flujo de partículas cargadas. Presenta muchas configuraciones; una de las mejores es la de los motores de iones gemelos de los cazas estelares TIE.

MOTOR SUBLUZ
Medio de propulsión empleado en los viajes no hiperespaciales. Las naves usan estos motores para despegar de superficies planetarias y ponerse en órbita. También sirven para viajar al espacio profundo, donde un vehículo puede activar su hiperimpulsor si es necesario. Durante los combates espaciales todas las naves activan sus motores subluz.

Droide de combate y STAP (Plataforma Aérea Monoplaza)

MOTOS DESLIZADORAS Y BARREDORAS
Vehículos personales de transporte por tierra que emplean la misma tecnología de repulsión que los deslizadores para viajar por la superficie de un planeta. Diseñados para transportar a uno o dos pasajeros, se usan por toda la galaxia como transporte civil y militar. Las barredoras son versiones de las deslizadoras más potentes y más difíciles de manejar. Las carreras de barredoras son un evento deportivo habitual en toda la galaxia.

NAVE CAPITAL
Gran nave militar diseñada para el combate en el espacio profundo, como un destructor estelar imperial o un crucero estelar mon calamari. Su tripulación se cuenta por cientos y aun por miles, y tiene incontables escudos y armas pesadas. Suele llevar lanzaderas, cazas y demás naves en sus enormes hangares.

RADIADORES Y DISIPADORES TÉRMICOS
Son dispositivos diseñados para extraer el calor que generan los sistemas de vehículos y naves espaciales y disiparlo en el entorno circundante. La eliminación de ese «calor residual» mantiene los componentes del sistema a su temperatura funcional normal y evita errores de funcionamiento y averías.

PAI (Plataforma de Apoyo de Infantería) de la República

RAYO TRACTOR
Campo de fuerza modificado capaz de inmovilizar y mover objetos en el espacio. Lo pueden usar naves y estaciones espaciales para guiar a naves hacia sus plataformas de aterrizaje, mover cargamento o recuperar objetos, o para capturar naves enemigas a fin de abordarlas o destruirlas.

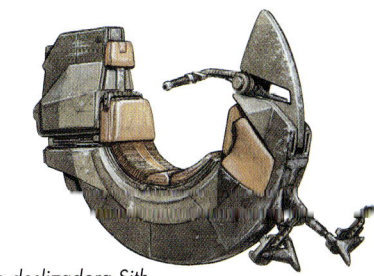

Moto deslizadora Sith

REPULSOR
Dispositivo de tecnología antigravitatoria que emplean los vehículos de entornos planetarios. Crea un campo antigravitatorio que repele la gravedad de un planeta y proporciona la elevación que permite flotar sobre la superficie o volar en la atmósfera. Muchas naves lo usan para los aterrizajes planetarios y los vuelos atmosféricos.

Caza estelar de la Unión Tecnológica

TORPEDO DE PROTONES
Proyectil de gran velocidad que destruye sus objetivos liberando al impactar una onda de partículas de protones de gran energía. Puede atravesar escudos deflectores estándar, pero uno de partículas puede detenerlo.

TRANSPORTE
Nave que sirve para transportar cargamento o pasajeros. El término suele aplicarse a naves civiles, pero también puede referirse a una nave que transporta tropas y suministros militares.

Nave de combate de la Federación de Comercio

TURBOLÁSER
Versión de cañón láser de gran potencia desarrollada para su uso en naves capitales. Precisa grandes generadores de energía y mucho personal para manejarlo, pero puede atravesar los escudos y el blindaje de naves capitales enemigas. También es eficaz contra objetivos planetarios.

Torreta turboláser de un destructor estelar de la República

ÍNDICE

Los números de página en **negrita** remiten a las entradas principales.

A

AAT (Tanque Blindado de Asalto) 18–19, **46–47**, 94
Ackbar, almirante 172–173, 214
acorazados
   de clase Providence 102
   Supremacía **222–227**
aerodeslizadores
   catamarán wookiee **110–111**, 112
   de Anakin **54–55**
   deslizador esquí **240–241**
   Koro-2 de Zam **52–53**
   T-47 **162–163**
   taxi aéreo de Coruscant **49**
aerogarfios 231
Ala-A
   RZ-1 **180–181**
   RZ-2 **220–221**
Ala-B **182–183**
Ala-U **124–125**
Ala-V 81, 86
Ala-X 152–153, 155, 180, **188–189**
   T-65 **152–153**, 188, 189
Ala-Y **154–155**, **242–243**
   BTA-NR2 **242–243**
   BTL-A4 **154–155**
Alderaan 150
Alianza Corporativa 66, 112
Alineamiento Libre Virgilliano 216
Alpha-3 de clase Nimbus Ala-V, caza estelar **81**, 86
Amanecer de Tranquilidad 214–215
Amidala, Padmé (reina Amidala) 12, 24, 50–51, 62–63, 119
   nave estelar **62–63**
anillos hiperimpulsores **86**
Anodyne, fragata 216
Antilles, capitán 132
Appazanna, Talleres de Ingeniería 111
Aratech, Compañía de Repulsores 112, 178
Aratech, moto deslizadora 74-Z de **178–179**
ARC-170 **82–83**, 106, 152
ARF (Fuerza de Reconocimiento Avanzado) 94
Ármada Imperial **135**
astromecánicos, droides 57, 81, 134, 211, 256

AT-ACT (Transporte de Carga Blindado Todoterreno) 75
AT-AT (Transporte Blindado Todoterreno) 75, **158–160**
AT-HH (Transportador Pesado Todoterreno) **234–235**
AT-M6 (Todoterreno MegaCalibre Seis) **236–237**
AT-RT (Transporte de Reconocimiento Todoterreno) **94**
AT-ST (Transporte de Exploración Todoterreno) **161**
AT-TE (Ejecutor Táctico Todoterreno) **74–75**
aterrizadores *véase* desembarco, naves de

B

Baktoid, Armamento Naval 90–91
Baktoid, Talleres de Blindaje 20, 21, 46
Baleen, carguero de clase 208
BARC (Comando de Reconocimiento Avanzado Motorizado), deslizador del 112
barcaza de Jabba **176–177**
barredoras 257
   de Owen Lars **60–61**
BB-8 250, 251
Belbullab-22, caza estelar 106, 107
Belbullab-23, nave de asalto 106
Bennux-Ai, Korfé 232–233
bombarderos
   MG-100 StarFortress **218–219**
   TIE **164–165**
Boonta Eve, Clásica de **28–31**
buitre, droides **34–35**, 37, 81, 98
Buitre Nocturno **252–253**

C

C-3PO 134, 140
C-9979, nave de desembarco **18–19**
Caballeros de Ren 252–253
Calrissian, Lando 120–121, 142, 145
caminantes
   AT-AT (Transporte Blindado Todoterreno) **158–160**
   AT-TE (Ejecutor Táctico Todoterreno) **74–75**
   AT-HH (Transportador Pesado Todoterreno) **234–235**
   AT-M6 (Todoterreno MegaCalibre Seis) **236–237**
   AT-RT (Transporte de Reconocimiento Todoterreno) **94**

caminantes *(Cont.)*
   AT-ST (Transporte de Exploración Todoterreno) **161**
cañón bláster 159, 256
cañoneras
   droide **90–91**
   LAAT/i (Transporte de Asalto de Baja Altitud / infantería) **70–73**
Canto Bight 232
   deslizador policial **230–231**
Cantonica 230, 232
capitales, naves 102, 256
cápsulas de escape **134**, 256
   de Yoda **116–117**
   Tantive IV 133, 134
cargueros
   de clase Baleen 208
   Eravana **208–209**
   Halcón Milenario **120–121**, **142–145**, **206–207**, 208
cazas estelares 257
   Ala-A RZ-1 **180–181**
   Ala-A RZ-2 **220–221**
   Ala-B **182–183**
   Ala-U **124–125**
   Ala-V Alpha-3 de clase Nimbus **81**, 86
   Ala-X 155, 180, **188–189**
   Ala-X T-65 **152–153**, 188, 189
   Ala-Y BTA-NR2 **242–243**
   Ala-Y BTL-A4 **154–155**
   ARC-170 **82–83**, 106, 152
   Belbullab-22 106, 107
   bombardero TIE 137, **164–165**
   caza TIE 137, **146–147**, 180, 188, 190, 200–203
   caza TIE/sk **130–131**
   de clase Rogue **104–105**, 107
   defensor TIE 228
   Delta-7 de clase Aethersprite **56–57**
   droides buitre **34–35**, 37, 81, 98
   El Desalmado 107
   geonosianos **66–67**
   interceptor TIE **166**
   N-1 de Naboo **42–43**, 51
   naves de la Unión Tecnológica 106
   Negro Uno **188–189**
   silenciador TIE **228–229**
   TIE Avanzado x1 **156–157**, 166
   tricaza 87, **88–89**, 98
   Z-95 «Cazacabezas» 152

ESTRELLA DE LA MUERTE

Chewbacca 144, 208, 249
Ciudad Galáctica 101
Clan Bancario 108
　fragata **96–97**
colicoides 88
colmena, pilotos de 67
colores, código de 14
combustibles 11
compensador de inercia 256
corelliana, corbeta **132–133**, 134, 171
Corelliana de Ingeniería, Corporación 206, 215
Coruscant 14, 24, 86, 87, 91, 98–101
　taxi aéreo **49**
Coruscant, Servicios de Rescate de 99
Crait 184, 227, **234–236**, 239–241
cruceros
　crucero estelar MC80A *Hogar Uno* **172–173**
　de Naboo **50–51**
　Raddus **214–215**, 216, 217, 227
Cygnus, Talleres Espaciales 114, 122, 175

D

D'Qar 214, 218
Dagobah 116
Dameron, Poe 184, 188, 240–241
Delta-7 de clase Aethersprite, interceptor 85, 86

Desalmado, El **107**
desembarco, naves de 90
　C-9979 **18–19**
　de clase Acclamator **68–69**
　LAAT/i (Transporte de Asalto de Baja Altitud / infantería) **70–73**
　nave núcleo de la Federación de Comercio **64–65**
　transporte de tropas de asalto **186–187**
deslizadores
　de los pantanos **112**
　de Luke Skywalker **140–141**
　de Naboo **48**
　de nieve **212–213**
　esquí **240–241**
　oruga **246–247**
　policial **230–231**
destructores estelares 57, 80, 135, 184
　de clase Imperial 78, 135, **136–137**, 254
　de clase Interdictor 164
　de clase Venator **78–79**, 80, 136, 194
　Devastador 136
　Finalizador 190, **192–197**
　Sith **254–255**
　superdestructor 135, 222
　Vengador 144
Devastador, destructor estelar 136
disipadores y radiadores térmicos 256

DJ 232
Dooku, conde 12, 41, 65, 100, 103
　velero solar **76–77**
droides **17**, 256
　asesino ASN-121 52
　astromecánico 42, 57, 81, 134, 211, 256
　buitre **34–35**, 37, 81, 98
　de batalla 21, 41, 45, 46, 80, 231
　de soporte técnico 86
　Hailfire 108
　magnaguardia 104
　zumbadores **87**
droides, vehículos
　AAT (Tanque Blindado de Asalto) 18–19, **46–47**
　cañonera droide **90–91**
　destructor ligero de clase Recusante 95
　STAP (Plataforma Aérea Monoplaza) **45**
　MTT (Transporte Multitropa) 17, 18–19, **20–21**
　nave de control droide 17, 34, **36–41**
　nave de desembarco C-9979 **18–19**
　tanque droide NR-N99 112
　tricaza 87, **88–89**, 98

E

Eemon, Ado 91
Ejecutor, superdestructor 135, 136, 194
Endor 172, 174, 178, 194, 206, 220
energía, armas de 11, 47
Eravana, carguero **208–209**
Esclavo I **58–59**, 167, **168–169**
escudos 11, 257
　deflectores 156, 214, 257
esquifes del desierto 176
estasis, campos de 86
Estrella de la Muerte 119, 122, 128, 144, 145, **148–151**, 172
Eta, lanzadera de clase 114
Eta-2 de clase Actis, interceptor **85**, 86

F

F-143, deslizador antiincendios 99, 101
Federación de Comercio, vehículos de la
　AAT (Tanque Blindado de Asalto) **46–47**
　droides buitre **34–35**, 37, 81, 98
　MTT (Transporte Multitropa) 17, 18–19, **20–21**
　nave de control droide 34, **36–41**
　nave de desembarco C-9979 **18–19**
　nave núcleo **64–65**
　STAP (Plataforma Aérea Monoplaza) **45**

Feethan Ottraw, Ensamblajes Expansibles 106, 107
Fett, Boba 145, 167
  Esclavo I **168–169**
Fett, Jango 167, 168
  Esclavo I **58–59**
Finalizador, destructor estelar 190, **192–197**
Flash, deslizador 48
Fuerzas Especiales de la Primera Orden, caza TIE de las **202–203**

G
Geonosis 63, 64, 68–69, 70–71, 106, 148, 167
Gian, deslizador 48
Gran Ejército de la República 68
gravedad, manipuladores de 11
Gremio de Comercio, destructor del 95
Greyshade, Simon 54
Grievous, general 87, 91, 97, 100, 105, 107
  El Desalmado **107**
  moto-rueda **108–109**

Guarlara, destructor estelar 80
Guerras Clon 41, 78, 80, 85, 95, 96, 102–105, 119, 126, 154, 167, 178, 194, 231, 242
gungan, submarino **22–23**
Gunray, Nute 41, 65

H
Hailfire, droides 108
Halcón Milenario **120–121**, **142–145**, **206–207**, 208
Haor Chall, Talleres de Ingeniería 18, 34, 35, 106
Hardcell, nave interestelar de clase 106
hiperespacio 11, 86
hiperimpulsor 11, 25, 143, 211, 256
hiperimpulsores, anillos **86**
hipermateria 11, 86, 255
Hogar Uno, crucero estelar MC80A **172–173**
Holdo, vicealmirante Amilyn 215, 216, 227, 239
HoloRed 96
hospital, naves **170–171**, 216

Hoth 145, 162–163, 239
Hux, general 192

I
Imperio, vehículos del
  AT-AT (Transporte Blindado Todoterreno) **158–160**
  AT-ST (Transporte de Exploración Todoterreno) **161**
  bombardero TIE **164–165**
  caza TIE **146–147**
  caza TIE/sk **130–131**
  destructor estelar de clase Imperial 78, 135, **136–137**, 254
  Estrella de la Muerte **148–151**
  interceptor TIE **166**
  lanzadera de clase Theta 113, **114–115**
  lanzadera de clase Zeta **128–129**
  lanzadera T-3c de clase Delta **122–123**
  lanzadera T-4a de clase Lambda **174–175**
  moto deslizadora 74-Z de Aratech **178–179**
  TIE Avanzado x1 **156–157**, 166
  TX-225 «Ocupante» **126–127**

HALCÓN MILENARIO

SALTADOR QUAD

Incom, Corporación 57, 124, 152, 180
   aerodeslizador T-47 **162–163**
insignia, naves *véase* capitales, naves
interceptores
   Delta-7 de clase Aethersprite **56–57**, 85, 86
   Eta-2 de clase Actis **84–85**, 85, 86
   ligero Mankvim-814 106
   TIE **166**
Interdictor, destructor estelar de clase 164
iones, cañón de 154, 256
iones, motor de 113, 256
ISP (Plataforma de Apoyo de Infantería), deslizador **112**

J
Jabba el Hutt 27
   barcaza **176–177**
Jakku 119, 172, 198, 205, 206, 251
Jamillia, reina 62
jawa, reptador de las arenas **138–139**
Jedi, vehículos
   interceptor Delta-7 de clase Aethersprite **56–57**
   interceptor Eta-2 de clase Actis **84–85**, 87, 103
Juggernaut **92–93**

K
Kamino 75, 80
Kashyyyk 92, 110–111, 116
Kenobi, Obi-Wan 12, 56, 79, 85, 87, 98, 100, 109
Khetanna, barcaza **176–177**
Koensayr, Fabricaciones 154, 242–243
Krennic, Orson 122–123, 148
Kuat, Astilleros de Propulsores 57, 58, 75, 78, 136, 171, 216, 220–221, 254
Kuat, Sistemas de Ingeniería 56, 81, 86, 106, 180

L
LAAT/i (Transporte de Asalto de Baja Altitud / infantería) 70–73
Lambda, lanzadera T-4a de clase 164, **174–175**
lanzaderas
   de clase Eta 114
   de clase Montura 211
   de clase Theta 113, **114–115**
   de clase Upsilon **190–191**

lanzaderas *(Cont.)*
   de clase Zeta **128–129**
   infiltrador Sith **32–33**
   T-3c de clase Delta **122–123**
   T-4a de clase Lambda 164, **174–175**
   vehículo de carga U-55 **238–239**
Lars, Owen 141
   barredora **60–61**
láser, cañón 153, 181, 247, 256
láser cuádruple 257
Legado de Bestoon **250–251**, 253
Libertino **232–233**
Lucrehulk, cargueros de clase 36, 41

M
magnaguardias, droides 104
«Magos de Warthan» 114
Mankvim-814, interceptor ligero 106
Mano Invisible 80, **98–103**
Mar de Dunas 176
Maul, Darth 32
médicas, fragatas **170–171**, 216
megadestructor *Supremacía* **222–227**
MG-100 StarFortress 218
misiles
   de impacto 11, 256
   droides zumbadores 87
Mon Calamari 95, 214
   crucero estelar MC80A *Hogar Uno* **172–173**
Montura, lanzadera de clase 211
moradores de las arenas / bandidos tusken 61, 141
moto-rueda **108–109**
motos deslizadoras 72, **178–179**, 257
   deslizador de Naboo 48
   deslizador de Rey **198–199**
motos repulsoras
   74-Z de Aratech **178–179**
   barredora de Owen Lars **60–61**
   deslizador de Rey **198–199**
   deslizador policial de Canto Bight **230–231**
   STAP (Plataforma Aérea Monoplaza) **45**
Munifícent, fragata estelar de clase 96–97

N
Naboo 14, 16, 41
   Cuerpo de Cazas Estelares 44

Naboo, vehículos de
   caza estelar N-1 12, **42–43**, 51
   crucero **50–51**
   deslizador **48**
   nave estelar de la reina **24–25**, 44, 50
   nave estelar de Padmé Amidala **62–63**
Nebulón-B, fragata escolta **170–171**, 216
Nebulón-C, fragata 216
Negro Uno, caza estelar **188–189**
neimoidianos 16
Niima, Colonia 198, 205, 206
Ninka 215, 216
Nunb, Nien 133, 174

O
Ochi de Bestoon 250
ocultación, mecanismo de 256
Oevvaor, catamarán **110–111**, 112
Organa, general Leia 12, 119, 132–133, 144, 174, 184, 188, 192, 214–218, 224
Organa, senador Bail 116, 124, 132
Otoh Gunga 23
Oubliette, vehículos de clase 252–253

P
Pagalies, Teemto 26, 29
Palpatine, emperador Sheev / Darth Sidious 12, 57, 85, 98, 100, 103, 113, 116, 164, 184, 254–255
   lanzadera **114–115**
Pasaana 244, 249
Plutt, Unkar 205, 206, 251
Polis Massa 116
Primera Orden, vehículos de la
   AT-HH (Transportador Pesado Todoterreno) **234–235**
   AT-M6 (Todoterreno MegaCalibre Seis) **236–237**

261

BOMBARDERO TIE

Primera Orden, vehículos de la (Cont.)
  caza TIE **200–203**
  deslizador de nieve **212–213**
  Finalizador 190, **192–197**
  lanzadera de clase Upsilon **190–191**
  silenciador TIE **228–229**
  Supremacía **222–227**
  transporte de tropas de asalto **186–187**
prisión, naves 252
protones, bombas de 165, 257
protones, torpedos de 155, 257
Providence, acorazados de clase 102
Proyectos Avanzados, laboratorio de 33

R
R2-D2 42–43, 134, 140
Raddaugh Gnasp, nave 111, 112
Raddus **214–215**, 216, 217, 227
radiadores y disipadores térmicos 256
Radiant VII **14–15**
reactor de ionización solar 255
rebeldes, vehículos de los
  aerodeslizador T-47 **162–163**
  Ala-A RZ-1 **180–181**
  Ala-B **182–183**
  Ala-U **124–125**
  Ala-X T-65 **152–153**, 188, 189
  Ala-Y BTL-A4 **154–155**
  crucero estelar MC80A *Hogar Uno* **172–173**
  deslizador esquí **240–241**
  fragata médica Redención **170–171**
  nave consular Tantive IV **132–133**, 136
Recusante, destructor ligero de clase 95
Redención, fragata médica **170–171**
Réillata, reina 50

Ren, Kylo 184, 190, 192, 194, 227, 229, 252
Rendili 69
Rendili, superdestructor estelar 105
reptador de las arenas **138–139**
República, vehículos de la 12, 80
  Ala-V **81**, 86
  Ala-Y BTL-A4 **154–155**
  AT-RT (Transporte de Reconocimiento Todoterreno) **94**
  AT-TE (Ejecutor Táctico Todoterreno) **74–75**
  caza estelar ARC-170 **82–83**, 106, 152
  deslizador de los pantanos **112**
  destructor estelar de clase Venator **78–79**, 80, 95
  Juggernaut **92–93**
  LAAT/i (Transporte de Asalto de Baja Altitud / infantería) 70–73
  Radiant VII **14–15**, 16
repulsor 257
Resistencia, vehículos de la
  Ala-A RZ-2 **220–221**
  Ala-Y BTA-NR2 **242–243**
  bombardero MG-100 Fortaleza Estelar **218–219**
  caza estelar Negro Uno **188–189**
  deslizador esquí **240–241**
  naves capitales **216–217**
  Raddus **214–215**, 216, 217, 227
  transportes **210–211**
  vehículo de carga U-55 **238–239**
Resurgente, destructor estelar de clase 192, 196
Rey 184, 206, 251
  deslizador **198–199**
  velero **248–249**

Roche, Máquinas 240
rodador **244–245**
Rogue, caza de clase **104–105**, 107
Rothana, Ingeniería Pesada 75, 126

S
saltador quad **204–205**
saltadores 231
Scarif 129, 130, 149, 150, 214, 239
Sebulba 29, **30**
sensores 11
sensores, matriz de 257
separatistas, vehículos de los
  acorazado de clase Providence 102
  cañoneras droides **90–91**
  destructor ligero de clase Recusante 95
  El Desalmado 107
  fragata del Clan Bancario **96–97**
  Mano Invisible 80, **98–103**
  moto-rueda del general Grievous **108–109**
  nave de desembarco de clase Acclamator **68–69**
  tricazas 87, **88–89**, 98
  velero solar del conde Dooku **76–77**
Sienar, Raith 33, 164, 175
Sienar, Sistemas de Flota 57, 106, 114, 122, 128, 164, 175
Sienar-Jaemus, Corporación 164, 232
Sith, destructor estelar **254–255**
Sith, infiltrador **32–33**
Skywalker, Anakin / Darth Vader 12, 28, 31, 33, 42, **54–55**, 63, 85, 98, 100–101, 103, 113, 119, 132, 135, 141, 156, 160, 166, 171, 180, 229
Skywalker, Luke 12, 119, **140–141**, 144, 155, 162, 171, 184
  deslizador **140–141**
Slayn & Korpil 218
Snoke, Líder Supremo 222, 224
Solo, Han 142–145, 184, 208–209, 229
  Halcón Milenario **142–145**
STAP (Plataforma Aérea Monoplaza) **45**
Starkiller, Base 184, 194, 212, 214, 218, 222, 254
subluz, motores 257
submarino gungan **22–23**
Subpro, Corporación 250
superdestructor estelar 135, 222
Supremacía **222–227**
Syliure, anillo hiperimpulsor 86

T

T-3c de clase Delta, lanzadera **122–123**
T-47, deslizador **162–163**
TaggeCo 106
tanques 92
   AAT (Tanque Blindado de Asalto) 21, **46–47**, 94
   Juggernaut **92–93**
   TX-225 «Ocupante» **126–127**
Tantive IV **132–133**, 136
Tarkin, gran moff 122, 148, 149, 150
Tatooine 24, 28, 31, 60–61, 138, 141, 176
taxi aéreo de Coruscant **49**
Telgorn, Corporación 128
Theed, Cuerpo de Ingeniería de Naves Espaciales del palacio de 24, 42–43
Theta, lanzadera de clase **113**, **114–115**
TIE, bombardero 137, **164–165**
TIE, caza 137, **146–147**, 180, 188, 190, 200–203
TIE, defensor 228
TIE, interceptor **166**
TIE, nave de abordaje 137
TIE, silenciador **228–229**
TIE Avanzado x1 **156–157**, 166
TIE/sk, caza **130–131**
tractores, rayos 257
TransGalMeg, Industrias 86
transportes 257
   Buitre Nocturno **252–253**
   de la Resistencia **210–211**
   de tropas de asalto **186–187**
   deslizador oruga **246–247**
   LAAT/i (Transporte de Asalto de Baja Altitud / infantería) **70–73**
   Legado de Bestoon **250–251**, 253
   nave de desembarco de clase Acclamator **68–69**
   reptador de las arenas **138–139**
tricaza 87, **88–89**, 98
tropas de asalto, transporte de **186–187**
turboláser 80, 257
turboventilador 112
TX-225 «Ocupante» **126–127**
Tydirium, lanzadera 174
Typho, capitán 50, 51

U

U-55, vehículo de carga **238–239**
Unión Tecnológica 75, **106**, 108
Upsilon, lanzadera de clase **190–191**
Utapau 78, 79, 104–105, 107, 108

V

vainas de carreras **26–27**
   Clásica de Boonta Eve **28–31**
velero de Rey **248–249**
velero solar del conde Dooku **76–77**
Venator, destructor estelar de clase **78–79**, 80, 95, 136, 194
Vengador, destructor estelar 144
Vigilancia, destructor estelar 79
Vuutun Palaa **37–41**

W X

Watto 31
Wesell, Zam 52–53, 55
wookiees 112, 116
   catamarán Oevvaor **110–111**, 112
Xi Char 17, 35
Xim el Déspota 222

Y

yates
   crucero de Naboo **50–51**
   Libertino **232–233**
   nave estelar de la reina de Naboo **24–25**, 44, 50
   nave estelar de Padmé Amidala **62–63**
   velero solar del conde Dooku **76–77**
Yoda 92, 111, 119
   cápsulas de escape **116–117**

Z

Zam, aerodeslizador de **52–53**
Zeta, lanzadera de clase **128–129**
zumbadores, droides 87

DESLIZADOR ORUGA

EDICIÓN DE PROYECTO Matt Jones
DISEÑO SÉNIOR David McDonald
EDICIÓN DE ARTE DE PROYECTO Chris Gould
PRODUCCIÓN EDITORIAL Marc Staples
COORDINACIÓN DE PRODUCCIÓN Louise Minihane
COORDINACIÓN EDITORIAL Sarah Harland
COORDINACIÓN DE ARTE Vicky Short
DIRECCIÓN DE ARTE Lisa Lanzarini
COORDINACIÓN DE PUBLICACIONES Julie Ferris
DIRECCIÓN DE PUBLICACIONES Mark Searle

LUCASFILM
EDICIÓN SÉNIOR Brett Rector
DIRECCIÓN CREATIVA DE PUBLICACIONES Michael Siglain
DIRECCIÓN DE ARTE Troy Alders
EQUIPO DE GUION James Waugh, Leland Chee y Matt Martin
EQUIPO DE RECURSOS Shahana Alam, Chris Argyropoulos, Nicole LaCoursiere, Stacey Lawson, Gabrielle Levenson, Dan Lobl, Bryce Pinkos, Erik Sanchez, Jason Schultz y Sarah Williams

DE LA EDICIÓN EN ESPAÑOL
COORDINACIÓN EDITORIAL Cristina Sánchez Bustamante
ASISTENCIA EDITORIAL Y PRODUCCIÓN Malwina Zagawa

Publicado originalmente en Gran Bretaña en 2020 por Dorling Kindersley Limited
DK, One Embassy Gardens, 8 Viaduct Gardens, London SW11 7BW

Parte de Penguin Random House

Título original: *Star Wars Complete Vehicles Incredible Cross-Sections*
Primera edición 2022

© Traducción en español 2022 Dorling Kindersley Limited

© & ™ 2022 Lucasfilm Ltd.

Copyright del diseño de página © 2020 Dorling Kindersley Limited

Incluye contenidos publicados previamente en:
Star Wars: Incredible Cross-Sections (1998), *Star Wars Episode I: Incredible Cross-Sections* (1999), *Star Wars Attack of the Clones: Incredible Cross-Sections* (2002), *Star Wars Revenge of the Sith: Incredible Cross-Sections* (2005), *Star Wars: Complete Cross-Sections* (2007), *Star Wars: Vehículos* (2016), *Star Wars El despertar de la Fuerza: Naves y otros vehículos en detalle* (2016), *Star Wars Rogue One: La guía visual definitiva* (2016), *Star Wars Los últimos Jedi: Naves y otros vehículos en detalle* (2017), *Han Solo Una historia de Star Wars: La guía oficial* (2018) y *Star Wars El ascenso de Skywalker: Diccionario visual* (2019)

Servicios editoriales: deleatur, s.l.
Traducción: Montserrat Asensio Fernández y Carmen Gómez Aragón

Todos los derechos reservados. Queda prohibida, salvo excepción prevista en la Ley, cualquier forma de reproducción, distribución, comunicación pública y transformación de esta obra sin contar con la autorización de los titulares de la propiedad intelectual.

ISBN 978-0-7440-5968-7

Impreso y encuadernado en China

Para mentes curiosas
www.dkespañol.com

Este libro se ha impreso con papel certificado por el Forest Stewardship Council™ como parte del compromiso de DK por un futuro sostenible. Para más información, visita www.dk.com/our-green-pledge.

AGRADECIMIENTOS

DK Publishing desea dar las gracias a Chelsea Alon, de Disney; a Brett Rector, Robert Simpson, Michael Siglain y Troy Alders, de Lucasfilm; a Pamela Afram, David Fentiman y Julia March por su ayuda en la edición; a Megan Douglass por la revisión de los textos y a Hilary Bird por la elaboración del índice. También queremos expresar nuestra gratitud a Ruth Amos, Nick Avery, Sam Bartlett, Simon Beecroft, Owen Bennett, Andy Bishop, Mabel Chan, Joanna Chisholm, Beth Davies, Alastair Dougall, Ian Ebstein, David Fentiman, Emma Grange, Hannah Gulliver-Jones, Jon Hall, Guy Harvey, Kathryn Hill, Neil Kelly, John Kelly, Shari Last, Mary Lytle, Julia March, Ian Midson, Clare Millar, Iain R. Morris, Tom Morse, Lauren Nesworthy, Mark Penfound, Rob Perry, David Pickering, Mark Regardscoe, Clive Savage, Joe Scott, Sadie Smith, Ron Stobbart, Lisa Stock, Toby Truphet y Nicholas Turnpin por sus contribuciones inestimables en los contenidos de las obras previamente publicadas.